OEUVRES

DE

VOLTAIRE.

TOME XVIII.

DE L'IMPRIMERIE DE FIRMIN DIDOT,
RUE JACOB, n° 24.

ŒUVRES
DE
VOLTAIRE

AVEC

PRÉFACES, AVERTISSEMENTS,
NOTES, ETC.

PAR M. BEUCHOT.

TOME XVIII.

ESSAI SUR LES MOEURS. — TOME IV.

A PARIS,

CHEZ LEFÈVRE, LIBRAIRE,
RUE DE L'ÉPERON, N° 6.

WERDET ET LEQUIEN FILS,
RUE DU BATTOIR, N° 20.

M DCCC XXIX.

ESSAI

SUR

LES MOEURS ET L'ESPRIT

DES NATIONS,

ET SUR LES PRINCIPAUX FAITS DE L'HISTOIRE,
DEPUIS CHARLEMAGNE JUSQU'A LOUIS XIII.

CHAPITRE CLXIV.

Fondation de la république des Provinces-Unies.

Si on consulte tous les monuments de la fondation de cet état, auparavant presque inconnu, devenu bientôt si puissant, on verra qu'il s'est formé sans dessein et contre toute vraisemblance. La révolution commença par les belles et grandes provinces de terre ferme, le Brabant, la Flandre, et le Hainaut, elles qui pourtant restèrent sujettes; et un petit coin de terre presque noyé dans l'eau, qui ne subsistait que de la pêche du hareng, est devenu une puissance formidable, a tenu tête à Philippe II, a dépouillé ses successeurs de presque tout ce qu'ils avaient dans les Indes orientales, et a fini enfin par les protéger.

On ne peut nier que ce ne soit Philippe II lui-même qui ait forcé ces peuples à jouer un si grand rôle, auquel ils ne s'attendaient certainement pas : son despotisme sanguinaire fut la cause de leur grandeur.

Il est important de considérer que tous les peuples ne se gouvernent pas sur le même modèle ; que les Pays-Bas étaient un assemblage de plusieurs seigneuries appartenantes à Philippe à des titres différents ; que chacune avait ses lois et ses usages ; que dans la Frise et dans le pays de Groningue, un tribut de six mille écus était tout ce qu'on devait au seigneur ; que dans aucune ville on ne pouvait mettre d'impôts, ni donner les emplois à d'autres qu'à des régnicoles, ni entretenir des troupes étrangères, ni enfin rien innover, sans le consentement des états. Il était dit par les anciennes constitutions du Brabant : « Si le souverain, « par violence ou par artifice, veut enfreindre les pri- « viléges, les états seront déliés du serment de fidé- « lité, et pourront prendre le parti qu'ils croiront con- « venable. » Cette forme de gouvernement avait prévalu long-temps dans une très grande partie de l'Europe : nulle loi n'était portée, nulle levée de deniers n'était faite sans la sanction des états assemblés. Un gouverneur de la province présidait à ces états au nom du prince, et ce gouverneur s'appelait *stadt-holder*, teneur d'états, ou tenant l'état, ou lieutenant dans toute la Basse-Allemagne.

Philippe II, en 1559, donna le gouvernement de Hollande, de Zélande, de Frise, et d'Utrecht, à Guillaume de Nassau, prince d'Orange. On peut observer que ce titre de prince ne signifiait pas prince de l'empire. La principauté de la ville d'Orange, tombée de la maison de Châlons dans la sienne par une donation, était un ancien fief du royaume d'Arles, devenu indépendant. Guillaume tirait une plus grande illustration de la maison impériale dont il était : mais quoique cette maison, aussi ancienne que celle d'Autriche, eût donné un empereur à l'Allemagne, elle n'était pas au rang des princes de l'empire. Ce titre de prince, qui ne commença à être en usage que vers le temps de Frédéric II, ne fut pris que par les plus grands terriens. Le sang impérial ne donnait aucun droit, aucun honneur; et le fils d'un empereur qui n'aurait possédé aucune terre n'était qu'empereur s'il était élu, et simple gentilhomme s'il ne succédait pas à son père. Guillaume de Nassau était comte dans l'empire, comme le roi Philippe II était comte de Hollande et seigneur de Malines; mais il était sujet de Philippe en qualité de son stadt-holder, et comme possédant des terres dans les Pays-Bas.

Philippe voulut être souverain absolu dans les Pays-Bas, ainsi qu'il l'était en Espagne. Il suffisait d'être homme pour avoir ce projet; tant l'autorité cherche toujours à renverser les barrières qui la restreignent : mais Philippe trouvait encore un autre avantage à être despotique dans un vaste et riche pays, voisin de la France; il pouvait en ce cas démembrer au moins la France pour jamais, puisqu'en perdant sept provinces, et étant souvent très gêné dans les autres, il fut encore sur le point de subjuguer ce royaume, sans même être jamais à la tête d'aucune armée.

(1565) Il voulut donc abroger toutes les lois, imposer des taxes arbitraires, créer de nouveaux évêques, et établir l'inquisition, qu'il n'avait pu faire recevoir ni dans Naples ni dans Milan. Les Flamands sont naturellement de bons sujets et de mauvais esclaves. La seule crainte de l'inquisition fit plus de protestants que tous les livres de Calvin chez ce peuple, qui n'est assurément porté par son caractère ni à la nouveauté ni aux remuements. Les principaux seigneurs s'unissent d'abord à Bruxelles pour représenter leurs droits à la gouvernante des Pays-Bas, Marguerite de Parme, fille naturelle de Charles-Quint. Leurs assemblées s'appelaient une *conspiration*, à Madrid : c'était, dans les Pays-Bas, l'acte le plus légitime. Il est certain que les confédérés n'étaient point des rebelles, qu'ils envoyèrent le comte de Berghes et le seigneur de Montmorenci-Montigni porter en Espagne leurs plaintes au pied du trône. Ils demandaient l'éloignement du cardinal de Granvelle, premier ministre, dont ils craignaient les artifices. La cour leur envoya le duc d'Albe avec des troupes espagnoles et italiennes, et avec l'ordre d'employer les bourreaux autant que les soldats. Ce qui peut ailleurs étouffer aisément une guerre civile, fut précisément ce qui la fit naître en Flandre. Guillaume de Nassau, prince d'Orange, surnommé *le Taciturne*, songea presque seul à prendre les armes, tandis que tous les autres pensaient à se soumettre.

Il y a des esprits fiers, profonds, d'une intrépidité tranquille et opiniâtre, qui s'irritent par les difficultés. Tel était le caractère de Guillaume-le-Taciturne, et tel a été depuis son arrière-petit-fils le prince d'Orange, roi d'Angleterre. Guillaume-le-Taciturne n'avait ni troupes ni argent pour résister à un monarque tel que Philippe II : les persécutions lui en donnèrent.

Le nouveau tribunal établi à Bruxelles jeta les peuples dans le désespoir. Le comte d'Egmont et de Horn, avec dix-huit gentilshommes, ont la tête tranchée; leur sang fut le premier ciment de la république des Provinces-Unies.

Le prince d'Orange, retiré en Allemagne, condamné à perdre la tête, ne pouvait armer que les protestants en sa faveur; et pour les animer, il fallait l'être. Le calvinisme dominait dans les provinces maritimes des Pays-Bas. Guillaume était né luthérien. Charles-Quint, qui l'aimait, l'avait rendu catholique; la nécessité le fit calviniste : car les princes qui ont ou établi, ou protégé, ou changé les religions, en ont rarement eu. Il était très difficile à Guillaume de lever une armée. Ses terres en Allemagne étaient peu de chose : le comté de Nassau appartenait à l'un de ses frères. Mais ses frères, ses amis, son mérite, et ses promesses, lui firent trouver des soldats. Il les envoie d'abord en Frise sous les ordres de son frère le comte Louis; son armée est détruite. Il ne se décourage point; il en forme une autre d'Allemands et de Français que l'enthousiasme de la religion et l'espoir du pillage engagent à son service. La fortune lui est rarement favorable; il est réduit à aller combattre dans l'armée des huguenots de France, ne pouvant pénétrer dans les Pays-Bas. Les sévérités espagnoles donnèrent encore de nouvelles ressources. L'imposition du dixième de la vente des biens meubles, du vingtième des immeubles, et du centième des fonds, acheva d'irriter les Flamands. Comment le maître du Mexique et du Pérou était-il forcé à ces exactions? et comment Philippe n'était-il pas venu lui-même dans le pays, comme son père, étouffer tous ces troubles?

(1570) Le prince d'Orange entra enfin dans le Brabant avec une petite armée. Il se retira en Zélande et en Hollande. Amsterdam, aujourd'hui si fameuse, était alors peu de chose, et n'osa pas même se déclarer pour le prince d'Orange. Cette ville était alors occupée d'un commerce nouveau et bas en apparence, mais qui fut le fondement de sa grandeur. La pêche du hareng et l'art de le saler ne paraissent pas un objet bien important dans l'histoire du monde; c'est cependant ce qui a fait d'un pays méprisé et stérile une puissance respectable. Venise n'eut pas des commencements plus brillants; tous les grands empires ont commencé par des hameaux, et les puissances maritimes par des barques de pêcheurs.

Toute la ressource du prince d'Orange était dans des pirates: l'un d'eux surprend la Brille; un curé fait déclarer Flessingue; enfin les états de Hollande et de Zélande assemblés à Dordrecht, et Amsterdam elle-même, s'unissent avec lui, et le reconnaissent pour stathouder: il tint alors des peuples cette même dignité qu'il avait tenue du roi. On abolit la religion romaine, afin de n'avoir plus rien de commun avec le gouvernement espagnol.

Ces peuples depuis long-temps n'avaient point passé pour guerriers, et ils le devinrent tout d'un coup. Jamais on ne combattit de part et d'autre ni avec plus de courage ni avec tant de fureur. Les Espagnols, au siége de Harlem (1573), ayant jeté dans la ville la tête d'un de leurs prisonniers, les habitants leur jetèrent onze têtes d'Espagnols, avec cette inscription, « Dix têtes pour le paiement du dixième denier, et « l'onzième pour l'intérêt. » Harlem s'étant rendu à discrétion, les vainqueurs font pendre tous les magistrats, tous les pasteurs, et plus de quinze cents citoyens : c'était traiter les Pays-Bas comme on avait traité le Nouveau-Monde. La plume tombe des mains, quand on voit comment les hommes en usent avec les hommes.

Le duc d'Albe, dont les inhumanités n'avaient servi qu'à faire perdre deux provinces au roi son maître, est enfin rappelé. On dit qu'il se vantait, en partant, d'avoir fait mourir dix-huit mille personnes par la main du bourreau. Les horreurs de la guerre n'en continuèrent pas moins sous le nouveau gouverneur des Pays-Bas, le grand-commandeur de Requesens. L'armée du prince d'Orange est encore battue (1574), ses frères sont tués, et son parti se fortifie par l'animosité d'un peuple né tranquille, qui ayant une fois passé les bornes ne savait plus reculer.

(1574, 1575) Le siége et la défense de Leyde sont un des plus grands témoignages de ce que peuvent la constance et la liberté. Les Hollandais firent précisément la même chose qu'on leur a vu hasarder depuis, en 1672, lorsque Louis XIV était aux portes d'Amsterdam : ils percèrent les digues; les eaux de l'Issel, de la Meuse, et de l'Océan, inondèrent les campagnes; et une flotte de deux cents bateaux apporta du secours dans la ville par-dessus les ouvrages des Espagnols. Il y eut un autre prodige, c'est que les assiégeants osèrent continuer le siége et entreprendre de saigner cette vaste inondation. Il n'y avait point d'exemple dans l'histoire ni d'une telle ressource dans des assiégés, ni d'une telle opiniâtreté dans des assiégeants; mais cette opiniâtreté fut inutile, et Leyde célèbre encore aujourd'hui tous les ans le jour de sa délivrance. Il ne faut pas oublier que les habitants se servirent de pigeons dans ce siége pour donner des nouvelles au prince d'Orange : c'est une pratique commune en Asie.

Quel était donc ce gouvernement si sage et si vanté de Philippe II, lorsqu'on voit dans ce temps-là même ses troupes se mutiner en Flandre, faute de paiement, saccager la ville d'Anvers (1576), et que toutes les provinces des Pays-Bas, sans consulter ni lui ni son gouverneur, font un traité de pacification avec les révoltés, publient une amnistie, rendent les prisonniers, font démolir des forteresses, et ordonnent qu'on abattra la fameuse statue du duc d'Albe, trophée que son orgueil avait élevé à sa cruauté, et qui était encore debout dans la citadelle d'Anvers, dont le roi était le maître?

Après la mort du grand-commandeur de Requesens, Philippe, qui pouvait encore essayer de remettre le calme dans les Pays-Bas par sa présence, y envoie don Juan d'Autriche, son frère, ce prince célèbre dans l'Europe par la fameuse victoire de Lépante remportée sur les Turcs, et par son ambition qui lui avait fait tenter d'être roi de Tunis. Philippe n'aimait pas don Juan : il craignait sa gloire, et se défiait de ses desseins. Cependant il lui donne malgré lui le gouvernement des Pays-Bas, dans l'espérance que les peuples, qui aimaient dans ce prince le sang et la valeur de Charles-Quint, pourraient revenir à leur devoir: il se trompa. Le prince d'Orange fut reconnu gouverneur du Brabant dans Bruxelles, lorsque don Juan en sortait (1577), après y avoir été installé gouverneur-général. Cet honneur qu'on rendit à Guillaume-le-Taciturne fut cependant ce qui empêcha le Brabant et la Flandre d'être libres, comme le furent les Hollandais. Il y avait trop de seigneurs dans ces deux provinces; ils furent jaloux du prince d'Orange, et cette jalousie conserva dix provinces à l'Espagne. Ils appellent l'archiduc Mathias pour être gouverneur-général en concurrence avec don Juan. On a peine à concevoir qu'un archiduc d'Autriche, proche parent de Philippe II, et catholique, vienne se mettre à la tête d'un parti presque tout protestant contre le chef de sa maison; mais l'ambition ne connaît point ces liens, et Philippe n'était aimé ni de l'empereur ni de l'empire.

Tout se divise alors, tout est en confusion. Le prince d'Orange, nommé par les états lieutenant-général de l'archiduc Mathias, est nécessairement le rival secret de ce prince: tous deux sont opposés à don Juan: les états se défirent de tous les trois. Un autre parti, également mécontent et des états et des trois princes, déchire la patrie. Les états publient la liberté de conscience (1578); mais il n'y avait plus de remède à la frénésie incurable des factions. Don Juan, ayant gagné une bataille inutile à Gemblours, meurt à la fleur de son âge au milieu de ces troubles (1578).

A ce fils de Charles-Quint succède un petit-fils non moins illustre; c'est cet Alexandre Farnèse, duc de Parme, descendant de Charles par sa mère, et du pape Paul III par son père; le même qui vint depuis en France délivrer Paris, et combattre Henri-le-Grand. L'histoire ne célèbre point de plus grand homme de guerre; mais il ne put empêcher ni la fondation des sept Provinces-Unies, ni les progrès de cette république qui naquit sous ses yeux.

Ces sept provinces, que nous appelons aujourd'hui du nom général de *la Hollande*, contractent (29 janvier 1579) par les soins du prince d'Orange cette union qui paraît si fragile, et qui a été si constante, de sept provinces toujours indépendantes l'une de l'autre, ayant toujours des intérêts divers, et toujours aussi étroitement jointes par le grand intérêt de la liberté, que l'est ce faisceau de flèches qui forme leurs armoiries et leur emblème.

Cette union d'Utrecht, le fondement de la république, l'est aussi du stathoudérat. Guillaume est déclaré chef des sept provinces sous le nom de capitaine, d'amiral général, de stathouder. Les dix autres provinces, qui pouvaient avec la Hollande former la république la plus puissante du monde, ne se joignent point aux sept petites Provinces-Unies. Celles-ci se protégent elles-mêmes; mais le Brabant, la Flandre, et les autres, veulent un prince étranger pour les protéger. L'archiduc Mathias était devenu inutile. Les états-généraux renvoient avec une pension modique ce fils et ce frère d'empereur, qui fut depuis empereur lui-même. Ils font venir François, duc d'Anjou, frère du roi de France, Henri III, avec lequel ils négociaient depuis long-temps. Toutes ces provinces étaient partagées entre quatre partis : celui de Mathias, si faible qu'on le renvoie; celui du duc d'Anjou, qui devint bientôt funeste; celui du duc de Parme, qui, n'ayant pour lui que quelques seigneurs et son armée, sut enfin conserver dix provinces au roi d'Espagne; et celui de Guillaume de Nassau, qui lui en arracha sept pour jamais.

C'est dans ce temps que Philippe, toujours tranquille à Madrid, proscrivit le prince d'Orange (1580), et mit sa tête à vingt-cinq mille écus. Cette méthode de commander des assassinats, inouïe depuis le triumvirat, avait été pratiquée en France contre l'amiral de Coligni, beau-père de Guillaume; et on avait promis cinquante mille écus pour son sang : celui du prince son gendre ne fut estimé que la moitié par Philippe, qui pouvait payer plus chèrement.

Quel était le préjugé qui régnait encore! Le roi d'Espagne, dans son édit de proscription, avoue qu'il a violé le serment qu'il avait fait aux Flamands, et dit que le pape l'a dispensé de ce serment. » Il croyait donc que cette raison pouvait faire une forte impression sur les esprits des catholiques? Mais combien devait-elle irriter les protestants, et les affermir dans leur défection !

La réponse de Guillaume est un des plus beaux monuments de l'histoire. De sujet qu'il avait été de Philippe, il devient son égal dès qu'il est proscrit. On voit dans son apologie un prince d'une maison impériale non moins ancienne, non moins illustre autrefois que la maison d'Autriche, un stathouder qui se porte pour accusateur du plus puissant roi de l'Europe au tribunal de toutes les cours et de tous les hommes. Il est enfin supérieur à Philippe, en ce que, pouvant le proscrire à son tour, il abhorre cette vengeance, et n'attend sa sûreté que de son épée.

Philippe dans ce temps-là même était plus redoutable que jamais; car il s'emparait du Portugal sans sortir de son cabinet, et pensait réduire de même les Provinces-Unies. Guillaume avait à craindre d'un côté les assassins, et de l'autre un nouveau maître dans le duc d'Anjou, frère de Henri III, arrivé dans les Pays-Bas, et reconnu par les peuples pour duc de Brabant et comte de Flandre. Il fut bientôt défait du duc d'Anjou, comme de l'archiduc Mathias.

(1580) Ce duc d'Anjou voulut être souverain absolu d'un pays qui l'avait choisi pour son protecteur. Il y a eu de tout temps des conspirations contre les princes: ce prince en fit une contre les peuples. Il voulut surprendre à-la-fois Anvers, Bruges, et d'autres villes qu'il était venu défendre. Quinze cents Français furent tués dans la surprise inutile d'Anvers : ses mesures manquèrent sur les autres places. Pressé d'un côté par Alexandre Farnèse, de l'autre haï des peuples, il se retira en France couvert de honte, et laissa le duc de Parme et le prince d'Orange se disputer les Pays-Bas, qui devinrent le théâtre le plus illustre de la guerre en Europe, et l'école militaire où les braves de tous les pays allèrent faire leur apprentissage.

Des assassins vengèrent enfin Philippe du prince d'Orange. Un Français, nommé Salcède, trama sa mort. Jaurigni, Espagnol, le blessa d'un coup de pistolet dans Anvers (1583). Enfin, Balthasar Gérard, Franc-Comtois, le tua dans Delft (1584), aux yeux de son épouse, qui vit ainsi assassiner son second mari après avoir perdu le premier, ainsi que son père l'amiral, à la journée de la Saint-Barthélemi. Cet assassinat du prince d'Orange ne fut point commis par l'envie de gagner les vingt-cinq mille écus qu'avait promis Philippe, mais par l'enthousiasme de la religion. Le jésuite Strada rapporte que Gérard soutint toujours dans les tourments « qu'il avait été poussé à « cette action par un instinct divin. » Il dit encore expressément que « Jaurigni n'avait auparavant en- « trepris la mort du prince d'Orange qu'après avoir « purgé son ame par la confession aux pieds d'un do- « minicain, et après l'avoir fortifiée par le pain céleste. » C'était le crime du temps : les anabaptistes avaient commencé. Une femme, en Allemagne, pendant le siége de Munster, avait voulu imiter Judith ; elle sortit de la ville dans le dessein de coucher avec l'évêque qui l'assiégeait, et de le tuer dans son lit. Poltrot de Méré avait assassiné François, duc de Guise, par les mêmes principes. Les massacres de la Saint-Barthélemi avaient mis le comble à ces horreurs : le même esprit fit répandre ensuite le sang de Henri III et de Henri IV, et forma la *conspiration des poudres* en Angleterre. Les exemples tirés de l'Écriture, prêchés d'abord par les réformés ou les novateurs, et trop souvent ensuite par les catholiques, fesaient impression sur des esprits faibles et féroces, imbécilement persuadés que Dieu leur ordonnait le meurtre. Leur aveugle fureur né leur laissait pas comprendre que si Dieu demandait du sang dans l'ancien Testament, on ne pouvait obéir à cet ordre que quand Dieu lui-même descendait du ciel pour dicter de sa bouche, d'une manière claire et précise, ses arrêts sur la vie des hommes dont il est le maître : et qui sait encore si Dieu n'eût pas été plus content de ceux qui auraient fait des remontrances à sa clémence, que de ceux qui auraient obéi à sa justice?

Philippe II fut très content de l'assassinat; il récompensa la famille de Gérard; il lui accorda des lettres de noblesse, pareilles à celles que Charles VII donna à la famille de la Pucelle d'Orléans, lettres par lesquelles le ventre anoblissait. Les descendants d'une sœur de l'assassin Gérard jouirent tous de ce singulier privilége, jusqu'au temps où Louis XIV s'empara de la Franche-Comté : alors on leur disputa un honneur que les maisons les plus illustres n'ont point en France, et dont même les descendants des frères de Jeanne d'Arc avaient été privés. On mit à la taille la famille de Gérard; elle osa présenter ses lettres de noblesse à M. de Vanolles, intendant de la province; il les foula aux pieds : le crime cessa d'être honoré, et la famille resta roturière.

Quand Guillaume-le-Taciturne fut assassiné, il était près d'être déclaré comte de Hollande. Les conditions de cette nouvelle dignité avaient déjà été stipulées par toutes les villes, excepté Amsterdam et Gouda. On voit par là qu'il avait travaillé pour lui-même autant que pour la république.

Maurice son fils ne put prétendre à cette principauté; mais les sept provinces le déclarèrent stathouder (1584), et il affermit l'édifice de la liberté fondé par son père. Il fut digne de combattre Alexandre Farnèse. Ces deux grands hommes s'immortalisaient sur ce théâtre resserré où la scène de la guerre attirait les regards des nations. Quand le duc de Parme, Farnèse, ne serait illustre que par le siége d'Anvers, il serait compté parmi les plus grands capitaines : les Anversois se défendirent comme autrefois les Tyriens; et il prit Anvers comme Alexandre, dont il portait le nom, avait pris la ville de Tyr, en fesant une digue sur le fleuve profond et rapide de l'Escaut, et en renouvelant un exemple que le cardinal de Richelieu suivit aussi au siége de la Rochelle.

La nouvelle république fut obligée d'implorer le secours de la reine d'Angleterre Élisabeth. Elle lui envoya, sous le comte de Leicester, un secours de quatre mille soldats; c'était assez alors. Le prince Maurice eut quelque temps dans Leicester un supérieur, comme son père en avait eu un dans le duc d'Anjou et dans l'archiduc Mathias. Leicester prit le titre et le rang de gouverneur général; mais il fut bientôt désavoué par sa reine. Maurice ne laissa pas entamer son stathoudérat des sept Provinces-Unies : heureux s'il n'avait pas voulu aller au-delà.

Toute cette guerre si longue et si pleine de vicissitudes ne put enfin ni rendre sept provinces à Philippe, ni lui ôter les autres. La république devenait chaque jour si formidable sur mer, qu'elle ne servit pas peu à détruire cette flotte de Philippe II, surnommée *l'Invincible*. Ce peuple pendant plus de quarante ans ressembla aux Lacédémoniens, qui repoussèrent toujours le grand roi. Les mœurs, la simplicité, l'égalité, étaient les mêmes dans Amsterdam qu'à Sparte, et la sobriété plus grande. Ces provinces tenaient encore quelque chose des premiers âges du monde. Il n'y a point de Frison un peu instruit qui ne sache qu'alors l'usage des clefs et des serrures était inconnu en Frise. On n'avait que le simple nécessaire, et ce n'était pas la peine de l'enfermer : on ne craignait point ses compatriotes; on défendait ses troupeaux et ses grains contre l'ennemi. Les maisons, dans tous ces cantons maritimes, n'étaient que des cabanes où la propreté fit toute la magnificence. Jamais peuple ne connut moins la délicatesse : quand Louise de Coligni vint épouser à La Haye le prince Guillaume, on envoya au-devant d'elle une charrette de poste découverte, où elle fut assise sur une planche. Mais La Haye devint, sur la fin de la vie de Maurice, et dans le temps de Frédéric-Henri, un séjour agréable par l'affluence des princes, des négociateurs, et des guerriers. Amsterdam fut, par le commerce seul, une des plus florissantes villes de la terre; et la bonté des pâturages d'alentour fit la richesse des habitants des campagnes.

CHAPITRE CLXV.

Suite du règne de Philippe II. Malheur de don Sébastien, roi de Portugal.

Il semblait que le roi d'Espagne dût alors écraser la maison de Nassau et la république naissante du

CH. CLXV. SUITE DU RÈGNE DE PHILIPPE II.

poids de sa puissance. Il avait perdu à la vérité en Afrique la souveraineté de Tunis, et le port de la Goulette où était autrefois Carthage : mais un roi de Maroc et de Fez, nommé Mulei-Mehemed, qui disputait le royaume à son oncle, avait offert à Philippe de se rendre son tributaire, dès l'an 1577. Philippe le refusa, et ce refus lui valut la couronne de Portugal. Le monarque africain alla lui-même embrasser les genoux du roi de Portugal, Sébastien, et implorer son secours. Ce jeune prince, arrière-petit-fils du grand Emmanuel, brûlait de se signaler dans cette partie du monde où ses ancêtres avaient fait tant de conquêtes. Ce qui est très singulier, c'est que n'étant point aidé de Philippe, son oncle maternel, dont il allait être le gendre, il reçut un secours de douze cents hommes du prince d'Orange, qui pouvait à peine alors se soutenir en Flandre. Cette petite circonstance, dans l'histoire générale, marque bien de la grandeur dans le prince d'Orange, mais surtout une passion déterminée de faire partout des ennemis à Philippe.

Sébastien débarque avec près de huit cents bâtiments au royaume de Fez, dans la ville d'Arzilla, conquête de ses ancêtres. Son armée était de quinze mille hommes d'infanterie; mais il n'avait pas mille chevaux. C'est apparemment ce petit nombre de cavalerie, si peu proportionné à la cavalerie formidable des Maures, qui l'a fait condamner comme un téméraire par tous les historiens; mais que de louanges s'il avait été heureux! Il fut vaincu par le vieux souverain de Maroc, Molucco (4 auguste 1578). Trois rois périrent dans cette bataille, les deux rois maures, l'oncle et le neveu, et Sébastien. La mort du vieux roi Molucco est une des plus belles dont l'histoire fasse mention. Il était languissant d'une grande maladie; il se sentit affaibli au milieu de la bataille, donna tranquillement ses derniers ordres, et expira en mettant le doigt sur sa bouche, pour faire entendre à ses capitaines qu'il ne fallait pas que ses soldats sussent sa mort. On ne peut faire une si grande chose avec plus de simplicité. Il ne revint personne de l'armée vaincue. Cette journée extraordinaire eut une suite qui ne le fut pas moins : on vit pour la première fois un prêtre cardinal et roi; c'était don Henri, âgé de soixante et dix ans, fils du grand Emmanuel, grand-oncle de Sébastien. Il eut de plein droit le Portugal.

Philippe se prépara dès-lors à lui succéder; et pour que tout fût singulier dans cette affaire, le pape Grégoire XIII se mit au nombre des concurrents, et prétendit que le royaume de Portugal appartenait au saint-siége, faute d'héritiers en ligne directe; par la raison, disait-il, qu'Alexandre III avait autrefois créé roi le comte Alfonse, qui s'était reconnu feudataire de Rome : c'était une étrange raison. Ce pape Grégoire XIII, Buoncompagno, avait le dessein ou plutôt l'idée vague de donner un royaume à Buoncompagno, son bâtard, en faveur duquel il ne voulait pas démembrer l'état ecclésiastique, comme avaient fait plusieurs de ses prédécesseurs. Il avait d'abord espéré que son fils aurait le royaume d'Irlande, parceque Philippe II fomentait des troubles dans cette île, ainsi qu'Élisabeth attisait le feu allumé dans les Pays-Bas. L'Irlande, ayant encore été donnée par les papes, devait revenir à eux ou à leurs enfants quand la souveraine d'Irlande était excommuniée. Cette idée ne réussit pas. Le pape obtint, à la vérité, de Philippe quelques vaisseaux et quelques Espagnols qui abordèrent en Irlande avec des Italiens, sous le pavillon du saint-siége; mais ils furent passés au fil de l'épée, et les Irlandais de leur parti périrent par la corde. Grégoire XIII, après cette entreprise si extravagante et si malheureuse, tourna ses vues du côté du Portugal; mais il avait affaire à Philippe II, qui avait plus de droits que lui et plus de moyens de les soutenir.

(1580) Le vieux cardinal-roi ne régna que pour voir discuter juridiquement devant lui quel serait son héritier. Il mourut bientôt. Un chevalier de Malte, Antoine, prieur de Crato, voulut succéder au roi-prêtre, qui était son oncle paternel, au lieu que Philippe II n'était neveu de Henri que du côté de sa mère. Le prieur passait pour bâtard, et se disait légitime. Ni le prieur ni le pape n'héritèrent. La branche de Bragance, qui semblait avoir des prétentions justes, eut alors ou la prudence ou la timidité de ne les pas faire valoir. Une armée de vingt mille hommes prouva le droit de Philippe; il ne fallait guère dans ce temps-là de plus grandes armées. Le prieur, qui ne pouvait résister par lui-même, eut en vain recours à l'appui du grand-seigneur. Il ne manquait à toutes ces bizarreries que de voir le pape implorer aussi le Turc pour être roi de Portugal.

Philippe ne fesait jamais la guerre par lui-même : il conquit de son cabinet le Portugal. Le vieux duc d'Albe, exilé depuis deux ans, après ses longs services, rappelé comme un dogue enchaîné qu'on lâche encore pour aller à la chasse, termina sa carrière de sang en battant deux fois la petite armée du roi-prieur, qui, abandonné de tout le monde, erra long-temps dans sa patrie.

Philippe vint alors se faire couronner à Lisbonne, et promit quatre-vingt mille ducats à qui livrerait don Antoine. Les proscriptions étaient les armes à son usage.

(1581) Le prieur de Crato se réfugia d'abord en Angleterre avec quelques compagnons de son infortune, qui, manquant de tout, et délabrés comme lui, le servaient à genoux. Cet usage, établi par les empereurs allemands qui succédèrent à la race de Charlemagne, fut reçu en Espagne quand Alphonse X, roi de Castille, eut été élu empereur, au treizième siècle. Les rois d'Angleterre ont suivi cet exemple qui semble contredire la fière liberté de la nation. Les rois de France l'ont dédaigné, et se sont contentés du pouvoir réel. En Pologne les rois ont été servis ainsi dans des jours de cérémonie, et n'en sont pas plus absolus.

Élisabeth n'était pas en état de faire la guerre pour le prieur de Crato : ennemie implacable, mais non déclarée, de Philippe, elle mettait toute son application à lui résister, à lui susciter secrètement des ennemis; et ne pouvant se soutenir en Angleterre que par l'affection du peuple, ne pouvant conserver cette affection qu'en ne demandant point de nouveaux subsides, elle n'était pas en état de porter la guerre en Espagne.

Don Antoine s'adresse à la France. Le conseil de Henri III était avec Philippe dans les mêmes termes de jalousie et de crainte que le conseil d'Angleterre. Il n'y avait point de guerre déclarée, mais une ancienne inimitié, une envie mutuelle de se nuire; et Henri III fut toujours embarrassé entre les huguenots, qui fesaient un état dans l'état, et Philippe, qui voulut en faire un autre en offrant toujours aux catholiques sa protection dangereuse.

Catherine de Médicis avait des prétentions sur le Portugal, presque aussi chimériques que celles du pape. Don Antoine, en flattant ces prétentions, en promettant une partie du royaume qu'il ne pouvait recouvrer, et au moins les îles Açores où il avait un grand parti, obtint par le crédit de Catherine un secours considérable. On lui donna soixante petits vaisseaux, et environ six mille hommes, pour la plupart huguenots, qu'on était bien aise d'employer au loin, et qui l'étaient encore davantage d'aller combattre des Espagnols. Les Français, et surtout les calvinistes, cherchaient partout la guerre. Ils suivaient alors en foule le duc d'Anjou pour l'établir en Flandre. Ils s'embarquèrent avec allégresse pour tenter de rétablir don Antoine en Portugal. On s'empara d'abord d'une des îles; mais bientôt la flotte d'Espagne parut (1583): elle était supérieure en tout à celle des Français par la grandeur des vaisseaux, par le nombre des troupes; il y avait douze galères à rames qui accompagnaient cinquante galions. C'est la première fois qu'on vit des galères sur l'Océan, et il était bien étonnant qu'on les eût conduites jusqu'à six cents lieues dans ces mers nouvelles. Lorsque Louis XIV, long-temps après, fit passer quelques galères dans l'Océan, cette entreprise passa pour la première de cette espèce, et ne l'était pourtant pas; mais elle était plus périlleuse que celle de Philippe II, parceque l'océan Britannique est plus orageux que l'Atlantique.

Cette bataille navale fut la première qui se donna dans cette partie du monde. Les Espagnols vainquirent, et abusèrent de leur victoire. Le marquis de Santa-Cruz, général de la flotte de Philippe, fit mourir presque tous les prisonniers français par la main du bourreau, sous prétexte que la guerre n'étant point déclarée entre l'Espagne et la France, il devait les traiter comme des pirates. Don Antoine, heureux d'échapper par la fuite, alla se faire servir à genoux en France, et mourir dans la pauvreté.

Philippe alors se voit maître non-seulement du Portugal, mais de tous les grands établissements que sa nation avait faits dans les Indes. Il étendait sa domination au bout de l'Amérique et de l'Asie, et ne pouvait prévaloir contre la Hollande.

(1584) Une ambassade de quatre rois du Japon sembla mettre alors le comble à cette grandeur suprême qui le fesait regarder comme le premier monarque de l'Europe. La religion chrétienne fesait au Japon de grands progrès; et les Espagnols pouvaient se flatter d'y établir leur puissance, comme leur religion.

Philippe avait dans la chrétienté le pape, suzerain de son royaume de Naples, à ménager; la France à tenir toujours divisée, en quoi il réussissait par le moyen de la Ligue et par ses trésors; la Hollande à réduire, et surtout l'Angleterre à troubler. Il fesait mouvoir à-la-fois tous ces ressorts; et il parut bientôt, par l'armement de sa flotte nommée *l'Invincible*, que son but était de conquérir l'Angleterre plutôt que de l'inquiéter.

La reine Élisabeth lui fournissait assez de raisons; elle soutenait hautement les confédérés des Pays-Bas. François Drake, alors simple armateur, avait pillé plusieurs possessions espagnoles dans l'Amérique, traversé le détroit de Magellan, et était revenu à Londres, en 1580, chargé de dépouilles, après avoir fait le tour du monde. Un prétexte plus considérable que ces raisons était la captivité de Marie Stuart, reine d'Écosse, retenue depuis dix-huit ans prisonnière contre le droit des gens. Elle avait pour elle tous les catholiques de l'île. Elle avait un droit très apparent sur l'Angleterre, droit qu'elle tirait de Henri VII, par une naissance dont la légitimité n'était pas contestée comme celle d'Élisabeth. Philippe pouvait faire valoir pour lui-même le vain titre de roi d'Angleterre qu'il avait porté : et enfin l'entreprise de délivrer la reine Marie mettait nécessairement le pape et tous les catholiques de l'Europe dans ses intérêts.

CHAPITRE CLXVI.

De l'invasion de l'Angleterre, projetée par Philippe II. De la flotte invincible. Du pouvoir de Philippe II en France. Examen de la mort de don Carlos, etc.

Dans ce dessein, Philippe prépare cette flotte prodigieuse qui devait être secondée par un autre armement en Flandre, et par la révolte des catholiques en

Angleterre. Ce fut ce qui perdit la reine Marie Stuart (1587), et la conduisit sur un échafaud, au lieu de la délivrer. Il ne restait plus à Philippe qu'à la venger en prenant l'Angleterre pour lui-même; après quoi il voyait la Hollande soumise et punie.

Il avait fallu l'or du Pérou pour faire tous ces préparatifs. La flotte invincible part du port de Lisbonne (3 juin 1588), forte de cent cinquante gros vaisseaux, de vingt mille soldats, de près de trois mille canons, de près de sept mille hommes d'équipage, qui pouvaient combattre dans l'occasion. Une armée de trente mille combattants, assemblée en Flandre par le duc de Parme, n'attend que le moment de passer en Angleterre sur des barques de transport déjà prêtes, et de se joindre aux soldats que portait la flotte de Philippe. Les vaisseaux anglais, beaucoup plus petits que ceux des Espagnols, ne devaient pas résister au choc de ces citadelles mouvantes, dont quelques unes avaient leurs œuvres vives de trois pieds d'épaisseur, impénétrables au canon. Cependant rien de cette entreprise si bien concertée ne réussit. Bientôt cent vaisseaux anglais, quoique petits, arrêtent cette flotte formidable; ils prennent quelques bâtiments espagnols; ils dispersent le reste avec huit brûlots. La tempête seconde ensuite les Anglais; l'Invincible est prête d'échouer sur les côtes de Zélande. L'armée du duc de Parme, qui ne pouvait se mettre en mer qu'à la faveur de la flotte espagnole, demeure inutile. Les vaisseaux de Philippe, vaincus par les Anglais et par les vents, se retirent aux mers du Nord; quelques uns avaient échoué sur les côtes de Zélande, d'autres sont fracassés vers les rochers des îles Orcades et sur les côtes d'Écosse; d'autres font naufrage en Irlande. Les paysans y massacrèrent les soldats et les matelots échappés à la fureur de la mer; et le vice-roi d'Irlande eut la barbarie de faire pendre ce qui en restait. Enfin il ne revint en Espagne que cinquante vaisseaux; et d'environ trente mille hommes que la flotte avait portés, les naufrages, le canon, et le fer des Anglais, les blessures et les maladies, n'en laissèrent pas rentrer six mille dans leur patrie.

Il règne encore en Angleterre un singulier préjugé sur cette flotte invincible. Il n'y a guère de négociant qui ne répète souvent à ses apprentis que ce fut un marchand, nommé Gresham, qui sauva la patrie, en retardant l'équipement de la flotte d'Espagne, et en accélérant celui de la flotte anglaise. Voici, dit-on, comment il s'y prit. Le ministère espagnol envoyait des lettres de change à Gênes pour payer les armements des ports d'Italie : Gresham, qui était le plus fort marchand d'Angleterre, tira en même temps sur Gênes, et menaça ses correspondants de ne plus jamais traiter avec eux s'ils préféraient le papier des Espagnols au sien. Les Génois ne balancèrent pas entre un marchand anglais et un simple roi d'Espagne. Le marchand tira tout l'argent de Gênes; il n'en resta plus pour Philippe II, et son armement resta six mois suspendu. Ce conte ridicule est répété dans vingt volumes; on l'a même débité publiquement sur les théâtres de Londres : mais les historiens sensés ne se sont jamais déshonorés par cette fable absurde. Chaque peuple a ses contes inventés par l'amour-propre;

il serait heureux que le genre humain n'eût jamais été bercé de contes plus absurdes et plus dangereux.

La florissante armée de trente mille hommes qu'avait le duc de Parme ne servit pas plus à subjuguer la Hollande que la flotte invincible n'avait servi à conquérir l'Angleterre. La Hollande, qui se défendait si aisément par ses canaux, par ses digues, par ses étroites chaussées, encore plus par un peuple idolâtre de sa liberté, et devenu tout guerrier sous les princes d'Orange, aurait pu tenir contre une armée plus formidable.

Il n'y avait que Philippe II qui pût être encore redoutable après un si grand désastre. L'Amérique et l'Asie lui prodiguaient de quoi faire trembler ses voisins; et ayant manqué l'Angleterre, il fut sur le point de faire de la France une de ses provinces.

Dans le temps même qu'il conquérait le Portugal, qu'il soutenait la guerre en Flandre, et qu'il attaquait l'Angleterre, il animait en France cette ligue nommée *sainte*, qui renversait le trône, et qui déchirait l'état; et, mettant encore lui-même la division dans cette ligue qu'il protégeait, il fut près trois fois d'être reconnu souverain de la France, sous le nom de *protecteur*, avec le pouvoir de conférer toutes les charges. L'infante Eugénie, sa fille, devait être reine sous ses ordres, et porter en dot la couronne de France à son époux. Cette proposition fut faite par la faction des Seize, dès l'an 1589, après l'assassinat de Henri III. Le duc de Mayenne, chef de la ligue, ne put éluder cette proposition qu'en disant que la ligue ayant été formée par la religion, *le titre de protecteur de la France ne pouvait appartenir qu'au pape.* L'ambassadeur de Philippe en France poussa très loin cette négociation avant la tenue des états de Paris, en 1593. On délibéra long-temps sur les moyens d'abolir la loi salique, et enfin l'infante fut proposée pour reine aux états de Paris.

Philippe accoutumait insensiblement les Français à dépendre de lui; car, d'un côté, il envoyait à la ligue assez de secours pour l'empêcher de succomber, mais non assez pour la rendre indépendante; de l'autre, il armait son gendre, Charles-Emmanuel de Savoie, contre la France; il lui entretenait des troupes; il l'aidait à se faire reconnaître protecteur par le parlement de Provence, afin que la France, apprivoisée par cet exemple, reconnût Philippe pour protecteur de tout le royaume. Il était vraisemblable que la France y serait forcée. L'ambassadeur d'Espagne régnait en effet dans Paris en prodiguant les pensions. La Sorbonne et tous les ordres religieux étaient dans son parti. Son projet n'était point de conquérir la France comme le Portugal, mais de forcer la France à le prier de la gouverner.

(1590) C'est dans ce dessein qu'il envoie du fond des Pays-Bas Alexandre Farnèse au secours de Paris, pressé par les armes victorieuses de Henri IV; et c'est dans ce dessein qu'il le rappelle, après que Farnèse a délivré par ses savantes marches, sans coup férir, la capitale du royaume. Ensuite, lorsque Henri IV assiége Rouen, il renvoie encore le même duc de Parme faire lever le siége.

(1591) C'était une chose bien admirable, lorsque

Philippe était assez puissant pour décider ainsi du destin de la guerre en France, que le prince d'Orange, Maurice, et les Hollandais, le fussent assez pour s'y opposer et pour envoyer des secours à Henri IV, eux qui, dix ans auparavant, n'étaient regardés en Espagne que comme des séditieux obscurs, incapables d'échapper au supplice. Ils envoyèrent trois mille hommes au roi de France; mais le duc de Parme n'en délivra pas moins la ville de Rouen, comme il avait délivré celle de Paris.

Alors Philippe le rappelle encore; et toujours donnant et retirant ses secours à la ligue, toujours se rendant nécessaire, il tend ses filets de tous côtés sur les frontières et dans le cœur du royaume, pour faire tomber ce pays divisé dans le piége inévitable de sa domination. Il était déjà établi dans une grande partie de la Bretagne par la force des armes. Son gendre, le duc de Savoie, l'était dans la Provence et dans une partie du Dauphiné : le chemin était toujours ouvert pour les armées espagnoles d'Arras à Paris, et de Fontarabie à la Loire. Philippe était si persuadé que la France ne pouvait lui échapper, que dans ses entretiens avec le président Jeannin, envoyé du duc de Mayenne, il lui disait toujours : *Ma ville de Paris, ma ville d'Orléans, ma ville de Rouen.*

La cour de Rome, qui le craignait, était pourtant obligée de le seconder; et les armes de la religion combattaient sans cesse pour lui. Il ne lui en coûtait que l'affectation d'un grand zèle. Ce voile de zèle pour la religion catholique était encore le prétexte de la destruction de Genève, à laquelle il travaillait dans le même temps. Il fit marcher, dès l'an 1589, une armée aux ordres de Charles-Emmanuel, duc de Savoie, son gendre, pour réduire Genève et les pays circonvoisins; mais des peuples pauvres, élevés au-dessus d'eux-mêmes par l'amour de la liberté, furent toujours l'écueil de ce riche et puissant monarque. Les Génevois, aidés des seuls cantons de Zurich et de Berne, et de trois cents soldats de Henri IV, se soutinrent contre les trésors du beau-père et contre les armes du gendre. Ces mêmes Génevois délivrèrent leur ville, en 1602, des mains de ce même duc de Savoie, qui l'avait surprise par escalade en pleine paix, et qui déjà la mettait au pillage. Ils eurent même la hardiesse de punir cette entreprise d'un souverain comme un brigandage, et de faire pendre treize officiers qualifiés, qui, n'ayant pu être conquérants, furent traités comme des voleurs de nuit.

Philippe, sans sortir de son cabinet, soutenait donc sans cesse la guerre à-la-fois dans les Pays-Bas contre le prince Maurice, dans presque toutes les provinces de France contre Henri IV, à Genève et dans la Suisse, et sur mer contre les Anglais et les Hollandais. Quel fut le fruit de toutes ces vastes entreprises qui tinrent si long-temps l'Europe en alarmes? Henri IV, en allant à la messe, lui fit perdre la France en un quart d'heure. Les Anglais, aguerris sur mer par lui-même, et devenus aussi bons marins que les Espagnols, ravagèrent ses possessions en Amérique (1593). Le comte d'Essex brûla ses galions et sa ville de Cadix (1596). Enfin, après avoir encore désolé la France après qu'Amiens eut été pris par surprise, et repris par la valeur de Henri IV, Philippe fut obligé de conclure la paix de Vervins, et de reconnaître pour roi de France celui qu'il n'avait jamais nommé que le prince de Béarn.

Il faut observer surtout que dans cette paix il rendit à la France la ville de Calais (2 mai 1598), que l'archiduc Albert, gouverneur des Pays-Bas, avait prise pendant les malheurs de la France, et qu'on ne fit nulle mention des droits prétendus par Élisabeth dans le traité; elle n'eut ni cette ville ni les huit cent mille écus qu'on lui devait par le traité de Cateau-Cambresis.

Le pouvoir de Philippe fut alors comme un grand fleuve rentré dans son lit, après avoir inondé au loin les campagnes. Philippe resta le premier potentat de l'Europe. Élisabeth, et surtout Henri IV, avaient une gloire plus personnelle; mais Philippe conserva jusqu'au dernier moment ce grand ascendant que lui donnait l'immensité de ses pays et de ses trésors. Trois mille millions de nos livres que lui coûtèrent sa cruauté despotique dans les Pays-Bas, et son ambition en France, ne l'appauvrirent point. L'Amérique et les Indes orientales furent toujours inépuisables pour lui. Il arriva seulement que ses trésors enrichirent l'Europe malgré son intention. Ce que ses intrigues prodiguèrent en Angleterre, en France, en Italie, ce que ses armements lui coûtèrent dans les Pays-Bas, ayant augmenté les richesses des peuples qu'il voulait subjuguer, le prix des denrées doubla presque partout, et l'Europe s'enrichit du mal qu'il avait voulu lui faire.

Il avait environ trente millions de ducats d'or de

revenu, sans être obligé de mettre de nouveaux impôts sur ses peuples. C'était plus que tous les monarques chrétiens ensemble. Il eut par là de quoi marchander plus d'un royaume, mais non de quoi les conquérir. Le courage d'esprit d'Élisabeth, la valeur de Henri IV, et celle des princes d'Orange, triomphèrent de ses trésors et de ses intrigues; mais, si on en excepte le saccagement de Cadix, l'Espagne fut de son temps toujours tranquille et toujours heureuse.

Les Espagnols eurent une supériorité marquée sur les autres peuples : leur langue se parlait à Paris, à Vienne, à Milan, à Turin; leurs modes, leur manière de penser et d'écrire, subjuguèrent les esprits des Italiens; et depuis Charles-Quint jusqu'au commencement du règne de Philippe III, l'Espagne eut une considération que les autres peuples n'avaient point.

Dans le temps qu'il fesait la paix avec la France, il donna les Pays-Bas et la Franche-Comté en dot à sa fille Claire-Eugénie, qu'il n'avait pu faire reine, et il les donna comme un fief reversible à la couronne d'Espagne, faute de postérité.

Philippe mourut bientôt après (13 septembre 1598) à l'âge de soixante et onze ans, dans ce vaste palais de l'Escurial, qu'il avait fait vœu de bâtir en cas que ses généraux gagnassent la bataille de Saint-Quentin : comme s'il importait à Dieu que le connétable de Montmorenci ou Philibert de Savoie gagnât la bataille, et comme si la faveur céleste s'achetait par des bâtiments!

La postérité a mis ce prince au rang des plus puissants rois, mais non des plus grands. On l'appela le

Démon du Midi[1], parceque du fond de l'Espagne, qui est au midi de l'Europe, il troubla tous les autres états.

Si, après l'avoir considéré sur le théâtre du gouvernement, on l'observe dans le particulier, on voit en lui un maître dur et défiant, un amant, un mari cruel, et un père impitoyable.

Un grand événement de sa vie domestique, qui exerce encore aujourd'hui la curiosité du monde, est la mort de son fils don Carlos. Personne ne sait comment mourut ce prince ; son corps, qui est dans les tombes de l'Escurial, y est séparé de sa tête : on prétend que cette tête n'est séparée que parceque la caisse de plomb qui renferme le corps est en effet trop petite. C'est une allégation bien faible : il était aisé de faire un cercueil plus long. Il est plus vraisemblable que Philippe fit trancher la tête de son fils. On a imprimé dans la vie du czar Pierre Ier que, lorsqu'il voulut condamner son fils à la mort, il fit venir d'Espagne les actes du procès de don Carlos ; mais ni ces actes ni la condamnation de ce prince n'existent. On ne connaît pas plus son crime que son genre de mort. Il n'est ni prouvé ni vraisemblable que son père l'ait fait condamner par l'inquisition. Tout ce qu'on sait, c'est qu'en 1568, son père vint l'arrêter lui-même dans sa chambre, et qu'il écrivit à l'impératrice, sa sœur, « qu'il n'avait jamais découvert dans le prince son fils « aucun vice capital ni aucun crime déshonorant, et « qu'il l'avait fait enfermer pour son bien et pour celui

---

[1] *Ab incursu et dæmonio meridiano.* Ps. xc, 6. C'est sous le nom de *Démon du Midi* que Voltaire parle de Philippe II dans le *Dictionnaire philosophique,* au mot DÉMOCRATIE, B.

« du royaume. » Il écrivit en même temps au pape Pie V tout le contraire : il lui dit dans sa lettre du 20 janvier 1568, « que dès sa plus tendre jeunesse la « force d'un naturel vicieux a étouffé dans don Carlos « toutes les instructions paternelles. » Après ces lettres par lesquelles Philippe rend compte de l'emprisonnement de son fils, on n'en voit point par lesquelles il se justifie de sa mort; et cela seul, joint aux bruits qui coururent dans l'Europe, peut faire croire qu'en effet Philippe fut coupable d'un parricide. Son silence au milieu des rumeurs publiques justifiait encore ceux qui prétendaient que la cause de cette horrible aventure fut l'amour de don Carlos pour Élisabeth de France, sa belle-mère, et l'inclination de cette reine pour ce jeune prince. Rien n'était plus vraisemblable : Élisabeth avait été élevée dans une cour galante et voluptueuse; Philippe II était plongé dans les intrigues des femmes; la galanterie était l'essence d'un Espagnol. De tous côtés était l'exemple de l'infidélité. Il était naturel que don Carlos et Élisabeth, à peu près du même âge, eussent de l'amour l'un pour l'autre. La mort précipitée de la reine, qui suivit de près celle du prince, confirma ces soupçons.

Toute l'Europe crut que Philippe avait immolé sa femme et son fils à sa jalousie, et on le crut d'autant plus que quelque temps après ce même esprit de jalousie le porta à vouloir faire périr par la main du bourreau le fameux Antoine Pérès, son rival auprès de la princesse d'Éboli. Ce sont là les accusations qu'on a vues intentées contre lui par le prince d'Orange au tribunal du public. Il est bien étrange que Philippe n'y fît pas au moins répondre par les plumes vénales de son royaume, et que personne dans l'Europe ne réfutât le prince d'Orange. Ce ne sont pas là des convictions entières, mais ce sont les présomptions les plus fortes; et l'histoire ne doit pas négliger de les rapporter comme telles, le jugement de la postérité étant le seul rempart qu'on ait contre la tyrannie heureuse.

CHAPITRE CLXVII.

Des Anglais sous Édouard VI, Marie, et Élisabeth.

Les Anglais n'eurent ni cette brillante prospérité des Espagnols, ni cette influence dans les autres cours, ni ce vaste pouvoir qui rendait l'Espagne si dangereuse; mais la mer et le négoce leur donnèrent une grandeur nouvelle. Ils connurent leur véritable élément, et cela seul les rendit plus heureux que toutes les possessions étrangères et les victoires de leurs anciens rois. Si ces rois avaient régné en France, l'Angleterre n'eût été qu'une province asservie. Ce peuple qu'il fut si difficile de former, qui fut conquis si aisément par des pirates danois et saxons, et par un duc de Normandie, n'avait été, sous les Édouard III et les Henri V, que l'instrument grossier de la grandeu passagère de ces monarques; il fut sous Élisabeth un peuple puissant, policé, industrieux, laborieux, entreprenant. Les navigations des Espagnols avaient excité leur émulation; ils cherchèrent dans trois voyages consécutifs un passage au Japon et à la Chine par le nord. Drake et Candish firent le tour du globe, en attaquant partout ces mêmes Espagnols qui s'étendaient aux deux bouts du monde. Des sociétés qui n'avaient d'appui qu'elles-mêmes, trafiquèrent avec un grand avantage sur les côtes de la Guinée. Le célèbre chevalier Raleigh, sans aucun secours du gouvernement, jeta et affermit les fondements des colonies anglaises dans l'Amérique septentrionale en 1585. Ces entreprises formèrent bientôt la meilleure marine de l'Europe ; il y parut bien lorsqu'ils mirent cent vaisseaux en mer contre la flotte invincible de Philippe II, et qu'ils allèrent ensuite insulter les côtes d'Espagne, détruire ses navires et brûler Cadix; et qu'enfin, devenus plus formidables, ils battirent en 1602 la première flotte que Philippe III eût mise en mer, et prirent dès-lors une supériorité qu'ils ne perdirent presque jamais.

Dès les premières années du règne d'Élisabeth, ils s'appliquèrent aux manufactures. Les Flamands, persécutés par Philippe II, vinrent peupler Londres, la rendre industrieuse, et l'enrichir. Londres, tranquille sous Élisabeth, cultiva même avec succès les beaux-arts, qui sont la marque et le fruit de l'abondance. Les noms de Spencer et de Shakespeare, qui fleurirent de ce temps, sont parvenus aux autres nations. Londres s'agrandit, se policɑ, s'embellit; enfin la moitié de cette île de la Grande-Bretagne balança la grandeur espagnole. Les Anglais étaient le second peuple par leur industrie; et comme libres, ils étaient le premier. Il y avait déjà sous ce règne des compagnies de commerce établies pour le Levant et pour le Nord. On commençait en Angleterre à considérer la culture des terres comme le premier bien, tandis qu'en Espagne on commençait à négliger ce vrai bien pour des trésors de convention. Le commerce des trésors du Nouveau-Monde enrichissait le roi d'Espagne; mais en Angleterre le négoce des denrées était utile aux citoyens. Un simple marchand de Londres, nommé Gresham, dont nous avons parlé [1], eut alors assez d'opulence et assez de générosité pour bâtir à ses dépens la bourse de Londres et un collége qui porte son nom. Plusieurs autres citoyens fondèrent des hôpitaux et des écoles. C'était là le plus bel effet qu'eût produit la liberté; de simples particuliers fesaient ce que font aujourd'hui les rois, quand leur administration est heureuse.

Les revenus de la reine Élisabeth n'allaient guère au-delà de six cent mille livres sterling, et le nombre de ses sujets ne montait pas à beaucoup plus de quatre millions d'habitants. La seule Espagne alors en contenait une fois davantage. Cependant Élisabeth se défendit toujours avec succès, et eut la gloire d'aider à-la-fois Henri IV à conquérir son royaume, et les Hollandais à établir leur république.

Il faut remonter en peu de mots aux temps d'Édouard VI et de Marie, pour connaître la vie et le règne d'Élisabeth.

Cette reine, née en 1533, fut déclarée au berceau héritière légitime du royaume d'Angleterre, et peu de temps après déclarée bâtarde, quand sa mère Anne

[1] Page 25. B.

Boulen passa du trône à l'échafaud. Son père, qui finit sa vie en 1547, mourut en tyran comme il avait vécu. De son lit de mort il ordonnait des supplices, mais toujours par l'organe des lois. Il fit condamner à mort le duc de Norfolk et son fils, sur ce seul prétexte que leur vaisselle était marquée aux armes d'Angleterre. Le père, à la vérité, obtint sa grace, mais le fils fut exécuté. Il faut avouer que si les Anglais passent pour faire peu de cas de la vie, leur gouvernement les a traités selon leur goût. Le règne du jeune Édouard VI, fils de Henri VIII et de Jeanne Seymour, ne fut pas exempt de ces sanglantes tragédies. Son oncle Thomas Seymour, amiral d'Angleterre, eut la tête tranchée, parcequ'il s'était brouillé avec Édouard Seymour, son frère, duc de Somerset, protecteur du royaume; et bientôt après le duc de Somerset lui-même périt de la même mort. Ce règne d'Édouard VI, qui ne fut que de cinq ans, fut un temps de sédition et de troubles pendant lequel la nation fut ou parut protestante. Il ne laissa la couronne ni à Marie ni à Élisabeth, ses sœurs, mais à Jeanne Gray, descendante de Henri VII, petite-fille de la veuve de Louis XII et de Brandon, simple gentilhomme, créé duc de Suffolk. Cette Jeanne Gray était femme d'un lord Guildford, et Guildford était fils du duc de Northumberland, tout puissant sous Édouard VI. Le testament d'Édouard VI, en donnant le trône à Jeanne Gray, ne lui prépara qu'un échafaud : elle fut proclamée à Londres (1553); mais le parti et le droit de Marie, fille de Henri VIII et de Catherine d'Aragon, l'emportèrent; et la première chose que fit cette reine, après avoir signé son contrat de mariage avec Philippe, ce fut de faire condamner à mort sa rivale (1554), princesse de dix-sept ans, pleine de graces et d'innocence, qui n'avait d'autre crime que d'être nommée dans le testament d'Édouard. En vain elle se dépouilla de cette dignité fatale, qu'elle ne garda que neuf jours; elle fut conduite au supplice, ainsi que son mari, son père, et son beau-père. Ce fut la troisième reine en Angleterre, en moins de vingt années, qui mourut sur l'échafaud. La religion protestante, dans laquelle elle était née, fut la principale cause de sa mort. Les bourreaux, dans cette révolution, furent beaucoup plus employés que les soldats. Toutes ces cruautés s'exécutaient par actes du parlement. Il y a eu des temps sanguinaires chez tous les peuples; mais chez le peuple anglais, plus de têtes illustres ont été portées sur l'échafaud que dans tout le reste de l'Europe ensemble. Ce fut le caractère de cette nation de commettre des meurtres juridiquement. Les portes de Londres ont été infectées de crânes humains attachés aux murailles, comme les temples du Mexique.

CHAPITRE CLXVIII.

De la reine Élisabeth.

Élisabeth fut d'abord mise en prison par sa sœur, la reine Marie. Elle employa une prudence au-dessus de son âge, et une flatterie qui n'était pas dans son caractère, pour conserver sa vie. Cette princesse, qui refusa depuis Philippe II, quand elle fut reine, voulait alors épouser le comte de Devonshire Courtenai; et il paraît par les lettres qui restent d'elle qu'elle avait beaucoup d'inclination pour lui : un tel mariage n'eût point été extraordinaire; on voit que Jeanne Gray, destinée au trône, avait épousé le lord Guildford; Marie, reine douairière de France, avait passé du lit de Louis XII dans les bras du chevalier Brandon. Toute la maison royale d'Angleterre venait d'un simple gentilhomme nommé *Tudor*, qui avait épousé la veuve de Henri V, fille du roi de France Charles VI; et en France, quand les rois n'étaient pas encore parvenus au degré de puissance qu'ils ont eu depuis, la veuve de Louis-le-Gros ne fit aucune difficulté d'épouser Matthieu de Montmorenci.

Élisabeth, dans sa prison, et dans l'état de persécution où elle vécut toujours sous Marie, mit à profit sa disgrace; elle cultiva son esprit, apprit les langues et les sciences : mais de tous les arts où elle excella, celui de se ménager avec sa sœur, avec les catholiques et avec les protestants, de dissimuler, et d'apprendre à régner, fut le plus grand.

(1559) A peine proclamée reine, Philippe II, son beau-frère, la rechercha en mariage. Si elle l'eût épousé, la France et la Hollande couraient risque d'être accablées : mais elle haïssait la religion de Philippe, n'aimait pas sa personne, et voulait à-la-fois jouir de la vanité d'être aimée et du bonheur d'être indépendante. Mise en prison sous la reine sa sœur catholique, elle songea, dès qu'elle fut sur le trône, à rendre le royaume protestant. (1559) Elle se fit pourtant couronner par un évêque catholique, pour ne pas effaroucher d'abord les esprits. Je remarquerai qu'elle alla de Westminster à la tour de Londres dans un char suivi de cent autres. Ce n'est pas que les carrosses fussent alors en usage, ce n'était qu'un appareil passager.

Immédiatement après elle convoqua un parlement qui établit la religion anglicane telle qu'elle est aujourd'hui, et qui donna au souverain la suprématie, les décimes, et les annates.

Élisabeth eut donc le titre de chef de la religion anglicane. Beaucoup d'auteurs, et principalement les Italiens, ont trouvé cette dignité ridicule dans une femme : mais ils pouvaient considérer que cette femme régnait ; qu'elle avait les droits attachés au trône par les lois du pays ; qu'autrefois les souverains de toutes les nations connues avaient l'intendance des choses de la religion ; que les empereurs romains furent souverains pontifes ; que si aujourd'hui dans quelques pays l'Église gouverne l'état, il y en a beaucoup d'autres où l'état gouverne l'Église. Nous avons vu en Russie quatre souveraines de suite présider au synode qui tient lieu du patriarcat absolu. Une reine d'Angleterre qui nomme un archevêque de Cantorbéry, et qui lui prescrit des lois, n'est pas plus ridicule qu'une abbesse de Fontevrault qui nomme des prieurs et des curés, et qui leur donne sa bénédiction : en un mot chaque pays a ses usages.

Tous les princes doivent se souvenir, et les évêques

ne doivent pas perdre la mémoire de la fameuse lettre de la reine Élisabeth à Heaton, évêque d'Ély.

PRÉSOMPTUEUX PRÉLAT,

« J'apprends que vous différez à conclure l'affaire
« dont vous êtes convenu : ignorez-vous donc que
« moi, qui vous ai élevé, je puis également vous faire
« rentrer dans le néant ? Remplissez au plus tôt votre
« engagement, où je vous ferai descendre de votre
« siége.

« Votre amie, tant que vous mériterez que je le sois.

« ÉLISABETH. »

Si les princes et les magistrats avaient toujours pu établir un gouvernement assez ferme pour être en droit d'écrire impunément de telles lettres, il n'y aurait jamais eu de sang versé pour les querelles de l'empire et du sacerdoce[1].

---

[1] Les troubles religieux, qui ont si long-temps déchiré l'Europe, ont pour première origine la faute que firent les premiers empereurs chrétiens de se mêler des affaires ecclésiastiques, à la sollicitation des prêtres, qui, n'ayant pu sous les empereurs païens que diffamer ou calomnier leurs adversaires, espérèrent avoir sous ces nouveaux princes le plaisir de les punir. Soit mauvaise politique, soit vanité, soit superstition, on vit le féroce Constantin, non encore baptisé, paraître à la tête d'un concile. Ses successeurs suivirent son exemple, et les troubles qui ont depuis agité l'Europe furent la suite nécessaire de cette conduite. En effet, dès que l'on établit pour principe que les princes sont obligés en conscience de sévir contre ceux qui attaquent la religion, de statuer une peine quelle qu'elle soit, contre la profession ouverte ou cachée, l'exercice public ou secret d'aucun culte; la maxime que les peuples ont le droit et même sont dans l'obligation de s'armer contre un prince hérétique ou ennemi de la religion, en devient une conséquence nécessaire. Les droits des princes peuvent-ils balancer ceux de la Divinité même ? la paix temporelle mérite-t-elle d'être achetée aux dépens de la foi ? Il n'est pas question ici d'accorder à des particuliers

La religion anglicane conserva ce que les cérémonies romaines ont d'auguste, et ce que le luthéranisme a d'austère. J'observe que de neuf mille quatre cents bénéficiers que contenait l'Angleterre, il n'y eut que quatorze évêques, cinquante chanoines, et quatre-

le droit dangereux de se révolter; il existe un tribunal régulier qui prononce si le prince a mérité ou non de perdre ses droits; ainsi les objections qu'on fait contre le droit de résistance soutenu par plusieurs publicistes, les restrictions qui rendent ce droit, pour ainsi dire, nul dans la pratique, ne peuvent s'appliquer à celui de se révolter contre un prince hérétique.

Je sais que les partisans de l'intolérance religieuse ont soutenu, suivant leurs intérêts, tantôt les maximes séditieuses, tantôt les maximes contraires. Mais entre deux opinions opposées, soutenues suivant les circonstances par un même corps, celle qui s'accorde avec ses principes constants ne doit-elle pas être regardée comme sa vraie doctrine? Cette proposition, Tout prince doit employer sa puissance pour détruire l'hérésie; et celle-ci, Toute nation a droit de se soulever contre un prince hérétique, sont les conséquences d'un même principe. Il faut, si l'on veut raisonner juste, ou les admettre, ou les rejeter ensemble. Tout ce qu'on a dit, pour prouver que des prêtres intolérants peuvent être de bons citoyens, se réduit à un pur verbiage : faire jurer à un prince d'exterminer les hérétiques, c'est lui faire jurer, en termes équivalents, qu'il se soumet à être dépouillé de son trône, si lui-même devient hérétique.

L'intérêt des princes a donc été, non de chercher à régler la religion, mais de séparer la religion de l'état, de laisser aux prêtres la libre disposition des sacrements, des censures, des fonctions ecclésiastiques; mais de ne donner aucun effet civil à aucune de leurs décisions, de ne leur donner aucune influence sur les mariages, sur les actes qui constatent la mort ou la naissance; de ne point souffrir qu'ils interviennent dans aucun acte civil ou politique, et de juger les procès qui s'élèveraient entre eux et les citoyens pour des droits temporels relatifs à leurs fonctions, comme on déciderait les procès semblables qui s'élèveraient entre les membres d'une association libre, ou entre cette association et des particuliers. Si Constantin eût suivi cette politique, que de sang il eût épargné! Dans tous les pays où le prince s'est mêlé de la religion, à moins que, comme celle de l'ancienne Rome, elle ne fût bornée à de pures cérémonies, l'état a été troublé, le prince exposé à tous les attentats du fanatisme; et l'indifférence seule pour la religion a pu amener une paix durable.

vingts curés, qui, n'acceptant pas la réforme, restèrent catholiques et perdirent leurs bénéfices. Quand on pense que la nation anglaise changea quatre fois de religion depuis Henri VIII, on s'étonne qu'un peuple si libre ait été si soumis, ou qu'un peuple qui a tant de fermeté ait eu tant d'inconstance. Les Anglais en cela ressemblèrent à ces cantons suisses qui attendirent de leurs magistrats la décision de ce qu'ils devaient croire. Un acte du parlement est tout pour les Anglais; ils aiment la loi, et on ne peut les conduire que par les lois d'un parlement qui prononce, ou qui semble prononcer par lui-même [1].

Personne ne fut persécuté pour être catholique;

---

[1] Ces mêmes Anglais, si dociles sous la maison de Tudor, firent une guerre opiniâtre à Charles Ier, par zèle de religion; ils chassèrent Jacques II, son fils, sur le simple soupçon qu'il songeait à rétablir la religion romaine; mais les circonstances avaient changé. Henri VIII éprouva peu de résistance, parcequ'il n'attaqua que la hiérarchie ecclésiastique, dont les abus avaient révolté tous les peuples : sous Édouard, la religion protestante devint aisément la dominante; elle avait fait des progrès rapides sous le règne de Henri VIII, malgré les persécutions; et Rome ne reconnaissant pour catholiques que ceux qui reconnaissaient son autorité, tous ceux qui avaient approuvé la révolution de Henri VIII se trouvèrent protestants sans le vouloir. Le règne de Marie fut court; elle étonna la nation par des supplices, mais elle ne la changea point; et il fut aisé à Élisabeth de rétablir le protestantisme. Enfin, lorsqu'à force de disputes on eut bien établi la distinction entre les différentes croyances, lorsque les persécutions eurent forcé les dissidents à se réunir en sectes bien distinctes, tout changement de religion devint plus difficile en Angleterre qu'ailleurs; elle n'eut la paix qu'après que la tolérance de toutes les communions chrétiennes fut bien établie; et même, tant que les lois pénales contre les catholiques subsisteront, tant que l'entrée du parlement restera fermée aux non-conformistes, cette paix ne sera fondée que sur l'indifférence pour la religion : indifférence qui est moins grande en Angleterre que dans aucun autre pays. En 1780, les compatriotes de Locke et de Newton ont donné à l'Europe étonnée le spectacle d'un incendie allumé au nom de Dieu. K.

mais ceux qui voulurent troubler l'état par principe de conscience furent sévèrement punis. Les Guises, qui se servaient alors du prétexte de la religion pour établir leur pouvoir en France, ne manquèrent pas d'employer les mêmes armes pour mettre Marie Stuart, reine d'Écosse, leur nièce, sur le trône d'Angleterre. Maîtres des finances et des armées de France, ils envoyaient des troupes et de l'argent en Écosse, sous prétexte de secourir les Écossais catholiques contre les Écossais protestants. Marie Stuart, épouse de François II, roi de France, prenait hautement le titre de *reine d'Angleterre*, comme descendante de Henri VII. Tous les catholiques anglais, écossais, irlandais, étaient pour elle. Le trône d'Élisabeth n'était pas encore affermi; les intrigues de la religion pouvaient le renverser. Élisabeth dissipe ce premier orage; elle envoie une armée au secours des protestants d'Écosse, et force la régente d'Écosse, mère de Marie-Stuart, à recevoir la loi par un traité, et à renvoyer les troupes de France dans vingt jours.

François II meurt : elle oblige Marie Stuart, sa veuve, à renoncer au titre de *reine d'Angleterre*. Ses intrigues encouragent les états d'Édimbourg à établir la réforme en Écosse; par là elle s'attache un pays dont elle avait tout à craindre.

A peine est-elle libre de ces inquiétudes que Philippe II lui donne de plus grandes alarmes. Philippe était indispensablement dans ses intérêts, quand Marie Stuart, héritière d'Élisabeth, pouvait espérer de réunir sur une même tête les couronnes de France, d'Angleterre, et d'Écosse. Mais François II étant mort, et sa veuve retournée en Écosse sans appui, Philippe, n'ayant que les protestants à craindre, devint l'implacable ennemi d'Élisabeth.

Il soulève en secret l'Irlande contre elle, et elle réprime toujours les Irlandais. Il envoie cette flotte invincible pour la détrôner, et elle la dissipe. Il soutient en France cette ligue catholique, si funeste à la maison royale, et elle protége le parti opposé. La république de Hollande est pressée par les armes espagnoles; elle l'empêche de succomber. Autrefois les rois d'Angleterre dépeuplaient leurs états pour se mettre en possession du trône de France; mais les intérêts et les temps sont tellement changés, qu'elle envoie des secours réitérés à Henri IV pour l'aider à conquérir son patrimoine. C'est avec ces secours que Henri assiégea enfin Paris, et que, sans le duc de Parme, ou sans son extrême indulgence pour les assiégés, il eût mis la religion protestante sur le trône. C'était ce qu'Élisabeth avait extrêmement à cœur. On aime à voir ses soins réussir, à ne point perdre le fruit de ses dépenses. La haine contre la religion catholique s'était encore fortifiée dans son cœur depuis qu'elle avait été excommuniée par Pie V et par Sixte-Quint; ces deux papes l'avaient déclarée indigne et incapable de régner : et plus Philippe II se déclarait le protecteur de cette religion, plus Élisabeth en était l'ennemie passionnée. Il n'y eut point de ministre protestant plus affligé qu'elle quand elle apprit l'abjuration de Henri IV. Sa lettre à ce monarque est bien remarquable : « Vous m'offrez votre amitié comme à « votre sœur, je sais que je l'ai méritée, et certes à un

« grand prix; je ne m'en repentirais pas si vous n'a-
« viez pas changé de père. Je ne puis plus être votre
« sœur de père; car j'aimerai toujours plus chèrement
« celui qui m'est propre que celui qui vous a adopté. »
Ce billet fait voir en même temps son cœur, son esprit, et l'énergie avec laquelle elle s'exprimait dans une langue étrangère.

Malgré cette haine contre la religion romaine, il est sûr qu'elle ne fut point sanguinaire avec les catholiques de son royaume, comme Marie l'avait été avec les protestants. Il est vrai que le jésuite Créton, le jésuite Campion, et d'autres, furent pendus (1581), dans le temps même que le duc d'Anjou, frère de Henri III, préparait tout à Londres pour son mariage avec la reine, lequel ne se fit point; mais ces jésuites furent unanimement condamnés pour des conspirations et des séditions dont ils furent accusés : l'arrêt fut donné sur les dépositions des témoins. Il se peut que ces victimes fussent innocentes; mais aussi la reine était innocente de leur mort, puisque les lois seules avaient agi : nous n'avons d'ailleurs nulle preuve de leur innocence; et les preuves juridiques de leurs crimes subsistent dans les archives de l'Angleterre.

Plusieurs personnes en France s'imaginent encore qu'Élisabeth ne fit périr le comte d'Essex que par une jalousie de femme; elles le croient sur la foi d'une tragédie et d'un roman. Mais quiconque a un peu lu, sait que la reine avait alors soixante et huit ans; que le comte d'Essex fut coupable d'une révolte ouverte, fondée sur le déclin même de l'âge de la reine, et sur l'espérance de profiter du déclin de sa puissance;

qu'il fut enfin condamné par ses pairs, lui et ses complices.

La justice, plus exactement rendue sous le règne d'Élisabeth que sous aucun de ses prédécesseurs, fut un des fermes appuis de son administration. Les finances ne furent employées qu'à défendre l'état.

Elle eut des favoris, et n'en enrichit aucun aux dépens de la patrie. Son peuple fut son premier favori; non qu'elle l'aimât en effet, mais elle sentait que sa sûreté et sa gloire dépendaient de le traiter comme si elle l'eût aimé.

Élisabeth aurait joui de cette gloire sans tache, si elle n'eût pas souillé un si beau règne par l'assassinat de Marie Stuart, qu'elle osa commettre avec le glaive de la justice.

CHAPITRE CLXIX.

De la reine Marie Stuart.

Il est difficile de savoir la vérité tout entière dans une querelle de particuliers; combien plus dans une querelle de têtes couronnées, lorsque tant de ressorts secrets sont employés, lorsque les deux partis font valoir également la vérité et le mensonge! Les auteurs contemporains sont alors suspects; ils sont pour la plupart les avocats d'un parti, plutôt que les dépositaires de l'histoire. Je dois donc m'en tenir aux faits avérés dans les obscurités de cette grande et fatale aventure.

Toutes les rivalités étaient entre Marie et Élisabeth, rivalité de nation, de couronne, de religion; celle de l'esprit, celle de la beauté. Marie, bien moins puissante, moins maîtresse chez elle, moins ferme, et moins politique, n'avait de supériorité sur Élisabeth que celle de ses agréments, qui contribuèrent même à son malheur. La reine d'Écosse encourageait la faction catholique en Angleterre; et la reine d'Angleterre animait avec plus de succès la faction protestante en Écosse. Élisabeth porta d'abord la supériorité de ses intrigues jusqu'à empêcher long-temps Marie d'Écosse de se remarier à son choix.

(1565) Cependant Marie, malgré les négociations de sa rivale, malgré les états d'Écosse composés de protestants, et malgré le comte de Murray, son frère naturel, qui était à leur tête, épouse Henri Stuart, comte Darnley, son parent, et catholique comme elle. Élisabeth alors excite sous main les seigneurs protestants, sujets de Marie, à prendre les armes; la reine d'Écosse les poursuivit elle-même, et les contraignit de se retirer en Angleterre: jusque-là tout lui était favorable, et sa rivale était confondue.

La faiblesse du cœur de Marie commença tous ses malheurs. Un musicien italien, nommé David Rizzio, fut trop avant dans ses bonnes graces. Il jouait bien des instruments, et avait une voix de basse agréable: c'est d'ailleurs une preuve que déjà les Italiens avaient l'empire de la musique, et qu'ils étaient en possession d'exercer leur art dans les cours de l'Europe; toute la musique de la reine d'Écosse était italienne. Une preuve plus forte que les cours étrangères se servent de quiconque est en crédit, c'est que David Rizzio était pensionnaire du pape. Il contribua beaucoup au mariage de la reine, et ne servit pas moins ensuite à l'en dégoûter. Darnley, qui n'avait que le nom de roi, méprisé de sa femme, aigri, et jaloux, entre par un escalier dérobé, suivi de quelques hommes armés, dans la chambre de sa femme, où elle soupait avec Rizzio et une de ses favorites : on renverse la table, et on tue Rizzio aux yeux de la reine, qui se met en vain au-devant de lui. Elle était enceinte de cinq mois : la vue des épées nues et sanglantes fit sur elle une impression qui passa jusqu'au fruit qu'elle portait dans son flanc. Son fils Jacques VI, roi d'Écosse et d'Angleterre, qui naquit quatre mois après cette aventure, trembla toute sa vie à la vue d'une épée nue, quelque effort qu'il fît pour surmonter cette disposition de ses organes : tant la nature a de force, et tant elle agit par des voies inconnues[1] !

La reine reprit bientôt son autorité, se raccommoda avec le comte de Murray, poursuivit les meurtriers du musicien, et prit un nouvel engagement avec un comte de Bothwell. Ces nouvelles amours produisirent la mort du roi son époux (1567) : on prétend

---

[1] L'opinion que l'imagination des mères influe sur le fœtus a été longtemps admise presque généralement; les philosophes même se croyaient obligés de l'expliquer. L'impossibilité de cette influence n'est pas sans doute rigoureusement prouvée, mais c'est tout ce qu'on peut accorder; et pour établir une opinion de ce genre, il faudrait une suite de faits bien constatés quant à leur existence, et tels qu'ils ne puissent être attribués au hasard; et c'est ce qu'on est bien éloigné d'avoir. Les exemples qu'on cite sont bien plus propres à montrer le pouvoir de l'imagination sur nos jugements, sur notre manière de voir, qu'à prouver le pouvoir de celle de la mère sur le fœtus. K.

qu'il fut d'abord empoisonné, et que son tempérament eut la force de résister au poison ; mais il est certain qu'il fut assassiné à Édimbourg dans une maison isolée, dont la reine avait retiré ses plus précieux meubles. Dès que le coup fut fait, on fit sauter la maison avec de la poudre ; on enterra son corps auprès de celui de Rizzio dans le tombeau de la maison royale. Tous les ordres de l'état, tout le peuple, accusèrent Bothwell de l'assassinat ; et dans le temps même que la voix publique criait vengeance, Marie se fit enlever par cet assassin, qui avait encore les mains teintes du sang de son mari ; et l'épousa publiquement. Ce qu'il y eut de singulier dans cette horreur, c'est que Bothwell avait alors une femme, et que, pour se séparer d'elle, il la força de l'accuser d'adultère, et fit prononcer un divorce par l'archevêque de Saint-André selon les usages du pays.

Bothwell eut toute l'insolence qui suit les grands crimes. Il assembla les principaux seigneurs, et leur fit signer un écrit, par lequel il était dit expressément que la reine ne se pouvait dispenser de l'épouser, puisqu'il l'avait enlevée, et qu'il avait couché avec elle. Tous ces faits sont avérés ; les lettres de Marie à Bothwell ont été contestées ; mais elles portent un caractère de vérité auquel il est difficile de ne pas se rendre. Ces attentats soulevèrent l'Écosse. Marie, abandonnée de son armée, fut obligée de se rendre aux confédérés. Bothwell s'enfuit dans les îles Orcades ; on obligea la reine de céder la couronne à son fils, et on lui permit de nommer un régent. Elle nomma le comte de Murray, son frère. Ce comte ne l'en accabla pas moins de reproches et d'injures. Elle se sauve de sa prison. L'humeur dure et sévère de Murray procurait à la reine un parti. Elle lève six mille hommes, mais elle est vaincue, et se réfugie sur les frontières d'Angleterre (1568). Élisabeth la fit d'abord recevoir avec honneur dans Carlisle; mais elle lui fit dire qu'étant accusée par la voix publique du meurtre du roi son époux, elle devait s'en justifier, et qu'elle serait protégée, si elle était innocente.

Élisabeth se rendit arbitre entre Marie et la régence d'Écosse. Le régent vint lui-même jusqu'à Hamptoncourt (1569), et se soumit à remettre entre les mains des commissaires anglais les preuves qu'il avait contre sa sœur. Cette malheureuse princesse, d'un autre côté, retenue dans Carlisle, accusa le comte de Murray lui-même d'être auteur de la mort de son mari, et récusa les commissaires anglais, à moins qu'on ne leur joignît les ambassadeurs de France et d'Espagne. Cependant la reine d'Angleterre fit continuer cette espèce de procès, et jouit du plaisir de voir flétrir sa rivale, sans vouloir rien prononcer. Elle n'était point juge de la reine d'Écosse; elle lui devait un asile, mais elle la fit transférer à Tuthbury, qui fut pour elle une prison.

Ces désastres de la maison royale d'Écosse retombaient sur la nation partagée en factions produites par l'anarchie. Le comte de Murray fut assassiné par une faction qui se fortifiait du nom de Marie. Les assassins entrèrent à main armée en Angleterre, et firent quelques ravages sur la frontière.

(1570) Élisabeth envoya bientôt une armée punir

ces brigands, et tenir l'Écosse en respect. Elle fit élire pour régent le comte de Lenox, frère du roi assassiné. Il n'y a dans cette démarche que de la justice et de la grandeur : mais en même temps on conspirait en Angleterre pour délivrer Marie de la prison où elle était retenue ; le pape Pie V fesait très indiscrètement afficher dans Londres une bulle par laquelle il excommuniait Élisabeth, et déliait ses sujets du serment de fidélité : c'est cet attentat, si familier aux papes, si horrible, et si absurde, qui ulcéra le cœur d'Élisabeth. On voulait secourir Marie, et on la perdait. Les deux reines négociaient ensemble, mais l'une du haut du trône, et l'autre du fond d'une prison. Il ne paraît pas que Marie se conduisît avec la flexibilité qu'exigeait son malheur. L'Écosse pendant ce temps-là ruisselait de sang. Les catholiques et les protestants fesaient la guerre civile. L'ambassadeur de France et l'archevêque de Saint-André furent faits prisonniers, et l'archevêque pendu (1571) sur la déposition de son propre confesseur, qui jura que le prélat s'était accusé à lui d'être complice du meurtre du roi.

Le grand malheur de la reine Marie fut d'avoir des amis dans sa disgrace. Le duc de Norfolk, catholique, voulut l'épouser, comptant sur une révolution et sur le droit de Marie à la succession d'Élisabeth. Il se forma dans Londres des partis en sa faveur, très faibles à la vérité, mais qui pouvaient être fortifiés des forces d'Espagne et des intrigues de Rome. Il en coûta la tête au duc de Norfolk. Les pairs le condamnèrent à mort (1572), pour avoir demandé au roi d'Espagne et au pape des secours en faveur de Marie. Le sang du duc de Norfolk resserra les chaînes de cette princesse malheureuse. Une si longue infortune ne découragea point ses partisans à Londres, animés par les princes de Guise, par le saint-siége, par les jésuites, et surtout par les Espagnols.

Le grand projet était de délivrer Marie, et de mettre sur le trône d'Angleterre la religion catholique avec elle. On conspira contre Élisabeth. Philippe II préparait déjà son invasion (1586). La reine d'Angleterre alors, ayant fait mourir quatorze conjurés, fit juger Marie son égale, comme si elle avait été sa sujette (1586). Quarante-deux membres du parlement et cinq juges du royaume allèrent l'interroger dans sa prison à Fotheringay; elle protesta, mais répondit. Jamais jugement ne fut plus incompétent, et jamais procédure ne fut plus irrégulière. On lui représenta de simples copies de ses lettres, et jamais les originaux. On fit valoir contre elle les témoignages de ses secrétaires, et on ne les lui confronta point. On prétendit la convaincre sur la déposition de trois conjurés qu'on avait fait mourir, et dont on aurait pu différer la mort pour les examiner avec elle. Enfin, quand on aurait procédé avec les formalités que l'équité exige pour le moindre des hommes, quand on aurait prouvé que Marie cherchait partout des secours et des vengeurs, on ne pouvait la déclarer criminelle. Élisabeth n'avait d'autre juridiction sur elle que celle du puissant sur le faible et sur le malheureux.

Enfin, après dix-huit ans de prison dans un pays qu'elle avait imprudemment choisi pour asile, Marie eut la tête tranchée dans une chambre de sa prison tendue de noir (le 28 février 1587). Élisabeth sentait qu'elle fesait une action très condamnable, et elle la rendit encore plus odieuse en voulant tromper le monde, qu'elle ne trompa point, en affectant de plaindre celle qu'elle avait fait mourir, en prétendant qu'on avait passé ses ordres, et en fesant mettre en prison le secrétaire d'état qui avait, disait-elle, fait exécuter trop tôt l'ordre signé par elle-même. L'Europe eut en horreur sa cruauté et sa dissimulation. On estima son règne, mais on détesta son caractère. Ce qui condamna davantage Élisabeth, c'est qu'elle n'était point forcée à cette barbarie; on pouvait même prétendre que la conservation de Marie lui était nécessaire, pour lui répondre des attentats de ses partisans.

Si cette action flétrit la mémoire d'Élisabeth, il y a une imbécillité fanatique à canoniser Marie Stuart comme une martyre de la religion : elle ne le fut que de son adultère, du meurtre de son mari, et de son imprudence : ses fautes et ses infortunes ressemblèrent parfaitement à celles de Jeanne de Naples; toutes deux belles et spirituelles, entraînées dans le crime par faiblesse, toutes deux mises à mort par leurs parents. L'histoire ramène souvent les mêmes malheurs, les mêmes attentats, et le crime puni par le crime.

CHAPITRE CLXX.

De la France vers la fin du seizième siècle, sous François II.

Tandis que l'Espagne intimidait l'Europe par sa vaste puissance, et que l'Angleterre jouait le second rôle en lui résistant, la France était déchirée, faible, et prête d'être démembrée; elle était loin d'avoir en Europe de l'influence et du crédit. Les guerres civiles la rendirent dépendante de tous ses voisins. Ces temps de fureur, d'avilissement, et de calamités, ont fourni plus de volumes que n'en contient toute l'histoire romaine. Quelles furent les causes de tant de malheurs? la religion, l'ambition, le défaut de bonnes lois, un mauvais gouvernement.

Henri II, par ses rigueurs contre les sectaires, et surtout par la condamnation du conseiller Anne du Bourg, exécuté après la mort du roi, par l'ordre des Guises, fit beaucoup plus de calvinistes en France qu'il n'y en avait en Suisse et à Genève. S'ils avaient paru dans un temps comme celui de Louis XII, où l'on fesait la guerre à la cour de Rome, on eût pu les favoriser; mais ils venaient précisément dans le temps que Henri II avait besoin du pape Paul IV pour disputer Naples et Sicile à l'Espagne, et lorsque ces deux puissances s'unissaient avec le Turc contre la maison d'Autriche. On crut donc devoir sacrifier les ennemis de l'Église aux intérêts de Rome. Le clergé, puissant à la cour, craignant pour ses biens temporels et pour son autorité, les poursuivit; la politique, l'intérêt, le zèle, concoururent à les exterminer. On pouvait les tolérer, comme Élisabeth en Angleterre toléra les catholiques; on pouvait conserver de bons sujets, en leur laissant la liberté de conscience. Il eût importé peu à l'état qu'ils chantassent à leur manière, pourvu qu'ils eussent été soumis aux lois de l'état: on les persécuta, et on en fit des rebelles.

La mort funeste de Henri II fut le signal de trente ans de guerres civiles. Un roi enfant gouverné par des étrangers, des princes du sang et de grands officiers de la couronne jaloux du crédit des Guises, commencèrent la subversion de la France.

La fameuse conspiration d'Amboise est la première qu'on connaisse en ce pays. Les ligues faites et rompues, les mouvements passagers, les emportements et le repentir, semblaient avoir fait jusqu'alors le caractère des Gaulois, qui, pour avoir pris le nom de Francs, et ensuite celui de Français, n'avaient pas changé de mœurs. Mais il y eut dans cette conspiration une audace qui tenait de celle de Catilina, un manége, une profondeur, et un secret qui la rendait semblable à celle des vêpres siciliennes et des Pazzi de Florence : le prince Louis de Condé en fut l'ame invisible, et conduisit cette entreprise avec tant de dextérité, que quand toute la France sut qu'il en était le chef, personne ne put l'en convaincre.

Cette conspiration avait cela de particulier qu'elle pouvait paraître excusable, en ce qu'il s'agissait d'ôter le gouvernement à François duc de Guise, et au cardinal de Lorraine, son frère, tous deux étrangers, qui tenaient le roi en tutèle, la nation en esclavage, et les princes du sang et les officiers de la couronne éloignés : elle était très criminelle, en ce qu'elle attaquait les droits d'un roi majeur, maître par les lois de choisir les dépositaires de son autorité. Il n'a jamais été prouvé que dans ce complot on eût résolu de tuer les Guises; mais, comme ils auraient résisté, leur mort était infaillible. Cinq cents gentilshommes, tous bien accompagnés, et mille soldats déterminés, conduits par trente capitaines choisis, devaient se rendre au jour marqué du fond des provinces du royaume dans Amboise, où était la cour. Les rois n'avaient point encore la nombreuse garde qui les entoure aujourd'hui : le régiment des gardes ne fut formé que par Charles IX. Deux cents archers tout au plus accompagnaient François II. Les autres rois de l'Europe n'en avaient pas davantage. Le connétable de Montmorenci, revenant depuis dans Orléans, où les Guises avaient mis une garde nouvelle à la mort de François II, chassa ces nouveaux soldats, et les menaça de les faire pendre comme des ennemis qui mettaient une barrière entre le roi et son peuple.

La simplicité des mœurs antiques était encore dans le palais des rois; mais aussi ils étaient moins assurés contre une entreprise déterminée. Il était aisé de se saisir, dans la maison royale, des ministres, du roi même; le succès semblait sûr. Le secret fut gardé par tous les conjurés pendant près de six mois. L'indiscrétion du chef, nommé du Barri de La Renaudie, qui s'ouvrit dans Paris à un avocat, fit découvrir la conjuration : elle n'en fut pas moins exécutée; les conjurés n'allèrent pas moins au rendez-vous. Leur opiniâtreté désespérée venait surtout du fanatisme de la religion : ces gentilshommes étaient la plupart des calvinistes, qui se fesaient un devoir de venger leurs frères persécutés. Le prince Louis de Condé avait hautement embrassé cette secte, parceque le duc de Guise et le cardinal de Lorraine étaient catholiques. Une révolution dans l'Église et dans l'état devait être le fruit de cette entreprise.

(1560) Les Guises eurent à peine le temps de faire venir des troupes. Il n'y avait pas alors quinze mille hommes enrégimentés dans tout le royaume; mais on en rassembla bientôt assez pour exterminer les conjurés. Comme ils venaient par troupes séparées, ils furent aisément défaits; du Barri de La Renaudie fut tué en combattant; plusieurs moururent comme lui les armes à la main. Ceux qui furent pris périrent dans les supplices; et pendant un mois entier on ne vit dans Amboise que des échafauds sanglants et des potences chargées de cadavres.

La conspiration découverte et punie ne servit qu'à augmenter le pouvoir de ceux qu'on avait voulu détruire. François de Guise eut la puissance des anciens maires du palais, sous le nouveau titre de lieutenant-général du royaume : mais cette autorité même de François de Guise, l'ambition turbulente du cardinal en France, révoltèrent contre eux tous les ordres du royaume, et produisirent de nouveaux troubles.

Les calvinistes, toujours secrètement animés par le prince Louis de Condé, prirent les armes dans plusieurs provinces. Il fallait que les Guises fussent bien puissants et bien redoutables, puisque ni Condé, ni Antoine, roi de Navarre, son frère, père de Henri IV, ni le fameux amiral de Coligni, ni son frère d'Andelot, colonel-général de l'infanterie, n'osaient encore se déclarer ouvertement. Le prince de Condé fut le premier chef de parti qui parut faire la guerre civile en homme timide. Il portait les coups et retirait la main; et, croyant toujours se ménager avec la cour, qu'il voulait perdre, il eut l'imprudence de venir à Fontainebleau en courtisan, dans le temps qu'il eût dû être en soldat à la tête de son parti. Les Guises le font arrêter dans Orléans. On lui fait son procès par le conseil privé et par des commissaires tirés du parlement, malgré les priviléges des princes du sang de n'être jugés que dans la cour des pairs, les chambres assemblées : mais qu'est un privilége contre la force? qu'est un privilége dont il n'y avait d'exemple que dans la violation même qu'on en avait faite autrefois dans le procès criminel du duc d'Alençon?

(1560) Le prince de Condé est condamné à perdre la tête. Le célèbre chancelier de L'Hospital, ce grand législateur dans un temps où on manquait de lois, et cet intrépide philosophe dans un temps d'enthousiasme et de fureurs, refusa de signer. Le comte de Sancerre, du conseil privé, suivit cet exemple courageux. Cependant on allait exécuter l'arrêt. Le prince de Condé allait finir par la main d'un bourreau, lorsque tout-à-coup le jeune François II, malade depuis long-temps, et infirme dès son enfance, meurt à l'âge de dix-sept ans, laissant à son frère Charles, qui n'en avait que dix, un royaume épuisé et en proie aux factions.

La mort de François II fut le salut du prince de Condé; on le fit bientôt sortir de prison, après avoir ménagé entre lui et les Guises une réconciliation qui n'était et ne pouvait être que le sceau de la haine et de la vengeance. On assemble les états à Orléans. Rien ne pouvait se faire sans les états dans de pareilles circonstances. La tutèle de Charles IX et l'administration du royaume sont accordées par les états à Catherine de Médicis, mais non pas le nom de régente. Les états même ne lui donnèrent point le titre de *majesté* : il était nouveau pour les rois [1]. Il y a encore beaucoup de lettres du sire de Bourdeilles, dans lesquelles on appelle Henri III *votre altesse*.

CHAPITRE CLXXI.

De la France. Minorité de Charles IX.

Dans toutes les minorités des souverains, les anciennes constitutions d'un royaume reprennent toujours un peu de vigueur, du moins pour un temps, comme une famille assemblée après la mort du père. On tint à Orléans, et ensuite à Pontoise, des états-généraux : ces états doivent être mémorables par la séparation éternelle qu'ils mirent entre l'épée et la robe. Cette distinction fut ignorée dans l'empire romain jusqu'au temps de Constantin. Les magistrats savaient combattre, et les guerriers savaient juger. Les armes et les lois furent aussi dans les mêmes mains chez toutes les nations de l'Europe, jusque vers le quatorzième siècle. Peu-à-peu ces deux professions furent séparées en Espagne et en France : elles ne l'étaient pas absolument en France, quoique les parlements ne fussent plus composés que d'hommes de robe

---

[1] Voyez chapitres xciv, cxix, cxxi. B.

longue. Il restait la juridiction de baillis d'épée, telle que dans plusieurs provinces allemandes, ou frontières de l'Allemagne. Les états d'Orléans, convaincus que ces baillis de robe courte ne pouvaient guère s'astreindre à étudier les lois, leur ôtèrent l'administration de la justice, et la conférèrent à leurs seuls lieutenants de robe longue : ainsi ceux qui par leurs institutions avaient toujours été juges, cessèrent de l'être [1].

Le chancelier de L'Hospital eut la principale part à ce changement. Il fut fait dans le temps de la plus grande faiblesse du royaume; et il a contribué depuis à la force du souverain, en divisant sans retour deux professions qui auraient pu, étant réunies, balancer l'autorité du ministère. On a cru depuis que la noblesse ne pouvait conserver le dépôt des lois. On n'a pas fait réflexion que la chambre haute d'Angleterre, qui compose la seule noblesse du royaume proprement dite, est une magistrature permanente, qui con-

[1] Ces fonctions n'ont pu être confondues que chez des peuples où les lois étaient simples, et qui n'avaient point de troupes réglées toujours subsistantes. Alors un même homme remplissait tour-à-tour toutes les fonctions de la société, comme chaque philosophe embrassait toute l'étendue des sciences, lorsque les détails de chacune étaient très peu étendus. A Rome, les fonctions de militaire et de magistrat commencèrent à se séparer long-temps avant la destruction de la république, quoique jamais elles n'aient appartenu à des ordres séparés. Un général était le juge suprême des provinces qu'il gouvernait; un jurisconsulte, devenu préteur ou proconsul, commandait les troupes de sa province. Mais ce mélange n'avait lieu que pour les personnages de cet ordre : les jurisconsultes se formaient au barreau, et les guerriers dans les camps. Le mal n'est donc pas en France d'avoir séparé ces fonctions, mais d'avoir formé deux ordres de ceux qui les remplissent. Il serait ridicule que les militaires voulussent juger, comme il le serait qu'un géomètre voulût enseigner la chimie; mais toute distinction légale, toute exclusion en ce genre est nuisible à la société. K.

court à former les lois, et rend la justice. Quand on observe un grand changement dans la constitution d'un état, et qu'on voit des peuples voisins qui n'ont pas subi ces changements dans les mêmes circonstances, il est évident que ces peuples ont eu un autre génie et d'autres mœurs.

Ces états-généraux firent connaître combien l'administration du royaume était vicieuse. Le roi était endetté de quarante millions de livres. On manquait d'argent; on en eut à peine. C'est là le véritable principe du bouleversement de la France. Si Catherine de Médicis avait eu de quoi acheter des serviteurs et de quoi payer une armée, les différents partis qui troublaient l'état auraient été contenus par l'autorité royale. La reine-mère se trouvait entre les catholiques et les protestants, les Condés et les Guises. Le connétable de Montmorenci avait une faction séparée. La division était dans la cour, dans Paris, et dans les provinces. Catherine de Médicis ne pouvait guère que négocier au lieu de régner. Sa maxime de tout diviser, afin d'être maîtresse, augmenta le trouble et les malheurs. Elle commença par indiquer le colloque de Poissi entre les catholiques et les protestants : ce qui était mettre l'ancienne religion en compromis, et donner un grand crédit aux calvinistes, en les fesant disputer contre ceux qui ne se croyaient faits que pour les juger.

Dans le temps que Théodore de Bèze et d'autres ministres venaient à Poissi soutenir solennellement leur religion en présence de la reine et d'une cour où l'on chantait publiquement les psaumes de Marot, arrivait en France le cardinal de Ferrare, légat du pape Paul IV. Mais comme il était petit-fils d'Alexandre VI par sa mère, on eut plus de mépris pour sa naissance que de respect pour sa place et pour son mérite ; les laquais insultèrent son porte-croix. On affichait devant lui des estampes de son grand-père, avec l'histoire des scandales et des crimes de sa vie. Ce légat amena avec lui le général des jésuites, Lainez, qui ne savait pas un mot de français, et qui disputa au colloque de Poissi en italien ; langue que Catherine de Médicis avait rendue familière à la cour, et qui influait alors beaucoup dans la langue française. Ce jésuite, dans le colloque, eut la hardiesse de dire à la reine qu'il ne lui appartenait pas de le convoquer, et qu'elle usurpait le droit du pape. Il disputait cependant dans cette assemblée qu'il réprouvait ; il dit en parlant de l'eucharistie, « que Dieu « était à la place du pain et du vin, comme un roi « qui se fait lui-même son ambassadeur. » Cette puérilité fit rire. Son audace avec la reine excita l'indignation. Les petites choses nuisent quelquefois beaucoup ; et dans la disposition des esprits tout servait à la cause de la religion nouvelle.

(Janvier 1562) Le résultat du colloque et des intrigues qui le suivirent fut un édit, par lequel les protestants pouvaient avoir des prêches hors des villes ; et cet édit de pacification fut encore la source des guerres civiles. Le duc François de Guise, qui n'était plus lieutenant-général du royaume, voulait toujours en être le maître. Il était déjà lié avec le roi d'Espagne Philippe II, et se fesait regarder par le peuple comme le protecteur de la catholicité. Les seigneurs ne marchaient dans ce temps-là qu'avec un nombreux cortége : on ne voyageait point comme aujourd'hui dans une chaise de poste précédée de deux ou trois domestiques; on était suivi de plus de cent chevaux, c'était la seule magnificence. On couchait trois ou quatre dans le même lit, et on allait à la cour habiter une chambre où il n'y avait que des coffres pour meubles. Le duc de Guise, en passant auprès de Vassi sur les frontières de Champagne, trouva des calvinistes qui, jouissant du privilége de l'édit, chantaient paisiblement leurs psaumes dans une grange : ses valets insultèrent ces malheureux; ils en tuèrent environ soixante, blessèrent et dissipèrent le reste. Alors les protestants se soulèvent dans presque tout le royaume. Toute la France est partagée entre le prince de Condé et François de Guise. Catherine de Médicis flotte entre eux deux. Ce ne fut de tous côtés que massacres et pillages. Elle était alors dans Paris avec le roi son fils; elle s'y voit sans autorité; elle écrit au prince de Condé de venir la délivrer. Cette lettre funeste était un ordre de continuer la guerre civile; on ne la fesait qu'avec trop d'inhumanité : chaque ville était devenue une place de guerre, et les rues des champs de bataille.

(1562) D'un côté étaient les Guises, réunis par bienséance avec la faction du connétable de Montmorenci, maître de la personne du roi; de l'autre était le prince de Condé avec les Coligni. Antoine, roi de Navarre, premier prince du sang, faible et irrésolu, ne sachant de quelle religion ni de quel parti il était, jaloux du prince de Condé son frère, et servant malgré lui le duc de Guise qu'il détestait, est traîné au siége de Rouen avec Catherine de Médicis elle-même : il est tué à ce siége, et il ne mérite d'être placé dans l'histoire que parcequ'il fut le père du grand Henri IV.

La guerre se fit toujours jusqu'à la paix de Vervins, comme dans les temps anarchiques de la décadence de la seconde race et du commencement de la troisième. Très peu de troupes réglées de part et d'autre, excepté quelques compagnies de gens d'armes des principaux chefs : la solde n'était fondée que sur le pillage. Ce que la faction protestante pouvait amasser servait à faire venir des Allemands pour achever la destruction du royaume. Le roi d'Espagne, de son côté, envoyait de petits secours aux catholiques pour entretenir cet incendie, dont il espérait profiter. C'est ainsi que treize enseignes espagnoles marchèrent au secours de Montluc dans la Saintonge. Ces temps furent sans contredit les plus funestes de la monarchie.

(1562) La première bataille rangée qui se donna fut celle de Dreux. Ce n'était pas seulement Français contre Français : les Suisses fesaient la principale force de l'infanterie royale, les Allemands celle de l'armée protestante. Cette journée fut unique par la prise des deux généraux : Montmorenci, qui commandait l'armée royale en qualité de connétable, et le prince de Condé, furent tous deux prisonniers. François de Guise, lieutenant du connétable, gagna la bataille, et Coligni, lieutenant de Condé, sauva son armée. Guise fut alors au comble de sa gloire; toujours vainqueur partout où il s'était trouvé, et toujours réparant les malheurs du connétable, son rival en autorité, mais non pas en réputation. Il était l'idole des catholiques, et le maître de la cour; affable, généreux, et en tout sens le premier homme de l'état.

(1563) Après la victoire de Dreux, il alla faire le siége d'Orléans; il était prêt de prendre la ville, qui était le centre de la faction protestante, lorsqu'il fût assassiné. Le meurtre de ce grand homme fut le premier que le fanatisme fit commettre en France. Ces mêmes huguenots qui, sous François Ier et sous Henri II, n'avaient su que prier Dieu, et souffrir ce qu'ils appelaient *le martyre*, étaient devenus des enthousiastes furieux : ils ne lisaient plus l'Écriture que pour y chercher des exemples d'assassinats. Poltrot de Méré se crut un *Aod* envoyé de Dieu pour tuer un chef philistin. Cela est si vrai que le parti fit des vers à son honneur, et que j'ai vu encore une de ses estampes, avec une inscription qui élève son crime jusqu'au ciel. Ce crime cependant n'était que celui d'un lâche; car il feignit d'être un transfuge, et assassina le duc de Guise par derrière. Il osa charger l'amiral de Coligni et Théodore de Bèze d'avoir au moins connivé à son attentat; mais il varia tellement dans ses interrogatoires, qu'il détruisit lui-même son imposture. Coligni offrit même d'aller à Paris subir une confrontation avec ce misérable, et pria la reine de suspendre l'exécution jusqu'à ce que la vérité fût reconnue. Il faut avouer que l'amiral, tout chef de parti qu'il était, n'avait jamais commis la moindre action qui pût le faire soupçonner d'une noirceur si lâche.

Un moment de paix succéda à ces troubles : Condé

s'accommoda avec la cour; mais l'amiral était toujours à la tête d'un grand parti dans les provinces. Ce n'était pas assez que les Espagnols, les Allemands et les Suisses, vinssent aider les Français à se détruire; les Anglais se hâtèrent bientôt de concourir à cette commune ruine. Les protestants avaient introduit dans le Havre-de-Grace, bâti par François Ier, trois mille Anglais. Le connétable de Montmorenci, alors à la tête des catholiques et des protestants réunis, eut bien de la peine à les en chasser.

(1563) Cependant Charles IX, ayant atteint l'âge de treize ans et un jour, vint tenir son lit de justice, non pas au parlement de Paris, mais à celui de Rouen; et, ce qui est remarquable, sa mère, en se démettant de sa régence, se mit à genoux devant lui.

Il se passa, à cet acte de majorité, une scène dont il n'y avait point d'exemple. Odet de Châtillon, cardinal, évêque de Beauvais, s'était fait protestant comme son frère, et s'était marié. Le pape l'avait rayé du nombre des cardinaux; lui-même avait méprisé ce titre: mais, pour braver le pape, il assista à la cérémonie en habit de cardinal; sa femme s'asseyait chez le roi et la reine en qualité de femme d'un pair du royaume, et on la nommait indifféremment *madame la comtesse de Beauvais* et *madame la cardinale*. Ce qui est très remarquable, c'est qu'il n'était ni le seul cardinal, ni le seul évêque qui fût marié en secret. Le cardinal du Belley avait épousé madame de Châtillon, à ce que rapporte Brantôme, qui ajoute que personne n'en doutait.

La France était pleine de bizarreries aussi grandes.

5.

Le désordre des guerres civiles avait détruit toute police et toute bienséance. Presque tous les bénéfices étaient possédés par des séculiers : on donnait une abbaye, un évêché, en mariage à des filles ; mais la paix, le plus grand des biens, fesait oublier ces irrégularités, auxquelles on était accoutumé. Les protestants, tolérés, étaient sur leurs gardes, mais tranquilles. Louis de Condé prenait part aux fêtes de la cour ; ce calme ne dura pas. Le parti huguenot demandait trop de sûretés, et on lui en donnait trop peu. Le prince de Condé voulait partager le gouvernement. Le cardinal de Lorraine, à la tête de sa maison, si étendue et si puissante, voulait retenir le premier crédit. Le connétable de Montmorenci, ennemi des Lorrains, conservait son pouvoir et partageait la cour. Les Coligni et les autres chefs de parti se préparaient à résister à la maison de Lorraine. Chacun cherchait à dévorer une partie du gouvernement. Le clergé d'un côté, les pasteurs calvinistes de l'autre, criaient à la religion. Dieu était leur prétexte ; la fureur de dominer était leur dieu : et les peuples, enivrés de fanatisme, étaient les instruments et les victimes de l'ambition de tant de partis opposés.

(1567) Louis de Condé, qui avait voulu arracher le jeune François II des mains des Guises, à Amboise, veut encore avoir entre ses mains Charles IX, et l'enlever, dans Meaux, au connétable de Montmorenci. Ce prince de Condé fit précisément la même guerre, les mêmes manœuvres, sur les mêmes prétextes, à la religion près, que fit depuis le grand Condé, du même nom de Louis, dans les guerres de la Fronde. Le prince et l'amiral donnent la bataille de Saint-Denys (1567) contre le connétable, qui y est blessé à mort, à l'âge de quatre-vingts ans; homme intrépide à la cour comme dans les armées, plein de grandes vertus et de défauts, général malheureux, esprit austère, difficile, opiniâtre, mais honnête homme, et pensant avec grandeur. C'est lui qui répondit à son confesseur : « Pensez-vous que « j'aie vécu quatre-vingts ans pour ne pas savoir mou- « rir un quart d'heure? » On porta son effigie en cire, comme celle des rois, à Notre-Dame, et les cours supérieures assistèrent à son service par ordre de la cour : honneur dont l'usage dépend, comme presque tout, de la volonté des rois et des circonstances des temps.

Cette bataille de Saint-Denys fut indécise, et la France n'en fut que plus malheureuse. L'amiral de Coligni, l'homme de son temps le plus fécond en ressources, fait venir du Palatinat près de dix mille Allemands, sans avoir de quoi les payer. On vit alors ce que peut le fanatisme fortifié de l'esprit de parti. L'armée de l'amiral se cotisa pour soudoyer l'armée palatine. Tout le royaume est ravagé. Ce n'est pas une guerre dans laquelle une puissance assemble ses forces contre une autre, et est victorieuse ou détruite; ce sont autant de guerres qu'il y a de villes; ce sont les citoyens, les parents, acharnés partout les uns contre les autres : le catholique, le protestant, l'indifférent, le prêtre, le bourgeois, n'est pas en sûreté dans son lit : on abandonne la culture des terres, ou on les laboure le sabre à la main. On fait encore une paix forcée (1568) : mais chaque paix est une guerre sourde, et tous les jours sont marqués par des meurtres et par des assassinats.

Bientôt la guerre se fait ouvertement. C'est alors que la Rochelle devint le centre et le principal siége du parti réformé, la Genève de la France. Cette ville, assez avantageusement située sur le bord de la mer pour devenir une république florissante, l'était déjà à plusieurs égards; car, ayant appartenu au roi d'Angleterre depuis le mariage d'Éléonore de Guienne avec Henri II, elle s'était donnée au roi de France Charles V, à condition qu'elle aurait droit de battre en son propre nom de la monnaie d'argent, et que ses maires et ses échevins seraient réputés nobles : beaucoup d'autres priviléges, et un commerce assez étendu, la rendaient assez puissante, et elle le fut jusqu'au temps du cardinal de Richelieu. La reine Élisabeth la favorisait; elle dominait alors sur l'Aunis, la Saintonge, et l'Angoumois, où se donna la célèbre bataille de Jarnac.

Le duc d'Anjou, depuis Henri III, à la tête de l'armée royale, avait le nom de général; le maréchal de Tavannes l'était en effet : il fut vainqueur (13 mars 1569). Le prince Louis de Condé fut tué, ou plutôt assassiné, après sa défaite, par Montesquiou, capitaine des gardes du duc d'Anjou. Coligni, qu'on nomme toujours l'*amiral*, quoiqu'il ne le fût plus, rassembla les débris de l'armée vaincue, et rendit la victoire des royalistes inutile. La reine de Navarre, Jeanne d'Albret, veuve du faible Antoine, présenta son fils à l'armée, le fit reconnaître chef du parti; de sorte que Henri IV, le meilleur des rois de France, fut, ainsi que le bon roi Louis XII, rebelle avant que de régner [1]. L'amiral Coligni fut le chef véritable et du parti et de l'armée, et servit de père à Henri IV et aux princes de la maison de Condé. Il soutint seul le poids de cette cause malheureuse, manquant d'argent, et cependant ayant des troupes; trouvant l'art d'obtenir des secours allemands, sans pouvoir les acheter; vaincu encore à la journée de Moncontour (1569), dans le Poitou, par l'armée du duc d'Anjou, et réparant toujours les ruines de son parti.

Il n'y avait point alors de manière uniforme de combattre. L'infanterie allemande et suisse ne se servait que de longues piques; la française employait plus ordinairement des arquebuses avec de courtes hallebardes : la cavalerie allemande se servait de pistolets; la française ne combattait guère qu'avec la lance. On entremêlait souvent les bataillons et les escadrons. Les plus fortes armées n'allaient pas alors à vingt mille hommes : on n'avait pas de quoi en payer davantage. Mille petits combats suivirent la bataille de Moncontour dans toutes les provinces.

[1] Il fut le chef et l'allié des rebelles de France, car un roi de Navarre, souverain d'un royaume indépendant de la France, même féodalement, n'était pas plus un rebelle en fesant la guerre à Charles que Philippe II, souverain de l'Artois et de la Flandre, et en cette qualité vassal de la couronne. Il faut observer aussi que Louis XII ne fit la guerre que pour soutenir ses prérogatives et ses projets d'ambition, au lieu que Henri IV défendait les lois de la nation et les droits des citoyens. Les moyens qu'il employait pouvaient être illégitimes, mais c'était en faveur d'une cause juste qu'il les employait. Ni les catholiques ni les protestants n'avaient certainement le droit de faire la guerre civile; mais les protestants ne la firent jamais que pour soutenir la liberté de conscience, ce droit légitime de tous les hommes; et les catholiques ne la fesaient au contraire que pour maintenir une intolérance tyrannique. K.

Enfin, au milieu de tant de désolations, une nouvelle paix semble faire respirer la France ; mais cette paix ne fait que la préparation de la Saint-Barthélemi (1570). Cette affreuse journée fut méditée et préparée pendant deux années. On a peine à concevoir comment une femme telle que Catherine de Médicis, élevée dans les plaisirs, et à qui le parti huguenot était celui qui lui fesait le moins d'ombrage, put prendre une résolution si barbare. Cette horreur étonne encore davantage dans un roi de vingt ans. La faction des Guises eut beaucoup de part à l'entreprise. Deux Italiens, depuis cardinaux, Birague et Retz, disposèrent les esprits. On se fesait un grand honneur alors des maximes de Machiavel, et surtout de celle qu'il ne faut pas faire le crime à demi. La maxime qu'il ne faut jamais commettre de crimes eût été même plus politique ; mais les mœurs étaient devenues féroces par les guerres civiles, malgré les fêtes et les plaisirs que Catherine de Médicis entretenait toujours à la cour. Ce mélange de galanterie et de fureurs, de voluptés et de carnage, forme le plus bizarre tableau où les contradictions de l'espèce humaine se soient jamais peintes. Charles IX, qui n'était point du tout guerrier, était d'un tempérament sanguinaire ; et quoiqu'il eût des maîtresses, son cœur était atroce. C'est le premier roi qui ait conspiré contre ses sujets. La trame fut ourdie avec une dissimulation aussi profonde que l'action était horrible. Une seule chose aurait pu donner quelque soupçon ; c'est qu'un jour que le roi s'amusant à chasser des lapins dans un clapier : « Faites-les-moi tous sortir, dit-il, afin que j'aie le

« plaisir de les tuer tous. » Aussi un gentilhomme du parti de Coligni quitta Paris, et lui dit, en prenant congé de lui : « Je m'enfuis, parcequ'on nous fait trop « de caresses. »

(1572) L'Europe ne sait que trop comment Charles IX maria sa sœur à Henri de Navarre, pour le faire donner dans le piége; par quels serments il le rassura, et avec quelle rage s'exécutèrent enfin ces massacres projetés pendant deux années. Le P. Daniel dit que Charles IX *joua bien la* comédie; *qu'il fit parfaitement son personnage.* Je ne répéterai point ce que tout le monde sait de cette tragédie abominable; une moitié de la nation égorgeant l'autre, le poignard et le crucifix en main; le roi lui-même tirant d'une arquebuse sur les malheureux qui fuyaient : je remarquerai seulement quelques particularités; la première, c'est que, si on en croit le duc de Sulli, l'historien Matthieu, et tant d'autres, Henri IV leur avait souvent raconté que, jouant aux dés avec le duc d'Alençon et le duc de Guise, quelques jours avant la Saint-Barthélemi, ils virent deux fois des taches de sang sur les dés, et qu'ils abandonnèrent le jeu, saisis d'épouvante. Le jésuite Daniel, qui a recueilli ce fait, devait savoir assez de physique pour ne pas ignorer que les points noirs, quand ils font un angle donné avec les rayons du soleil, paraissent rouges; c'est ce que tout homme peut éprouver en lisant : et voilà à quoi se réduisent tous les prodiges. Il n'y eut certes dans toute cette action d'autre prodige que cette fureur religieuse qui changeait en bêtes féroces une nation qu'on a vue souvent si douce et si légère.

Le jésuite Daniel répète encore que lorsqu'on eut pendu le cadavre de Coligni au gibet de Montfaucon, Charles IX alla repaître ses yeux de ce spectacle, et dit « que le corps d'un ennemi mort sentait toujours « bon : » il devait ajouter que c'est un ancien mot de Vitellius, qu'on s'est avisé d'attribuer à Charles IX. Mais ce qu'on doit le plus remarquer, c'est que le P. Daniel veut faire croire que les massacres ne furent jamais prémédités. Il se peut que le temps, le lieu, la manière, le nombre des proscrits, n'eussent pas été concertés pendant deux années ; mais il est vrai que le dessein d'exterminer le parti était pris dès long-temps. Tout ce que rapporte Mézerai, meilleur Français que le jésuite Daniel, et historien très supérieur dans les cent dernières années de la monarchie, ne permet pas d'en douter ; et Daniel se contredit lui-même en louant Charles IX d'avoir bien joué la *comédie*, d'avoir bien fait son *rôle*.

Les mœurs des hommes, l'esprit de parti, se connaissent à la manière d'écrire l'histoire. Daniel se contente de dire qu'on loua à Rome « le zèle du roi, « et la terrible punition qu'il avait faite des héréti- « ques. » Baronius dit que cette action était nécessaire. La cour ordonna dans toutes les provinces les mêmes massacres qu'à Paris ; mais plusieurs commandants refusèrent d'obéir. Un Saint-Hérem en Auvergne [1], un La Guiche à Mâcon, un vicomte d'Orte à Bayonne, et plusieurs autres, écrivirent à Charles IX la substance

---

[1] La belle conduite du gouverneur de l'Auvergne est contestée : voyez une note ajoutée à l'*Essai sur les guerres civiles de France*, ouvrage de Voltaire, imprimé à la suite de la *Henriade*. B.

de ces paroles : « qu'ils périraient pour son service, « mais qu'ils n'assassineraient personne pour lui « obéir. »

Ces temps étaient si funestes, le fanatisme ou la terreur domina tellement les esprits, que le parlement de Paris ordonna que tous les ans on ferait une procession le jour de la Saint-Barthélemi, pour rendre graces à Dieu. Le chancelier de L'Hospital pensa bien autrement, en écrivant *Excidat illa dies.* On reprochait à L'Hospital d'être fils d'un Juif, de n'être pas chrétien dans le fond de son cœur; mais c'était un homme juste [1]. La procession ne se fit point, et l'on eut enfin horreur de consacrer la mémoire de ce qui devait être oublié pour jamais. Mais dans la chaleur de l'événement, la cour voulut que le parlement fît le procès à l'amiral après sa mort, et que l'on condamnât juridiquement deux gentilshommes de ses amis, Briquemaut et Cavagnes. Ils furent traînés à la Grève sur la claie, avec l'effigie de Coligni, et exécutés. Ce fut le comble des horreurs d'ajouter à cette multitude d'assassinats les formes qu'on appelle de la justice.

[1] Il n'y a jamais eu aucune preuve que L'Hospital ait eu un Juif pour père; son père, médecin du cardinal de Bourbon, professait la religion chrétienne. Cependant, d'un autre côté, beaucoup de Juifs exerçaient la médecine; et jamais, quelle qu'en soit la cause, on n'a su le nom ni l'état du grand-père du chancelier. Il est très vraisemblable d'ailleurs qu'il n'était ni protestant ni catholique, mais de la religion de Cicéron, de Caton, de Marc-Aurèle, admettant un Dieu, et regardant toutes les religions particulières comme des fables adoptées par le peuple; mais persuadé qu'il est impossible de les détruire sans que d'autres les remplacent, et qu'ainsi le devoir de l'homme d'état éclairé est de chercher à les rendre le plus utiles, ou plutôt le moins nuisibles qu'il est possible au bonheur commun. K.

S'il pouvait y avoir quelque chose de plus déplorable que la Saint-Barthélemi, c'est qu'elle fit naître la guerre civile, au lieu de couper la racine des troubles. Les calvinistes ne pensèrent plus, dans tout le royaume, qu'à vendre chèrement leurs vies. On avait égorgé soixante mille de leurs frères en pleine paix : il en restait environ deux millions pour faire la guerre. De nouveaux massacres suivent donc de part et d'autre ceux de la Saint-Barthélemi. Le siége de Sancerre fut mémorable. Les historiens disent que les réformés s'y défendirent comme les Juifs à Jérusalem contre Titus : ils succombèrent comme eux ; ils y éprouvèrent les mêmes extrémités ; et l'on rapporte qu'un père et une mère y mangèrent leur propre fille. On en dit autant depuis du siége de Paris par Henri IV.

CHAPITRE CLXXII.

Sommaire des particularités principales du concile de Trente.

C'est au milieu de tant de guerres de religion et de tant de désastres que le concile de Trente fut assemblé. Ce fut le plus long qu'on ait jamais tenu, et cependant le moins orageux. Il ne forma point de schisme comme le concile de Bâle ; il n'alluma point de bûchers comme celui de Constance ; il ne prétendit point déposer des empereurs comme celui de Lyon ; il se garda d'imiter celui de Latran, qui dépouilla le comte de Toulouse de l'héritage de ses pères ; encore moins celui de Rome, dans lequel Grégoire VII alluma l'incendie de l'Europe, en osant déposséder l'empereur Henri IV. Le troisième et le quatrième concile de Constantinople, le premier et le second de Nicée, avaient été des champs de discorde : le concile de Trente fut paisible, ou du moins ses querelles n'eurent ni éclat ni suite.

S'il est quelque certitude historique, on la trouve dans ce qui fut écrit sur ce concile par les contemporains. Le célèbre Sarpi, ce défenseur de la liberté vénitienne, plus connu sous le nom de fra-Paolo, et le jésuite Pallavicini, son antagoniste, sont d'accord dans l'essentiel des faits. Il est vrai que Pallavicini compte trois cent soixante erreurs dans fra-Paolo; mais quelles erreurs? il lui reproche des méprises dans les dates et dans les noms. Pallivicini lui-même a été convaincu d'autant de fautes que son adversaire; et quand il a raison contre lui, ce n'est pas la peine d'avoir raison. Qu'importe qu'une lettre inutile de Léon X ait été écrite en 1516 ou 17? que le nonce Arcimboldo, qui vendit tant d'indulgences dans le Nord, fût le fils d'un marchand milanais, ou d'un génois? ce qui importe, c'est qu'il ait fait trafic d'indulgences. On se soucie peu que le cardinal Martinusius ait été moine de Saint-Basile, ou ermite de Saint-Paul; mais on s'intéresse à savoir si ce défenseur de la Transylvanie contre les Turcs fut assassiné par les ordres de Ferdinand I*er*, frère de Charles V. Enfin Sarpi et Pallavicini ont tous deux dit la vérité d'une manière différente, l'un en homme libre, défenseur d'un sénat libre; l'autre en jésuite qui voulait être cardinal.

Dès l'an 1533, Charles V proposa la convocation de

ce concile au pape Clément VII, qui, encore effrayé du saccagement de Rome et de sa prison, craignant que le prétexte de sa bâtardise n'enhardît un concile à le déposer, éluda cette proposition, sans oser refuser l'empereur. Le roi de France, François Ier, proposa Genève pour le lieu de l'assemblée, précisément dans le temps qu'on commençait à prêcher la réforme dans cette ville (1540). Il est bien probable que si le concile se fût tenu dans Genève, le parti des réformés y eût beaucoup perdu.

Pendant qu'on diffère, les protestants d'Allemagne demandent un concile national, et se fondent dans leur réponse au légat Contarini sur ces paroles expresses : « Quand deux ou trois seront assemblés en « mon nom, je serai au milieu d'eux. » On leur accorde que cet article est certain; mais que, si dans cent mille endroits de la terre, deux ou trois personnes sont assemblées en ce nom, cela pourrait produire cent mille conciles, et cent mille confessions de foi différentes : en ce cas il n'y aurait eu jamais de réunion, mais aussi il n'y eût peut-être jamais eu de guerre civile. La multitude des opinions diverses produit nécessairement la tolérance.

Le pape Paul III, Farnèse, propose Vicence; mais les Vénitiens répondent que le divan de Constantinople prendrait trop d'ombrage d'une assemblée de chrétiens dans le territoire de Venise. Il propose Mantoue; mais le seigneur de cette ville craint d'y recevoir une garnison étrangère : (1542) enfin, il se décide pour la ville de Trente, voulant complaire à l'empereur, dont il avait très grand besoin; car il espérait alors d'obtenir l'investiture du Milanais pour son bâtard Pierre Farnèse, auquel il donna depuis Parme et Plaisance.

(1545) Le concile est enfin convoqué par une bulle, « de l'autorité du Père, du Fils, du Saint-Esprit, des « apôtres Pierre et Paul, laquelle autorité le pape « exerce en terre » : priant l'empereur, le roi de France, et les autres princes, de venir au concile. Charles V témoigne son indignation de ce qu'on ose mettre un roi à côté de lui, et surtout un roi allié des musulmans, après tous les services rendus par l'empereur à l'Église. Il oubliait le pillage de Rome.

Le pape Paul III, ne pouvant plus espérer que l'empereur donnât le Milanais à son bâtard, voulait lui donner l'investiture de Parme et de Plaisance, et croyait avoir besoin du secours de François Ier. Pour intimider l'empereur, pressé à-la-fois par les Turcs et par les protestants, il menace Charles V du sort de Dathan, Coré, et Abiron, s'il s'oppose à l'investiture de Parme, ajoutant que « les Juifs sont dispersés pour « avoir supplicié le maître, et que les Grecs sont as- « servis pour avoir bravé le vicaire. » Mais il ne fallait pas que les vicaires de Dieu eussent tant de bâtards.

Après bien des intrigues, l'empereur et le pape se réconcilient. Charles permet que le bâtard du pape règne à Parme, et Paul envoie trois légats pour ouvrir à Trente le concile qu'il doit diriger à Rome. Ces légats ont un chiffre avec le pape; c'était une invention alors très peu commune, et dont les Italiens se servirent les premiers.

Les légats et l'archevêque de Trente commencent

par accorder trois ans et cent soixante jours de délivrance du purgatoire à quiconque se trouvera dans la ville à l'ouverture du concile.

(1545) Le pape défend par une bulle qu'aucun prélat comparaisse par procureur; et aussitôt les procureurs de l'archevêque de Mayence arrivent, et sont bien reçus. Cette loi ne regardait pas les évêques princes d'Allemagne, qu'on avait tant intérêt de ménager.

Paul III investit enfin son fils Pierre-Louis Farnèse du duché de Parme et Plaisance, avec la connivence de Charles-Quint, et publie un jubilé.

Le concile s'ouvre par le sermon de l'évêque de Bitonto. Ce prélat prouve qu'un concile était nécessaire, premièrement, « parceque plusieurs conciles ont dé-
« posé des rois et des empereurs; secondement, par-
« ceque, dans l'*Énéide*, Jupiter assembla le conseil des
« dieux. Il dit qu'à la création de l'homme et à la tour
« de Babel, Dieu s'y prit en forme de concile, et que
« tous les prélats doivent se rendre à Trente, comme
« dans le cheval de Troie : enfin, que la porte du con-
« cile et du paradis est la même; l'eau vive en découle,
« les pères doivent en arroser leurs cœurs comme des
« terres sèches; faute de quoi le Saint-Esprit leur ou-
« vrira la bouche comme à Balaam et à Caïphe. »

Un tel discours semble réfuter ce que nous avons dit de la renaissance des lettres en Italie : mais cet évêque de Bitonto était un moine du Milanais. Un Florentin, un Romain, un élève des Bembo et des Casa, n'eût point parlé ainsi. Il faut songer que le bon goût établi dans plusieurs villes ne s'est jamais étendu dans toutes les provinces.

(1546) La première chose qui fut ordonnée par le concile, c'est que les prélats fussent toujours revêtus de l'habit de leur profession. La coutume était alors de s'habiller en séculier, excepté quand ils officiaient.

Il y avait alors peu de prélats au concile, et la plupart des évêques des grands siéges menaient avec eux des théologiens qui parlaient pour eux. Il y avait aussi des théologiens employés par le pape.

Presque tous ces théologiens étaient ou de l'ordre de Saint-François ou de celui de Saint-Dominique. Ces moines disputèrent sur le péché originel, malgré les ambassadeurs de l'empereur, qui réclamaient en vain contre ces disputes, regardées par eux comme inutiles. Ils entamèrent la grande question si la Vierge, mère de Jésus-Christ, naquit soumise au péché d'Adam. Les dominicains, ennemis des franciscains, soutinrent toujours avec saint Thomas qu'elle fut conçue dans le péché. La dispute fut vive et longue, et le concile ne la détermina qu'en statuant qu'on ne comprenait pas la Vierge dans le péché originel commun à tous les hommes, mais aussi qu'on ne l'en exceptait pas.

Duprat, évêque de Clermont, demande ensuite qu'on prie Dieu pour le roi de France comme pour l'empereur, puisque ce roi a été invité au concile; mais il est refusé, sous prétexte qu'il aurait fallu prier aussi pour les autres rois, et qu'on aurait indisposé ceux qu'on aurait nommés les derniers. Leurs rangs n'étaient plus réglés comme autrefois.

(1546) Pierre Danès arrive en qualité d'ambassadeur de France. C'est alors que dans une des congrégations il fit cette fameuse réponse à un évêque italien, qui dit, après l'avoir entendu haranguer : « Vraiment ce coq chante bien. » Les mots de *coq* et de *Français* signifient la même chose dans la langue latine, dont se servait cet évêque. Danès répondit à ce froid jeu de mots : « Plût à Dieu que Pierre se repentît « au chant du coq ![1] »

C'est ici le lieu de placer le mot de dom Barthélemi-des-Martyrs, primat de Portugal, qui, en parlant de la nécessité d'une réformation, dit : « Les très illus-« tres cardinaux doivent être très illustrement réfor-« més. »

Les évêques cédaient avec peine aux cardinaux, qu'ils ne comptaient pas dans la hiérarchie de l'Église; et les cardinaux alors ne prenaient point le titre d'*éminence*, qu'ils ne se sont donné que sous Urbain VIII. On peut encore observer que tous les pères et les théologiens du concile parlaient en latin dans les sessions : mais ils avaient quelque peine à s'entendre les uns les autres ; un Polonais, un Anglais, un Allemand, un Français, un Italien, prononçant tous d'une manière très différente.

(1546) Une des plus importantes questions qui furent agitées fut celle de la résidence et de l'établissement des évêques de droit divin. Presque tous les prélats, excepté ceux d'Italie, attachés particulièrement au pape, s'obstinèrent toujours à vouloir qu'on décidât que leur institution était divine, prétendant que si elle ne l'était pas ils ne se voyaient pas en droit de

---

[1] Voltaire regarde cette réponse de Danès comme un des meilleurs à-propos : voyez le *Dictionnaire philosophique*, au mot A-PROPOS. B.

condamner les protestants. Mais aussi, en recevant leurs bulles du pape, comment pouvaient-ils être établis purement de droit divin? Si le concile constatait ce droit, le pape n'était plus qu'un évêque comme eux. Sa chaire était la première dans l'Église latine, mais non le principe des autres chaires : elle perdait son autorité; et cette question, qui d'abord semblait purement théologique, tenait en effet à la politique la plus délicate. Elle fut long-temps débattue avec éloquence, et aucun des papes sous qui se tint ce long concile ne souffrit qu'elle fût décidée.

Les matières de la prédestination et de la grace furent long-temps agitées. Les décrets furent formés. Dominique de Soto, théologien dans ce concile, expliqua ces décrets en faveur de l'opinion des dominicains, en trois volumes *in-folio*; mais frère André Vega les expliqua, en quinze tomes, à l'avantage des cordeliers.

La doctrine des sept sacrements fut ensuite examinée long-temps avec attention, et n'excita aucune dispute.

Après avoir établi cette doctrine telle qu'elle est reçue par toute l'Église latine, on passa à la pluralité des bénéfices, article plus épineux. Plusieurs voix réclament contre l'abus introduit dès long-temps de tant de prélatures accumulées dans les mêmes mains. On renouvelle les plaintes faites du temps de Clément VII, qui donna, en 1534, au cardinal Hippolyte, son neveu, la jouissance de tous les bénéfices de la terre vacants pendant six mois.

Le pape Paul III veut se réserver la décision de cette question; mais les pères décrètent qu'on ne peut posséder deux évéchés à-la-fois. Ils statuent pourtant qu'on le peut avec une dispense de Rome, et c'est ce qu'on n'a jamais refusé aux prélats allemands : ainsi il est arrivé qu'un curé ne jouit jamais de deux paroisses de cent écus chacune, et qu'un prélat possède des évêchés de plusieurs millions. Il était de l'intérêt de tous les princes et de tous les peuples de déraciner cet abus : il est cependant autorisé.

Cet article ayant mis quelque aigreur dans les esprits, Paul III transfère le concile de Trente à Bologne, sous prétexte des maladies qui régnaient à Trente.

Pendant les deux premières sessions du concile à Bologne, le bâtard du pape, Pierre-Louis Farnèse, duc de Parme, devenu insupportable par l'insolence de ses débauches et de ses rapines, est assassiné dans Plaisance, ainsi que Cosme de Médicis l'avait été auparavant dans Florence, Julien avant ce Cosme, le duc Galéas à Milan, et tant d'autres princes nouveaux. Il n'est pas prouvé que Charles-Quint eût part à ce meurtre; mais il en recueillit le fruit dès le lendemain, et le gouverneur de Milan se saisit de Plaisance au nom de l'empereur.

(1548) On peut juger si cet assassinat et cette promptitude à priver le pape de la ville de Plaisance mirent des dissensions entre l'empereur et Paul III. Ces querelles influaient sur le concile; le peu d'évêques impériaux restés à Trente ne voulaient point reconnaître les pères de Bologne.

C'est dans le temps de ces divisions que Charles-Quint ayant vaincu les princes protestants dans la célèbre bataille de Mulberg, en 1547, et marchant de succès en succès, mécontent du pape, n'espérant plus rien d'un concile divisé, ambitionne la gloire de faire ce que n'avait pu ce concile, de réunir, du moins pour un temps, les catholiques et les protestants d'Allemagne. Il fait travailler des théologiens de tous les partis; il fait publier son *inhalt*, son *interim*, profession de foi passagère en attendant mieux. Ce n'était point se déclarer chef de l'Église, comme le roi d'Angleterre, Henri VIII; mais c'eût été l'être en effet, si les Allemands avaient eu autant de docilité que les Anglais.

Le fondement de cette formule de l'*interim* est la doctrine romaine, mais mitigée, et expliquée en termes qui peuvent ne point choquer les réformateurs. On permet aux peuples le vin dans la communion; on permet aux prêtres le mariage. Il y avait de quoi contenter tout le monde, si l'esprit de division pouvait jamais être content : mais ni les catholiques ni les protestants ne furent satisfaits. Paul III (1548), qui pouvait éclater contre cette entreprise, garda le silence. Il prévoyait qu'elle tomberait d'elle-même; et, s'il osait se servir des armes des Grégoire VII et des Innocent IV contre l'empereur, l'exemple de l'Angleterre et le pouvoir de Charles le fesaient trembler.

D'autres intérêts plus pressants, parcequ'ils sont particuliers, troublent la vie du pape. L'affaire de Parme et de Plaisance était des plus épineuses et des plus bizarres : Charles-Quint, comme maître de la Lombardie, vient de réunir Plaisance à ce domaine, et peut y réunir Parme.

Le pape, de son côté, veut réunir Parme à l'état ecclésiastique, et donner un équivalent à son petit-fils Octave Farnèse. Ce prince a épousé une bâtarde de Charles-Quint, qui lui ravit Plaisance : il est petit-fils du pape, qui veut le priver de Parme. Persécuté à-la-fois par ses deux grands-pères, il prend le parti d'implorer le secours de la France, et de résister au pape son aïeul. Ainsi, dans le concile de Trente, c'est l'incontinence du pape et de l'empereur qui forme la querelle la plus importante. Ce sont leurs bâtards qui produisent les plus violentes intrigues, tandis que des moines théologiens argumentent. Ce pontife meurt saisi de douleur, comme presque tous les souverains au milieu des troubles qu'ils ont excités, et qu'ils ne voient point finir. De grands reproches, et peut-être beaucoup de calomnies, flétrissent sa mémoire.

(1551) Jean del Monte, Jules III, est élu, et consent à rétablir le concile à Trente; mais la querelle de Parme traverse toujours le concile. Octave Farnèse persiste à ne point rendre Parme à l'Église; Charles-Quint s'obstine à garder Plaisance, malgré les pleurs de sa fille Marguerite, épouse d'Octave. Une autre bâtarde se jette à la traverse, et attire la guerre en Italie; c'est la femme d'un frère d'Octave, fille du roi de France, Henri II, et de la duchesse de Valentinois; elle obtient aisément que Henri, son père, se mêle de la querelle. Ce roi protége donc les Farnèse contre l'empereur et le pape; et celui qui fait brûler les protestants en France, s'oppose à la tenue d'un concile contre les protestants.

Tandis que le roi très chrétien se déclare contre le

concile, quelques princes protestants y envoient leurs ambassadeurs, comme Maurice, nouveau duc de Saxe, un duc de Virtemberg, et ensuite l'électeur de Brandebourg; mais ces ministres, peu satisfaits, s'en retournent bientôt. Le roi de France y envoie aussi un ambassadeur, Jacques Amyot, plus connu par sa naïve traduction de Plutarque que par cette ambassade; mais il n'arrive que pour protester contre l'assemblée.

(1551) Cependant deux électeurs, Mayence et Trèves, prennent séance au-dessous des légats: deux cardinaux légats, deux nonces, deux ambassadeurs de Charles-Quint, un du roi des Romains, quelques prélats italiens, espagnols, allemands, rendent au concile son activité.

Les cordeliers et les jacobins partagent encore les opinions des pères sur l'eucharistie comme sur la prédestination. Les cordeliers soutiennent que le corps de Dieu, dans le sacrement, passe d'un lieu à un autre; et les jacobins affirment que ce corps ne passe point d'un lieu à un autre, mais qu'il est fait en un instant du pain transsubstantié.

Les pères décident que le corps divin est sous l'apparence du pain, et son sang sous l'apparence du vin; que le corps et le sang sont ensemble dans chaque espèce par concomitance, tout entiers, reproduits en un instant dans chaque parcelle et dans chaque goutte, auxquelles on doit un culte de latrie.

Cependant le prince Philippe, fils de Charles-Quint, depuis roi d'Espagne, et le prince héréditaire de Savoie, passent par Trente (1552). Il est dit dans quelques livres concernant les beaux-arts, « que les pères « donnèrent un bal à ces princes, que le cardinal de « Mantoue ouvrit le bal, et que les pères dansèrent « avec beaucoup de gravité et de décence. » On cite sur ce fait le cardinal Pallavicini; et, pour faire voir que la danse n'est point une chose profane, on se prévaut du silence de fra-Paolo, qui ne condamne point ce bal du concile.

Il est vrai que chez les Hébreux et chez les Gentils la danse fut souvent une cérémonie religieuse; il est vrai que Jésus-Christ chanta et dansa après sa pâque juive, comme le dit saint Augustin dans ses Lettres : mais il n'est pas vrai, comme on le dit, que Pallavicini parle de cette danse des pères. On réclame en vain l'indulgence de fra-Paolo : s'il ne condamne point ce bal, c'est qu'en effet les pères ne dansèrent point. Pallavicini, dans son livre onzième, chapitre 15, dit seulement qu'après un repas magnifique donné par le cardinal de Mantoue, président du concile, dans une salle bâtie exprès à trois cents pas de la ville, il y eut des divertissements, des joutes, des danses; mais il ne dit point du tout que ce président et le concile aient dansé.

Au milieu de ces divertissements et des occupations plus sérieuses du concile, Ferdinand Ier, roi de Hongrie, frère de Charles-Quint, fait assassiner le cardinal Martinusius en Hongrie. Le concile, à cette nouvelle, est plein d'indignation et de trouble. Les pères remettent la connaissance de cet attentat au pape, qui n'en peut connaître; ce n'est plus le temps de Thomas Becquet et de Henri II d'Angleterre [1].

Jules III excommunie les assassins, qui étaient Italiens, et, au bout de quelque temps, déclare le roi Ferdinand, frère du puissant Charles-Quint, absous des censures. Le meurtre du célèbre Martinusius demeure dans le grand nombre des assassinats impunis qui déshonorent la nature humaine.

De plus grandes entreprises dérangent le concile : le parti protestant, défait à Mulberg, reprend vigueur; il est en armes. Le nouvel électeur de Saxe, Maurice, assiége Augsbourg (1552). L'empereur est surpris dans les défilés du Tyrol : obligé de fuir avec son frère Ferdinand, il perd tout le fruit de ses victoires. Les Turcs menacent la Hongrie. Henri II, toujours ligué avec les Turcs et les protestants, tandis qu'il fait brûler les hérétiques de son royaume, envoie des troupes en Allemagne et en Italie. Les pères du concile s'enfuient en hâte de la ville de Trente, et le concile est oublié pendant dix années.

(1560) Enfin Medichino, Pie IV, qui se disait de la maison de ces grands négociants et de ces grands princes les Médicis, ressuscite le concile de Trente. Il invite tous les princes chrétiens; il envoie même des nonces aux princes protestants assemblés à Naumbourg en Saxe. Il leur écrit, *A mon cher fils;* mais ces princes ne le reconnaissent point pour père, et refusent ses lettres.

(1562) Le concile recommence par une procession de cent douze évêques entre deux files de mousque-

[1] Voyez chap. L. B.

taires. Un évêque de Reggio prêche avec plus d'éloquence que n'avait fait l'évêque de Bitonto. On ne peut relever davantage le pouvoir de l'Église; il égale son autorité à celle de Dieu : « Car, dit-il, l'Église a « détruit la circoncision et le sabbat que Dieu même « avait ordonnés[a]. » Dans les deux années 1562 et 63 que dura la reprise du concile, il s'élève presque toujours des disputes entre les ambassadeurs sur la préséance : ceux de Bavière veulent l'emporter sur ceux de Venise; mais ils cèdent enfin, après de longues contestations.

(1562) Les ambassadeurs des cantons suisses catholiques demandent la préséance sur ceux du duc de Florence, et l'obtiennent. L'un de ces députés suisses, nommé Melchior Luci, dit qu'il est prêt de soutenir le concile avec son épée, et de traiter les ennemis de l'Église comme ses compatriotes ont traité le curé Zuingle et ses adhérents, qu'ils tuèrent et qu'ils brûlèrent pour la bonne cause.

Mais la plus grande dispute fut entre les ambassadeurs de France et d'Espagne. Le comte de Luna, ambassadeur de Philippe II, roi d'Espagne, veut être encensé à la messe, et baiser la patène avant Ferrier, ambassadeur de France. Ne pouvant obtenir cette distinction, il se réduit à souffrir qu'on emploie en même temps deux patènes et deux encensoirs : Ferrier fut inflexible. On se menace de part et d'autre; le service est interrompu, l'église est remplie de

---

[a] Cet évêque avait plus raison qu'il ne croyait; car Jésus ne prêcha rien que l'obéissance à la religion juive, et ne commanda jamais rien de ce que l'on pratique chez les chrétiens : cela est évident.

tumulte. On apaise enfin ce différent, en supprimant la cérémonie de l'encensoir et le baiser de la patène.

D'autres difficultés retardaient l'examen des questions théologiques. Les ambassadeurs de l'empereur Ferdinand, successeur de Charles-Quint, veulent que cette assemblée soit un nouveau concile, et non pas une continuation du premier. Les légats prennent un parti mitoyen; ils disent : « Nous continuons le con-« cile en l'indiquant, et nous l'indiquons en le conti-« nuant. »

La grande question de l'institution et de la résidence des prélats de droit divin se renouvelle avec chaleur (mars 1562); les évêques espagnols, aidés de quelques prélats arrivés de France, soutiennent leurs prétentions : c'est à cette occasion qu'ils se plaignent que le Saint-Esprit arrive toujours de Rome dans la malle du courrier; bon mot célèbre dont les protestants ont triomphé.

Pie IV, outré de l'obstination des évêques, dit que les ultramontains sont ennemis du saint-siége, qu'il aura recours à un million d'écus d'or. Les prélats espagnols se plaignent hautement que les prélats italiens abandonnent les droits de l'épiscopat, et qu'ils reçoivent du pape soixante écus d'or par mois : la plupart des prélats italiens étaient pauvres, et le saint-siége de Rome, plus riche que tous les évêques du concile ensemble, pouvait les aider avec bienséance; mais ceux qui reçoivent sont toujours de l'avis de celui qui donne.

Pie IV offre à Catherine de Médicis, régente de France, cent mille écus d'or, et cent mille autres en prêt, avec un corps de Suisses et d'Allemands catholiques, si elle veut exterminer les huguenots de France, faire enfermer dans la Bastille Montluc, évêque de Valence, soupçonné de les favoriser, et le chancelier de L'Hospital, fils d'un Juif, mais qui était le plus grand homme de France, si ce titre est dû au génie, à la science et à la probité réunies. Le pape demande encore qu'on abolisse toutes les lois des parlements de France sur tout ce qui concerne l'Église (1562); et dans ces espérances, il donne vingt-cinq mille écus d'avance. L'humiliation de recevoir cette aumône de vingt-cinq mille écus montre dans quel abîme de misère le gouvernement de France était alors plongé.

(Novembre 1562) Ce fut un plus grand opprobre quand le cardinal de Lorraine, arrivant enfin au concile avec quelques évêques français, commença par se plaindre que le pape n'eût donné que vingt-cinq mille écus au roi son maître. C'est alors que l'ambassadeur Ferrier, dans son discours au concile, compare Charles IX enfant à l'empereur Constantin. Chaque ambassadeur ne manquait pas de faire la même comparaison en faveur de son souverain: ce parallèle ne convenait à personne; d'ailleurs Constantin ne reçut jamais d'un pape vingt-cinq mille écus de subsides, et il y avait un peu de différence entre un enfant dont la mère était régente dans une partie des Gaules, et un empereur d'Orient et d'Occident.

Les ambassadeurs de Ferdinand au concile se plaignaient cependant avec aigreur que le pape eût promis de l'argent à la France. Ils demandaient que le concile réformât le pape et sa cour, qu'il n'y eût tout au plus que vingt-quatre cardinaux, ainsi que le concile de Bâle l'avait statué (1562), ne songeant pas que ce petit nombre les rendait plus considérables. Ferdinand Ier demandait encore que chaque nation priât Dieu dans sa langue, que le calice fût accordé aux laïques, et qu'on laissât les princes allemands maîtres des biens ecclésiastiques dont ils s'étaient emparés.

On fesait de telles propositions quand on était mécontent du siége de Rome; et on les oubliait quand on s'était rapproché.

La dispute sur le calice dura long-temps. Plusieurs théologiens affirmèrent que la coupe n'est pas nécessaire à la communion; que la manne du désert, figure de l'Eucharistie, avait été mangée sans boire; que Jonathas ne but point en mangeant son miel; que Jésus-Christ en donnant le pain aux apôtres les traita en laïques, et qu'il les fit prêtres en leur donnant le vin. Cette question fut décidée avant l'arrivée du cardinal de Lorraine (16 juillet 1562); mais ensuite on laissa au pape la liberté d'accorder ou de refuser le vin aux laïques, selon qu'il le trouverait plus convenable.

La question du droit divin se renouvelait toujours et divisait le concile. C'est à cette occasion que le jésuite Lainez, successeur d'Ignace dans le généralat de son ordre, et théologien du pape au concile, dit « que les autres Églises ne peuvent réformer la cour « romaine, parceque l'esclave n'est pas au-dessus de « son seigneur. »

Les évêques italiens étaient de son avis; ils ne reconnaissaient de droit divin que dans le pape. Les évêques français, arrivés avec le cardinal de Lorraine, se joignent aux Espagnols contre la cour de Rome : et les prélats italiens disaient que le concile était tombé *dalla rogna spagnuola nel mal francese.*

(1563) Il fallut négocier, intriguer, répandre l'argent. Les légats gagnaient autant qu'ils pouvaient les théologiens étrangers. Il y eut surtout un certain Hugonis, docteur de Sorbonne, qui leur servit d'espion : il fut avéré qu'il avait reçu cinquante écus d'or d'un évêque de Vintimiglia pour rendre compte des secrets du cardinal de Lorraine.

(Octobre 1563) La cour de France, épuisée alors par les querelles de religion et de politique, n'avait pas même de quoi payer ses théologiens au concile; ils retournent tous en France, excepté cet Hugonis, pensionnaire des légats; neuf évêques français avaient déjà quitté le concile, et il n'en restait plus que huit.

Les querelles de religion fesaient alors couler le sang en France, comme elles en avaient inondé l'Allemagne du temps de Charles-Quint; une paix passagère avait été signée avec le parti protestant, au mois de mars de cette année 1563. Le pape, courroucé de cette paix, fait condamner à Rome, par l'inquisition, le cardinal de Châtillon, évêque de Beauvais, huguenot déclaré; mais il enveloppa dans cette condamnation dix autres évêques de France, et on ne voit point que ces évêques en appellent au concile : quelques uns se contentent de se pourvoir aux parlements du royaume. En un mot, aucune congrégation du concile ne réclama contre cet acte d'autorité.

(1563) Les pères prennent ce temps pour former

un décret contre tous les princes qui voudront juger les ecclésiastiques et leur demander des subsides. Tous les ambassadeurs s'opposent à ce décret, qui ne passe point. La querelle s'échauffe; l'ambassadeur de France, Ferrier, dit dans le tumulte : « Quand Jésus-« Christ approche, il ne faut pas crier ici comme les « diables. Envoyez-nous dans des troupeaux de co-« chons. » On ne voit pas bien quel rapport ce troupeau de cochons pouvait avoir avec cette dispute.

(11 novembre 1563) Après tant d'altercations toujours vives et toujours apaisées par la prudence des légats, on presse la conclusion du concile. On y décrète, dans la vingt-quatrième session, que le lien du mariage est perpétuel depuis Adam, qu'il est devenu un sacrement depuis Jésus-Christ, que l'adultère ne peut le dissoudre, et qu'il ne peut être annulé que par la parenté jusqu'au quatrième degré, à moins d'une dispense du pape. Les protestants, au contraire, pensaient qu'on pouvait épouser sa cousine, et qu'on peut quitter une femme adultère pour en prendre une autre.

Le concile déclare dans cette session que les évêques, dans les causes criminelles, ne peuvent être jugés que par le pape, et que, s'il est besoin, c'est à lui seul de commettre des évêques pour juges. Cette jurisprudence n'est pas admise dans la plupart des tribunaux, et surtout en France.

(1563) Dans la dernière session, on prononce anathême contre ceux qui rejettent l'invocation des saints, qui prétendent qu'il ne faut invoquer que Dieu seul, et qui pensent que Dieu n'est pas semblable aux princes faibles et bornés qu'on ne peut aborder que par leurs courtisans.

Anathème contre ceux qui ne vénèrent pas les reliques, qui pensent que les os des morts n'ont rien de commun avec l'esprit qui les anima, et que ces os n'ont aucune vertu. Anathème contre ceux qui nient le purgatoire, ancien dogme des Égyptiens, des Grecs, et des Romains, sanctifié par l'Église, et regardé par quelques uns comme plus convenable à un Dieu juste et clément, qui châtie et qui pardonne, que l'enfer éternel, qui semble annoncer l'Être infini comme infiniment implacable.

Dans tous ces anathèmes on ne spécifie ni les peuples de la confession d'Augsbourg, ni ceux de la communion de Zuingle et de Calvin, ni les anglicans.

Cette même session permet que les moines fassent des vœux à l'âge de seize ans, et les filles à douze; permission regardée comme très préjudiciable à la police des états, mais sans laquelle les ordres monastiques seraient bientôt anéantis.

On soutient la validité des indulgences, première source des querelles pour lesquelles ce concile fut convoqué, et on défend de les vendre : cependant on les vend encore à Rome, mais à très bon marché; on les revend quatre sous la pièce dans quelques petits cantons catholiques suisses. Le grand profit se fait dans l'Amérique espagnole, où l'on est plus riche et plus ignorant que dans les petits cantons.

(1563) On finit enfin par recommander aux évêques de ne céder jamais la préséance aux ministres des rois et aux seigneurs : l'Église a toujours pensé ainsi.

Le concile est souscrit par quatre légats du pape, onze cardinaux, vingt-cinq archevêques, cent soixante-huit évêques, sept abbés, trente-neuf procureurs d'évêques absents, et sept généraux d'ordre.

On n'y employa pas la formule, « Il a semblé bon « au Saint-Esprit et à nous »; mais, « En présence du « Saint-Esprit il nous a semblé bon. » Cette formule est moins hardie.

Le cardinal de Lorraine renouvela les anciennes acclamations des premiers conciles grecs; il s'écria: « Longues années au pape, à l'empereur, et aux rois! » Les pères répétèrent les mêmes paroles. On se plaignit en France qu'il n'eût point nommé le roi son maître, et on vit dès-lors combien ce cardinal craignait d'offenser Philippe II, qui fut le soutien de la ligue.

Ainsi finit ce concile, qui dura, dans ses interruptions depuis sa convocation, l'espace de vingt-un ans. Les théologiens qui n'avaient point de voix délibérative y expliquèrent les dogmes; les prélats prononcèrent, les légats du pape les dirigèrent; ils apaisèrent les murmures, adoucirent les aigreurs, éludèrent tout ce qui pouvait blesser la cour de Rome, et furent toujours les maîtres.

CHAPITRE CLXXIII.

De la France sous Henri III. Sa transplantation en Pologne, sa fuite, son retour en France. Mœurs du temps, ligue, assassinats, meurtre du roi, anecdotes curieuses.

Au milieu de ces désastres et de ces disputes, le duc d'Anjou, qui avait acquis quelque gloire en Europe, dans les journées de Jarnac et de Moncontour, est élu roi de Pologne (1573). Il ne regardait cet honneur que comme un exil. On l'appelait chez un peuple dont il n'entendait pas la langue, regardé alors comme barbare, et qui, moins malheureux, à la vérité, que les Français, moins fanatique, moins agité, était cependant beaucoup plus agreste. L'apanage du duc d'Anjou lui valait plus que la couronne de Pologne ; il se montait à douze cent mille livres ; et ce royaume éloigné était si pauvre, que, dans le diplôme de l'élection, on stipula, comme une clause essentielle, que le roi dépenserait ces douze cent mille livres en Pologne. Il va donc chercher avec douleur cette terre étrangère. Il n'avait pourtant rien à regretter en France : la cour qu'il abandonnait était en proie à autant de dissensions que le reste de l'état. C'étaient chaque jour des conspirations, ou réelles ou supposées, des duels, des assassinats, des emprisonnements sans forme et sans raison, pires que les troubles qui en étaient cause. On ne voyait pas tomber sur les échafauds autant de têtes considérables qu'en Angleterre [1], mais il y avait plus de meurtres secrets, et on commençait à connaître le poison.

Cependant, quand les ambassadeurs de Pologne vinrent à Paris rendre hommage à Henri III, on leur donna la fête la plus brillante et la plus ingénieuse. Le naturel et les graces de la nation perçaient encore à travers tant de calamités et de fureurs. Seize dames de la cour, représentant les seize principales provinces de France, ayant dansé un ballet accompagné

[1] Voyez chap. CLXVII, à la fin. B.

de machines, présentèrent au roi de Pologne et aux ambassadeurs des médailles d'or, sur lesquelles on avait gravé les productions qui caractérisaient chaque province.

(1574) A peine Henri III est-il transplanté sur le trône de Pologne, que Charles IX meurt à l'âge de vingt-quatre ans et un mois. Il avait rendu son nom odieux à toute la terre, dans un âge où les citoyens de sa capitale ne sont pas encore majeurs. La maladie qui l'emporta est très rare; son sang coulait par tous les pores : cet accident, dont il y a quelques exemples, est la suite ou d'une crainte excessive, ou d'une passion furieuse, ou d'un tempérament violent et atrabilaire : il passa dans l'esprit des peuples, et surtout des protestants, pour l'effet de la vengeance divine. Opinion utile, si elle pouvait arrêter les attentats de ceux qui sont assez puissants et assez malheureux pour n'être pas soumis au frein des lois!

Dès que Henri III apprend la mort de son frère, il s'évade de Pologne, comme on s'enfuit de prison. Il aurait pu engager le sénat de Pologne à souffrir qu'il se partageât entre ce royaume et ses pays héréditaires, comme il y en a eu tant d'exemples; mais il s'empressa de fuir de ce pays sauvage, pour aller chercher, dans sa patrie, des malheurs, et une mort non moins funeste que tout ce qu'on avait vu jusqu'alors en France.

Il quittait un pays où les mœurs étaient dures, mais simples, et où l'ignorance et la pauvreté rendaient la vie triste, mais exempte de grands crimes. La cour de France était, au contraire, un mélange de luxe, d'intrigues, de galanteries, de débauches, de complots, de superstition, et d'athéisme. Catherine de Médicis, nièce du pape Clément VII, avait introduit la vénalité de presque toutes les charges de la cour, telle qu'elle était à celle du pape. La ressource, utile pour un temps, et dangereuse pour toujours, de vendre les revenus de l'état à des partisans qui avançaient l'argent, était encore une invention qu'elle avait apportée d'Italie. La superstition de l'astrologie judiciaire, des enchantements, et des sortiléges, était aussi un des fruits de sa patrie, transplanté en France : car, quoique le génie des Florentins eût fait revivre dès longtemps les beaux-arts, il s'en fallait beaucoup que la vraie philosophie fût connue. Cette reine avait amené avec elle un astrologue nommé Luc Gauric, homme qui n'eût été de nos jours qu'un misérable charlatan méprisé de la populace, mais qui alors était un homme très important. Les curieux conservent encore des anneaux constellés, des talismans de ces temps-là. On a cette fameuse médaille où Catherine est représentée toute nue entre les constellations d'*Aries* et *Taurus*, le nom d'*Ébullé Asmodée* sur sa tête, ayant un dard dans une main, un cœur dans l'autre, et dans l'exergue le nom d'*Oxiel*.

Jamais la démence des sortiléges ne fut plus en crédit. Il était commun de faire des figures de cire, qu'on piquait au cœur en prononçant des paroles inintelligibles. On croyait par là faire périr ses ennemis; et le mauvais succès ne détrompait pas. On fit subir la question à Cosme Ruggieri, Florentin, accusé d'avoir attenté, par de tels sortiléges, à la vie de Charles IX.

Un de ces sorciers, condamné à être brûlé, dit, dans son interrogatoire, qu'il y en avait plus de trente mille en France.

Ces manies étaient jointes à des pratiques de dévotion ; et ces pratiques se mêlaient à la débauche effrénée. Les protestants, au contraire, qui se piquaient de réforme, opposaient des mœurs austères à celles de la cour ; ils punissaient de mort l'adultère. Les spectacles, les jeux, leur étaient autant en horreur que les cérémonies de l'Église romaine ; ils mettaient presque au même rang la messe et les sortiléges : de sorte qu'il y avait deux nations dans la France absolument différentes l'une de l'autre ; et on espérait d'autant moins la réunion, que les huguenots avaient, surtout depuis la Saint-Barthélemi, formé le dessein de s'ériger en république.

Le roi de Navarre, qui fut depuis Henri IV, et le prince Henri de Condé, fils de Louis, assassiné à Jarnac, étaient les chefs du parti ; mais ils avaient été retenus prisonniers à la cour depuis le temps des massacres. Charles IX leur avait proposé l'alternative d'un changement de religion ou de la mort. Les princes, en qui la religion n'est presque jamais que leur intérêt, se résolvent rarement au martyre. Henri de Navarre et Henri de Condé s'étaient faits catholiques ; mais vers le temps de la mort de Charles IX, Condé, évadé de prison, avait abjuré l'Église romaine à Strasbourg ; et, réfugié dans le Palatinat, il ménageait, chez les Allemands, des secours pour son parti, à l'exemple de son père.

Henri III, en revenant en France, pouvait la rétablir; elle était sanglante, déchirée, mais non démembrée. Pignerol, le marquisat de Saluces, et par conséquent les portes de l'Italie, étaient encore à elle. Une administration tolérable peut guérir, en peu d'années, les plaies d'un royaume dont le terrain est fertile et les habitants industrieux. Henri de Navarre était toujours entre les mains de la reine-mère, déclarée régente par Charles IX jusqu'au retour du nouveau roi. Les protestants ne demandaient que la sûreté de leurs biens et de leur religion; et leur projet de former une république ne pouvait prévaloir contre l'autorité souveraine, déployée sans faiblesse et sans excès. Il eût été aisé de les contenir : tel avait toujours été l'avis des plus sages têtes, d'un chancelier de L'Hospital, d'un Paul de Foix, d'un Christophe de Thou, père du véridique et éloquent historien, d'un Pibrac, d'un Harlai : mais les favoris, croyant gagner à la guerre, la firent résoudre.

A peine donc le roi fut à Lyon, qu'avec le peu de troupes qu'on lui avait amenées il voulut forcer des villes, qu'il eût pu ranger à leur devoir avec un peu de politique. Il dut s'apercevoir, quand il voulut entrer à main armée dans une petite ville nommée Livron[1], qu'il n'avait pas pris le bon parti; on lui cria du haut des murs : « Approchez, assassins; venez, massacreurs, vous ne nous trouverez pas endormis comme l'amiral [2]. »

---

[1] Voyez dans les *Mélanges*, année 1763, les *Éclaircissements historiques* (XXIXe sottise de Nonotte). B.

[2] Il paraît, d'après les mémoires du temps, que la voix publique accusait Henri III d'avoir aidé sa mère à vaincre la résistance que Charles IX

Il n'avait pas alors de quoi payer ses soldats; ils se débandèrent; et, trop heureux de n'être point attaqué dans son chemin, il alla se faire sacrer à Reims, et faire son entrée dans Paris sous ces tristes auspices, au milieu de la guerre civile qu'il avait fait renaître à son arrivée, et qu'il eût pu étouffer. Il ne sut ni contenir les huguenots, ni contenter les catholiques, ni réprimer son frère le duc d'Alençon, alors duc d'Anjou, ni gouverner ses finances, ni discipliner une armée : il voulait être absolu, et ne prit aucun moyen de l'être. Ses débauches honteuses avec ses mignons le rendirent odieux; ses superstitions, ses processions, dont il croyait couvrir ses scandales, et qui les augmentaient, l'avilirent; ses profusions, dans un temps où il fallait n'employer l'or que pour avoir du fer, énervèrent son autorité. Nulle police, nulle justice : on tuait, on assassinait ses favoris sous ses yeux, ou ils s'égorgeaient mutuellement dans leurs querelles. Son propre frère, le duc d'Anjou, catholique, s'unit contre lui avec le prince Henri de Condé, calviniste, et fait venir des Suisses, tandis que Condé rentre en France avec des Allemands.

Dans cette anarchie, Henri, duc de Guise, fils de François, riche, puissant, devenu le chef de la maison de Lorraine en France, ayant tout le crédit de son

opposait au massacre de la Saint-Barthélemi. Les remords de ce malheureux prince, sa mort extraordinaire, avaient rejeté toute la haine de ce forfait sur Catherine et sur Henri III, d'ailleurs avili par sa superstition et par ses mœurs.

Dans son passage en Dauphiné, Montbrun pilla les équipages de sa petite armée; et lorsqu'on lui reprocha cette action, il répondit: La guerre et le jeu rendent les hommes égaux. K.

père, idolâtré du peuple, redouté à la cour, force le roi à lui donner le commandement des armées. Son intérêt était que tout fût brouillé, afin que la cour eût toujours besoin de lui.

Le roi demande de l'argent à la ville de Paris : elle lui répond qu'elle a fourni trente-six millions d'extraordinaire en quinze ans, et le clergé soixante millions; que les campagnes sont désolées par la soldatesque; la ville, par la rapacité des financiers; l'Église, par la simonie et le scandale. Il n'obtient que des plaintes au lieu de secours.

Cependant le jeune Henri de Navarre se sauve enfin de la cour, où il était toujours prisonnier. On pouvait le retenir comme prince du sang; mais on n'avait nul droit sur la liberté d'un roi; il l'était en effet de la Basse-Navarre, et la haute lui appartenait par droit d'héritage. Il va en Guienne. Les Allemands, appelés par Condé, entrent dans la Champagne. Le duc d'Anjou, frère du roi, est en armes.

Les dévastations qu'on avait vues sous Charles IX recommencent. Le roi fait alors, par un traité honteux dont on ne lui sait point de gré, ce qu'il aurait dû faire, en souverain habile, à son avénement : il donne la paix; mais il accorde beaucoup plus qu'on ne lui eût demandé d'abord : libre exercice de la religion réformée, temples, synodes, chambres mi-parties de catholiques et de réformés dans les parlements de Paris, de Toulouse, de Grenoble, d'Aix, de Rouen, de Dijon, de Rennes. Il désavoue publiquement la Saint-Barthélemi, à laquelle il n'avait eu que trop de part. Il exempte d'impositions, pour six ans, les enfants de ceux qui ont été tués dans les massacres, réhabilite la mémoire de l'amiral Coligni; et, pour comble d'humiliation, il se soumet à payer les troupes allemandes du prince palatin, Casimir, qui le forçaient à cette paix : mais n'ayant pas de quoi les satisfaire, il les laisse vivre à discrétion pendant trois mois dans la Bourgogne et dans la Champagne. Enfin il envoie au prince Casimir six cent mille écus par Bellièvre. Casimir retient l'envoyé du roi en otage pour le reste du paiement, et l'emmène prisonnier à Heidelberg, où il fait porter en triomphe, au son des fanfares, les dépouilles de la France, dans des chariots traînés par des bœufs dont on avait doré les cornes.

Ce fut cet excès d'opprobre qui enhardit le duc Henri de Guise à former la ligue projetée par son oncle le cardinal de Lorraine, et à s'élever sur les ruines d'un royaume si malheureux et si mal gouverné. Tout respirait alors les factions, et Henri de Guise était fait pour elles. Il avait, dit-on, toutes les grandes qualités de son père, avec une ambition plus effrénée et plus artificieuse. Il enchantait comme lui tous les cœurs. On disait du père et du fils qu'auprès d'eux tous les autres princes paraissaient peuple. On vantait la générosité de son cœur; mais il n'en avait pas donné un grand exemple quand il foula aux pieds, dans la rue Bétisi, le corps de l'amiral Coligni, jeté à ses yeux par les fenêtres.

La première proposition de la ligue fut faite dans Paris. On fit courir chez les bourgeois les plus zélés des papiers qui contenaient un projet d'association pour défendre la religion, le roi, et la liberté de l'état;

c'est-à-dire pour opprimer à-la-fois le roi et l'état par les armes de la religion. La ligue fut ensuite signée solennellement à Péronne et dans presque toute la Picardie. Bientôt après les autres provinces y entrent. Le roi d'Espagne la protége, et ensuite les papes l'autorisent. Le roi, pressé entre les calvinistes, qui demandaient trop de liberté, et les ligueurs qui voulaient lui ravir la sienne, croit faire un coup d'état en signant lui-même la ligue, de peur qu'elle ne l'écrase. Il s'en déclare le chef, et par cela même il l'enhardit. Il se voit obligé de rompre malgré lui la paix qu'il avait donnée aux réformés (1576), sans avoir d'argent pour renouveler la guerre. Les états-généraux sont assemblés à Blois; mais on lui refuse les subsides qu'il demande pour cette guerre à laquelle les états mêmes le forçaient. Il n'obtient pas seulement la permission de se ruiner en aliénant son domaine. Il assemble pourtant une armée, en se ruinant d'une autre manière, en engageant les revenus de la couronne, en créant de nouvelles charges. Les hostilités se renouvellent de tous côtés, et la paix se fait encore. Le roi n'avait voulu avoir de l'argent et une armée que pour être en état de ne plus craindre les Guises : mais, dès que la paix est faite, il consomme ces faibles ressources en vains plaisirs, en fêtes, en profusions pour ses favoris.

Il était difficile de gouverner un tel royaume autrement qu'avec du fer et de l'or. Henri III pouvait à peine avoir l'un et l'autre. Il faut voir quelles peines il eut à obtenir dans ses pressants besoins treize cent mille francs du clergé pour six années, à faire vérifier au parlement quelques nouveaux édits bursaux, et avec quelle rapacité le marquis d'O, surintendant des finances, dévorait cette subsistance passagère.

Il ne régnait pas. La ligue catholique et les confédérés protestants se fesaient la guerre malgré lui dans les provinces. Les maladies contagieuses, la famine, se joignaient à tant de fléaux : et c'est dans ces temps de calamités que, pour opposer des favoris au duc de Guise, ayant créé ducs et pairs Joyeuse et d'Épernon, et leur ayant donné la préséance sur leurs anciens pairs, il dépense quatre millions aux noces du duc de Joyeuse, en le mariant à la sœur de la reine sa femme, et en le fesant son beau-frère. De nouveaux impôts pour payer ses prodigalités excitent l'indignation publique. Si le duc de Guise n'avait pas fait une ligue contre lui, la conduite du roi suffisait pour en produire une.

C'est dans ce temps que le duc d'Anjou, son frère, va dans les Pays-Bas chercher, au milieu d'une désolation non moins funeste, une principauté qu'il perdit par une tyrannique imprudence. Comme Henri III permettait à son frère d'aller ravir les provinces des Pays-Bas à Philippe II, à la tête des mécontents de Flandre, on peut juger si le roi d'Espagne encourageait la ligue en France, où elle prenait chaque jour de nouvelles forces. Quelle ressource le roi crut-il avoir contre elle? celle d'instituer des confréries de pénitents, de bâtir des cellules de moines à Vincennes pour lui et pour les compagnons de ses plaisirs, de prier Dieu en public tandis qu'il outrageait la nature en secret, de se vêtir d'un sac blanc, de porter une discipline et un rosaire à la ceinture, et de s'appeler *frère Henri*. Cela même indigna et enhardit les ligueurs. On prêchait publiquement dans Paris contre sa dévotion scandaleuse. La faction des Seize se formait sous le duc de Guise, et Paris n'était plus au roi que de nom.

(1585) Henri de Guise, devenu maître du parti catholique, avait déjà des troupes avec l'argent de son parti, et il attaquait les amis du roi de Navarre. Ce prince, qui était, comme le roi François Ier, le plus généreux chevalier de son temps, offrit de vider ce grand différent en se battant contre le duc de Guise, ou seul à seul, ou dix contre dix, ou en tel nombre qu'on voudrait. Il écrit à Henri III, son beau-frère : il lui remontre que c'est à lui et à sa couronne que la ligue en veut, bien plus qu'aux huguenots; il lui fait voir le précipice ouvert; il lui offre ses biens et sa vie pour le sauver.

Mais dans ce temps-là même le pape Sixte-Quint fulmine contre le roi de Navarre et le prince de Condé cette fameuse bulle, dans laquelle il les appelle *génération bâtarde et détestable de la maison de Bourbon* : il les déclare déchus de tout droit, de toute succession. La ligue fait valoir la bulle, et force le roi à poursuivre son beau-frère qui voulait le secourir, et à seconder le duc de Guise qui le détrônait avec respect. C'est la neuvième guerre civile depuis la mort de François II.

Henri IV (car il faut déjà l'appeler ainsi, puisque ce nom est si célèbre et si cher, et qu'il est devenu un nom propre), Henri IV eut à combattre à-la-fois le roi de France, Marguerite sa propre femme, et la ligue. Marguerite, en se déclarant contre son époux, rappelait ces anciens temps de barbarie où les excommunications rompaient tous les liens de la société, et rendaient un prince exécrable à ses proches. Ce prince se fit connaître dès-lors pour un grand homme, en bravant le pape jusque dans Rome, en y fesant afficher dans les carrefours un démenti formel à Sixte-Quint, et en appelant à la cour des pairs de cette bulle.

Il n'eut pas grande peine à empêcher son imprudente femme de se saisir de l'Agénois, dont elle voulut s'emparer; et quant à l'armée royale qu'on envoya contre lui sous les ordres du duc de Joyeuse, tout le monde sait comment il la vainquit à Coutras (octobre 1587), combattant en soldat à la tête de ses troupes, fesant des prisonniers de sa main, et montrant après la victoire autant d'humanité et de modestie que de valeur pendant la bataille.

Cette journée lui fit plus de réputation qu'elle ne lui donna de véritables avantages. Son armée n'était pas celle d'un souverain qui la soudoie et qui la retient toujours sous le drapeau, c'était celle d'un chef de parti : elle n'avait point de paie réglée. Les capitaines ne pouvaient empêcher leurs soldats d'aller faire leurs moissons; ils étaient obligés eux-mêmes de retourner dans leurs terres. On accusa Henri IV d'avoir perdu le fruit de sa victoire, en allant dans le Béarn voir la comtesse de Grammont, dont il était amoureux. On ne fait pas réflexion qu'il eût été très aisé de faire agir son armée en son absence, s'il avait pu la conserver. Henri de Condé, son cousin, prince aussi austère dans ses mœurs que le Navarrois avait de galanterie dans les siennes, quitta l'armée comme lui, alla comme lui dans ses terres, après avoir resté quelque temps dans le Poitou, ainsi que tous les officiers, qui jurèrent de se retrouver, le 20 de novembre, au rendez-vous des troupes. C'était ainsi qu'on fesait la guerre alors.

Mais le séjour du prince de Condé dans Saint-Jean-d'Angeli fut une des plus fatales aventures de ces temps horribles. A peine a-t-il soupé, à son retour, avec Charlotte de La Trimouille, sa femme, qu'il est saisi de convulsions mortelles qui l'emportent en deux jours (janvier 1588). Le simple juge de Saint-Jean-d'Angeli met la princesse en prison, l'interroge, commence un procès criminel contre elle : il condamne par contumace un jeune page nommé Permillac de Bel-Castel, et fait exécuter Brillant, maître-d'hôtel du prince, qui est tiré à quatre chevaux dans Saint-Jean-d'Angeli, après que la sentence a été confirmée par des commissaires que le roi de Navarre a nommés lui-même. La princesse appelle à la cour des pairs; elle était enceinte; elle fut depuis déclarée innocente, et les procédures brûlées. Il n'est pas inutile de réfuter encore ici ce conte répété dans tant de livres, que la princesse accoucha du père du grand Condé, quatorze mois après la mort de son mari, et que la Sorbonne fut consultée pour savoir si cet enfant était légitime. Rien n'est plus faux, et il est assez prouvé que ce nouveau prince de Condé naquit six mois après la mort de son père.

Si Henri de Navarre défit l'armée de Henri III à la journée de Coutras, le duc de Guise, de son côté, dissipa dans le même temps une armée d'Allemands qui venaient se joindre au Navarrois, et il fit voir, dans cette expédition, autant de conduite que Henri IV avait montré de courage. Le malheur de Coutras et la gloire du duc de Guise furent deux nouvelles disgraces pour le roi de France. Guise concerte, avec tous les princes de sa maison, une requête au roi, par laquelle on lui demande la publication du concile de Trente, l'établissement de l'inquisition, avec la confiscation des biens des huguenots au profit des chefs de la ligue, de nouvelles places du sûreté pour elle, et le bannissement de ses favoris qu'on lui nommera. Chaque mot de cette requête était une offense. Le peuple de Paris, et surtout les Seize, insultaient publiquement les favoris du roi, et marquaient peu de respect pour sa personne.

Rien ne fait mieux voir la malheureuse administration du gouvernement, qu'une petite chose qui fut la source des désastres de cette année. Le roi, pour éviter les troubles qu'il prévoyait dans Paris, fait défense au duc de Guise d'y venir. Il lui écrit deux lettres; il ordonne qu'on lui dépêche deux courriers. Il ne se trouve point d'argent dans l'épargne pour cette dépense nécessaire: on met les lettres à la poste; et le duc de Guise vient à Paris, ayant pour excuse apparente qu'il n'a point reçu l'ordre. De là suit la journée des Barricades. Il serait superflu de répéter ici ce que tant d'historiens ont détaillé sur cette journée. Qui ne sait que le roi quitta sa capitale, fuyant devant son sujet, et qu'il assembla ensuite les seconds états de Blois, où il fit assassiner le duc et le cardinal de Guise son frère (décembre 1588), après avoir communié avec eux, et avoir fait serment sur l'hostie qu'il les aimerait toujours ?

Les lois sont une chose si respectable et si sainte, que si Henri III en avait seulement conservé l'apparence, si, quand il eut en son pouvoir le prince et le cardinal, dans le château de Blois, il eût mis dans sa vengeance, comme il le pouvait, quelque formalité de justice, sa gloire et peut-être sa vie eussent été sauvées; mais l'assassinat d'un héros et d'un prêtre le rendirent exécrable aux yeux de tous les catholiques, sans le rendre plus redoutable.

Je crois devoir réfuter ici une erreur qui se trouve dans beaucoup de livres, et principalement dans *l'État de la France* qu'on réimprime souvent [1]. On y dit que le duc de Guise fut assassiné par les gentilshommes ordinaires de la chambre du roi; et le déclamateur Maimbourg prétend, dans son *Histoire de la ligue*, que Lognac, le chef des assassins, était premier gentilhomme de la chambre : tout cela est faux. Les registres de la chambre des comptes qui ont échappé à l'incendie, et que j'ai consultés, font foi que le maréchal de Retz et le comte de Villequier, tirés du nombre des gentilshommes ordinaires, avaient le titre de premier gentilhomme, charge de nouvelle création, instituée sous Henri II pour le maréchal de Saint-An-

---

[1] L'*État de la France* a eu en effet un grand nombre d'éditions, ou pour mieux dire il existe un grand nombre d'ouvrages sous le titre de: *État de la France*, *État présent de la France*, *Le vrai État de la France*. La plus ancienne édition que cite la *Bibliothèque historique de la France*, est de 1652, in-12; la plus récente de 1749, 6 volumes in-12. B.

dré. Ces mêmes registres font voir les noms des gentilshommes ordinaires de la chambre, qui étaient alors des premières maisons du royaume; ils avaient succédé sous François Ier aux chambellans, et ceux-ci aux chevaliers de l'hôtel. Les gentilshommes nommés les *quarante-cinq*, qui assassinèrent le duc de Guise, étaient une compagnie nouvelle, formée par le duc d'Épernon, payée au trésor royal sur les billets de ce duc, et aucun de leurs noms ne se trouve parmi les gentilshommes de la chambre.

Lognac, Saint-Capautet, Alfrenas, Herbelade, et leurs compagnons, étaient de pauvres gentilshommes gascons que d'Épernon avait fournis au roi, des gens de main, des gens de service, comme on les appelait alors. Chaque prince, chaque grand seigneur en avait auprès de lui dans ces temps de troubles. C'était par des hommes de cette espèce que la maison de Guise avait fait assassiner Saint-Mégrin, l'un des favoris de Henri III. Ces mœurs étaient bien différentes de la noble démence de l'ancienne chevalerie, et de ces temps d'une barbarie plus généreuse, dans lesquels on terminait ses différents en champ clos, à armes égales.

Tel est le pouvoir de l'opinion chez les hommes, que les mêmes assassins qui n'avaient fait nul scrupule de tuer en lâches le duc de Guise, refusèrent de tremper leurs mains dans le sang du cardinal son frère. Il fallut chercher quatre soldats du régiment des gardes, qui le massacrèrent dans le même château à coups de hallebarde. Il se passa deux jours entre la mort des deux frères : c'est une preuve invincible que le roi aurait eu le temps de se couvrir de quelques apparences d'une forme de justice précipitée.

Non seulement il n'eut pas l'art de prendre ce masque nécessaire, mais il se manqua encore à lui-même en ne courant pas dans l'instant à Paris avec ses troupes. Il eut beau dire à la reine Catherine, sa mère, qu'il avait pris toutes ses mesures, il n'en avait pris que pour se venger, et non pour régner. Il restait dans Blois, inutilement occupé à examiner les cahiers des états, tandis que Paris, Orléans, Rouen, Dijon, Lyon, Toulouse, se soulèvent presque en même temps, comme de concert. On ne le regarde plus que comme un assassin et un parjure. Le pape l'excommunie; cette excommunication, qui eût été méprisée en d'autres temps, devient terrible alors, parcequ'elle se joint aux cris de la vengeance publique, et paraît réunir Dieu et les hommes. Soixante et dix docteurs assemblés en Sorbonne le déclarent déchu du trône (1589), et ses sujets déliés du serment de fidélité. Les prêtres refusent l'absolution aux pénitents qui le reconnaissent pour roi. La faction des Seize emprisonne à la Bastille les membres du parlement affectionnés à la monarchie. La veuve du duc de Guise vient demander justice du meurtre de son époux et de son beau-frère. Le parlement, à la requête du procureur-général, nomme deux conseillers, Courtin et Michon, qui instruisent le procès criminel contre Henri de Valois, *ci-devant roi de France et de Pologne.* Voy. l'*Histoire du Parlement,* où ce fait est discuté (ch. XXX et XXXI).

Ce roi s'était conduit avec tant d'aveuglement, qu'il

n'avait point encore d'armée : il envoyait Sanci négocier des soldats chez les Suisses, et il avait la bassesse d'écrire au duc de Mayenne, déjà chef de la ligue, pour le prier d'oublier l'assassinat de son frère. Il lui fesait parler par le nonce du pape, et Mayenne répondait au nonce : « Je ne pardonnerai jamais à ce misé-« rable. » Les lettres qui rendent compte de cette négociation sont encore aujourd'hui à Rome.

Enfin le roi est obligé d'avoir recours à ce Henri de Navarre, son vainqueur et son successeur légitime, qu'il eût dû dès le commencement de la ligue prendre pour son appui, non seulement comme le seul intéressé au maintien de la monarchie, mais comme un prince dont il connaissait la franchise, dont l'ame était au-dessus de son siècle, et qui n'aurait jamais abusé de son droit d'héritier présomptif.

Avec le secours du Navarrois, avec les efforts de son parti, il a une armée. Les deux rois arrivent devant Paris. Je ne répéterai pas ici[1] comment Paris fut délivré par le meurtre de Henri III. Je remarquerai seulement avec le président de Thou, que quand le dominicain Jacques Clément, prêtre fanatique, encouragé par son prieur Bourgoin, par son couvent, par l'esprit de la ligue, et muni des sacrements, vint demander audience pour l'assassiner (1589), le roi sentit de la joie en le voyant, et qu'il disait que son cœur s'épanouissait toutes les fois qu'il voyait un moine. Je ne vous fatiguerai point de détails si connus, ni de tout ce qu'on fit à Paris et à Rome : je ne dirai point avec quel zèle on mit sur les autels de Paris

[1] Voyez les notes du chant v de *la Henriade*. B.

le portrait du parricide; qu'on tira le canon à Rome ; qu'on y prononça l'éloge du moine : mais il faut observer que dans l'opinion du peuple ce misérable était un saint et un martyr; il avait délivré le peuple de Dieu du tyran persécuteur, à qui on ne donnait d'autre nom que celui d'Hérode. Ce n'est pas que Henri III, roi de France, eût la moindre ressemblance avec ce petit roi de la Palestine; mais le bas peuple, toujours sot et barbare, ayant ouï dire qu'Hérode avait fait égorger tous les petits enfants d'un pays, donnait ce nom à Henri III. Clément était à ses yeux un homme inspiré; il s'était offert à une mort inévitable; ses supérieurs et tous ceux qu'il avait consultés lui avaient ordonné de la part de Dieu de commettre cette sainte action. Son esprit égaré était dans le cas de l'ignorance invincible. Il était intimement persuadé qu'il s'immolait à Dieu, à l'Église, à la patrie; enfin, selon le sentiment de ses théologiens, il courait à la gloire éternelle, et le roi assassiné était damné. C'est ce que quelques théologiens calvinistes avaient pensé de Poltrot; c'est ce que les catholiques avaient dit de l'assassin du prince d'Orange.

Il n'y eut aucun pays catholique, à l'exception de Venise, où le crime de Jacques Clément ne fût consacré. Le jésuite Mariana, qui passait pour un historien sage, s'exprime ainsi dans son livre de l'*Institution des rois* : « Jacques Clément se fit un grand nom; le meur-
« tre fut expié par le meurtre, et le sang royal coula
« en sacrifice aux mânes du duc de Guise perfidement
« assassiné. Ainsi périt Jacques Clément, âgé de vingt-
« quatre ans, la gloire éternelle de la France. » Le fa-

natisme fut porté en France jusqu'à mettre le portrait de cet assassin sur les autels, avec ces mots gravés au bas : *Saint Jacques Clément, priez pour nous.*

Un fait très long-temps ignoré, c'est la forme du jugement contre le cadavre du moine parricide : son procès fut fait par le marquis de Richelieu, grand prevôt de France, père du cardinal; et loin que le procureur-général, La Guesle, témoin de l'assassinat, et qui avait amené frère Clément à Henri III, fît les fonctions de sa charge dans ce jugement, il ne fit que celle de témoin; il déposa comme les autres. Ce fut Henri IV qui porta lui-même l'arrêt, et qui condamna le corps du moine à être écartelé et brûlé, de l'avis de son conseil, signé *Ruzé* (à Saint-Cloud, 2 août 1589).

Ce qu'on ne savait pas encore, c'est qu'un autre jacobin nommé Jean Le Roi, ayant assassiné le commandant de Coutances en Normandie, Henri IV jugea aussi ce malheureux le jour même qu'il jugea Clément. Il condamna le moine Jean Le Roi à être mis dans un sac, et à être jeté dans la rivière; ce qui fut exécuté à Saint-Cloud, deux jours après. C'était une chose très rare qu'un tel jugement et un tel supplice; mais les crimes qu'on punissait étaient encore plus étonnants.

CHAPITRE CLXXIV.
De Henri IV.

En lisant l'histoire de Henri IV dans Daniel, on est tout étonné de ne le pas trouver un grand homme. On y voit à peine son caractère; très peu de ces belles réponses qui sont l'image de son ame; rien de ce discours digne de l'immortalité, qu'il tint à l'assemblée des notables de Rouen; aucun détail de tout le bien qu'il fit à la patrie. Des manœuvres de guerre sèchement racontées, de longs discours au parlement en faveur des jésuites, et enfin la vie du P. Coton, forment, dans Daniel, le règne de Henri IV.

Bayle, souvent aussi répréhensible et aussi petit quand il traite des points d'histoire et des affaires du monde, qu'il est judicieux et profond quand il manie la dialectique, commence son article de Henri IV par dire que «si on l'eût fait eunuque, il eût pu effa- « cer la gloire des Alexandre et des César.» Voilà de ces choses qu'il eût dû effacer de son dictionnaire. Sa dialectique même lui manque dans cette ridicule supposition; car César fut beaucoup plus débauché que Henri IV ne fut amoureux; et on ne voit pas pourquoi Henri IV eût été plus loin qu'Alexandre. Bayle a-t-il prétendu qu'il faille être un demi-homme pour être un grand homme? Ne savait-il pas, d'ailleurs, quelle foule de grands capitaines a mêlé l'amour aux armes? De tous les guerriers qui se sont fait un nom, il n'y a peut-être que le seul Charles XII qui ait renoncé absolument aux femmes; encore a-t-il eu plus de revers que de succès. Ce n'est pas que je veuille, dans cet ouvrage sérieux, flatter cette vaine galanterie qu'on reproche à la nation française; je ne veux que reconnaître une très grande vérité : c'est que la nature, qui donne tout, ôte presque toujours la force et le courage à ceux qui sont dépouillés des marques de la virilité, ou en qui ces marques sont imparfaites. Tout est physique dans toutes les espèces; ce n'est pas le bœuf qui combat, c'est le taureau. Les forces de l'ame et du corps sont puisées dans cette source de la vie. Il n'y a parmi les eunuques que Narsès de capitaine, et qu'Origène et Photius de savants. Henri IV fut souvent amoureux, et quelquefois ridiculement; mais jamais il ne fut amolli: la belle Gabrielle l'appelle dans ses lettres *mon soldat*; ce seul mot réfute Bayle. Il est à souhaiter, pour l'exemple des rois et pour la consolation des peuples, qu'on lise ailleurs, comme dans la grande histoire de Mézerai, dans Péréfixe, dans les Mémoires de Sulli, ce qui concerne les temps de ce bon prince [1].

Fesons, pour notre usage particulier, un précis de

---

[1] Ce passage du dictionnaire de Bayle, ainsi qu'un grand nombre d'autres, ne peut être regardé que comme une plaisanterie.

Il est certain qu'un prince qui profite de l'impunité que son rang lui assure, pour priver un de ses sujets de sa femme, commet un acte de tyrannie: l'adultère est un crime pour un souverain comme pour un particulier; mais les circonstances qui augmentent ou diminuent la gravité du crime, sans en changer la nature, rendent celui-ci bien plus grave dans un roi que dans un homme privé.

Il faut avouer encore qu'un prince dont les passions sont publiques, peut s'avilir, soit par l'influence que sa faiblesse donne à ses maîtresses, soit par les actions indignes de lui où l'amour peut l'entraîner, soit même par le ridicule dont peuvent le couvrir les infidélités ou l'insolence de ses maîtresses.

Cependant, de toutes les passions des rois, l'amour est encore la moins funeste à leurs peuples. Ce n'est point Marie Touchet qui a conseillé la Saint-Barthélemi; madame de Montespan n'a point contribué à la révocation de l'édit de Nantes; ce ne sont point les maîtresses de Louis XV ou de son premier ministre qui ont fait donner l'édit de 1724. Les confesseurs des rois ont fait bien plus de mal à l'Europe que leurs maîtresses.

Observons enfin que l'amour des plaisirs et la chasteté sont également compatibles avec toutes les vertus et tous les vices, toutes les grandes actions et tous les crimes. K.

cette vie qui fut trop courte. Il est dès son enfance nourri dans les troubles et dans les malheurs. Il se trouve, à quatorze ans, à la bataille de Moncontour. Il est rappelé à Paris. Il n'épouse la sœur de Charles IX que pour voir ses amis assassinés autour de lui, pour courir lui-même risque de sa vie, et pour rester près de trois ans prisonnier d'état. Il ne sort de sa prison que pour essuyer toutes les fatigues et toutes les fortunes de la guerre, manquant souvent du nécessaire, n'ayant jamais de repos, s'exposant comme le plus hardi soldat, fesant des actions qui ne paraissent pas croyables, et qui ne le deviennent que parcequ'il les a répétées; comme lorsqu'à la prise de Cahors, en 1588, il fut sous les armes pendant cinq jours, combattant de rue en rue sans presque prendre de repos. La victoire de Coutras fut due principalement à son courage. Son humanité après la victoire devait lui gagner tous les cœurs.

Le meurtre de Henri III le fait roi de France : mais la religion sert de prétexte à la moitié des chefs de l'armée pour l'abandonner, et à la ligue pour ne pas le reconnaître. Elle choisit pour roi un fantôme, un cardinal de Bourbon-Vendôme ; et le roi d'Espagne, Philippe II, maître de la ligue par son argent, compte déjà la France pour une de ses provinces. Le duc de Savoie, gendre de Philippe, envahit la Provence et le Dauphiné. Le parlement de Languedoc défend, sous peine de la vie, de le reconnaître, et le déclare «inca- « pable de posséder jamais la couronne de France, « conformément à la bulle de notre saint-père le « pape. » Le parlement de Rouen (septembre 1589) déclare « criminels de lèse-majesté divine et humaine » tous ses adhérents [1].

Henri IV n'avait pour lui que la justice de sa cause, son courage, et quelques amis. Jamais il ne fut en état de tenir long-temps une armée sur pied; et encore quelle armée! elle ne se monta presque jamais à douze mille hommes complets : c'était moins que les détachements de nos jours. Ses serviteurs venaient tour-à-tour se ranger sous sa bannière, et s'en retournaient les uns après les autres au bout de quelques mois de service. Les Suisses, qu'à peine il pouvait payer, et quelques compagnies de lances, fesaient le fond permanent de ses forces. Il fallait courir de ville en ville, combattre et négocier sans relâche. Il n'y a presque point de provinces en France où il n'ait fait de grands exploits à la tête de quelques amis qui lui tenaient lieu d'armée.

D'abord, avec environ cinq mille combattants, il bat, à la journée d'Arques (octobre 1589), auprès de Dieppe, l'armée du duc de Mayenne, forte de vingt mille hommes; c'est alors qu'il écrivit cette lettre au marquis de Crillon : «Pends-toi, brave Crillon; nous

---

[1] Les apologistes des jésuites ont reproché ces arrêts aux parlements, lorsqu'ils détruisaient les jésuites, en les accusant de ces mêmes excès. La justice oblige d'observer qu'on ne doit reprocher à un corps que les crimes qui lui ont été inspirés par l'intérêt ou par l'esprit de corps. On peut alors dire à ceux qui le composent: « Voilà ce que vos prédécesseurs ont fait, « voilà ce que dans les mêmes circonstances on pourrait attendre de vous : « l'esprit qui les animait n'est point éteint, votre intérêt n'a pas changé. » Mais il n'est pas plus raisonnable de reprocher à des corps séculiers les crimes du fanatisme ou de la superstition dont leurs prédécesseurs se sont souillés, que de reprocher les excès de la Saint-Barthélemi aux descendants des Tavanne ou des Guise. K.

« avons combattu à Arques, et tu n'y étais pas. Adieu,
« mon ami, je vous aime à tort et à travers. » Ensuite il emporte les faubourgs de Paris, et il ne lui manque qu'assez de soldats pour prendre la ville. Il faut qu'il se retire, qu'il force jusqu'aux villages retranchés pour s'ouvrir des passages, pour communiquer avec les villes qui défendent sa cause.

Pendant qu'il est ainsi continuellement dans la fatigue et dans le danger, un cardinal Cajetan, légat de Rome, vient tranquillement à Paris donner des lois au nom du pape. La Sorbonne ne cesse de déclarer qu'il n'est pas roi (et elle subsiste encore!); et la ligue règne sous le nom de ce cardinal de Vendôme, qu'elle appelait Charles X, au nom duquel on frappait la monnaie, tandis que le roi le retenait prisonnier à Tours [1].

Les religieux animent les peuples contre lui. Les

[1] Ce que nous avons dit dans la note précédente peut s'appliquer ici. La Sorbonne agissait alors d'après les principes d'intolérance admis par tous les théologiens, d'après l'intérêt de l'autorité ecclésiastique, l'esprit général du clergé; ainsi, tant qu'elle n'enseignera pas dans ses écoles que tout acte de violence temporelle exercé contre l'hérésie ou l'impiété est contraire à la justice, et par conséquent à la loi de Dieu, tant qu'elle n'enseignera point que le clergé ne peut avoir d'autre juridiction que celle qu'il reçoit de la puissance séculière, et qui conserve le droit de l'en priver, on est en droit de croire que la Sorbonne a conservé ses principes d'intolérance et de révolte.

D'ailleurs il n'est que trop public qu'elle n'a point rougi d'avancer hautement dans la censure de *Bélisaire*, et plus récemment dans celle de l'*Histoire philosophique du commerce des Deux-Indes*, les principes des assassins et des bourreaux du seizième siècle.

Ainsi, autant il serait injuste de reprocher aux parlements leurs arrêts contre Henri IV, autant est-il raisonnable de reprocher à la Sorbonne son décret contre Henri III, ses décisions contre Henri IV, ses instructions au P. Matthieu, etc., etc., etc. K.

jésuites courent de Paris à Rome et en Espagne. Le P. Matthieu, qu'on nommait le *courrier de la ligue*, ne cesse de procurer des bulles et des soldats. Le roi d'Espagne (14 mars 1590) envoie quinze cents lances fournies, qui fesaient environ quatre mille cavaliers, et trois mille hommes de la vieille infanterie vallone, sous le comte d'Egmont, fils de cet Egmont à qui ce roi avait fait trancher la tête. Alors Henri IV rassemble le peu de forces qu'il peut avoir, et n'est pourtant pas à la tête de dix mille combattants. Il livre cette fameuse bataille d'Ivri aux ligueurs commandés par le duc de Mayenne, et aux Espagnols très supérieurs en nombre, en artillerie, en tout ce qui peut entretenir une armée considérable. Il gagne cette bataille, comme il avait gagné celle de Coutras, en se jetant dans les rangs ennemis au milieu d'une forêt de lances. On se souviendra dans tous les siècles de ces paroles : « Si vous perdez vos enseignes, ralliez-vous à mon « panache blanc; vous le trouverez toujours au che- « min de l'honneur et de la gloire. » Sauvez les Français ! s'écria-t-il quand les vainqueurs s'acharnaient sur les vaincus.

Ce n'est plus comme à Coutras, où à peine il était le maître. Il ne perd pas un moment pour profiter de la victoire. Son armée le suit avec allégresse; elle est même renforcée : mais enfin il n'avait pas quinze mille hommes, et avec ce peu de troupes il assiége Paris, où il restait alors deux cent vingt mille habitants. Il est constant qu'il l'eût pris par famine, s'il n'avait pas permis lui-même, par trop de pitié, que les assiégeants nourrissent les assiégés. En vain ses généraux publiaient sous ses ordres des défenses, sous peine de mort, de fournir des vivres aux Parisiens; les soldats eux-mêmes leur en vendaient. Un jour que, pour faire un exemple, on allait pendre deux paysans qui avaient amené des charrettes de pain à une poterne, Henri les rencontra en allant visiter ses quartiers : ils se jetèrent à ses genoux, et lui remontrèrent qu'ils n'avaient que cette manière pour gagner leur vie: *Allez en paix,* leur dit le roi, en leur donnant aussitôt l'argent qu'il avait sur lui. « Le Béarnais est « pauvre, ajouta-t-il; s'il avait davantage, il vous le « donnerait. » Un cœur bien né ne peut lire de pareils traits sans quelques larmes d'admiration et de tendresse.

Pendant qu'il pressait Paris, les moines armés fesaient des processions, le mousquet et le crucifix à la main, et la cuirasse sur le dos. Le parlement (juin 1590), les cours supérieures, les citoyens, fesaient serment sur l'Évangile, en présence du légat et de l'ambassadeur d'Espagne, de ne le point recevoir; mais enfin les vivres manquent, la famine fait sentir ses plus cruelles extrémités.

Le duc de Parme est envoyé par Philippe II au secours de Paris avec une puissante armée: Henri IV court lui présenter la bataille. Qui ne connaît cette lettre qu'il écrivit du champ où il croyait combattre, à cette Gabrielle d'Estrées, rendue célèbre par lui: « Si je meurs, ma dernière pensée sera à Dieu, et l'a- « vant-dernière à vous (octobre 1590)? » Le duc de Parme n'accepta point la bataille; il n'était venu que pour secourir Paris, et pour rendre la ligue plus dépendante du roi d'Espagne. Assiéger cette grande ville avec si peu de monde, devant une armée supérieure, était une chose impossible : voilà donc encore sa fortune retardée et ses victoires inutiles. Du moins il empêche le duc de Parme de faire des conquêtes, et le côtoyant jusqu'aux dernières frontières de la Picardie, il le fit rentrer en Flandre.

A peine est-il délivré de cet ennemi, que le pape Grégoire XIV, Sfondrat, emploie une partie des trésors amassés par Sixte-Quint à envoyer des troupes à la ligue. Le jésuite Jouvenci avoue dans son histoire que le jésuite Nigri, supérieur des novices de Paris, rassembla tous les novices de cet ordre en France, et qu'il les conduisit jusqu'à Verdun au-devant de l'armée du pape; qu'il les enrégimenta, et qu'il les incorpora à cette armée, laquelle ne laissa en France que les traces des plus horribles dissolutions : ce trait peint l'esprit du temps.

C'était bien alors que les moines pouvaient écrire que l'évêque de Rome avait le droit de déposer les rois : ce droit était prêt d'être constaté à main armée.

Henri IV avait toujours à combattre l'Espagne, Rome, et la France; car le duc de Parme, en se retirant, avait laissé huit mille soldats au duc de Mayenne. Un neveu du pape entre en France avec des troupes italiennes et des monitoires; il se joint au duc de Savoie dans le Dauphiné. Lesdiguières, celui qui fut depuis le dernier connétable de France et le dernier seigneur puissant, battit les troupes savoisiennes et celles du pape. Il fesait la guerre comme Henri IV, avec des capitaines qui ne servaient qu'un temps : cependant il défit ces armées réglées. Tout était alors soldat en France, paysan, artisan, bourgeois : c'est ce qui la dévasta ; mais c'est ce qui l'empêcha enfin d'être la proie de ses voisins. Les soldats du pape se dissipèrent, après n'avoir donné que des exemples d'une débauche inconnue au-delà de leurs Alpes. Les habitants des campagnes brûlaient les chèvres qui suivaient leurs régiments.

Philippe II, du fond de son palais, continuait à entretenir et ménager la dissension, toujours donnant au duc de Mayenne de petits secours, afin qu'il ne fût ni trop faible ni trop puissant, et prodiguant l'or dans Paris, pour y faire reconnaître sa fille, Claire-Eugénie, reine de France, avec le prince qu'il lui donnera pour époux. C'est dans ces vues qu'il envoie encore le duc de Parme en France, lorsque Henri IV assiége Rouen, comme il l'avait envoyé pendant le siége de Paris. Il promettait à la ligue qu'il ferait marcher une armée de cinquante mille hommes dès que sa fille serait reine. Henri, après avoir levé le siége de Rouen, fait encore sortir de France le duc de Parme.

Cependant il s'en fallut peu que la faction des Seize, pensionnaire de Philippe II, ne remplît enfin les projets de ce monarque, et n'achevât la ruine entière du royaume. Ils avaient fait pendre (novembre 1591) le premier président du parlement de Paris et deux magistrats qui s'opposaient à leurs complots. Le duc de Mayenne, prêt à être accablé lui-même par cette faction, avait fait pendre quatre de ces séditieux à son tour. C'était au milieu de ces divisions et de ces horreurs, après la mort du prétendu Charles X, que se tenaient à Paris les états-généraux, sous la direction d'un légat du pape et d'un ambassadeur d'Espagne: le légat même y présida, et s'assit dans le fauteuil qu'on avait laissé vide, et qui marquait la place du roi qu'on devait élire. L'ambassadeur d'Espagne y eut séance : il y harangua contre la loi salique, et proposa l'infante pour reine. Le parlement fit des remontrances au duc de Mayenne en faveur de la loi salique (1593); mais ces remontrances n'étaient-elles pas visiblement concertées avec ce chef de parti? La nomination de l'infante ne lui ôtait-elle pas sa place? le mariage de cette princesse, projeté avec le duc de Guise son neveu, ne le rendait-il pas sujet de celui dont il voulait demeurer le maître?

Vous remarquerez qu'à ces états le parlement voulut avoir séance par députés, et ne put l'obtenir. Vous remarquerez encore que ce même parlement venait de faire brûler, par son bourreau, un arrêt du parlement du roi séant à Châlons, donné contre le légat et contre son prétendu pouvoir de présider à l'élection d'un roi de France.

A peu près dans le même temps, plusieurs citoyens ayant présenté requête à la ville et au parlement pour demander qu'on pressât au moins le roi de se faire catholique, avant de procéder à une élection, la Sorbonne déclara cette requête *inepte, séditieuse, impie, inutile, attendu qu'on connaît l'obstination de Henri le relaps.* Elle excommunie les auteurs de la requête, et conclut à les chasser de la ville. Ce décret, rendu en aussi mauvais latin que conçu par un esprit de démence, est du premier novembre 1592 : il a été révoqué depuis, lorsqu'il importait fort peu qu'il le fût. Si Henri IV n'eût pas régné, le décret eût subsisté, et on eût continué de prodiguer à Philippe II le titre de protecteur de la France et de l'Église.

Des prêtres de la ligue étaient persuadés et persuadaient aux peuples que Henri IV n'avait nul droit au trône; que la loi salique, respectée depuis si longtemps, n'est qu'une chimère; que c'est à l'Église seule à donner les couronnes.

On a conservé les écrits d'un nommé D'Orléans, avocat au parlement de Paris, et député aux états de la ligue. Cet avocat développe tout ce système dans un gros livre intitulé *Réponse des vrais catholiques*.

C'est une chose digne d'attention que la fourberie et le fanatisme avec lesquels tous les auteurs de ce temps-là cherchent à soutenir leurs sentiments par les livres juifs: comme si les usages d'un petit peuple confiné dans les rochers de la Palestine devaient être, au bout de trois mille ans, la règle du royaume de France. Qui croirait que, pour exclure Henri IV de son héritage, on citait l'exemple d'un roitelet juif nommé *Ozias*, que les prêtres avaient chassé de son palais parcequ'il avait la lèpre, et qui n'avait la lèpre que pour avoir voulu offrir de l'encens au Seigneur? « L'hérésie, dit l'avocat D'Orléans (page 230), est la « lèpre de l'âme; par conséquent Henri IV est un lé- « preux qui ne doit pas régner. » C'est ainsi que raisonne tout le parti de la ligue; mais il faut transcrire les propres paroles de l'avocat au sujet de la loi salique[1].

---

[1] Le texte même de L. D'Orléans se trouve dans une note que j'ai ajoutée au 13ᵉ entretien de l'*A. B. C.*, dialogue: voyez *Mélanges*, année 1768. B.

« Le devoir d'un roi de France est d'être chrétien
« aussi-bien que mâle. Qui ne tient la foi catholique,
« apostolique et romaine, n'est point chrétien, et ne
« croit point en Dieu, et ne peut être justement roi
« de France, non plus que le plus grand faquin du
« monde (page 224). »

Voici un morceau encore plus étrange :

« Pour être roi de France, il est plus nécessaire
« d'être catholique que d'être homme : qui dispute
« cela, mérite qu'un bourreau lui réponde plutôt
« qu'un philosophe (page 272). »

Rien ne sert plus à faire connaître l'esprit du
temps. Ces maximes étaient en vigueur dans Rome
depuis huit cents ans, et elles n'étaient en horreur
dans la moitié de l'Europe que depuis un siècle. Les
Espagnols, avec de l'argent et des prêtres, fesaient
valoir ces opinions en France, et Philippe II eût soutenu les sentiments contraires, s'il y avait eu le moindre intérêt.

Pendant qu'on employait contre Henri les armes,
la plume, la politique, et la superstition; pendant
que ces états, aussi tumultueux, aussi divisés qu'irréguliers, se tenaient dans Paris, Henri était aux portes,
et menaçait la ville. Il y avait quelques partisans.
Beaucoup de vrais citoyens, lassés de leurs malheurs
et du joug d'une puissance étrangère, soupiraient
après la paix; mais le peuple était retenu par la religion. La plus vile populace fait en ce point la loi
aux grands et aux sages; elle compose le plus grand
nombre; elle est conduite aveuglément, elle est fanatique; et Henri IV n'était pas en état d'imiter Hen-

ri VIII et la reine Élisabeth. Il fallut changer de religion : il en coûte toujours à un brave homme. Les lois de l'honneur, qui ne changent jamais chez les peuples policés, tandis que tout le reste change, attachent quelque honte à ces changements quand l'intérêt les dicte; mais cet intérêt était si grand, si général, si lié au bien du royaume, que les meilleurs serviteurs qu'il eût parmi les calvinistes lui conseillèrent d'embrasser la religion même qu'ils haïssaient. « Il est nécessaire, lui disait Rosni, que vous soyez « papiste, et que je demeure réformé. » C'était tout ce que craignaient les factions de la ligue et de l'Espagne. Les noms d'*hérétique* et de *relaps* étaient leurs principales armes que sa conversion rendait impuissantes. Il fallut qu'il se fît instruire, mais pour la forme; car il était plus instruit en effet que les évêques avec lesquels il conféra. Nourri par sa mère dans la lecture de l'ancien et du nouveau Testament, il les possédait tous deux. La controverse était, dans son parti, le sujet de toutes les conversations aussi-bien que la guerre et l'amour. Les citations de l'Écriture, les allusions à ces livres, entraient dans ce qu'on appelait le bel esprit en ces temps-là; et la *Bible* était si familière à Henri IV, qu'à la bataille de Coutras il avait dit, en fesant prisonnier de sa main un officier, nommé Châteaurenard : « Rends-toi, Philistin. »

On voit assez ce qu'il pensait de sa conversion, par sa lettre (24 juillet 1593) à Gabrielle d'Estrées : « C'est « demain que je fais le saut périlleux. Je crois que ces « gens-ci me feront haïr Saint-Dénys autant que vous « haïssez Monceaux... » C'est immoler la vérité à de très fausses bienséances, de prétendre, comme le jésuite Daniel, que quand Henri IV se convertit, il était dès long-temps catholique dans le cœur. Sa conversion assurait sans doute son salut, je le veux croire; mais il paraît bien que l'amant de Gabrielle ne se convertit que pour régner; et il est encore plus évident que ce changement n'augmentait en rien son droit à la couronne.

Il avait alors auprès de lui un envoyé secret de la reine Élisabeth, nommé *Thomas Vilquési*, qui écrivit ces propres mots, quelque temps après, à la reine sa maîtresse.

« Voici comme ce prince s'excuse sur son change-
« ment de religion, et les paroles qu'il m'a dites[a]:
« Quand je fus appelé à la couronne, huit cents gen-
« tilshommes et neuf régiments se retirèrent de mon
« service, sous prétexte que j'étais hérétique. Les li-
« gueurs se sont hâtés d'élire un roi; les plus notables
« se sont offerts au duc de Guise. C'est pourquoi je
« me suis résolu, après mûre délibération, d'embras-
« ser la religion romaine : par ce moyen, je me suis
« entièrement adjoint le tiers-parti; j'ai anticipé l'é-
« lection du duc de Guise; je me suis acquis la bonne
« volonté du peuple français; j'ai eu parole du duc
« de Florence en choses importantes; j'ai finalement
« empêché que la religion réformée n'ait été flétrie. »

[b] Henri envoya le sieur Morland à la reine d'Angleterre pour certifier les mêmes choses, et faire comme il pourrait ses excuses. Morland dit qu'Élisabeth lui

---

[a] Tiré du troisième tome des manuscrits de Bèze, n° VIII.
[b] *Idem.*

répondit : « Se peut-il faire qu'une chose mondaine « lui ait fait mettre bas la crainte de Dieu ? » Quand la meurtrière de Marie Stuart parlait de la crainte de Dieu, il est très vraisemblable que cette reine fesait la comédienne, comme on le lui a tant reproché; mais, quand le brave et généreux Henri IV avouait qu'il n'avait changé de religion que par l'intérêt de l'état, qui est la souveraine raison des rois, on ne peut douter qu'il ne parlât de bonne foi. Comment donc le jésuite Daniel peut-il insulter à la vérité et à ses lecteurs au point d'assurer, contre tant de vraisemblance, contre tant de preuves, et contre la connaissance du cœur humain, que Henri IV était depuis long-temps catholique dans le cœur? Encore une fois, le comte de Boulainvilliers a bien raison d'assurer qu'un jésuite ne peut écrire fidèlement l'histoire.

Les conférences qu'on eut avec lui rendirent sa personne chère à tous ceux qui sortirent de Paris pour le voir. Un des députés, étonné de la familiarité avec laquelle ses officiers se pressaient autour de lui, et fesaient à peine place : « Vous ne voyez rien, dit-il; « ils me pressent bien autrement dans les batailles. » Enfin, ayant repris d'assaut la ville de Dreux, avant d'apprendre son nouveau catéchisme, ayant ensuite fait son abjuration dans Saint-Denys, s'étant fait sacrer à Chartres, et ayant surtout ménagé des intelligences dans Paris, qui avait une garnison de trois mille Espagnols, avec des Napolitains et des Lansquenets, il y entre en souverain, n'ayant pas plus de soldats autour de sa personne qu'il n'y avait d'étrangers dans les murs.

Paris n'avait vu ni reconnu de roi depuis quinze ans. Deux hommes ménagèrent seuls cette révolution ; le maréchal de Brissac, et un brave citoyen dont le nom était moins illustre, et dont l'ame n'était pas moins noble ; c'était un échevin de Paris, nommé Langlois. Ces deux restaurateurs de la tranquillité publique s'associèrent bientôt les magistrats et les principaux bourgeois. Les mesures furent si bien prises, le légat, le cardinal de Pellevé, les commandants espagnols, les Seize, si artificieusement trompés, et ensuite si bien contenus, que Henri IV fit son entrée dans sa capitale, sans qu'il y eût presque du sang répandu (mardi 12 mars 1594). Il renvoya tous les étrangers qu'il pouvait retenir prisonniers ; il pardonna à tous les ligueurs. Les ambassadeurs de Philippe II partirent le jour même sans qu'on leur fît la moindre violence ; et le roi les voyant passer d'une fenêtre, leur dit : « Messieurs, mes compliments à « votre maître ; mais n'y revenez plus. »

Plusieurs villes suivirent l'exemple de Paris ; mais Henri était encore bien éloigné d'être maître du royaume. Philippe II, qui, dans la vue d'être toujours nécessaire à la ligue, n'avait jamais fait de mal au roi qu'à demi, lui en fesait encore assez dans plus d'une province. Détrompé de l'espérance de régner en France sous le nom de sa fille, il ne songeait plus qu'à affaiblir pour jamais le royaume, en le démembrant ; et il était très vraisemblable que la France serait dans un état pire que quand les Anglais en possédaient la moitié, et quand les seigneurs particuliers tyrannisaient l'autre.

Le duc de Mayenne avait la Bourgogne; le duc de Guise, fils du *Balafré*, possédait Reims et une partie de la Champagne; le duc de Mercœur dominait dans la Bretagne, et les Espagnols y avaient Blavet, qui est aujourd'hui le Port-Louis. Les principaux capitaines même de Henri IV songeaient à se rendre indépendants; et les calvinistes qu'il avait quittés, se cantonnant contre les ligueurs, se ménageaient déjà des ressources pour résister un jour à l'autorité royale.

Il fallait autant d'intrigues que de combats pour que Henri IV regagnât peu-à-peu son royaume. Tout maître de Paris qu'il était, sa puissance fut quelque temps si peu affermie, que le pape Clément VIII lui refusait constamment l'absolution, dont il n'eût pas eu besoin dans des temps plus heureux. Aucun ordre religieux ne priait Dieu pour lui dans les cloîtres. Son nom même fut omis, dans les prières, par la plupart des curés de Paris jusqu'en 1606; et il fallut que le parlement, rentré dans le devoir, et y fesant rentrer les prêtres, ordonnât, par un arrêt (16 juin 1606), que tous les curés rétablissent dans leur missel la prière pour le roi. Enfin la fureur épidémique du fanatisme possédait encore tellement la populace catholique, qu'il n'y eut presque point d'années où l'on n'attentât contre sa vie. Il les passa toutes à combattre tantôt un chef, tantôt un autre, à vaincre, à pardonner, à négocier, à payer la soumission des ennemis. Qui croirait qu'il lui en coûta trente-deux millions numéraires de son temps pour payer les prétentions de tant de seigneurs? les Mémoires du duc de Sulli en font foi; et ces promesses furent fidèlement acquittées, lorsque enfin, étant roi absolu et paisible, il eût pu refuser de payer ce prix de la rébellion. Le duc de Mayenne ne fit son accommodement qu'en 1596. Henri se réconcilia sincèrement avec lui, et lui donna le gouvernement de l'Ile-de-France. Non seulement il lui dit, après l'avoir lassé un jour dans une promenade, « Mon cousin, voilà le seul mal que je vous « ferai de ma vie; » mais il lui tint parole, et il n'en manqua jamais à personne.

Plusieurs politiques ont prétendu que quand ce prince fut maître, il devait alors imiter la reine Élisabeth, et séparer son royaume de la communion romaine. Ils disent que la balance penchait trop en Europe du côté de Philippe II et des catholiques; que pour tenir l'équilibre il fallait rendre la France protestante; que c'était l'unique moyen de la rendre peuplée, riche, et puissante.

Mais Henri IV n'était pas dans les mêmes conjonctures qu'Élisabeth; il n'avait point à ses ordres un parlement de la nation affectionné à ses intérêts; il manquait encore d'argent; il n'avait pas une armée assez considérable; Philippe II lui fesait toujours la guerre; la ligue était encore puissante et encore animée.

Il recouvra son royaume, mais pauvre, déchiré, et dans la même subversion où il avait été du temps de Philippe de Valois, Jean, et Charles VI. Plusieurs grands chemins avaient disparu sous les ronces, et on se frayait des routes dans les campagnes incultes. Paris, qui contient aujourd'hui environ sept cent mille habitants, n'en avait pas cent quatre-vingt mille quand il y entra[a]. Les finances de l'état, dissipées sous Henri III, n'étaient plus alors qu'un trafic public des restes du sang du peuple, que le conseil des finances partageait avec les traitants.

La reine d'Angleterre, le grand-duc de Florence, des princes d'Allemagne, les Hollandais, lui avaient prêté l'argent avec lequel il s'était soutenu contre la ligue, contre Rome, et contre l'Espagne; et pour payer ces dettes si légitimes, on abandonnait les recettes générales, les domaines, à des fermiers de ces puissances étrangères, qui géraient au cœur du royaume les revenus de l'état. Plus d'un chef de la ligue, qui avait vendu à son roi la fidélité qu'il lui devait, tenait aussi des receveurs des deniers publics, et partageait cette portion de la souveraineté. Les fermiers de ces droits pillaient sur le peuple le triple, le quadruple de ces droits aliénés; ce qui restait au roi était administré de même : et enfin, quand la déprédation générale força Henri IV à donner l'administration entière des finances au duc de Sulli, ce ministre, aussi éclairé qu'intègre, trouva qu'en 1596 on levait cent cinquante millions sur le peuple pour en faire entrer environ trente dans le trésor royal.

Si Henri IV n'avait été que le plus brave prince de son temps, le plus clément, le plus droit, le plus honnête homme, son royaume était ruiné : il fallait un prince qui sût faire la guerre et la paix, connaître toutes les blessures de son état, et y apporter les re-

---

[a] Il y avait deux cent vingt mille ames à Paris au temps du siége que fit Henri IV, en 1590. Il ne s'en trouva que cent quatre-vingt mille en 1593.

mèdes; veiller sur les grandes et les petites choses, tout réformer et tout faire : c'est ce qu'on trouva dans Henri. Il joignit l'administration de Charles-le-Sage à la valeur et à la franchise de François I*er*, et à la bonté de Louis XII.

Pour subvenir à tant de besoins, pour faire à-la-fois tant de traités et tant de guerres, Henri convoqua dans Rouen une assemblée des *notables* du royaume; c'était une espèce d'états-généraux. Les paroles qu'il y prononça sont encore dans la mémoire des bons citoyens qui savent l'histoire de leur pays : « Déjà par la faveur du ciel, par les conseils de mes « bons serviteurs, et par l'épée de ma brave noblesse, « dont je ne distingue point mes princes, la qualité de « gentilhomme étant notre plus beau titre, j'ai tiré « cet état de la servitude et de la ruine. Je veux lui « rendre sa force et sa splendeur; participez à cette « seconde gloire, comme vous avez eu part à la pre- « mière. Je ne vous ai point appelés, comme fesaient « mes prédécesseurs, pour vous obliger d'approuver « aveuglément mes volontés, mais pour recevoir vos « conseils, pour les croire, pour les suivre, pour me « mettre en tutèle entre vos mains. C'est une envie qui « ne prend guère aux rois, aux victorieux, et aux « barbes grises; mais l'amour que je porte à mes sujets « me rend tout possible et tout honorable. » Cette éloquence du cœur, dans un héros, est bien au-dessus de toutes les harangues de l'antiquité.

(Mars 1597) Au milieu de ces travaux et de ces dangers continuels, les Espagnols surprennent Amiens, dont les bourgeois avaient voulu se garder eux-mêmes. Ce funeste privilége qu'ils avaient, et dont ils se prévalurent si mal, ne servit qu'à faire piller leur ville, à exposer la Picardie entière, et à ranimer encore les efforts de ceux qui voulaient démembrer la France. Henri, dans ce nouveau malheur, manquait d'argent et était malade. Cependant il assemble quelques troupes, il marche sur la frontière de la Picardie, il revole à Paris, écrit de sa main aux parlements, aux communautés, « pour obtenir de quoi nourrir ceux « qui défendaient l'état : » ce sont ses propres paroles. Il va lui-même au parlement de Paris : « Si on me « donne une armée, dit-il, je donnerai gaiement ma « vie pour vous sauver et pour relever la patrie. » Il proposait des créations de nouveaux offices pour avoir les promptes ressources qui étaient nécessaires ; mais le parlement, ne voyant dans ces ressources mêmes qu'un nouveau malheur, refusait de vérifier les édits, et le roi eut besoin d'employer plusieurs jussions pour avoir de quoi aller prodiguer son sang à la tête de sa noblesse. Sa maîtresse, Gabrielle d'Estrées, lui prêta de l'argent pour hasarder ce sang, et son parlement lui en refusa.

Enfin, par des emprunts, par les soins infatigables, et par l'économie de ce Rosni, duc de Sulli, si digne de le servir, il vient à bout d'assembler une florissante armée. Ce fut la seule, depuis trente ans, qui fût pourvue du nécessaire, et la première qui eût un hôpital réglé, dans lequel les blessés et les malades eurent le secours qu'on ne connaissait point encore. Chaque troupe auparavant avait soin de ses blessés comme elle pouvait, et le manque de soin avait fait périr autant de monde que les armes.

(Septembre 1597) Il reprend Amiens, à la vue de l'archiduc Albert, et le contraint de se retirer. De là il court pacifier le reste du royaume : enfin toute la France est à lui. Le pape, qui lui avait refusé une absolution aussi inutile que ridicule, quand il n'était pas affermi, la lui avait donnée quand il fut victorieux. Il ne restait qu'à faire la paix avec l'Espagne ; elle fut conclue à Vervins (2 mai 1598), et ce fut le premier traité avantageux que la France eût fait avec ses ennemis depuis Philippe-Auguste.

Alors il met tous ses soins à policer, à faire fleurir ce royaume qu'il avait conquis : les troupes inutiles sont licenciées ; l'ordre dans les finances succède au plus odieux brigandage ; il paie peu-à-peu toutes les dettes de la couronne, sans fouler les peuples. Les paysans répètent encore aujourd'hui qu'il voulait *qu'ils eussent une poule au pot tous les dimanches* : expression triviale, mais sentiment paternel. Ce fut une chose bien admirable que, malgré l'épuisement et le brigandage, il eût, en moins de quinze ans, diminué le fardeau des tailles de quatre millions de son temps, qui en feraient environ dix du nôtre ; que tous les autres droits fussent réduits à la moitié, qu'il eût payé cent millions de dettes, qui aujourd'hui feraient environ deux cent cinquante millions. Il racheta pour plus de cent cinquante millions de domaines, aujourd'hui aliénés ; toutes les places furent réparées, les magasins, les arsenaux remplis, les grands chemins entretenus : c'est la gloire éternelle du duc de Sulli, et celle du roi, qui osa choisir un homme de guerre pour rétablir les finances de l'état, et qui travailla avec son ministre.

La justice est réformée, et, ce qui était beaucoup plus difficile, les deux religions vivent en paix, au moins en apparence. Le commerce, les arts, sont en honneur. Les étoffes d'argent et d'or, proscrites d'abord par un édit somptuaire dans le commencement d'un règne difficile et dans la pauvreté, reparaissent avec plus d'éclat, et enrichissent Lyon et la France. Il établit des manufactures de tapisseries de haute-lice, en laine et en soie rehaussée d'or. On commence à faire de petites glaces dans le goût de Venise. C'est à lui seul qu'on doit les vers à soie, les plantations de mûriers, malgré les oppositions de Sulli, plus estimable dans sa fidélité et dans l'art de gouverner et de conserver les finances, que capable de discerner les nouveautés utiles.

Henri fait creuser le canal de Briare, par lequel on a joint la Seine et la Loire. Paris est agrandi et embelli : il forme la Place-Royale; il restaure tous les ponts. Le faubourg Saint-Germain ne tenait point à la ville; il n'était point pavé : le roi se charge de tout. Il fait construire ce beau pont où les peuples regardent aujourd'hui sa statue avec tendresse [1]. Saint-Ger-

---

[1] La statue de Henri IV qui existait du temps de Voltaire a été détruite pendant la révolution. Le cheval était l'ouvrage de Jean de Bologne; la figure, long-temps attribuée à Guillaume Dupré, paraît être de Pierre Tacca. C'est à François-Frédéric Lemot, né à Lyon en 1771, mort le 6 mai 1827, que l'on doit la statue que l'on voit aujourd'hui. B.

main, Monceaux, Fontainebleau, et surtout le Louvre, sont augmentés, et presque entièrement bâtis. Il donne des logements dans le Louvre, sous cette longue galerie qui est son ouvrage, à des artistes en tous genres, qu'il encourageait souvent de ses regards comme par des récompenses. Il est enfin le vrai fondateur de la bibliothèque royale.

Quand don Pèdre de Tolède fut envoyé par Philippe III en ambassade auprès de Henri, il ne reconnut plus cette ville, qu'il avait vue autrefois si malheureuse et si languissante. « C'est qu'alors le père de « la famille n'y était pas, lui dit Henri, et aujourd'hui « qu'il a soin de ses enfants, ils prospèrent. » Les jeux, les fêtes, les bals, les ballets introduits à la cour par Catherine de Médicis dans les temps même de troubles, ornèrent, sous Henri IV, les temps de la paix et de la félicité.

En fesant ainsi fleurir son état, il était l'arbitre des autres. Les papes n'auraient pas imaginé, du temps de la ligue, que le *Béarnais* serait le pacificateur de l'Italie, et le médiateur entre eux et Venise. Cependant Paul V fut trop heureux d'avoir recours à lui pour le tirer du mauvais pas où il s'était engagé en excommuniant le doge et le sénat, et en jetant ce qu'on appelle un interdit sur tout l'état vénitien, au sujet des droits incontestables que ce sénat maintenait avec sa vigueur accoutumée. Le roi fut l'arbitre du différent : celui que les papes avaient excommunié fit lever [a] l'excommunication de Venise.

[a] Daniel raconte une particularité qui paraît bien extraordinaire, et il est le seul qui la raconte. Il prétend que Henri IV, après avoir réconcilié

Il protégea la république naissante de la Hollande, l'aida de son épargne, et ne contribua pas peu à la faire reconnaître libre et indépendante par l'Espagne.

Sa gloire était donc affermie au-dedans et au-dehors de son royaume : il passait pour le plus grand homme de son temps. L'empereur Rodolphe n'eut de réputation que chez les physiciens et les chimistes. Phi-

le pape avec la république de Venise, gâta lui-même cet accommodement, en communiquant au nonce, à Paris, une lettre interceptée d'un prédicant de Genève, dans laquelle ce prêtre se vantait que le doge de Venise et plusieurs sénateurs étaient protestants dans le cœur, qu'ils n'attendaient que l'occasion favorable de se déclarer, que le P. Fulgentio, de l'ordre des Servites, le compagnon et l'ami du célèbre Sarpi, si connu sous le nom de fra-Paolo, « travaillait efficacement dans cette vigne. » Il ajoute que Henri IV fit montrer cette lettre au sénat par son ambassadeur, et qu'on en retrancha seulement le nom du doge accusé. Mais après que Daniel a rapporté la substance de cette lettre, dans laquelle le nom de fra-Paolo ne se trouve pas, il dit cependant que ce même fra-Paolo fut cité et accusé dans la copie de la lettre montrée au sénat. Il ne nomme point le pasteur calviniste qui avait écrit cette prétendue lettre interceptée. Il faut remarquer encore que dans cette lettre il était question des jésuites, lesquels étaient bannis de la république de Venise. Enfin Daniel emploie cette manœuvre, qu'il impute à Henri IV, comme une preuve du zèle de ce prince pour la religion catholique. C'eût été un zèle bien étrange dans Henri IV, de mettre ainsi le trouble dans le sénat de Venise, le meilleur de ses alliés, et de mêler le rôle méprisable d'un brouillon et d'un délateur au personnage glorieux de pacificateur. Il se peut faire qu'i. y ait eu une lettre vraie ou supposée d'un ministre de Genève, que cette lettre même ait produit quelques petites intrigues fort indifférentes aux grands objets de l'histoire ; mais il n'est point du tout vraisemblable que Henri IV soit descendu à la bassesse dont Daniel lui fait honneur : il ajoute que « quiconque a des liaisons avec les héré- « tiques est de leur religion, ou n'en a point du tout. » Cette réflexion odieuse est même contre Henri IV, qui, de tous les hommes de son temps, avait le plus de liaisons avec les réformés. Il eût été à desirer que le P. Daniel fût entré plutôt dans les détails de l'administration de Henri IV et du duc de Sulli que dans ces petitesses qui montrent plus de partialité que d'équité, et qui décèlent malheureusement un auteur plus jésuite que citoyen.

lippe II n'avait jamais combattu; il n'était, après tout, qu'un tyran laborieux, sombre et dissimulé; et sa prudence ne pouvait entrer en comparaison avec la valeur et la franchise de Henri IV, qui, avec ses vivacités, était encore aussi politique que lui. Élisabeth acquit une grande réputation; mais n'ayant pas eu à surmonter les mêmes obstacles, elle ne pouvait avoir la même gloire. Celle qu'elle mérite fut obscurcie par les artifices de comédienne qu'on lui reprochait, et souillée par le sang de Marie Stuart, dont rien ne la peut laver. Sixte-Quint se fit un nom par les obélisques qu'il releva, et par les monuments dont il embellit Rome; mais sans ce mérite, qui est bien loin d'être le premier, on ne l'aurait connu que pour avoir obtenu la papauté par quinze ans de fausseté, et pour avoir été sévère jusqu'à la cruauté.

Ceux qui reprochent encore à Henri IV ses amours si amèrement ne font pas réflexion que toutes ses faiblesses furent celles du meilleur des hommes, et qu'aucune ne l'empêcha de bien gouverner. Il y parut assez, lorsqu'il se préparait à être l'arbitre de l'Europe, à l'occasion de la succession de Juliers. C'est une calomnie absurde de Le Vassor et de quelques autres compilateurs, que Henri voulut entreprendre cette guerre pour la jeune princesse de Condé. Il faut en croire le duc de Sulli, qui avoue la faiblesse de ce monarque, et qui, en même temps, prouve que les grands desseins du roi n'avaient rien de commun avec la passion de l'amour. Ce n'était pas certainement pour la princesse de Condé que Henri avait fait le traité de Quérasque, qu'il s'était assuré de tous les potentats d'Italie, de tous les princes protestants d'Allemagne, et qu'il allait mettre le comble à sa gloire en tenant la balance de l'Europe entière.

Il était prêt à marcher en Allemagne à la tête de quarante-six mille hommes. Quarante millions en réserve, des préparatifs immenses, des alliances sûres, d'habiles généraux formés sous lui, les princes protestants d'Allemagne, la nouvelle république des Pays-Bas, prêts à le seconder, tout l'assurait d'un succès solide. La prétendue division de l'Europe en quinze dominations est reconnue pour une chimère qui n'entra point dans sa tête. S'il y avait jamais eu de négociation entamée sur un dessein si extraordinaire, on en aurait trouvé quelque trace en Angleterre, à Venise, en Hollande, avec lesquelles on suppose que Henri avait préparé cette révolution ; il n'y en a pas le moindre vestige ; le projet n'est ni vrai, ni vraisemblable : mais par ses alliances, par ses armes, par son économie, il allait changer le système de l'Europe, et s'en rendre l'arbitre.

Si on fesait ce portrait fidèle de Henri IV à un étranger de bon sens, qui n'eût jamais entendu parler de lui auparavant, et qu'on finît par lui dire, C'est là ce même homme qui a été assassiné au milieu de son peuple, et qui l'a été plusieurs fois, et par des hommes auxquels il n'avait pas fait le moindre mal ; il ne le pourrait croire.

C'est une chose bien déplorable que la même religion qui ordonne, aussi-bien que tant d'autres, le pardon des injures, ait fait commettre depuis long-temps tant de meurtres, et cela en vertu de cette seule maxime, que quiconque ne pense pas comme nous est réprouvé, et qu'il faut avoir les réprouvés en horreur.

Ce qui est encore plus étrange, c'est que des catholiques conspirèrent contre les jours de ce bon roi depuis qu'il fut catholique. Le premier qui voulut attenter à sa vie, dans le temps même qu'il fesait son abjuration dans Saint-Denys, fut un malheureux de la lie du peuple, nommé Pierre Barrière (27 août 1593). Il eut quelque scrupule quand le roi eut abjuré; mais il fut confirmé dans son dessein par le plus furieux des ligueurs, Aubri, curé de Saint-André-des-Arcs; par un capucin, par un prêtre habitué, et par Varade, recteur du collége des jésuites. Le célèbre Étienne Pasquier, avocat-général de la chambre des comptes, proteste qu'il a su de la bouche même de ce Barrière que Varade l'avait encouragé à ce crime. Cette accusation reçoit un nouveau degré de probabilité par la fuite de Varade et du curé Aubri, qui se réfugièrent chez le cardinal légat, et l'accompagnèrent dans son retour à Rome, quand Henri IV entra dans Paris; et enfin ce qui rend la probabilité encore plus forte, c'est que Varade et Aubri furent depuis écartelés en effigie (25 janvier 1595), par un arrêt du parlement de Paris, comme il est rapporté dans le journal de Henri IV. Daniel fait des efforts pardonnables pour disculper le jésuite Varade : les curés n'en font aucun pour justifier les fureurs des curés de ce temps-là. La Sorbonne avoue les décrets punissables qu'elle donna; les dominicains conviennent aujourd'hui que leur confrère Clément assassina Henri III, et qu'il fut exhorté à ce parricide par le prieur Bourgoin. La vérité l'emporte sur tous les égards; et cette même vérité prononce qu'aucun des ecclésiastiques d'aujourd'hui ne doit ni répondre ni rougir des maximes sanguinaires et de la superstition barbare de ses prédécesseurs, puisqu'il n'en est aucun qui ne les abhorre; elle conserve seulement les monuments de ces crimes, afin qu'ils ne soient jamais imités [1].

L'esprit de fanatisme était si généralement répandu qu'on séduisit un chartreux imbécile, nommé Ouin, et qu'on lui mit en tête d'aller plus vite au ciel en tuant Henri IV. Le malheureux fut enfermé comme un fou par ses supérieurs. Au commencement de 1599, deux jacobins de Flandre, l'un nommé Arger, l'autre Ridicovi, originaire d'Italie, résolurent de renouveler

---

[1] M. de Voltaire connaissait mieux que personne la liaison étroite et nécessaire qui existe entre ces maximes séditieuses et celle de l'intolérance religieuse; mais il fait ici au clergé de France, à la Sorbonne, aux jacobins, l'honneur de croire qu'ils les ont également abjurées.

Il n'est peut-être pas inutile d'observer que dans les ouvrages où les curés de Paris reprochèrent aux jésuites la doctrine de l'homicide, ils avancèrent que l'assassinat n'est permis que dans le cas d'une révélation particulière, et que le droit de vie et de mort est le plus illustre avantage des souverains; le génie de Pascal s'abaissait à mettre en bon français ces maximes non moins insensées qu'abominables.

Observons encore qu'avant les troubles religieux du seizième siècle, les papes et le clergé exhortaient les princes à employer les supplices contre les novateurs, sous prétexte que de l'indépendance religieuse on voudrait passer à l'indépendance politique. Quelques années après, ils enseignèrent aux sujets à se révolter contre les princes hérétiques ou excommuniés. Maintenant ils sont revenus à la première maxime qu'ils cherchent à faire valoir contre les libres penseurs; nous laissons aux princes à tirer la conséquence, et à juger quelle confiance ils doivent avoir à une société d'hommes qui prêche tour-à-tour le pour et le contre, et n'a été constante que dans les principes qui font un devoir de conscience d'employer la guerre ou les supplices pour maintenir son autorité. K.

l'action de Jacques Clément, leur confrère : le complot fut découvert; ils expièrent à la potence le crime qu'ils n'avaient pu exécuter. Leur supplice n'effraya pas un frère capucin de Milan, qui vint à Paris dans le même dessein, et qui fut pendu comme eux. (1595) Un vicaire de Saint-Nicolas-des-Champs, un tapissier (1596), méditèrent le même crime, et périrent du même supplice.

(27 décembre 1594.) L'assassinat commis par Jean Châtel est celui de tous qui démontre le plus quel esprit de vertige régnait alors. Né d'une honnête famille, de parents riches, bien élevé par eux, jeune, sans expérience, n'ayant pas encore dix-neuf ans, il n'était pas possible qu'il eût formé de lui-même cette résolution désespérée. On sait que, dans le Louvre même, il donna un coup de couteau au roi, et qu'il ne le frappa qu'à la bouche, parceque ce bon prince, qui embrassait tous ses serviteurs lorsqu'ils venaient lui faire leur cour après quelque absence, se baissait alors pour embrasser Montigni.

Il soutint, à son premier interrogatoire, « qu'il avait « fait une bonne action, et que le roi, n'étant pas en- « core absous par le pape, il pouvait le tuer en con- « science » : par cela seul, la séduction était prouvée.

Il avait étudié long-temps au collége des jésuites. Parmi les superstitions dangereuses de ces temps, il y en avait une capable d'égarer les esprits; c'était une *chambre de méditations* dans laquelle on enfermait un jeune homme; les murs étaient peints de représentations de démons, de tourments, et de flammes, éclairés d'une lueur sombre : une imagination sensible et faible en était souvent frappée jusqu'à la démence. Cette démence fut au point dans la tête de ce malheureux, qu'il crut qu'il se rachèterait de l'enfer en assassinant son souverain : tant la fureur religieuse troublait encore les têtes ! tant le fanatisme inspirait une férocité absurde !

Il est indubitable que les juges auraient manqué à leur devoir, s'ils n'avaient pas fait examiner les papiers des jésuites, surtout après que Jean Châtel eut avoué qu'il avait souvent entendu dire, chez quelques uns de ces religieux, qu'il était permis de tuer le roi.

On trouva dans les écrits du professeur Guignard ces propres paroles, de sa main : que « ni Henri III, « ni Henri IV, ni la reine Élisabeth, ni le roi de Suède, « ni l'électeur de Saxe, n'étaient point de véritables « rois; que Henri III était un Sardanapale, le Béar- « nais un renard, Élisabeth une louve, le roi de Suède « un griffon, et l'électeur de Saxe un porc. » Cela s'appelait de l'éloquence. « Jacques Clément, disait-il, a « fait un acte héroïque, inspiré par le Saint-Esprit : si « on peut guerroyer le Béarnais, qu'on le guerroie; « si on ne peut le guerroyer, qu'on l'assassine. »

Guignard était bien imprudent de n'avoir pas brûlé cet écrit dans le moment qu'il apprit l'attentat de Châtel. On se saisit de sa personne, et de celle de Guéret, professeur d'une science absurde qu'on nommait *philosophie*, et dont Châtel avait été long-temps l'écolier. Guignard fut pendu et brûlé; et Guéret, n'ayant rien avoué à la question, fut seulement condamné à être banni du royaume avec *tous les frères nommés jésuites.*

Il faut que le préjugé mette sur les yeux un bandeau bien épais, puisque le jésuite Jouvenci, dans son *Histoire de la compagnie de Jésus*, compare Guignard et Guéret aux *premiers chrétiens persécutés par Néron*. Il loue surtout Guignard de n'avoir jamais voulu demander pardon au roi et à la justice, lorsqu'il fit amende honorable, la torche au poing, ayant au dos ses écrits. Il fait envisager Guignard comme un martyr qui demande pardon à Dieu, parcequ'après tout il pouvait être pécheur; mais qui ne peut, malgré sa conscience, avouer qu'il a offensé le roi. Comment aurait-il donc pu l'offenser davantage qu'en écrivant qu'il fallait le tuer, à moins qu'il ne l'eût tué lui-même? Jouvenci regarde l'arrêt du parlement comme un jugement très inique: « *Meminimus,* dit-il, *et ignos-*
« *cimus;* nous nous en souvenons, et nous le pardon-
« nons. » Il est vrai que l'arrêt était sévère; mais assurément il ne peut paraître injuste, si on considère les écrits du jésuite Guignard, les emportements du nommé Hay, autre jésuite, la confession de Jean Châtel, les écrits de Tollet, de Bellarmin, de Mariana, d'Emmanuel Sa, de Suarès, de Salmeron, de Molina, les lettres des jésuites de Naples, et tant d'autres écrits dans lesquels on trouve cette doctrine du régicide. Il est très-vrai qu'aucun jésuite n'avait conseillé Châtel; mais aussi il est très vrai que, tandis qu'il étudiait chez eux, il avait entendu cette doctrine, qui alors était trop commune. Il est encore très vrai que les jésuites se *souvenaient* que le jésuite Guignard avait été pendu et brûlé; mais il est très faux qu'ils le *pardonnassent.*

Comment peut-on trouver trop injuste, dans de pareils temps, le bannissement des jésuites, quand on ne se plaint pas de celui du père et de la mère de Jean Châtel, qui n'avaient d'autre crime que d'avoir mis au monde un malheureux dont on aliéna l'esprit? Ces parents infortunés furent condamnés au bannissement et à une amende; on démolit leur maison, et on éleva à la place une pyramide, où l'on grava le crime et l'arrêt; il y était dit: « La cour a banni en outre « cette société d'un genre nouveau et d'une supersti- « tion diabolique, qui a porté Jean Châtel à cet hor- « rible parricide. » Ce qui est encore bien digne de remarque, c'est que l'arrêt du parlement fut mis à l'*Index* de Rome. Tout cela démontre que ces temps étaient ceux du fanatisme; que si les jésuites avaient, comme les autres, enseigné des maximes affreuses, ils paraissaient plus dangereux que les autres, parcequ'ils élevaient la jeunesse; qu'ils furent punis pour des fautes passées, qui, trois ans auparavant, n'étaient pas regardées dans Paris comme des fautes, et qu'enfin le malheur des temps rendit cet arrêt du parlement nécessaire.

Il l'était tellement, qu'on vit paraître alors une apologie pour Jean Châtel dans laquelle il est dit que « son parricide est un acte vertueux, généreux, hé- « roïque, comparable aux plus grands de l'histoire « sacrée et profane, et qu'il faut être athée pour en « douter. Il n'y a, dit cette apologie, qu'un point à re- « dire, c'est que Châtel n'a pas mis à chef son entre- « prise, pour envoyer le méchant en son lieu, comme « Judas. »

Cette apologie fait voir clairement que si Guignard ne voulut jamais demander pardon au roi, c'est qu'il ne le reconnaissait pas pour roi. « La constance de « ce saint homme, dit l'auteur, ne voulut jamais re- « connaître celui que l'Église ne reconnaissait pas ; « et, quoique les juges aient brûlé son corps, et jeté « ses cendres au vent, son sang ne laissera de bouil- « lonner contre ces meurtriers devant le dieu Sabaoth, « qui saura le leur rendre. »

Tel était l'esprit de la ligue, tel l'esprit monacal, tel l'abus exécrable de la religion si mal entendue, et tel a subsisté cet abus jusqu'à ces derniers temps.

On a vu encore de nos jours un jésuite, nommé La Croix, théologien de Cologne, réimprimer et commenter je ne sais quel ouvrage d'un ancien jésuite nommé Busembaum [1]; ouvrage qui eût été aussi ignoré que son auteur et son commentateur, si on n'y avait pas déterré par hasard la doctrine la plus monstrueuse de l'homicide et du régicide.

Il est dit dans ce livre qu'un homme proscrit par un prince ne peut être assassiné légitimement que dans le territoire du prince; mais qu'un souverain

---

[1] La *Medulla Theologiæ moralis*, dont la première édition est de 1645; ne formait alors qu'un volume in-12. La 45ᵉ édition, Lisbonne, 1670, est in-8°. Claude Lacroix, mort en 1714, laissa un commentaire qui parut à Cologne, 1719, deux volumes in-folio, réimprimés par les soins du P. Montausan, Lyon, 1729, 2 volumes in-folio, auxquels, en 1757, on mit de nouveaux frontispices. Un arrêt du parlement de Toulouse, du 9 septembre 1757, fit brûler l'ouvrage, que les jésuites désavouèrent. Le parlement de Paris le condamna aussi. L'alinéa où Voltaire en parle, les trois qui le précèdent, et les deux qui le suivent, ont été ajoutés en 1761. Voltaire avait déjà parlé de Busembaum et de Lacroix dans sa *Relation de la maladie, etc., du jésuite -Berthier*. (Voyez les *Mélanges,* année 1759.) B.

proscrit par le pape doit être assassiné partout, parceque le pape est souverain de l'univers, et qu'un homme chargé de tuer un excommunié, quel qu'il soit, peut donner cette commission à un autre, et que c'est un acte de charité d'accepter cette commission.

Il est vrai que les parlements ont condamné ce livre abominable; il est vrai que les jésuites de France ont détesté publiquement ces propositions : mais enfin ce livre, nouvellement réimprimé avec des additions, prouve assez que ces maximes infernales ont été long-temps gravées dans plus d'une tête; que ces maximes mêmes ont été regardées comme sacrées, comme des points de religion; et que par conséquent les lois ne pouvaient s'élever avec trop de rigueur contre les docteurs du régicide.

(14 mai 1610, à 4 heures du soir), Henri IV fut enfin la victime de cette étrange théologie chrétienne. Ravaillac avait été quelque temps feuillant, et son esprit était encore échauffé de tout ce qu'il avait entendu dans sa jeunesse. Jamais, dans aucun siècle, la superstition n'a produit de pareils effets. Ce malheureux crut, précisément comme Jean Châtel, qu'il apaiserait la justice divine en tuant Henri IV. Le peuple disait que ce roi allait faire la guerre au pape, parcequ'il allait secourir les protestants d'Allemagne. L'Allemagne était divisée par deux ligues, dont l'une était l'*évangélique*, composée de presque tous les princes protestants : l'autre était la *catholique*, à la tête de laquelle on avait mis le nom du pape. Henri IV protégeait la ligue protestante : voilà l'unique cause de l'as-

sassinat. Il faut en croire les dépositions constantes de Ravaillac. Il assura, sans jamais varier, qu'il n'avait aucun complice, qu'il avait été poussé à ce régicide par un instinct dont il ne put être le maître. Il signa son interrogatoire, dont quelques feuilles furent retrouvées, en 1720, par un greffier du parlement; je les ai vues : cet abominable nom est peint parfaitement, et il y a au-dessous, de la même main, « Que « toujours dans mon cœur Jésus soit le vainqueur » : nouvelle preuve que ce monstre n'était qu'un furieux imbécile.

On sait qu'il avait été feuillant dans un temps où ces moines étaient encore des ligueurs fanatiques : c'était un homme perdu de crimes et de superstition. Le conseiller Matthieu, historiographe de France, qui lui parla long-temps au petit hôtel de Retz, près du Louvre, dit dans sa relation que ce misérable avait été tenté depuis trois ans de tuer Henri IV. Lorsqu'un conseiller du parlement lui demanda, dans cet hôtel de Retz, en présence de Matthieu, comment il avait pu mettre la main sur le roi très chrétien : « C'est à « savoir, dit-il, s'il est très chrétien. »

La fatalité de la destinée se fait sentir ici plus qu'en aucun autre événement. C'est un maître d'école d'Angoulême, qui, sans conspiration, sans complice, sans intérêt, tue Henri IV au milieu de son peuple, et change la face de l'Europe.

On voit par les actes de son procès, imprimés en 1611, que cet homme n'avait en effet d'autres complices que les sermons des prédicateurs, et les discours des moines. Il était très dévot, fesait l'oraison

mentale et jaculatoire; il avait même des visions célestes. Il avoue qu'après être sorti des feuillants, il avait eu souvent l'envie de se faire jésuite. Son aveu porte que son premier dessein était d'engager le roi à proscrire la religion réformée, et que, même, pendant les fêtes de Noël, voyant passer le roi en carrosse, dans la même rue où il l'assassina depuis, il s'écria, « Sire, au nom de notre Seigneur Jésus-Christ, « et de la sacrée vierge Marie, que je parle à vous ! » qu'il fut repoussé par les gardes; qu'alors il retourna dans Angoulême, sa patrie, où il avait quatre-vingts écoliers; qu'il s'y confessa et communia souvent. Il est prouvé que son crime ne fut conçu dans son esprit qu'au milieu des actes réitérés d'une dévotion sincère. Sa réponse, dans son second interrogatoire, porte ces propres mots : « Personne quelconque ne l'a con-
« duit à ce faire que le commun bruit des soldats qui
« disaient que si le roi voulait faire la guerre contre
« le saint-père, ils l'y assisteraient et mourraient pour
« cela; à laquelle raison s'est laissé aller à la tentation
« qui l'a porté de tuer le roi, parceque fesant la guerre
« contre le pape, c'est la faire contre Dieu, d'autant
« que le pape est Dieu, et Dieu est le pape. » Ainsi tout concourt à faire voir que Henri IV n'a été en effet assassiné que par les préjugés qui depuis si longtemps ont aveuglé les hommes et désolé la terre. On osa imputer ce crime à la maison d'Autriche, à Marie de Médicis, épouse du roi, à Balzac d'Entragues, sa maîtresse, au duc d'Épernon : conjectures odieuses, que Mézerai et d'autres ont recueillies sans examen, qui se détruisent l'une par l'autre, et qui ne servent

qu'à faire voir combien la malignité humaine est crédule.

Il est très avéré qu'on parlait de sa mort prochaine dans les Pays-Bas avant le coup de l'assassin. Il n'est pas étonnant que les partisans de la ligue catholique, en voyant l'armée formidable qu'il allait commander, eussent dit qu'il n'y avait que la mort de Henri qui pût les sauver. Eux et les restes de la ligue souhaitaient quelque Clément, quelque Gérard, quelque Châtel. On passa aisément du desir à l'espérance : ces bruits se répandirent ; ils allèrent aux oreilles de Ravaillac, et le déterminèrent.

Il est encore certain qu'on avait prédit à Henri qu'il mourrait en carrosse. Cette idée venait de ce que ce prince, si intrépide ailleurs, était toujours inquiété de la crainte de verser quand il était en voiture. Cette faiblesse fut regardée par les astrologues comme un pressentiment ; et l'aventure la moins vraisemblable justifia ce qu'ils avaient dit au hasard.

Ravaillac ne fut que l'instrument aveugle de l'esprit du temps, qui n'était pas moins aveugle. Ce Barrière, ce Châtel, ce chartreux nommé Ouin, ce vicaire de Saint-Nicolas-des-Champs, pendu en 1595 ; enfin, jusqu'à un malheureux qui était ou qui contrefesait l'insensé, d'autres dont le nom m'échappe, méditèrent le même assassinat, presque tous jeunes et tous de la lie du peuple : tant la religion devient fureur dans la populace et dans la jeunesse ! De tous les assassins de cette espèce que ce siècle affreux produisit, il n'y eut que Poltrot de Méré qui fût gentilhomme.

[1] J'en excepte ceux qui avaient tué le duc de Guise, par ordre de Henri III : ceux-là n'étaient pas fanatiques; ils n'étaient que de lâches mercenaires.

Il n'est que trop vrai que Henri IV ne fut ni connu ni aimé pendant sa vie. Le même esprit qui prépara tant d'assassinats souleva toujours contre lui la faction catholique; et son changement nécessaire de religion lui aliéna les réformés. Sa femme, qui ne l'aimait pas, l'accabla de chagrins domestiques. Sa maîtresse même, la marquise de Verneuil, conspira contre lui : la plus cruelle satire qui attaqua ses mœurs et sa probité fut l'ouvrage d'une princesse de Conti, sa proche parente. Enfin, il ne commença à devenir cher à la nation que quand il eut été assassiné. La régence inconsidérée, tumultueuse et infortunée de sa veuve augmenta les regrets de la perte de son mari. Les Mémoires du duc de Sulli développèrent toutes ses vertus, et firent pardonner ses faiblesses : plus l'histoire fut approfondie, plus il fut aimé. Le siècle de Louis XIV a été beaucoup plus grand sans doute que le sien; mais Henri IV est jugé beaucoup plus grand que Louis XIV. Enfin, chaque jour ajoutant à sa gloire, l'amour des Français pour lui est devenu une passion. On en a vu depuis peu un témoignage singulier à Saint-Denys. Un évêque du Puy en Velay [2] prononçait l'oraison funèbre de la reine, épouse de Louis XV : l'orateur n'attachant pas assez les esprits,

---

[1] Tout ce qui suit a été ajouté dans l'édition in-4° de 1769. B.

[2] Lefranc de Pompignan : voyez dans la *Correspondance* la lettre à Chabanon, du 9 septembre 1768. B.

quoiqu'il fît l'éloge d'une reine chérie, une cinquantaine d'auditeurs se détacha de l'assemblée pour aller voir le tombeau de Henri IV : ils se mirent à genoux autour du cercueil, ils répandirent des larmes, on entendit des exclamations : jamais il n'y eut de plus véritable apothéose.

ADDITION.

Voici plusieurs lettres écrites de la main de Henri IV à Corisande d'Andouin, veuve de Philibert, comte de Grammont. Elles sont toutes sans date; mais on verra aisément, par les notes, dans quel temps elles furent écrites. Il y en a de très intéressantes, et le nom de Henri IV les rend précieuses *.

PREMIÈRE LETTRE.

Il ne se sauve point de laquais, ou pour le moins fort peu qui [1] ne soient dévalisés, ou les lettres ouvertes. Il est arrivé sept ou huit gentilshommes de ceux qui étaient à l'armée étrangère, qui assurent comme est vrai (car l'un est M. de Monlouet, frère de [2] Rambouillet, qui était un des députés pour trai-

---

* Les neuf lettres suivantes font partie d'un recueil de quarante-une lettres de Henri IV, publiées en 1788, en 1 volume in-12 de 75 pages : sept seulement se trouvent imprimées dans le Mercure de France de 1765 et 1766, parmi beaucoup d'autres lettres de Henri IV. Comme les deux textes sont assez différents, je les donne ici conformes au recueil de 1788, avec les variantes du Mercure. Pour les deux qui ne sont point dans le Mercure, je donne les variantes de l'édition de Kehl, dont le texte a été reproduit dans la plupart des nouvelles éditions de Voltaire. (*Note de M. Lequien.*)

ter), qu'il n'y a pas dix gentilshommes qui aient promis de ne porter les armes. M. de Bouillon n'a point promis : bref, il ne s'est rien perdu qui ne se recouvre pour de l'argent. M. de Mayenne ³ a fait un acte de quoi il ne sera guère loué; il a tué Sacremore (lui demandant récompense de ses services) à coups de poignard : l'on me mande que ne le voulant contenter, il craignit qu'étant mal content, il ne découvrît ses secrets, qu'il savait tous, même l'entreprise contre la personne du roi, de quoi il était chef de l'exécution ª. Dieu les veut vaincre par eux-mêmes, car c'était le plus utile serviteur qu'ils eussent : il fut enterré qu'il n'était pas encore mort. Sur ce mot vient d'arriver Morlans, et un laquais de mon cousin qui ont été dévalisés des lettres et des habillements ⁴ M. de Turenne sera ici demain : il a pris autour de Syjac dix-huit forts en trois jours; je ferai peut-être quelque chose de meilleur bientôt, s'il plaît à Dieu. Le bruit de ma mort allant à Pau et à Meaux, a couru à Paris ⁵, et quelques *prêcheurs en leurs sermons la mettaient pour un des bonheurs* que Dieu leur avait promis. Adieu, mon ame ⁶. Je vous ⁷ baise un million de fois les mains.

De Montauban, ce 14 janvier.

VARIANTES.

¹ *Qu'ils* ne soient dévalisés. — ² Frère *des* Rambouillet. — ³ M. *Dumeyne* (du Maine). — ⁴ *De* lettres et *d'*habillements.

ª Rien n'est si curieux que cette anecdote. Ce Sacremore était Birague de son nom. Cette aventure prouve que le duc de Mayenne était bien plus méchant et plus cruel que tous les historiens ne le dépeignent; ce qui n'est pas extraordinaire dans un chef de parti. La lettre est de 1587.

— ⁵ Allant à Pau et Maux, courut à Paris. — ⁶ Ces mots, *Adieu, mon ame*, sont omis dans le Mercure. — ⁷ Je *te* baise etc.

DEUXIÈME LETTRE[a].

Pour achever de me peindre, il m'est arrivé un ¹ des plus extrêmes malheurs que je pouvais craindre, qui est la mort subite de M. le Prince. Je le plains comme ce qu'il me devait être, non comme ce qu'il m'était : je suis à cette heure la seule butte où visent tous les perfides de la messe ². Ils l'ont empoisonné, les traîtres ; si est-ce que Dieu demeurera le maître, et moi par sa grace l'exécuteur ? Ce pauvre prince, non de cœur, jeudi ayant couru la bague, soupa se portant bien ; à minuit lui prit un vomissement très violent qui lui dura jusqu'au matin ; tout le vendredi il demeura au lit, le soir il soupa, et ayant bien dormi, il se leva le samedi matin, dîna debout, et puis joua aux échecs ; il se leva de sa chaise ³, se mit à se promener ⁴ par sa chambre, devisant avec l'un et l'autre : tout d'un coup il dit, baillez-moi ma chaise, je sens une grande faiblesse ; il ne fut pas assis ⁵ qu'il perdit la parole, et soudain après il rendit l'ame assis. Les marques du ⁶ poison sortirent soudain ; il n'est pas croyable l'étonnement que cela a apporté en ce pays-là. Je pars dès l'aube du jour pour y aller pourvoir en diligence. Je me vois en chemin d'avoir bien de la peine ; priez Dieu hardiment pour moi ; si j'en échappe, il faudra bien que ce soit lui qui m'ait gardé jusqu'au tombeau, dont je suis peut-être plus près que je ne

[a] Mars 1588.

pense. Je vous demeurerai fidèle esclave. Bonsoir, mon ame, je vous baise un million de fois les mains.

VARIANTES.

¹ *L'un.* — ² De la M.... — ³ De sa chère.... ma chère (chaire). ⁴ se mit à promener. — ⁵ Il ne fut assis, etc. — ⁶ Les marques *de* poison..

TROISIÈME LETTRE[a].

Il m'arriva hier, l'un à midi, l'autre au soir, deux courriers de Saint-Jean d'Angely ¹ : le premier rapportait comme Belcastel, page de madame la princesse, et son valet de chambre, s'en étaient fuis coudain, après avoir vu mort leur maître, avaient trouvé deux chevaux valant deux cents écus, à une hôtellerie du faubourg, que l'on y tenait, il y avait quinze jours, et avaient chacun une mallette pleine d'argent : enquis l'hôte, dit que c'était un nommé Brillant[b] qui lui avait baillé les chevaux, et lui allait dire tous les jours qu'ils fussent bien traités ; que s'il baillait aux autres chevaux quatre mesures d'avoine, qu'il leur en baillât huit, qu'il paierait aussi le double ². Ce Brillant[c] est un homme que madame la Princesse a mis

---

[a] Celle-ci est du mois de mars 1588.

[b] Brillant, contrôleur de la maison du prince de Condé, est mal à propos nommé Brillaud par les historiens.

[c] Il fut écartelé à Saint-Jean-d'Angely, sans appel, par sentence du prevôt ; et par cette même sentence la princesse de Condé fut condamnée à garder la prison jusqu'après son accouchement. Elle accoucha au mois d'auguste de Henri de Condé, premier prince du sang. Elle appela à la cour des pairs ; mais elle resta prisonnière, sous la garde de Sainte-Même, dans Angely, jusqu'en l'an 1596. Henri IV fit supprimer alors les procédures.

en la maison, et lui fesait tout gouverner. Il fut tout soudain pris, confessa avoir baillé mille écus au page, et lui avoir achepté ses chevaux par le commandement de sa maîtresse pour aller en Italie. Le second confirme, et dit de plus, que l'on avait fait écrire une lettre par ce Brillant [3] au valet de chambre, qu'on savait être à Poitiers, par où il lui mandait être à deux cents pas de la porte, qu'il voulait parler à lui. L'autre sortit soudain; l'embuscade qui était là le prit, et fut mené à Saint-Jean. Il n'avait été encore ouï [4]; mais bien, disait-il à ceux qui le menaient, ah! que madame est méchante! que l'on prenne le tailleur, je dirai tout, sans gêne; ce qui fut fait.

Voilà ce que l'on en sait jusqu'à cette heure; souvenez-vous de ce que je vous en ai dit autrefois [5] : je ne me trompe guère en mes jugements; c'est une dangereuse bête qu'une mauvaise femme. *Tous ces empoisonneurs sont papistes* [6] ; voilà les instructions de la dame. J'ai découvert un tueur pour moi [a], Dieu m'en gardera [7], et je vous en manderai bientôt davantage. Le gouverneur et les capitaines de Taillebourg m'ont envoyé deux soldats, et [8] écrit qu'ils n'ouvriraient leur place qu'à moi [9], de quoi je suis fort aise. Les ennemis les pressent, et ils sont si empressés à la vérification de ce fait, qu'ils ne leur donnent nul empêchement; ils ne laissent sortir homme vivant de

---

[a] C'est à Nérac qu'on découvrit un assassin, Lorrain de nation, envoyé par les prêtres de la ligue. On attenta plus de cinquante fois sur la vie de ce grand et bon prince :

« Tantum relligio potuit suadere malorum ! »
LUCRÈCE, I, 102.

Saint-Jean que ceux qu'ils m'envoient. M. de La Trimouille y est, lui vingtième seulement. L'on m'a écrit ¹⁰ que si je tardais beaucoup il y pourrait avoir du mal et grand; cela me fait hâter, de façon que je prendrai vingt maîtres, et m'y en irai jour et nuit pour être de retour à Sainte-Foi, à l'assemblée. Mon ame, je me porte assez bien du corps, mais fort affligé de l'esprit. Aimez-moi, et me le faites paraître; ce me sera une grande consolation ¹¹; pour moi, je ne manquerai point à la fidélité que je vous ai vouée : sur cette vérité, je vous baise un million de fois les mains.

D'Aynset, ce 13 mars.

VARIANTES.

1 *D'Angely* est en note dans le Mercure. — 2 *Au* double. — 3 *A* ce Brillant. — 4 Il n'avait encore été ouï. — 5 D'autresfois. — 6 Sont P..... — 7 Dieu *me* gardera. — 8 Ce mot *et* est omis dans le Mercure. — 9 Leur place *à personne* qu'à moi. — 10 L'on *m'écrit*. — 11 Ce sera une grande consolation pour moi; je ne, etc.

QUATRIÈME LETTRE*.

J'arrivai hier au soir en ce lieu ¹ de Pons, où il m'arriva des nouvelles de Saint-Jean par où les soupçons croissent du côté que les avez pu juger. Je verrai tout demain; j'appréhende fort la vue des fidèles serviteurs de la maison, car c'est à la vérité le plus extrême deuil qui se soit jamais vu. Les prêcheurs romains prêchent tout haut par les ². villes d'ici autour ³ qu'il n'y en a plus qu'un à avoir ⁴, canonisent ce bel acte et celui qui l'a fait, admonestent tout bon ca-

---

* Celle-ci n'est point dans le Mercure.

tholique de prendre exemple à une si chrétienne entreprise, et vous êtes de cette religion ! Certes, mon cœur, c'est un beau sujet ⁵ pour faire paraître votre ¹piété et votre vertu ; n'attendez pas à une autre fois à jeter le froc ⁶ aux orties ; mais je vous dis vrai. Les querelles de M. d'Espernon avec le maréchal d'Aumont et Crillon troublent fort la cour, d'où je saurai tous les jours des nouvelles, et vous les manderai. L'homme de qui vous a parlé Briquesière m'a fait de méchants tours que j'ai sus et avérés depuis deux jours. Je finis là, allant monter à cheval ; je te baise, ma chère maîtresse, un million de fois les mains.

Ce 17 mars.

VARIANTES DE L'ÉDITION DE KEHL.

¹ J'arrivai hier au soir *au* lieu de Pons. — ² *Dans.* — ³ *A l'entour.* — ⁴ Qu'il n'y en a plus *qu'une à voir.* — ⁵ C'est un beau sujet *que notre misère* pour. — ⁶ Jeter *ce* froc.

CINQUIÈME LETTRE.

Dieu sait quel regret ce m'est de partir d'ici sans vous aller baiser les mains ; certes, mon cœur, j'en suis au grabat. Vous trouverez étrange (et direz que je ne me suis point trompé) ce que Lyceran vous dira. Le diable est déchaîné, je suis à plaindre, et c'est merveille que je ne succombe sous le faix. Si je n'étais huguenot, je me ferais turc. Ah ! les violentes épreuves par où l'on sonde ma cervelle ! je ne puis faillir d'être bientôt un fol ou habile homme ¹ ; cette année sera ma pierre de touche ; c'est un mal bien douloureux que le domestique. Toutes les géhennes que [2] peut recevoir un esprit sont sans cesse exercées sur le mien, je dis toutes ensemble. Plaignez-moi, mon ame, et n'y portez point votre espèce de tourment; c'est celui que j'appréhende le plus. Je pars vendredi, et vais à Clayrac : je retiendrai votre précepte de me taire. Croyez que rien qu'un manquement d'amitié ne me peut faire changer la résolution que j'ai d'être éternellement à vous, non toujours esclave, mais oui bien forçat [3]. Mon tout, aimez-moi; votre bonne grace est l'appui de mon esprit au choc de mon affliction [4]; ne me refuse ce soutien. Bon soir, mon ame, je te baise les pieds un million de fois.

De Nérac, le [5] 8 mars, à minuit.

VARIANTES.

[1] Bientôt *ou fou* ou habile homme. — [2] Toutes les *peines*. — [3] Mais oui bien *forcere*. — [4] Au choc *des afflictions*. — [5] Ce.

SIXIÈME LETTRE.

Ne vous manderé [1] jamais que prises de villes et forts. En huit jours [2] se sont rendus à moi Saint-Mexant et Maille-Saye, et espère devant la fin du mois [3], que vous oyerez parler de moi [a]. Le roi triom-

[a] Cette lettre doit être écrite trois ou quatre jours après l'assassinat du duc de Guise; mais on le trompa sur l'exécution prétendue du président Neuilli et de La Chapelle-Marteau. Henri III les tint en prison; ils méritaient d'être pendus, mais ils ne le furent pas. Il ne faut pas toujours croire ce que les rois écrivent; ils ont souvent de mauvaises nouvelles. Cette erreur fut probablement corrigée dans les lettres qui suivirent, et que nous n'avons point. Ce Neuilli et ce Marteau étaient des ligueurs outrés, qui avaient massacré beaucoup de réformés et de catholiques attachés au roi,

phe; il a fait garrotter en prison le cardinal de Guise, puis montre sur la place vingt-quatre heures le président de Neuilli, et le prevôt des marchands pendus, et le secrétaire de feu M. de Guise et trois autres. La reine sa mère [4] lui dit : Mon fils, octroyez-moi une requête que je vous veux faire; selon ce que sera [5], madame; C'est que vous me donniez M. de Nemours et le prince de Guise [6]; ils sont jeunes, ils vous feront un jour service. Je le veux bien, dit-il, madame; je vous donne les corps et retiendrai les têtes. Il a envoyé à Lyon pour attraper le duc de Mayenne [7], l'on ne sait ce qu'il en est réussi. L'on se bat à Orléans, et encore plus près d'ici, à Poitiers, d'où je ne serai demain qu'à sept lieues. Si le roi le voulait, je les mettrais d'accord [8]. Je vous plains, s'il fait tel temps où vous êtes qu'ici, car il y a dix jours qu'il ne dégèle point. Je n'attends que l'heure d'ouïr dire que l'on aura envoyé étrangler la reine [9] de Navarre[a]; cela, avec la mort de sa mère, me ferait bien chanter le cantique de Siméon. C'est une trop longue lettre pour un homme de guerre. Bon soir, mon ame; je te baise un million [10] de fois; aimez-moi comme vous en avez sujet.

C'est le premier de l'an.

Le pauvre Caramburu [11] est borgne, et Fleurimont s'en va mourir.

---

dans la journée de la Saint-Barthélemi. Rose, évêque de Senlis, ce ligueur furieux, séduisit la fille du président Neuilli, et lui fit un enfant. Jamais on ne vit plus de cruautés et de débauches.

[a] C'est de sa femme dont il parle; elle était liée avec les Guises; et la reine Catherine, sa mère, était alors malade à la mort.

VARIANTES.

¹ Ne vous *manderége*. — ² *Anuyt* (la nuit). — ³ *De ce* mois. — 4 La *reine-mère*. — ⁵ Selon ce que *ce* sera. — ⁶ *Genville*. — ⁷ *Dumeyne*. — ⁸ Je les mettrais *bien* d'accord. — ⁹ La *feue* reine de N.... — ¹⁰ *Cent millions*. — ¹¹ *Harambure*.

SEPTIÈME LETTRE*.

Mon ame, je vous écris de Blois ᵃ, où il y a cinq mois que l'on me condamnait hérétique, et indigne de succéder à la couronne, et j'en suis à cette heure le principal pilier. Voyez les œuvres de Dieu envers ceux qui se sont fiés en lui, car y avait-il rien ¹ qui eût tant d'apparence de force qu'un arrêt des états? cependant j'en appelais devant celui qui peut tout (ainsi font bien d'autres), qui a revu le procès, a ² cassé les arrêts des hommes, m'a remis en mon droit, et crois que ce sera aux dépens de mes ennemis; tant mieux pour vous! ceux qui se fient en Dieu et le servent, ne sont jamais confus ³; voilà à quoi vous devriez songer. Je me porte très bien, Dieu merci, vous jurant avec vérité que je n'aime ni honore rien au monde comme vous; il n'y a rien qui n'y paraisse, et vous garderai fidélité jusqu'au tombeau. Je m'en vais à Boisjeancy, où je crois que vous oyerez bientôt parler de moi, je n'en doute point, d'une ou autre façon. Je fais état de faire venir ma sœur bientôt ⁴; résolvez-vous de venir avec elle. Le roi m'a parlé de la dame d'Auvergne;

---

* Celle-ci n'est point dans le Mercure.

ᵃ C'est sûrement sur la fin d'avril 1589. Il était alors à Blois avec Henri III.

je crois que je lui ferai faire un mauvais saut. Bonjour, mon cœur, je te baise un million de fois. Ce 18 mai, celui qui est lié avec vous d'un lien indissoluble.

VARIANTES DE L'ÉDITION DE KEHL.

[1] Car *il y avait* rien. — [2] Qui a revu le procès *et* cassé les arrêts. — [3] Ceux qui se fient en Dieu *il les conserve et ne* sont jamais confus. — [4] De moi; je n'en doute point : *d'une autre façon*, je fais état, etc.

HUITIÈME LETTRE.

Vous entendrez de ce porteur l'heureux succès que Dieu nous a donné au plus furieux combat [a] qui se soit fait de cette guerre : il vous dira aussi comme MM. de Longueville, de La Noue, et autres, ont triomphé près de Paris. Si le roi use de diligence, comme j'espère qu'il le fera [1], nous verrons bientôt les clochers de Notre-Dame de Paris. Je vous écrivis il n'y a que deux jours par Petit-Jean. Dieu veuille que cette semaine nous fassions encore quelque chose d'aussi signalé que l'autre! Mon cœur, aimez-moi toujours comme vôtre, car je vous aime comme mienne [2] : sur cette vérité, je vous baise les mains. Adieu, mon ame.

C'est de Boisjeancy, le 20 mai [3].

VARIANTES.

[1] *Qu'il fera.* — [2] Au lieu de ces mots, *comme vôtre, car je vous aime comme mienne*, on lit dans le Mercure, *comme vous nestes à moi ny moi à vous.* — [3] *C'est le* XXIe *may. De Boyjancy.*

[a] Ce combat est celui du 18 mai 1589, où le comte de Châtillon défit les ligueurs dans une mêlée très acharnée.

NEUVIÈME LETTRE.

Renvoyez-moi Briquesière, et il s'en retournera avec tout ce qu'il vous faut, hormis moi. Je suis très affligé [1] de la perte de mon petit [a], qui mourut hier : à votre avis ce que serait d'un légitime [2] ! Il commençait à parler. Je ne sais si c'est par acquit que vous [3] m'avez écrit pour Doysit, c'est pourquoi je fais la réponse que vous [4] verrez sur votre lettre, par celui que je desire qui vienne : mandez-m'en votre volonté. Les ennemis sont devant Montégu, où ils seront bien mouillés; car il n'y a couvert à demi-lieue autour. L'assemblée sera achevée dans douze jours. Il m'arriva hier force nouvelles de Blois; je vous envoie un extrait des plus véritables : tout à cette heure me vient d'arriver un homme de Montégu; ils ont fait une très belle sortie, et tué force ennemis; je mande toutes mes troupes, et espère, si ladite place peut tenir quinze jours, y faire quelque bon coup. Ce que je vous ai mandé de ne vouloir mal à personne est requis pour votre contentement et le mien; je parle à cette heure à vous-même étant mienne [4]. Mon ame, j'ai un ennui étrange de vous voir [5]. Il y a ici un homme qui porte des lettres à ma sœur du roi d'Écosse; il me presse plus que jamais du mariage; il s'offre à me [6] venir servir avec six mille hommes à ses dépens [b], et

[a] C'était un fils qu'il avait de Corisande.
[b] Voilà une anecdote bien singulière, et que tous les historiens ont ignorée : cela veut dire qu'il serait un jour roi d'Angleterre, parceque la reine Élisabeth n'avait point d'enfants. C'est ce même roi que Henri IV appela toujours depuis *maître Jacques*. Cette lettre doit être de 1588.

venir lui-même offrir son service; il s'en va infailliblement être roi [7] d'Angleterre; préparez ma sœur de loin à lui vouloir du bien, lui [8] remontrant l'état auquel nous sommes, la grandeur [9] de ce prince avec sa vertu. Je ne lui en écris point, ne lui en parlez que comme discourant, qu'il est temps de la marier, et qu'il n'y a parti que celui-là, car de nos parents, c'est pitié. Adieu, mon cœur, je te baise cent millions de fois.

Ce dernier décembre [10].

VARIANTES.

[1] *Fort affligé.* — [2] Ces mots, *à votre avis ce que serait d'un légitime!* sont omis dans le Mercure. — [3] Cé mot *vous* est omis dans le Mercure. — [4] Je parle à cette heure à vous *comme* étant miènne (cette leçon paraît préférable). — [5] *J'ai un ennui de vous voir étrange.* — [6] Il s'offre *de.* — [7] Il s'en va infailliblement roi. — [8] Ce mot *lui* est omis dans le Mercure. — [9] *Et* la grandeur. — [10] Ce dernier *novembre.*

CHAPITRE CLXXV.

De la France, sous Louis XIII, jusqu'au ministère du cardinal de Richelieu. États-généraux tenus en France. Administration malheureuse. Le maréchal d'Ancre assassiné; sa femme condamnée à être brûlée. Ministère du duc de Luines. Guerres civiles. Comment le cardinal de Richelieu entra au conseil.

On vit après la mort de Henri IV combien la puissance, la considération, les mœurs, l'esprit d'une nation, dépendent souvent d'un seul homme. Il tenait, par une administration douce et forte, tous les ordres de l'état réunis, toutes les factions assoupies, les deux religions dans la paix, les peuples dans l'abondance. La balance de l'Europe était dans sa main par ses alliances, par ses trésors, et par ses armes. Tous ces avantages sont perdus dès la première année de la régence de sa veuve, Marie de Médicis. Le duc d'Épernon, cet orgueilleux mignon de Henri III, ennemi secret de Henri IV, déclaré ouvertement contre ses ministres, va au parlement le jour même que Henri est assassiné. D'Épernon était colonel-général de l'infanterie; le régiment des gardes était à ses ordres : il entre en mettant la main sur la garde de son épée, et force le parlement à se donner le droit de disposer de la régence (14 mai 1610), droit qui jusqu'alors n'avait appartenu qu'aux états-généraux. Les lois de toutes les nations ont toujours voulu que ceux qui nomment au trône, quand il est vacant, nomment à la régence. Faire un roi est le premier des droits; faire un régent est le second, et suppose le premier. Le parlement de Paris jugea la cause du trône, et décida du pouvoir suprême pour avoir été menacé par le duc d'Épernon, et parcequ'on n'avait pas eu le temps d'assembler les trois ordres de l'état.

Il déclara, par un arrêt, Marie de Médicis seule régente. La reine vint le lendemain faire confirmer cet arrêt en présence de son fils; et le chancelier de Silleri, dans cette cérémonie qu'on appelle *lit de justice*, prit l'avis des présidents avant de prendre celui des pairs et même des princes du sang, qui prétendaient partager la régence.

Vous voyez par là, et vous avez souvent remarqué comment les droits et les usages s'établissent, et comment ce qui a été fait une fois solennellement contre les règles anciennes devient une règle pour l'avenir, jusqu'à ce qu'une nouvelle occasion l'abolisse.

Marie de Médicis, régente et non maîtresse du royaume, dépense en profusions, pour s'acquérir des créatures, tout ce que Henri-le-Grand avait amassé pour rendre sa nation puissante. Les troupes à la tête desquelles il allait combattre sont pour la plupart licenciées ; les princes dont il était l'appui sont abandonnés (1610). Le duc de Savoie, Charles-Emmanuel, nouvel allié de Henri IV, est obligé de demander pardon à Philippe III, roi d'Espagne, d'avoir fait un traité avec le roi de France; il envoie son fils à Madrid implorer la clémence de la cour espagnole, et s'humilier comme un sujet, au nom de son père. Les princes d'Allemagne, que Henri avait protégés avec une armée de quarante mille hommes, ne sont que faiblement secourus. L'état perd toute sa considération au-dehors; il est troublé au-dedans. Les princes du sang et les grands seigneurs remplissent la France de factions, ainsi que du temps de François II, de Charles IX, de Henri III, et depuis dans la minorité de Louis XIV.

(1614) On assemble enfin dans Paris les derniers états-généraux qu'on ait tenus en France. Le parlement de Paris ne put y avoir séance. Ses députés avaient assisté à la grande assemblée des notables, tenue à Rouen en 1594 : mais ce n'était point là une convocation d'états-généraux; les intendants des finances, les trésoriers, y avaient pris séance comme les magistrats.

L'université de Paris somma juridiquement la chambre du clergé de la recevoir comme membre des états; c'était, disait-elle, son ancien privilége; mais l'université avait perdu ses priviléges avec sa considération, à mesure que les esprits étaient devenus plus déliés, sans être plus éclairés. Ces états, assemblés à la hâte, n'avaient point de dépôts des lois et des usages, comme le parlement d'Angleterre, et comme les diètes de l'empire : ils ne fesaient point partie de la législation suprême; cependant ils auraient voulu être législateurs. C'est à quoi aspire nécessairement un corps qui représente une nation; il se forme de l'ambition secrète de chaque particulier une ambition générale.

Ce qu'il y eut de plus remarquable dans ces états, c'est que le clergé demanda inutilement que le concile de Trente fût reçu en France, et que le tiers-état demanda, non moins vainement, la publication de la loi « qu'aucune puissance ni temporelle ni spiri-
« tuelle n'a droit de disposer du royaume, et de dis-
« penser les sujets de leur serment de fidélité; et que
« l'opinion, qu'il soit loisible de tuer les rois, est
« impie et détestable. »

C'était surtout ce même tiers-état de Paris qui demandait cette loi, après avoir voulu déposer Henri III, et après avoir souffert les extrémités de la famine plutôt que de reconnaître Henri IV. Mais les factions de la ligue étant éteintes, le tiers-état, qui compose le fonds de la nation, et qui ne peut avoir d'intérêt particulier, aimait le trône et détestait les prétentions de la cour de Rome. Le cardinal Duperron oublia dans

cette occasion ce qu'il devait au sang de Henri IV, et ne se souvint que de l'Église. Il s'opposa fortement à la loi proposée, et s'emporta jusqu'à dire « qu'il se-
« rait obligé d'excommunier ceux qui s'obstineraient
« à soutenir que l'Église n'a pas le pouvoir de dépos-
« séder les rois. » Il ajouta que la puissance du pape était *pleine, plénissime, directe au spirituel, et indirecte au temporel.* La chambre du clergé, gouvernée par le cardinal Duperron, persuada la chambre de la noblesse de s'unir avec elle. Le corps de la noblesse avait toujours été jaloux du clergé ; mais il affectait de ne pas penser comme le tiers-état. Il s'agissait de savoir si les puissances *spirituelles et temporelles* pouvaient disposer du trône. Le corps des nobles assemblés se regardait au fond, et sans se le dire, comme une puissance temporelle. Le cardinal leur disait : « Si
« un roi voulait forcer ses sujets à se faire ariens ou
« mahométans, il faudrait le déposer. » Un tel discours était bien déraisonnable ; car il y a eu une foule d'empereurs et de rois ariens, et on n'en a déposé aucun pour cette raison. Cette supposition, toute chimérique qu'elle était, persuadait les députés de la noblesse qu'il y avait des cas où les premiers de la nation pouvaient détrôner leur souverain ; et ce droit, quoique éloigné, était si flatteur pour l'amour-propre, que la noblesse voulait le partager avec le clergé. La chambre ecclésiastique signifia à celle du tiers-état qu'à la vérité il n'était jamais permis de tuer son roi, mais elle tint ferme sur le reste.

Au milieu de cette étrange dispute, le parlement

rendit un arrêt qui déclarait l'*indépendance absolue du trône, loi fondamentale du royaume.*

C'était, sans doute, l'intérêt de la cour de soutenir la demande du tiers-état et l'arrêt du parlement, après tant de troubles qui avaient mis le trône en danger sous les règnes précédents. La cour, cependant, céda au cardinal Duperron, au clergé, et surtout à Rome qu'on ménageait : elle étouffa elle-même une opinion sur laquelle sa sûreté était établie : c'est qu'au fond elle pensait alors que cette vérité ne serait jamais réellement combattue par les événements, et qu'elle voulait finir des disputes trop délicates et trop odieuses ; elle supprima même l'arrêt du parlement, sous prétexte qu'il n'avait aucun droit de rien statuer sur les délibérations des états, qu'il leur manquait de respect, et que ce n'était pas à lui à faire des lois fondamentales : ainsi elle rejeta les armes de ceux qui combattaient pour elle, comptant n'en avoir pas besoin : enfin tout le résultat de cette assemblée fut de parler de tous les abus du royaume, et de n'en pouvoir réformer un seul.

La France resta dans la confusion, gouvernée par le Florentin Concini, favori de la reine, devenu maréchal de France sans jamais avoir tiré l'épée, et premier ministre sans connaître les lois du royaume. C'était assez qu'il fût étranger pour que les princes du sang eussent sujet de se plaindre.

Marie de Médicis était bien malheureuse ; car elle ne pouvait partager son autorité avec le prince de Condé, chef des mécontents, sans la perdre, ni la confier à Concini, sans indisposer tout le royaume.

Le prince de Condé, Henri, père du grand Condé, et fils de celui qui avait gagné la bataille de Coutras avec Henri IV, se met à la tête d'un parti et prend les armes. La cour conclut avec lui une paix simulée, et le fait mettre à la Bastille.

Ce fut le sort de son père, de son grand-père, et de son fils. Sa prison augmenta le nombre des mécontents. Les Guises, autrefois ennemis si implacables des Condés, se joignent à présent avec eux. Le duc de Vendôme, fils de Henri IV, le duc de Nevers, de la maison de Gonzague, le maréchal de Bouillon, tous les seigneurs mécontents, se cantonnent dans les provinces; ils protestent qu'ils servent leur roi, et qu'ils ne font la guerre qu'au premier ministre.

Concini, qu'on appelait le maréchal d'Ancre, assuré de la faveur de la reine, les bravait tous. Il leva sept mille hommes à ses dépens pour maintenir l'autorité royale, ou plutôt la sienne, et ce fut ce qui le perdit. Il est vrai qu'il levait ces troupes avec une commission du roi; mais c'était un des grands malheurs de l'état, qu'un étranger, qui était venu en France sans aucun bien, eût de quoi assembler une armée aussi forte que celles avec lesquelles Henri IV avait reconquis son royaume. Presque toute la France soulevée contre lui ne put le faire tomber; et un jeune homme dont il ne se défiait pas, et qui était étranger comme lui, causa sa ruine et tous les malheurs de Marie de Médicis.

Charles-Albert de Luines, né dans le comtat d'Avignon[1], admis avec ses deux frères parmi les gentils-

[1] Né en 1578 à Mornas, dans le comtat venaissin ou d'Avignon. B.

hommes ordinaires du roi attachés à son éducation, s'était introduit dans la familiarité du jeune monarque, en dressant des pies-grièches à prendre des moineaux. On ne s'attendait pas que ces amusements d'enfance dussent finir par une révolution sanglante. Le maréchal d'Ancre lui avait fait donner le gouvernement d'Amboise, et croyait l'avoir mis dans sa dépendance : ce jeune homme conçut le dessein de faire tuer son bienfaiteur, d'exiler la reine, et de gouverner : et il en vint à bout sans aucun obstacle. Il persuade bientôt au roi qu'il est capable de régner par lui-même, quoiqu'il n'ait que seize ans et demi ; il lui dit que la reine sa mère et Concini le tiennent en tutèle. Le jeune roi, à qui on avait donné dans son enfance le surnom de Juste, consent à l'assassinat de son premier ministre. Le marquis de Vitri, capitaine des gardes, du Hallier, son frère, Persan, et d'autres, l'assassinent à coups de pistolet dans la cour même du Louvre (1617). On crie *vive le roi*, comme si on avait gagné une bataille. Louis XIII se met à la fenêtre, et dit : *Je suis maintenant roi*. On ôte à la reine-mère ses gardes ; on les désarme : on la tient en prison dans son appartement ; elle est enfin exilée à Blois. La place de maréchal de France qu'avait Concini est donnée à Vitri qui l'avait tué. La reine avait récompensé du même honneur Thémines, pour avoir arrêté le prince de Condé : aussi le maréchal duc de Bouillon disait qu'il rougissait d'être maréchal, depuis que cette dignité était la récompense du métier de sergent et de celui d'assassin.

La populace, toujours extrême, toujours barbare,

quand on lui lâche la bride, va déterrer le corps de Concini, inhumé à Saint-Germain-l'Auxerrois, le traîne dans les rues, lui arrache le cœur; et il se trouva des hommes assez brutaux pour le griller publiquement sur des charbons, et pour le manger. Son corps fut enfin pendu par le peuple à une potence. Il y avait dans la nation un esprit de férocité que les belles années de Henri IV et le goût des arts apporté par Marie de Médicis avaient adouci quelque temps, mais qui à la moindre occasion reparaissait dans toute sa force. Le peuple ne traitait ainsi les restes sanglants du maréchal d'Ancre que parcequ'il était étranger, et qu'il avait été puissant.

L'histoire du célèbre Nani, les Mémoires du maréchal d'Estrées, du comte de Brienne, rendent justice au mérite de Concini et à son innocence; témoignages qui servent au moins à éclairer les vivants, s'ils ne peuvent rien pour ceux qui sont morts injustement d'une manière si cruelle.

Cet emportement de haine n'était pas seulement dans le peuple; une commission est envoyée au parlement pour condamner le maréchal après sa mort, pour juger sa femme Éléonore Galigaï, et pour couvrir par une cruauté juridique l'opprobre de l'assassinat. Cinq conseillers du parlement refusèrent d'assister à ce jugement; mais il n'y eut que cinq hommes sages et justes.

Jamais procédure ne fut plus éloignée de l'équité, ni plus déshonorante pour la raison. Il n'y avait rien à reprocher à la maréchale; elle avait été favorite de la reine, c'était là tout son crime : on l'accusa d'être sorcière; on prit des *agnus Dei* qu'elle portait pour des talismans. Le conseiller Courtin lui demanda de quel charme elle s'était servie pour ensorceler la reine : Galigaï, indignée contre le conseiller, et un peu mécontente de Marie de Médicis, répondit : « Mon « sortilége a été le pouvoir que les ames fortes doivent « avoir sur les esprits faibles. » Cette réponse ne la sauva pas; quelques juges eurent assez de lumières et d'équité pour ne pas opiner à la mort; mais le reste, entraîné par le préjugé public, par l'ignorance, et plus encore par ceux qui voulaient recueillir les dépouilles de ces infortunés, condamnèrent à-la-fois le mari déjà mort et la femme, comme convaincus de sortilége, de judaïsme, et de malversations. La maréchale fut exécutée (1617), et son corps brûlé; le favori Luines eut la confiscation.

C'est cette infortunée Galigaï qui avait été le premier mobile de la fortune du cardinal de Richelieu, lorsqu'il était jeune encore, et qu'il s'appelait l'abbé de Chillon; elle lui avait procuré l'évêché de Luçon, et l'avait enfin fait secrétaire d'état en 1616. Il fut enveloppé dans la disgrace de ses protecteurs; et celui qui depuis en exila tant d'autres du haut du trône où il s'assit près de son maître, fut alors exilé dans un petit prieuré au fond de l'Anjou.

Concini, sans être guerrier, avait été maréchal de France; Luines fut quatre ans après connétable, étant à peine officier. Une telle administration inspira peu de respect; il n'y eut plus que des factions dans les grands et dans le peuple, et on osa tout entreprendre.

(1619) Le duc d'Épernon, qui avait fait donner la régence à la reine, alla la tirer du château de Blois où elle était reléguée, et la mena dans ses terres à Angoulême, comme un souverain qui secourait son alliée.

C'était là manifestement un crime de lèse-majesté, mais un crime approuvé de tout le royaume, et qui ne donnait au duc d'Épernon que de la gloire. On avait haï Marie de Médicis toute puissante; on l'aimait malheureuse. Personne n'avait murmuré dans le royaume, quand Louis XIII avait emprisonné sa mère au Louvre, quand il l'avait reléguée sans aucune raison; et alors on regardait comme un attentat l'effort qu'il voulait faire pour ôter sa mère à un rebelle. On craignait tellement la violence des conseils de Luines et les cruautés de la faiblesse du roi, que son propre confesseur, le jésuite Arnoux, en prêchant devant lui avant l'accommodement, prononça ces paroles remarquables: « On ne doit pas croire qu'un
« prince religieux tire l'épée pour verser le sang dont
« il est formé : vous ne permettrez pas, sire, que j'aie
« avancé un mensonge dans la chaire de vérité. Je
« vous conjure, par les entrailles de Jésus-Christ, de
« ne point écouter les conseils violents, et de ne pas
« donner ce scandale à toute la chrétienté. »

C'était une nouvelle preuve de la faiblesse du gouvernement, qu'on osât parler ainsi en chaire. Le P. Arnoux ne se serait pas exprimé autrement si le roi avait condamné sa mère à la mort. A peine Louis XIII avait-il alors une armée contre le duc d'Épernon. C'était prêcher publiquement contre le secret de l'état, c'était parler de la part de Dieu contre le duc de Luines. Ou ce confesseur avait une liberté héroïque et indiscrète, ou il était gagné par Marie de Médicis. Quel que fût son motif, ce discours public montre qu'il y avait alors de la hardiesse, même dans les esprits qui ne semblent faits que pour la souplesse. Le connétable fit, quelques années après, renvoyer le confesseur.

(1619) Cependant le roi, loin de s'emporter aux violences qu'on semblait craindre, rechercha sa mère, et traita avec le duc d'Épernon de couronne à couronne. Il n'osa pas même, dans sa déclaration, dire que d'Épernon l'avait offensé.

A peine le traité de réconciliation fut-il signé, qu'il fut rompu; c'était là l'esprit du temps. De nouveaux partisans de Marie armèrent, et c'était toujours contre le duc de Luines, comme auparavant contre le maréchal d'Ancre, et jamais contre le roi. Tout favori traînait alors après lui la guerre civile. Louis XIII et sa mère se firent en effet la guerre. Marie de Médicis était en Anjou, à la tête d'une petite armée contre son fils; on se battit au pont de Cé, et l'état était au point de sa ruine.

(1620) Cette confusion fit la fortune du célèbre Richelieu. Il était surintendant de la maison de la reine-mère, et avait supplanté tous les confidents de cette princesse, comme il l'emporta depuis sur tous les ministres du roi. La souplesse et la hardiesse de son génie devaient partout lui donner la première place ou le perdre. Il ménagea l'accommodement de la mère et du fils. La nomination au cardinalat que la reine demanda pour lui, et qu'elle obtint difficilement, fut la récompense de ce service. Le duc d'Épernon fut le premier à poser les armes, et ne demanda rien : tous les autres se fesaient payer par le roi pour lui avoir fait la guerre.

La reine et le roi son fils se virent à Brissac, et s'embrassèrent en versant des larmes, pour se brouiller ensuite plus que jamais. Tant de faiblesse, tant d'intrigues et de divisions à la cour, portaient l'anarchie dans le royaume. Tous les vices intérieurs de l'état, qui l'attaquaient depuis long-temps, augmentèrent, et tous ceux que Henri IV avait extirpés renaquirent.

L'Église souffrait beaucoup, et était encore plus déréglée.

L'intérêt de Henri IV n'avait pas été de la réformer; la piété de Louis XIII, peu éclairée, laissa subsister le désordre; la règle et la décence n'ont été introduites que par Louis XIV. Presque tous les bénéfices étaient possédés par des laïques, qui les fesaient desservir par de pauvres prêtres à qui on donnait des gages. Tous les princes du sang possédaient les riches abbayes. Plus d'un bien de l'Église était regardé comme un bien de famille. On stipulait une abbaye pour la dot d'une fille, et un colonel remontait son régiment avec le revenu d'un prieuré[1]. Les ecclésias-

---

[1] Cet usage était moins un abus que le faible correctif d'un abus très important. Le prince devrait sans doute réunir à son domaine et employer au service public les biens possédés par le clergé, en payant aux seuls ecclésiastiques utiles, même suivant les principes de la religion, c'est-à-dire aux évêques et aux curés, des appointements réglés par l'état, comme ceux de toutes les autres fonctions publiques, ou bien en laissant à la piété des

tiques de cour portaient souvent l'épée; et, parmi les duels et les combats particuliers qui désolaient la France, on en comptait beaucoup où des gens d'Église avaient eu part, depuis le cardinal de Guise, qui tira l'épée contre le duc de Nevers-Gonzague en 1617, jusqu'à l'abbé depuis cardinal de Retz, qui se battait souvent en sollicitant l'archevêché de Paris.

Les esprits demeuraient en général grossiers et sans culture. Les génies des Malherbe et des Racan n'étaient qu'une lumière naissante qui ne se répandait pas dans la nation. Une pédanterie sauvage, compagne de cette ignorance qui passait pour science, aigrissait

---

fidèles le soin de pourvoir à leurs besoins, comme dans les premiers siècles de l'Église : mais tant que ce nouvel ordre ne sera point établi, n'est-il pas évident qu'il est plus raisonnable d'employer une abbaye à doter une fille ou à lever un régiment, qu'à enrichir un prêtre, un moine, ou une religieuse?

N'est-il pas étrange que la construction des églises et des presbytères, l'entretien des moines mendiants, les appointements des aumôniers des troupes ou des vaisseaux, soient à la charge des peuples; qu'un clergé d'une richesse immense ait recours, pour bâtir des églises, à la ressource honteuse des loteries; qu'il se fasse payer de toutes les fonctions qu'il exerce; qu'il vende pour douze ou quinze sous, à qui veut les acheter, les mérites infinis du corps et du sang de Jésus-Christ?

Une partie des biens de l'Église a été destinée par les donateurs au soulagement des pauvres : y aurait-il une meilleure manière de les soulager que de vendre ces biens pour payer les dettes de l'état, et pouvoir abolir des impôts onéreux?

Une autre partie a été donnée dans des vues d'instruction publique : pourquoi donc ne doterait-on pas avec des abbayes des établissements nécessaires pour l'éducation? pourquoi n'en donnerait-on pas aux académies, aux colléges de droit ou de médecine? pourquoi ne récompenserait-on pas avec une abbaye l'auteur d'un livre utile, d'une découverte importante, sans l'assujettir à la ridicule obligation de porter l'habit d'un état dont il ne fait aucune fonction, ou de se faire sous-diacre dans l'espérance d'avoir part aux graces ecclésiastiques; ce qui est une véritable simonie? K.

les mœurs de tous les corps destinés à enseigner la jeunesse, et même de la magistrature. On a de la peine à croire que le parlement de Paris, en 1621, défendit, sous peine de mort, de rien enseigner de contraire à Aristote et aux anciens auteurs, et qu'on bannit de Paris un nommé de Clave et ses associés, pour avoir voulu soutenir des thèses contre les principes d'Aristote, sur le nombre des éléments, et sur la matière et la forme.

Malgré ces mœurs sévères, et malgré ces rigueurs, la justice était vénale dans presque tous les tribunaux des provinces. Henri IV l'avait avoué au parlement de Paris, qui se distingua toujours autant par une probité incorruptible que par un esprit de résistance aux volontés des ministres et aux édits pécuniaires. « Je « sais, leur disait-il, que vous ne vendez point la jus- « tice ; mais dans d'autres parlements il faut souvent « soutenir son droit par beaucoup d'argent : je m'en « souviens, et j'ai boursillé moi-même. »

La noblesse, cantonnée dans ses châteaux, ou montant à cheval pour aller servir un gouverneur de province, ou se rangeant auprès des princes qui troublaient l'état, opprimait les cultivateurs. Les villes étaient sans police, les chemins impraticables et infestés de brigands. Les registres du parlement font foi que le guet qui veille à la sûreté de Paris consistait alors en quarante-cinq hommes, qui ne fesaient aucun service. Ces déréglements, que Henri IV ne put réformer, n'étaient pas de ces maladies du corps politique qui peuvent le détruire : les maladies véritablement dangereuses étaient le dérangement des finances, la dissipation des trésors amassés par Henri IV, la nécessité de mettre pendant la paix des impôts que Henri avait épargnés à son peuple, lorsqu'il se préparait à la guerre la plus importante; les levées tyranniques de ces impôts, qui n'enrichissaient que des traitants; les fortunes odieuses de ces traitants, que le duc de Sulli avait éloignés, et qui, sous les ministères suivants, s'engraissèrent du sang du peuple.

A ces vices qui fesaient languir le corps politique, se joignaient ceux qui lui donnaient souvent de violentes secousses. Les gouverneurs des provinces, qui n'étaient que les lieutenants de Henri IV, voulaient être indépendants de Louis XIII. Leurs droits ou leurs usurpations étaient immenses : ils donnaient toutes les places; les gentilshommes pauvres s'attachaient à eux, très peu au roi, et encore moins à l'état. Chaque gouverneur de province tirait de son gouvernement de quoi pouvoir entretenir des troupes, au lieu de la garde que Henri IV leur avait ôtée. La Guienne valait au duc d'Épernon un million de livres, qui répondent à près de deux millions d'aujourd'hui, et même à près de quatre, si on considère l'enchérissement de toutes les denrées.

Nous venons de voir ce sujet protéger la reine-mère, faire la guerre au roi, en recevoir la paix avec hauteur. Le maréchal de Lesdiguières avait, trois ans auparavant, en 1616, signalé sa grandeur et la faiblesse du trône d'une manière glorieuse. On l'avait vu lever une véritable armée à ses dépens, ou plutôt à ceux du Dauphiné, province dont il n'était pas même gouverneur, mais simplement lieutenant-général; mener cette armée dans les Alpes, malgré les défenses positives et réitérées de la cour; secourir contre les Espagnols le duc de Savoie que cette cour abandonnait, et revenir triomphant. La France alors était remplie de seigneurs puissants, comme du temps de Henri III, et n'en était que plus faible.

Il n'est pas étonnant que la France manquât alors la plus heureuse occasion qui se fût présentée depuis le temps de Charles-Quint, de mettre des bornes à la puissance de la maison d'Autriche, en secourant l'électeur palatin élu roi de Bohême, en tenant la balance de l'Allemagne suivant le plan de Henri IV, auquel se conformèrent depuis les cardinaux de Richelieu et Mazarin. La cour avait conçu trop d'ombrage des réformés de France, pour protéger les protestants d'Allemagne. Elle craignait que les huguenots ne fissent en France ce que les protestants fesaient dans l'empire. Mais si le gouvernement avait été ferme et puissant comme sous Henri IV, dans les dernières années de Richelieu, et sous Louis XIV, il eût aidé les protestants d'Allemagne et contenu ceux de France. Le ministère de Luines n'avait pas ces grandes vues; et quand même il eût pu les concevoir, il n'aurait pu les remplir : il eût fallu une autorité respectée, des finances en bon ordre, de grandes armées; et tout cela manquait.

Les divisions de la cour, sous un roi qui voulait être maître, et qui se donnait toujours un maître, répandaient l'esprit de sédition dans toutes les villes. Il était impossible que ce feu ne se communiquât pas tôt ou tard aux réformés de France. C'était ce que la cour craignait, et sa faiblesse avait produit cette crainte; elle sentait qu'on désobéirait quand elle commanderait, et cependant elle voulut commander.

(1620) Louis XIII réunissait alors le Béarn à la couronne par un édit solennel : cet édit restituait aux catholiques les églises dont les réformés s'étaient emparés avant le règne de Henri IV, et que ce monarque leur avait conservées. Le parti s'assemble à la Rochelle, au mépris de la défense du roi. L'amour de la liberté, si naturel aux hommes, flattait alors les réformés d'idées républicaines; ils avaient devant les yeux l'exemple des protestants d'Allemagne qui les échauffait. Les provinces où ils étaient répandus en France étaient divisées par eux en huit cercles : chaque cercle avait un général, comme en Allemagne, et ces généraux étaient un maréchal de Bouillon, un duc de Soubise, un duc de La Trimouille, un Châtillon, petit-fils de l'amiral Coligni; enfin, le maréchal de Lesdiguières. Le commandant général qu'ils devaient choisir, en cas de guerre, devait avoir un sceau où étaient gravés ces mots, *Pour Christ et pour le roi*; c'est-à-dire, contre le roi. La Rochelle était regardée comme la capitale de cette république, qui pouvait former un état dans l'état.

Les réformés dès-lors se préparèrent à la guerre. On voit qu'ils étaient assez puissants, puisqu'ils offrirent la place de généralissime au maréchal de Lesdiguières, avec cent mille écus par mois. Lesdiguières, qui voulait être connétable de France, aima mieux les combattre que de les commander, et quitta même bientôt après leur religion; mais il fut trompé d'abord dans ses espérances à la cour. Le duc de Luines, qui ne s'était jamais servi d'aucune épée, prit pour lui celle de connétable; et Lesdiguières, trop engagé, fut obligé de servir sous Luines contre les réformés, dont il avait été l'appui jusqu'alors.

Il fallut que la cour négociât avec tous les chefs du parti pour les contenir, et avec tous les gouverneurs de province pour fournir des troupes. Louis XIII marche vers la Loire, en Poitou, en Béarn, dans les provinces méridionales : le prince de Condé est à la tête d'un corps de troupes; le connétable de Luines commande l'armée royale.

On renouvela une ancienne formalité, aujourd'hui entièrement abolie. Lorsqu'on avançait vers une ville où commandait un homme suspect, un héraut d'armes se présentait aux portes; le commandant l'écoutait, chapeau bas : et le héraut criait : « A toi, Isaac ou « Jacob tel : le roi, ton souverain seigneur et le mien, « te commande de lui ouvrir, et de le recevoir comme « tu le dois, lui et son armée; à faute de quoi, je te « déclare criminel de lèse-majesté au premier chef, « et roturier, toi et ta postérité; tes biens seront con- « fisqués, tes maisons rasées, et celles de tes assis- « tants. »

Presque toutes les villes ouvrirent leurs portes au roi, excepté Saint-Jean-d'Angely, dont il démolit les remparts, et la petite ville de Clérac qui se rendit à discrétion. La cour, enflée de ce succès, fit pendre le consul de Clérac et quatre pasteurs.

(1621) Cette exécution irrita les protestants au

lieu de les intimider. Pressés de tous côtés, abandonnés par le maréchal de Lesdiguières et par le maréchal de Bouillon, ils élurent pour leur général le célèbre duc Benjamin de Rohan, qu'on regardait comme un des plus grands capitaines de son siècle, comparable aux princes d'Orange, capable, comme eux, de fonder une république; plus zélé qu'eux encore pour sa religion, ou du moins paraissant l'être: homme vigilant, infatigable, ne se permettant aucun des plaisirs qui détournent des affaires, et fait pour être chef de parti, poste toujours glissant, où l'on a également à craindre ses ennemis et ses amis. Ce titre, ce rang, ces qualités de chef de parti, étaient depuis long-temps, dans presque toute l'Europe, l'objet et l'étude des ambitieux. Les guelfes et les gibelins avaient commencé en Italie; les Guises et les Coligni établirent depuis en France une espèce d'école de cette politique, qui se perpétua jusqu'à la majorité de Louis XIV.

Louis XIII était réduit à assiéger ses propres villes. On crut réussir devant Montauban comme devant Clérac; mais le connétable de Luines y perdit presque toute l'armée du roi sous les yeux de son maître.

Montauban était une de ces villes qui ne soutiendraient pas aujourd'hui un siége de quatre jours; elle fut si mal investie, que le duc de Rohan jeta deux fois du secours dans la place à travers les lignes des assiégeants. Le marquis de La Force, qui commandait dans la place, se défendit mieux qu'il ne fut attaqué. C'était ce même Jacques Nompar de La Force, si singulièrement sauvé de la mort, dans son enfance, aux massacrés de la Saint-Barthélemi, et que Louis XIII fit depuis maréchal de France. Les citoyens de Montauban, à qui l'exemple de Clérac inspirait un courage désespéré, voulaient s'ensevelir sous les ruines de la ville plutôt que de se rendre.

Le connétable ne pouvant réussir par les armes temporelles, employa les spirituelles. Il fit venir un carme espagnol, qui avait, dit-on, aidé par ses miracles l'armée catholique des Impériaux à gagner la bataille de Prague contre les protestants. Le carme, nommé Dominique, vint au camp; il bénit l'armée, distribua des *agnus*, et dit au roi : « Vous ferez tirer « quatre cents coups de canon, et au quatre centième « Montauban capitulera. » Il pouvait se faire que quatre cents coups de canon bien dirigés produisissent cet effet : Louis les fit tirer; Montauban ne capitula point, et il fut obligé de lever le siége.

(Décembre 1621) Cet affront rendit le roi moins respectable aux catholiques, et moins terrible aux huguenots. Le connétable fut odieux à tout le monde. Il mena le roi se venger de la disgrace de Montauban sur une petite ville de Guienne nommée Monheur; une fièvre y termina sa vie. Toute espèce de brigandage était alors si ordinaire, qu'il vit, en mourant, piller tous ses meubles, son équipage, son argent, par ses domestiques et par ses soldats, et qu'il resta à peine un drap pour ensevelir l'homme le plus puissant du royaume, qui d'une main avait tenu l'épée de connétable, et de l'autre les sceaux de France : il mourut haï du peuple et de son maître.

Louis XIII était malheureusement engagé dans la guerre contre une partie de ses sujets. Le duc de Luines avait voulu cette guerre pour tenir son maître dans quelque embarras, et pour être connétable. Louis XIII s'était accoutumé à croire cette guerre indispensable. On doit transmettre à la postérité les remontrances que Duplessis-Mornai lui fit à l'âge de près de quatre-vingts ans. Il lui écrivait ainsi, après avoir épuisé les raisons les plus spécieuses : « Faire la « guerre à ses sujets, c'est témoigner de la faiblesse. « L'autorité consiste dans l'obéissance paisible du « peuple ; elle s'établit par la prudence et par la jus- « tice de celui qui gouverne. La force des armes ne se « doit employer que contre un ennemi étranger. Le « feu roi aurait bien renvoyé à l'école des premiers « éléments de la politique ces nouveaux ministres « d'état, qui, semblables aux chirurgiens ignorants, « n'auraient point eu d'autres remèdes à proposer que « le fer et le feu, et qui seraient venus lui conseiller « de se couper un bras malade avec celui qui est en « bon état. »

Ces raisons ne persuadèrent point la cour. Le bras malade donnait trop de convulsions au corps ; et Louis XIII, n'ayant pas cette force d'esprit de son père, qui retenait les protestants dans le devoir, crut pouvoir ne les réduire que par la force des armes. Il marcha donc encore contre eux dans les provinces au-delà de la Loire, à la tête d'une petite armée d'environ treize à quatorze mille hommes. Quelques autres corps de troupes étaient répandus dans ces provinces. Le dérangement des finances ne permettait pas des armées plus considérables, et les huguenots ne pouvaient en opposer de plus fortes.

(1622) Soubise, frère du duc de Rohan, se retranche avec huit mille hommes dans l'île de Riès, séparée du Bas-Poitou par un petit bras de mer. Le roi y passe à la tête de son armée, à la faveur du reflux, défait entièrement les ennemis, et force Soubise à se retirer en Angleterre. On ne pouvait montrer plus d'intrépidité, ni remporter une victoire plus complète. Ce prince n'avait guère d'autre faiblesse que celle d'être gouverné dans sa maison, dans son état, dans ses affaires, dans ses moindres occupations : cette faiblesse le rendit malheureux toute sa vie. A l'égard de sa victoire, elle ne servit qu'à faire trouver aux chefs calvinistes de nouvelles ressources.

On négociait encore plus qu'on ne se battait, ainsi que du temps de la ligue et dans toutes les guerres civiles. Plus d'un seigneur rebelle, condamné par un parlement au dernier supplice, obtenait des récompenses et des honneurs, tandis qu'on l'exécutait en effigie. C'est ce qui arriva au marquis de La Force, qui avait chassé l'armée royale devant Montauban, et qui tenait encore la campagne contre le roi; il eut deux cent mille écus et le bâton de maréchal de France. Les plus grands services n'eussent pas été mieux payés que sa soumission fut achetée. Châtillon, ce petit-fils de l'amiral Coligni, vendit au roi la ville d'Aigues-Mortes, et fut aussi maréchal. Plusieurs firent acheter ainsi leur obéissance : le seul Lesdiguières vendit sa religion. Fortifié alors dans le Dauphiné, et y fesant encore profession du calvinisme, il se laissait ouvertement solliciter par les huguenots de revenir à leur parti, et laissait craindre au roi qu'il ne rentrât dans la faction.

(1622) On proposa dans le conseil de le tuer ou de le faire connétable : le roi prit ce dernier parti, et alors Lesdiguières devint en un instant catholique; il fallait l'être pour être connétable, et non pas pour être maréchal de France : tel était l'usage. L'épée de connétable aurait pu être dans les mains d'un huguenot, comme la surintendance des finances y avait été si long-temps; mais il ne fallait pas que le chef des armées et des conseils professât la religion des calvinistes en les combattant. Ce changement de religion dans Lesdiguières aurait déshonoré tout particulier qui n'eût eu qu'un petit intérêt; mais les grands objets de l'ambition ne connaissent point la honte.

Louis XIII était donc obligé d'acheter sans cesse des serviteurs, et de négocier avec des rebelles. Il met le siége devant Montpellier; et, craignant la même disgrace que devant Montauban, il consent à n'être reçu dans la ville qu'à condition qu'il confirmera l'édit de Nantes et tous les priviléges. Il semble qu'en laissant d'abord aux autres villes calvinistes leurs priviléges, et en suivant les conseils de Duplessis-Mornai, il se serait épargné la guerre; et on voit que, malgré sa victoire de Riès, il gagnait peu de chose à la continuer.

Le duc de Rohan, voyant que tout le monde négociait, traita aussi. Ce fut lui-même qui obtint des habitants de Montpellier qu'ils recevraient le roi dans leur ville. Il entama et il conclut à Privas la paix générale avec le connétable de Lesdiguières (1622). Le roi le paya comme les autres, et lui donna le duché de Valois en engagement.

Tout resta dans les mêmes termes où l'on était avant la prise d'armes : ainsi il en coûta beaucoup au roi et au royaume pour ne rien gagner. Il y eut, dans le cours de la guerre, quelques malheureux citoyens de pendus, et les chefs rebelles eurent des récompenses.

Le conseil de Louis XIII, pendant cette guerre civile, avait été aussi agité que la France. Le prince de Condé accompagnait le roi, et voulait conduire l'armée et l'état. Les ministres étaient partagés ; ils n'avaient pressé le roi de donner l'épée de connétable à Lesdiguières que pour diminuer l'autorité du prince de Condé. Ce prince, lassé de combattre dans le cabinet, alla à Rome, dès que la paix fut faite, pour obtenir que les bénéfices qu'il possédait fussent héréditaires dans sa maison. Il pouvait les faire passer à ses enfants, sans le bref qu'il demanda et qu'il n'eut point. A peine put-il obtenir qu'on lui donnât à Rome le titre d'altesse, et tous les cardinaux-prêtres prirent sans difficulté la main sur lui. Ce fut là tout le fruit de son voyage à Rome.

La cour, délivrée du fardeau d'une guerre civile, ruineuse, et infructueuse, fut en proie à de nouvelles intrigues. Les ministres étaient tous ennemis déclarés les uns des autres, et le roi se défiait d'eux tous.

Il parut bien, après la mort du connétable de Luines, que c'était lui, plutôt que le roi, qui avait persécuté la reine-mère. Elle fut à la tête du conseil dès que le favori eut expiré. Cette princesse, pour mieux affermir son autorité renaissante, voulait faire entrer dans le conseil le cardinal de Richelieu, son favori, son surintendant, et qui lui devait la pourpre. Elle comptait gouverner par lui, et ne cessait de presser le roi de l'admettre dans le ministère. Presque tous les Mémoires de ce temps-là font connaître la répugnance du roi. Il traitait de fourbe celui en qui il mit depuis toute sa confiance : il lui reprochait jusqu'à ses mœurs.

Ce prince, dévot, scrupuleux, et soupçonneux, avait plus que de l'aversion pour les galanteries du cardinal ; elles étaient éclatantes, et même accompagnées de ridicule. Il s'habillait en cavalier ; et, après avoir écrit sur la théologie, il fesait l'amour en plumet. Les Mémoires de Retz confirment qu'il mêlait encore de la pédanterie à ce ridicule. Vous n'avez pas besoin de ce témoignage du cardinal de Retz, puisque vous avez les thèses d'amour que Richelieu fit soutenir, chez sa nièce, dans la forme des thèses de théologie qu'on soutient sur les bancs de Sorbonne. Les Mémoires du temps disent encore qu'il porta l'audace de ses desirs, ou vrais ou affectés, jusqu'à la reine régnante, Anne d'Autriche, et qu'il en essuya des railleries qu'il ne pardonna jamais. Je vous remets sous les yeux ces anecdotes qui ont influé sur les grands événements. Premièrement, elles font voir que dans ce cardinal si célèbre, le ridicule de l'homme galant n'ôta rien à la grandeur de l'homme d'état, et que les petitesses de la vie privée peuvent s'allier avec l'héroïsme de la vie publique. En second lieu, elles sont une espèce de démonstration, parmi bien d'autres, que le *Testament politique* qu'on a publié sous son nom ne peut avoir été fabriqué par lui. Il n'était pas possible que le cardinal de Richelieu, trop connu de Louis XIII par ses intrigues galantes, et que l'amant public de Marion Delorme eût eu le front de recommander la chasteté au chaste Louis XIII, âgé de quarante ans, et accablé de maladies.

La répugnance du roi était si forte, qu'il fallut encore que la reine gagnât le surintendant La Vieuville, qui était alors le ministre le plus accrédité, et à qui ce nouveau compétiteur donnait plus d'ombrage encore qu'il n'inspirait d'aversion à Louis XIII.

(29 avril 1624) L'archevêque de Toulouse, Montchal, rapporte que le cardinal jura sur l'hostie une amitié et une fidélité inviolable au surintendant La Vieuville. Il eut donc enfin part au ministère, malgré le roi et malgré les ministres; mais il n'eut ni la première place que le cardinal de La Rochefoucauld occupait, ni le premier crédit que La Vieuville conserva quelque temps encore; point de département, point de supériorité sur les autres; *il se bornait*, dit la reine Marie de Médicis, dans une lettre au roi son fils, *à entrer quelquefois au conseil.* C'est ainsi que se passèrent les premiers mois de son introduction dans le ministère.

Je sais, encore une fois, combien toutes ces petites particularités sont indignes par elles-mêmes d'arrêter vos regards; elles doivent être anéanties sous les grands événements : mais ici elles sont nécessaires

pour détruire ce préjugé qui a subsisté si long-temps dans le public, que le cardinal de Richelieu fut premier ministre et maître absolu dès qu'il fut dans le conseil. C'est ce préjugé qui fait dire à l'imposteur auteur du *Testament politique* : « Lorsque votre ma-
« jesté résolut de me donner en même temps l'entrée
« de ses conseils, et grande part dans sa confiance, je
« lui promis d'employer mes soins pour rabaisser l'or-
« gueil des grands, ruiner les huguenots, et relever
« son nom dans les nations étrangères. »

Il est manifeste que le cardinal de Richelieu n'a pu parler ainsi, puisqu'il n'eut point d'abord la confiance du roi. Je n'insiste pas sur l'imprudence d'un ministre qui aurait débuté par dire à son maître : « Je relève-
« rai votre nom, » et par lui faire sentir que ce nom était avili. Je n'entre point ici dans la multitude des raisons invincibles qui prouvent que le *Testament politique* attribué au cardinal de Richelieu n'est et ne peut être de lui; et je reviens à son ministère.

Ce qu'on a dit depuis à l'occasion de son mausolée élevé dans la Sorbonne, *magnum disputandi argumentum*, est le vrai caractère de son génie et de ses actions. Il est très difficile de connaître un homme dont ses flatteurs ont dit tant de bien, et ses ennemis tant de mal. Il eut à combattre la maison d'Autriche, les calvinistes, les grands du royaume, la reine-mère sa bienfaitrice, le frère du roi, la reine régnante, dont il osa être l'amant, enfin le roi lui-même, auquel il fut toujours nécessaire et souvent odieux. Il était impossible qu'on ne cherchât pas à le décrier par des libelles; il y fesait répondre par des panégyriques. Il ne faut croire ni les uns ni les autres, mais se représenter les faits.

Pour être sûr des faits, autant qu'on le peut, on doit discerner les livres. Que penser, par exemple, de l'écrivain de la *Vie du P. Joseph*, qui rapporte une lettre du cardinal à ce fameux capucin, écrite, dit-il, immédiatement après son entrée dans le conseil? « Comme vous êtes le principal agent dont Dieu s'est « servi pour me conduire dans tous les honneurs où « je me vois élevé, je me sens obligé de vous apprendre « qu'il a plu au roi de me donner la charge de son « premier ministre, à la prière de la reine. »

Le cardinal n'eut les patentes de premier ministre qu'en 1629. Cette place ne s'appelle point une charge, et le capucin Joseph ne l'avait conduit ni aux honneurs, ni *dans les honneurs*.

Les livres ne sont que trop pleins de suppositions pareilles; et ce n'est pas un petit travail de démêler le vrai d'avec le faux. Fesons-nous ici un précis du ministère orageux du cardinal de Richelieu, ou plutôt de son règne.

CHAPITRE CLXXVI.

Du ministère du cardinal de Richelieu.

Le surintendant La Vieuville, qui avait prêté la main au cardinal de Richelieu pour monter au ministère, en fut écrasé le premier au bout de six mois, et le serment sur l'hostie ne le sauva pas. On l'accusa secrètement des malversations dont on peut toujours charger un surintendant.

La Vieuville devait sa grandeur au chancelier de Silleri, et l'avait fait disgracier. Il est ruiné à son tour par Richelieu, qui lui devait sa place. Ces vicissitudes, si communes dans toutes les cours, l'étaient encore plus dans celle de Louis XIII que dans aucune autre. Ce ministre est mis en prison au château d'Amboise. Il avait commencé la négociation du mariage entre la sœur de Louis XIII, Henriette, et Charles, prince de Galles, qui fut bientôt après roi de la Grande-Bretagne: le cardinal finit le traité malgré les cours de Rome et de Madrid.

Il favorise sous main les protestants d'Allemagne, et il n'en est pas moins dans le dessein d'accabler ceux de France.

Avant son ministère, on négociait vainement avec tous les princes d'Italie, pour empêcher la maison d'Autriche, si puissante alors, de demeurer maîtresse de la Valteline.

Cette petite province, alors catholique, appartenait aux ligues grises qui sont réformées. Les Espagnols voulaient joindre ces vallées au Milanais: Le duc de Savoie et Venise, de concert avec la France, s'opposaient à tout agrandissement de la maison d'Autriche en Italie. Le pape Urbain VIII avait enfin obtenu qu'on séquestrât cette province entre ses mains, et ne désespérait pas de la garder.

Marquemont, ambassadeur de France à Rome, écrit à Richelieu une longue dépêche, dans laquelle il étale toutes les difficultés de cette affaire. Celui-ci répond par cette fameuse lettre : « Le roi a changé de « conseil, et le ministère de maxime : on enverra une « armée dans la Valteline, qui rendra le pape moins « incertain et les Espagnols plus traitables. » Aussitôt le marquis de Cœuvres entre dans la Valteline avec une armée. On ne respecte point les drapeaux du pape, et on affranchit ce pays de l'invasion autrichienne. C'est là le premier événement qui rend à la France sa considération chez les étrangers.

(1625) L'argent manquait sous les précédents ministères, et l'on en trouve assez pour prêter aux Hollandais trois millions deux cent mille livres, afin qu'ils soient en état de soutenir la guerre contre la branche d'Autriche espagnole, leur ancienne souveraine. On fournit de l'argent à ce fameux chef Mansfeld, qui soutenait presque seul alors la cause de la maison palatine, et des protestants contre la maison impériale.

Il fallait bien s'attendre, en armant ainsi les protestants étrangers, que le ministère espagnol exciterait ceux de France, et qu'il leur rendrait (comme disait Mirabel, ambassadeur d'Espagne) l'argent donné aux Hollandais. Les huguenots, en effet, animés et payés par l'Espagne, recommencent la guerre civile en France. C'est depuis Charles-Quint et François Ier que dure cette politique entre les princes catholiques, d'armer les protestants chez autrui, et de les poursuivre chez soi. Cette conduite prouve assez manifestement que le zèle de la religion n'a jamais été, dans les cours, que le masque de la religion et de la perfidie.

Pendant cette nouvelle guerre contre le duc de Rohan et son parti, le cardinal négocie encore avec les puissances qu'il a outragées; et ni l'empereur Ferdinand II, ni Philippe IV, roi d'Espagne, n'attaquent la France.

La Rochelle commençait à devenir une puissance; elle avait alors presque autant de vaisseaux que le roi. Elle voulait imiter la Hollande, et aurait pu y parvenir, si elle avait trouvé, parmi les peuples de sa religion, des alliés qui la secourussent. Mais le cardinal de Richelieu sut d'abord armer contre elle ces mêmes Hollandais qui, par les intérêts de leur secte, devaient prendre parti pour elle, et jusqu'aux Anglais, qui, par l'intérêt d'état, semblaient encore plus la devoir défendre. Ce qu'on avait donné d'argent aux Provinces-Unies, et ce qu'on devait leur donner encore, les engagea à fournir une flotte contre ceux qu'elles appelaient leurs frères; de sorte que le roi catholique secourait les calvinistes de son argent, et les Hollandais calvinistes combattaient pour la religion catholique, tandis que le cardinal de Richelieu (1625) chassait les troupes du pape de la Valteline en faveur des Grisons huguenots.

C'est un sujet de surprise que Soubise, à la tête de la flotte rochelloise, osât attaquer la flotte hollandaise auprès de l'île de Ré, et qu'il remportât l'avantage sur ceux qui passaient alors pour les meilleurs marins du monde (1625). Ce succès, en d'autres temps, aurait fait de la Rochelle une république affermie et puissante.

Louis XIII alors avait un amiral et point de flotte. Le cardinal, en commençant son ministère, avait trouvé dans le royaume tout à réparer ou à faire, et il n'avait pu, dans l'espace d'une année, établir une marine. A peine dix ou douze petits vaisseaux de guerre pouvaient être armés. Le duc de Montmorenci, alors amiral, celui-là même qui finit depuis sa vie si tragiquement, fut obligé de monter sur le vaisseau amiral des Provinces-Unies; et ce ne fut qu'avec des vaisseaux hollandais et anglais qu'il battit la flotte de la Rochelle.

Cette victoire même montrait qu'il fallait se rendre puissant sur mer et sur terre, quand on avait le parti calviniste à soumettre en France, et la puissance autrichienne à miner dans l'Europe. Le ministre accorda donc la paix aux huguenots pour avoir le temps de s'affermir (1626).

Le cardinal de Richelieu avait dans la cour de plus grands ennemis à combattre. Aucun prince du sang ne l'aimait; Gaston, frère de Louis XIII, le détestait; Marie de Médicis commençait à voir son ouvrage d'un œil jaloux : presque tous les grands cabalaient.

Il ôte la place d'amiral au duc de Montmorenci, pour se la donner bientôt à lui-même sous un autre nom, et par là il se fait un ennemi irréconciliable. (1626) Deux fils de Henri IV, César de Vendôme et le grand-prieur, veulent se soutenir contre lui, et il les fait enfermer à Vincennes. Le maréchal Ornano et Taleyrand-Chalais animent contre lui Gaston : il les fait accuser de vouloir attenter contre le roi même. Il enveloppe dans l'accusation le comte de Soissons, prince du sang, Gaston, frère du roi, et jusqu'à la reine régnante, dont il avait osé être amoureux, et dont il avait été rebuté avec mépris. On voit par là combien il savait soumettre l'insolence de ses passions passagères à l'intérêt permanent de sa politique.

On dépose tantôt que le dessein des conjurés a été de tuer le roi, tantôt qu'on a formé le dessein de le déclarer impuissant, de l'enfermer dans un cloître, et de donner sa femme à Gaston, son frère. Ces deux accusations se contredisaient, et ni l'une ni l'autre n'étaient vraisemblables. Le véritable crime était de s'être uni contre le ministre, et d'avoir parlé même d'attenter à sa vie. Des commissaires jugent Chalais à mort (1626); il est exécuté à Nantes. Le maréchal Ornano meurt à Vincennes; le comte de Soissons fuit en Italie; la duchesse de Chevreuse, courtisée auparavant par le cardinal, et maintenant accusée d'avoir cabalé contre lui, prête d'être arrêtée, poursuivie par ses gardes, échappe à peine, et passe en Angleterre[a]. Le frère du roi est maltraité et observé. Anne d'Autriche est mandée au conseil : on lui défend de parler à aucun homme chez elle qu'en présence du roi son mari; et on la force de signer qu'elle est coupable.

Les soupçons, la crainte, la désolation, étaient dans la famille royale et dans toute la cour. Louis XIII n'était pas l'homme de son royaume le moins malheureux. Réduit à craindre sa femme et son frère; em-

---

[a] Elle traversa la rivière de Somme à la nage pour aller gagner Calais.

barrassé devant sa mère, qu'il avait autrefois si maltraitée, et qui en laissait toujours échapper quelque souvenir ; plus embarrassé encore devant le cardinal, dont il commençait à sentir le joug : la crise des affaires étrangères était encore pour lui un nouveau sujet de peine ; le cardinal de Richelieu le liait à lui par la crainte et par les intrigues domestiques, par la nécessité de réprimer les complots de la cour, et de ne pas perdre son crédit chez les nations.

Trois ministres également puissants fesaient alors presque tout le destin de l'Europe ; Olivarès en Espagne, Buckingham en Angleterre, Richelieu en France : tous trois se haïssaient réciproquement, et tous trois négociaient toujours à-la-fois les uns contre les autres. Le cardinal de Richelieu se brouillait avec le duc de Buckingham, dans le temps même que l'Angleterre lui fournissait des vaisseaux contre la Rochelle, et il se liguait avec le comte-duc Olivarès, lorsqu'il venait d'enlever la Valteline au roi d'Espagne.

De ces trois ministres, le duc de Buckingham passait pour être le moins ministre ; il brillait comme un favori et un grand seigneur, libre, franc, audacieux, non comme un homme d'état ; ne gouvernant pas le roi Charles Ier par l'intrigue, mais par l'ascendant qu'il avait eu sur le père, et qu'il avait conservé sur le fils. C'était l'homme le plus beau de son temps, le plus fier, et le plus généreux. Il pensait que ni les femmes ne devaient résister aux charmes de sa figure, ni les hommes à la supériorité de son caractère. Enivré de ce double amour-propre, il avait conduit le roi

Charles, encore prince de Galles, en Espagne pour lui faire épouser une infante, et pour briller dans cette cour. C'est là que, joignant la galanterie espagnole à l'audace de ses entreprises, il attaqua la femme du premier ministre Olivarès, et fit manquer, par cette indiscrétion, le mariage du prince. Étant depuis venu en France, en 1625, pour conduire la princesse Henriette qu'il avait obtenue pour Charles Ier, il fut encore sur le point de faire échouer l'affaire par une indiscrétion plus hardie. Cet Anglais fit à la reine Anne d'Autriche une déclaration, et ne se cacha pas de l'aimer, ne pouvant espérer dans cette aventure que le vain honneur d'avoir osé s'expliquer. La reine, élevée dans les idées d'une galanterie permise alors en Espagne, ne regarda les témérités du duc de Buckingham que comme un hommage à sa beauté, qui ne pouvait offenser sa vertu [1].

L'éclat du duc de Buckingham déplut à la cour de France, sans lui donner de ridicule, parceque l'audace et la grandeur n'en sont pas susceptibles. Il mena Henriette à Londres, et y rapporta dans son cœur sa passion pour la reine, augmentée par la vanité de l'avoir déclarée. Cette même vanité le porta à tenter un second voyage à la cour de France : le prétexte était de faire un traité contre le duc Olivarès, comme le cardinal en avait fait un avec Olivarès contre lui. La véritable raison qu'il laissait assez voir était de se rapprocher de la reine : non seulement on lui en refusa la permission, mais le roi chassa d'auprès de sa

---

[1] Voyez la première partie des *Mémoires de La Rochefoucauld*, publiée pour la première fois par M. Renouard, 1817, in-12 et in-18. B.

femme plusieurs domestiques accusés d'avoir favorisé la témérité du duc de Buckingham. Cet Anglais fit déclarer la guerre à la France, uniquement parcequ'on lui refusa la permission d'y venir parler de son amour. Une telle aventure semblait être du temps des Amadis. Les affaires du monde sont tellement mêlées, sont tellement enchaînées, que les amours romanesques du duc de Buckingham produisirent une guerre de religion et la prise de la Rochelle (1627).

Un chef de parti profite de toutes les circonstances. Le duc de Rohan, aussi profond dans ses desseins que Buckingham était vain dans les siens, obtient du dépit de l'Anglais l'armement d'une flotte de cent vaisseaux de transport. La Rochelle et tout le parti étaient tranquilles; il les anime, et engage les Rochellois à recevoir la flotte anglaise, non pas dans la ville même, mais dans l'île de Ré. Le duc de Buckingham descend dans l'île avec environ sept mille hommes. Il n'y avait qu'un petit fort à prendre pour se rendre maître de l'île, et pour séparer à jamais la Rochelle de la France. Le parti calviniste devenait alors indomptable. Le royaume était divisé, et tous les projets du cardinal de Richelieu auraient été évanouis, si le duc de Buckingham avait été aussi grand homme de guerre, ou du moins aussi heureux qu'il était audacieux.

(Juillet 1627) Le marquis, depuis maréchal de Thoiras, sauva la gloire de la France, en conservant l'île de Ré avec peu de troupes, contre les Anglais très supérieurs. Louis XIII a le temps d'envoyer une armée devant la Rochelle. Son frère Gaston la commande d'abord. Le roi y vient bientôt avec le cardinal. Buckingham est forcé de ramener en Angleterre ses troupes diminuées de moitié, sans même avoir jeté du secours dans la Rochelle, et n'ayant paru que pour en hâter la ruine. Le duc de Rohan était absent de cette ville, qu'il avait armée et exposée. Il soutenait la guerre dans le Languedoc contre le prince de Condé et le duc de Montmorenci.

Tous trois combattaient pour eux-mêmes : le duc de Rohan, pour être toujours chef de parti ; le prince de Condé, à la tête des troupes royales, pour regagner à la cour son crédit perdu ; le duc de Montmorenci, à la tête des troupes levées par lui-même et de sa seule autorité, pour devenir le maître dans le Languedoc, dont il était gouverneur, et pour rendre sa fortune indépendante, à l'exemple de Lesdiguières. La Rochelle n'a donc qu'elle seule pour se soutenir. Les citoyens, animés par la religion et par la liberté, ces deux puissants motifs des peuples, élurent un maire nommé Guiton, encore plus déterminé qu'eux. Celui-ci, avant d'accepter une place qui lui donnait la magistrature et le commandement des armes, prend un poignard, et le tenant à la main : « Je n'accepte, « dit-il, l'emploi de votre maire qu'à condition d'en- « foncer ce poignard dans le cœur du premier qui « parlera de se rendre ; et qu'on s'en serve contre « moi, si jamais je songe à capituler. »

Pendant que la Rochelle se prépare ainsi à une résistance invincible, le cardinal de Richelieu emploie toutes les ressources pour la soumettre ; vaisseaux bâtis à la hâte, troupes de renfort, artillerie, enfin jusqu'au secours de l'Espagne : et profitant avec célérité de la haine du duc Olivarès contre le duc de Buckingham, fesant valoir les intérêts de la religion, promettant tout, et obtenant des vaisseaux du roi d'Espagne, alors l'ennemi naturel de la France, pour ôter aux Rochellois l'espérance d'un nouveau secours d'Angleterre. Le comte-duc envoie Frédéric de Tolède avec quarante vaisseaux devant le port de la Rochelle.

L'amiral espagnol arrive (1628). Croirait-on que le cérémonial rendit ce secours inutile ; et que Louis XIII, pour n'avoir pas voulu accorder à l'amiral de se couvrir en sa présence, vit la flotte espagnole retourner dans ses ports (1629)? Soit que cette petitesse décidât d'une affaire si importante, comme il n'arrive que trop souvent, soit qu'alors de nouveaux différents au sujet de la succession de Mantoue aigrissent la cour espagnole, sa flotte parut et s'en retourna ; et peut-être le ministre espagnol ne l'avait envoyée que pour montrer ses forces au ministre de France.

Le duc de Buckingham prépare un nouvel armement pour sauver la ville. Il pouvait en très peu de temps rendre tous les efforts du roi de France inutiles. La cour a toujours été persuadée que le cardinal de Richelieu, pour parer ce coup, se servit de l'amour même de Buckingham pour Anne d'Autriche, et qu'on exigea de la reine qu'elle écrivît au duc. Elle le pria, dit-on, de différer au moins l'embarquement ; et on assure que la faiblesse de Buckingham l'emporta sur son honneur et sur sa gloire.

Cette anecdote singulière a acquis tant de crédit, qu'on ne peut s'empêcher de la rapporter : elle ne dément ni le caractère de Buckingham, ni l'esprit de la cour; et en effet on ne peut comprendre comment le duc de Buckingham se borne à faire partir seulement quelques vaisseaux, qui se montrent inutilement, et qui reviennent dans les ports d'Angleterre. Les intérêts publics sont si souvent sacrifiés à des intrigues secrètes, qu'on ne doit point du tout s'étonner que le faible Charles Ier, en feignant alors de protéger la Rochelle, la trahît pour complaire à la passion romanesque et passagère de son favori. Le général Ludlow, qui examina les papiers du roi, lorsque le parlement s'en fut rendu maître, assure qu'il a vu la lettre signée *Charles rex*, par laquelle ce monarque ordonnait au chevalier Pennington, commandant de l'escadre, de suivre en tout les ordres du roi de France quand il serait devant la Rochelle, et de couler à fond les vaisseaux anglais dont les capitaines ne voudraient pas obéir. Si quelque chose pouvait justifier la cruauté avec laquelle les Anglais traitèrent depuis leur roi, ce serait une telle lettre.

Il n'est pas moins singulier que le cardinal ait seul commandé au siége, tandis que le roi était retourné à Paris. Il avait des patentes de général. Ce fut son coup d'essai : il montra que la résolution et le génie suppléent à tout; aussi exact à mettre la discipline dans les troupes qu'appliqué dans Paris à établir l'ordre, et l'un et l'autre étant également difficile. On ne pouvait réduire la Rochelle tant que son port serait ouvert aux flottes anglaises; il fallait le fermer et dompter la mer. Pompe Targon, ingénieur italien, avait, dans la précédente guerre civile, imaginé de construire une estacade, dans le temps que Louis XIII voulait assiéger cette ville et que la paix fut conclue. Le cardinal de Richelieu suit cette vue : la mer renverse l'ouvrage : il n'en est pas moins ferme à le faire recommencer. Il commanda une digue dans la mer d'environ quatre mille sept cents pieds de long ; les vents la détruisent. Il ne se rebuta pas, et ayant à la main son Quinte-Curce et la description de la digue d'Alexandre devant Tyr, il recommence encore la digue. Deux Français, Métézeau et Tiriot, mettent la digue en état de résister aux vents et aux vagues.

(Mars 1628) Louis XIII vient au siége, et y reste depuis le mois de mars 1628 jusqu'à sa reddition. Souvent présent aux attaques, et donnant l'exemple aux officiers, il presse le grand ouvrage de la digue ; mais il est toujours à craindre que bientôt une nouvelle flotte anglaise ne vienne la renverser. La fortune seconde en tout cette entreprise. Le duc de Buckingham, s'étant encore brouillé avec Richelieu, était prêt enfin de partir et de conduire une flotte redoutable devant la Rochelle, (septembre 1628) lorsqu'un Anglais fanatique, nommé Felton, l'assassina d'un coup de couteau, sans que jamais on ait pu découvrir ses instigateurs.

Cependant la Rochelle, sans secours, sans vivres, tenait par son seul courage. La mère et la sœur du duc de Rohan, souffrant comme les autres la plus dure disette, encourageaient les citoyens. Des malheureux prêts à expirer de faim déploraient leur état devant le maire Guiton, qui répondait : « Quand il ne « restera plus qu'un seul homme, il faudra qu'il ferme « les portes. »

L'espérance renaît dans la ville, à la vue de la flotte préparée par Buckingham, qui paraît enfin sous le commandement de l'amiral Lindsey. Elle ne peut percer la digue. Quarante pièces de canon, établies sur un fort de bois, dans la mer, écartaient les vaisseaux. Louis se montrait sur ce fort exposé à toute l'artillerie de la flotte ennemie, dont tous les efforts furent inutiles.

La famine vainquit enfin le courage des Rochellois, et, après une année entière d'un siége où ils se soutinrent par eux-mêmes, ils furent obligés de se rendre (28 octobre 1628), malgré le poignard du maire, qui restait toujours sur la table de l'hôtel de ville, pour percer quiconque parlerait de capituler. On peut remarquer que ni Louis XIII comme roi, ni le cardinal de Richelieu comme ministre, ni les maréchaux de France en qualité d'officiers de la couronne, ne signèrent la capitulation. Deux maréchaux de camp signèrent. La Rochelle ne perdit que ses priviléges; il n'en coûta la vie à personne. La religion catholique fut rétablie dans la ville et dans le pays, et on laissa aux habitants leur calvinisme, la seule chose qui leur restât.

Le cardinal de Richelieu ne voulait pas laisser son ouvrage imparfait. On marchait vers les autres provinces où les réformés avaient tant de places de sûreté, et où leur nombre les rendait encore puissants. Il fallait abattre et désarmer tout le parti, avant de pouvoir déployer en sûreté toutes ses forces contre la maison d'Autriche, en Allemagne, en Italie, en Flandre, et vers l'Espagne. Il importait que l'état fût uni et tranquille, pour troubler et diviser les autres états.

Déjà l'intérêt de donner à Mantoue un duc dépendant de la France et non de l'Espagne, après la mort du dernier souverain, appelait les armes de la France en Italie. Gustave-Adolphe voulait descendre déjà en Allemagne, et il fallait l'appuyer.

Dans ces circonstances épineuses, le duc de Rohan, ferme sur les ruines de son parti, traite avec le roi d'Espagne, qui lui promet des secours, après en avoir donné contre lui un an auparavant. Philippe IV, roi catholique, ayant consulté son conseil de conscience, promet trois cent mille ducats par an au chef des calvinistes de France; mais cet argent vient à peine. Les troupes du roi désolent le Languedoc. Privas est abandonné au pillage, et tout y est tué. Le duc de Rohan ne pouvant soutenir la guerre, trouve encore le secret de faire une paix générale pour tout le parti, aussi bonne qu'on le pouvait. Le même homme, qui venait de traiter avec le roi d'Espagne en qualité de chef de parti, traite de même avec le roi de France son maître, dans le temps qu'il est condamné par le parlement comme rebelle; et, après avoir reçu de l'argent de l'Espagne pour entretenir ses troupes, il exige et reçoit cent mille écus de Louis XIII (1628) pour achever de les payer et pour les congédier.

Les villes calvinistes sont traitées comme la Rochelle; on leur ôte leurs fortifications et tous les droits qui pouvaient être dangereux; on leur laisse la liberté de conscience, leurs temples, leurs lois municipales, les chambres de l'édit, qui ne pouvaient pas nuire. Tout est apaisé. Le grand parti calviniste, au lieu d'établir une domination, est désarmé et abattu sans ressource. La Suisse, la Hollande, n'étaient pas si puissantes que ce parti quand elles s'érigèrent en souverainetés indépendantes. Genève, qui était peu de chose, se donna la liberté et la conserva. Les calvinistes de France succombèrent : la raison en est que leur parti même était dispersé dans leurs provinces, que la moitié des peuples et les parlements étaient catholiques, que la puissance royale tombait sur leurs pays tout ouverts, qu'on les attaquait avec des troupes supérieures et disciplinées, et qu'ils eurent affaire au cardinal de Richelieu.

Jamais Louis XIII, qu'on ne connaît point assez, ne mérita tant de gloire par lui-même; car, tandis qu'après la prise de la Rochelle les armées forçaient les huguenots à l'obéissance, il soutenait ses alliés en Italie; il marchait au secours du duc de Mantoue (mars 1629) au travers des Alpes, au milieu d'un hiver rigoureux, forçait trois barricades au pas de Suze, s'emparait de Suze, obligeait le duc de Savoie à s'unir à lui, et chassait les Espagnols de Casal. Le roi avait de la bravoure, mais n'avait nul courage d'esprit.

Cependant le cardinal de Richelieu négociait avec tous les souverains, et contre la plus grande partie des souverains. Il envoyait un capucin à la diète de Ratisbonne pour tromper les Allemands, et pour lier les mains à l'empereur dans les affaires d'Italie. En même temps Charnacé était chargé d'encourager le roi de Suède, Gustave-Adolphe, à descendre en Allemagne : entreprise à laquelle Gustave était déjà très-disposé. Richelieu songeait à ébranler l'Europe, tandis que la cabale de Gaston et des deux reines tentait en vain de le perdre à la cour. Sa faveur causait encore plus de troubles dans le cabinet que ses intrigues n'en excitaient dans les autres états. Il ne faut pas croire que ces troubles de la cour fussent le fruit d'une profonde politique et de desseins bien concertés, qui unissent contre lui un parti habilement formé pour le faire tomber, et pour lui donner un successeur capable de le remplacer. L'humeur, qui domine souvent les hommes, même dans les plus grandes affaires, produisit en grande partie ces divisions si funestes. La reine-mère, quoiqu'elle eût toujours sa place au conseil, quoiqu'elle eût été régente des provinces en-deçà de la Loire pendant l'expédition de son fils à la Rochelle, était toujours aigrie contre le cardinal de Richelieu, qui affectait de ne plus dépendre d'elle. Les Mémoires composés pour la défense de cette princesse rapportent que le cardinal étant venu la voir, et sa majesté lui demandant des nouvelles de sa santé, il lui répondit, enflammé de colère et les lèvres tremblantes (1629) : « Je me porte mieux que ceux « qui sont ici ne voudraient. » La reine fut indignée ; le cardinal s'emporta : il demanda pardon ; la reine s'adoucit ; et deux jours après ils s'aigrirent encore : la politique, qui surmonte les passions dans le cabinet, n'en étant pas toujours maîtresse dans la conversation.

(21 novembre 1629.) Marie de Médicis ôte alors au cardinal la place de surintendant de sa maison. Le

premier fruit de cette querelle fut la patente de premier ministre que le roi écrivit de sa main en faveur du cardinal, lui adressant la parole, exaltant sa valeur et sa magnanimité, et laissant en blanc les appointements de la place pour les faire remplir par le cardinal même. Il était déjà grand-amiral de France, sous le nom de surintendant de la navigation; et ayant ôté aux calvinistes leurs places de sûreté, il s'assurait pour lui-même de Saumur, d'Angers, de Honfleur, du Havre-de-Grace, d'Oléron, de l'île de Ré, qui devenaient ses places de sûreté contre ses ennemis : il avait des gardes; son faste effaçait la dignité du trône; tout l'extérieur royal l'accompagnait, et toute l'autorité résidait en lui.

Les affaires de l'Europe le rendaient plus que jamais nécessaire à son maître et à l'état. L'empereur Ferdinand II, depuis la bataille de Prague, s'était rendu despotique en Allemagne, et devenait alors puissant en Italie. Ses troupes assiégeaient Mantoue. La Savoie hésitait entre la France et la maison d'Autriche. Le marquis de Spinola occupait le Montferrat avec une armée espagnole. Le cardinal veut lui-même combattre Spinola; il se fait nommer généralissime de l'armée qui marche en Italie, et le roi ordonne dans ses provisions qu'on lui obéisse comme à sa *propre personne*. Ce premier ministre fesant les fonctions de connétable, ayant sous lui deux maréchaux de France, marche en Savoie. Il négocie dans la route, mais en roi, et veut que le duc de Savoie vienne le trouver à Lyon (1630); il ne peut l'obtenir. L'armée française s'empare de Pignerol et de Chambéri en deux jours. Le roi prend enfin lui-même le chemin de la Savoie ; il amène avec lui les deux reines, son frère, et toute une cour ennemie du cardinal, mais qui n'est que témoin de ses triomphes. Le cardinal revient trouver le roi à Grenoble ; ils marchent ensemble en Savoie. Une maladie contagieuse attaqua dans ce temps Louis XIII, et l'obligea de retourner à Lyon. C'est pendant ce temps-là que le duc de Montmorenci remporte, avec peu de troupes, une victoire signalée, au combat de Végliane, sur les Impériaux, les Espagnols, et les Savoisiens : il blesse et prend lui-même le général Doria. Cette action le combla de gloire. Le roi lui écrivit (juillet 1630) : « Je me sens « obligé envers vous autant qu'un roi le puisse être. » Cette obligation n'empêcha pas que Montmorenci ne mourût deux ans après sur un échafaud.

Il ne fallait pas moins qu'une telle victoire pour soutenir la gloire et les intérêts de la France, tandis que les Impériaux prenaient et saccageaient Mantoue, poursuivaient le duc protégé par Louis XIII, et battaient les Vénitiens ses alliés. Le cardinal, dont les plus grands ennemis étaient à la cour, laissait le duc de Montmorenci combattre les ennemis de la France, et observait les siens auprès du roi. Ce monarque était alors mourant à Lyon. Les confidents de la reine régnante, trop empressés, proposaient déjà à Gaston d'épouser la femme de son frère, qui devait être bientôt veuve. Le cardinal se préparait à se retirer dans Avignon. Le roi guérit ; et tous ceux qui avaient fondé des espérances sur sa mort furent confondus. Le cardinal le suivit à Paris ; il y trouva beaucoup plus d'intrigues qu'il n'y en avait en Italie entre l'Empire, l'Espagne, Venise, la Savoie, Rome, et la France.

Mirabel, l'ambassadeur espagnol, était ligué contre lui avec les deux reines. Les deux frères Marillac, l'un maréchal de France, l'autre garde-des-sceaux, qui lui devaient leur fortune, se flattaient de le perdre et de succéder à son crédit. Le maréchal de Bassompierre, sans prétendre à rien, était dans leur confidence; le premier valet-de-chambre, Béringhen, instruisait la cabale de ce qui se passait chez le roi. La reine-mère ôte une seconde fois au cardinal la charge de surintendant de sa maison, qu'elle avait été forcée de lui rendre; emploi qui, dans l'esprit du cardinal, était au-dessous de sa fortune et de sa fierté, mais que par une autre fierté il ne voulait pas perdre. Sa nièce, depuis duchesse d'Aiguillon, est renvoyée; et Marie de Médicis, à force de plaintes et de prières redoublées, obtient de son fils qu'il dépouillera le cardinal du ministère.

Il n'y a dans ces intrigues que ce qu'on voit tous les jours dans les maisons des particuliers qui ont un grand nombre de domestiques; ce sont des petitesses communes, mais ici elles entraînaient le destin de la France et de l'Europe. Les négociations avec les princes d'Italie, avec le roi de Suède, Gustave-Adolphe, avec les Provinces-Unies et le prince d'Orange, contre l'empereur et l'Espagne, étaient dans les mains de Richelieu, et n'en pouvaient guère sortir sans danger pour l'état. (10 novembre 1630) Cependant la faiblesse du roi, appuyée en secret dans son cœur par ce dépit que lui inspirait la supériorité du cardinal, abandonne ce ministre nécessaire; il promet sa disgrace aux empressements opiniâtres et aux larmes de sa mère. Le cardinal entra par une fausse porte dans la chambre où l'on concluait sa ruine : le roi sort sans lui parler; il se croit perdu, et prépare sa retraite au Havre-de-Grace, comme il l'avait déjà préparée pour Avignon, quelques mois auparavant. Sa ruine paraissait d'autant plus sûre, que le roi, le jour même, donne pouvoir au maréchal de Marillac, ennemi déclaré du cardinal, de faire la guerre et la paix dans le Piémont. Alors le cardinal presse son départ : ses mulets avaient déjà porté ses trésors à trente-cinq lieues, sans passer par aucune ville; précaution prise contre la haine publique. Ses amis lui conseillent de tenter enfin auprès du roi un nouvel effort.

Le cardinal va trouver le roi à Versailles (11 novembre 1630), alors petite maison de chasse, achetée par Louis XIII vingt mille écus, devenue depuis, sous Louis XIV, un des plus grands palais de l'Europe et un abîme de dépenses [1]. Le roi, qui avait sacrifié son ministre par faiblesse, se remet par faiblesse entre ses mains, et il lui abandonne ceux qui l'avaient perdu. Ce jour, qui est encore à présent appelé *la journée des dupes*, fut celui du pouvoir absolu du cardinal. Dès le lendemain le garde-des-sceaux est arrêté, et conduit prisonnier à Châteaudun, où il mourut de douleur. Le jour même le cardinal dépêche un huissier du cabinet, de la part du roi, aux maréchaux de La Force et Schomberg, pour faire arrêter le maréchal de Marillac au milieu de l'armée qu'il allait com-

[1] Voyez *Siècle de Louis XIV*, chap. xxix. B.

mander seul. L'huissier arrive une heure après que ce maréchal de Marillac avait reçu la nouvelle de la disgrace de Richelieu. Le maréchal est prisonnier, dans le temps qu'il se croyait maître de l'état avec son frère. Richelieu résolut de faire mourir ce général ignominieusement par la main du bourreau ; et ne pouvant l'accuser de trahison, il s'avisa de lui imputer d'être concussionnaire. Le procès dura près de deux années : il faut en rapporter ici les suites, pour ne point rompre le fil de cette affaire, et pour faire voir ce que peut la vengeance armée du pouvoir suprême, et colorée des apparences de la justice.

Le cardinal ne se contenta pas de priver le maréchal du droit d'être jugé par les deux chambres du parlement assemblé, droit qu'on avait déjà violé tant de fois : ce ne fut pas assez de lui donner dans Verdun des commissaires dont il espérait de la sévérité ; ces premiers juges ayant, malgré les promesses et les menaces, conclu que l'accusé serait reçu à se justifier, le ministre fit casser l'arrêt : il lui donna d'autres juges, parmi lesquels on comptait les plus violents ennemis de Marillac, et surtout ce Paul Hay du Châtelet, connu par une satire atroce contre les deux frères. Jamais on n'avait méprisé davantage les formes de la justice et les bienséances. Le cardinal leur insulta au point de transférer l'accusé, et de continuer le procès à Ruel, dans sa propre maison de campagne.

Il est expressément défendu par les lois du royaume de détenir un prisonnier dans une maison particulière ; mais il n'y avait point de lois pour la vengeance et pour l'autorité. Celles de l'Église ne furent pas moins violées dans ce procès que celles de l'état et celles de la bienséance. Le nouveau garde-des-sceaux, Châteauneuf, qui venait de succéder au frère de l'accusé, présida au tribunal, où la décence devait l'empêcher de paraître; et, quoiqu'il fût sous-diacre et revêtu de bénéfices, il instruisit un procès criminel : le cardinal lui fit venir une dispense de Rome, qui lui permettait de juger à mort. Ainsi, un prêtre verse le sang avec le glaive de la justice, et il tient ce glaive en France de la main d'un autre prêtre qui demeure au fond de l'Italie.

Ce procès fait bien voir que la vie des infortunés dépend du desir de plaire aux hommes puissants. Il fallut rechercher toutes les actions du maréchal : on déterra quelques abus dans l'exercice de son commandement; quelques anciens profits illicites et ordinaires, faits autrefois par lui ou par ses domestiques, dans la construction de la citadelle de Verdun : « Chose étrange! disait-il à ses juges, qu'un
« homme de mon rang soit persécuté avec tant de ri-
« gueur et d'injustice; il ne s'agit dans tout mon pro-
« cès que de foin, de paille, de pierre, et de chaux. »

Cependant ce général, chargé de blessures et de quarante années de service, fut condamné à la mort (1632) sous le même roi qui avait donné des récompenses à trente sujets rebelles.

Pendant les premières instructions de ce procès étrange, le cardinal fait donner ordre à Beringhen de sortir du royaume; il met en prison tous ceux qui ont voulu lui nuire ou qu'il soupçonne. Toutes ces cruautés, et en même temps toutes ces petitesses de la vengeance ne semblaient pas faites pour une grande ame occupée de la destinée de l'Europe.

Il concluait alors avec Gustave-Adolphe le traité qui devait ébranler le trône de l'empereur Ferdinand II. Il n'en coûtait à la France que trois cent mille livres de ce temps-là une fois payées, et neuf cent mille par an pour diviser l'Allemagne, et pour accabler deux empereurs de suite, jusqu'à la paix de Vestphalie; et déjà Gustave-Adolphe commençait le cours de ses victoires, qui donnaient à la France tout le temps d'établir en liberté sa propre grandeur. La cour de France devait être alors paisible par les embarras des autres nations; mais le ministre, en manquant de modération, excita la haine publique, et rendit ses ennemis implacables. Le duc d'Orléans, Gaston, frère du roi, fuit de la cour, se retire dans son apanage d'Orléans; et de là en Lorraine (1632), et proteste qu'il ne rentrera point dans le royaume tant que le cardinal, son persécuteur et celui de sa mère, y régnera. Richelieu fait déclarer, par un arrêt du conseil, tous les amis de Gaston criminels de lèse-majesté. Cet arrêt est envoyé au parlement: les voix y furent partagées. Le roi, indigné de ce partage, manda au Louvre le parlement, qui vint à pied, et qui parla à genoux: sa procédure fut déchirée en sa présence, et trois principaux membres de ce corps furent exilés.

Le cardinal de Richelieu ne se bornait pas à soutenir ainsi son autorité liée désormais à celle du roi; ayant forcé l'héritier présomptif de la couronne à sortir de la cour, il ne balança plus à faire arrêter la reine, Marie de Médicis. C'était une entreprise délicate depuis que le roi se repentait d'avoir attenté sur sa mère, et de l'avoir sacrifiée à un favori. Le cardinal fit valoir l'intérêt de l'état pour étouffer la voix du sang, et fit jouer les ressorts de la religion pour calmer les scrupules. C'est dans cette occasion surtout qu'il employa le capucin Joseph du Tremblai, homme en son genre aussi singulier que Richelieu même, enthousiaste et artificieux, tantôt fanatique, tantôt fourbe, voulant à-la-fois établir une croisade contre le Turc, fonder les religieuses du Calvaire, faire des vers, négocier dans toutes les cours, et s'élever à la pourpre et au ministère. Cet homme, admis dans un de ces conseils secrets de conscience inventés pour faire le mal en conscience, remontra au roi qu'il pouvait et qu'il devait sans scrupule mettre sa mère hors d'état de s'opposer à son ministre. La cour était alors à Compiègne. Le roi en part, et y laisse sa mère entourée de gardes qui la retiennent (février 1631). Ses amis, ses créatures, ses domestiques, son médecin même, sont conduits à la Bastille et dans d'autres prisons. La Bastille fut toujours remplie sous ce ministère. Le maréchal de Bassompierre, soupçonné seulement de n'être pas dans les intérêts du cardinal, y fut renfermé pendant le reste de la vie du ministre.

(Juillet 1631) Depuis ce moment Marie ne revit plus ni son fils, ni Paris qu'elle avait embelli. Cette ville lui devait le palais du Luxembourg, ces aqueducs dignes de Rome, et la promenade publique qui porte encore le nom de *la Reine*. Toujours immolée à des favoris, elle passa le reste de ses jours dans un exil volontaire, mais douloureux. La veuve de Henri-le-Grand, la mère d'un roi de France, la belle-mère de trois souverains, manqua quelquefois du nécessaire. Le fond de toutes ces querelles était qu'il fallait que Louis XIII fût gouverné, et qu'il aimait mieux l'être par son ministre que par sa mère.

Cette reine, qui avait si long-temps dominé en France, alla d'abord à Bruxelles, et, de cet asile, elle crie à son fils; elle demande justice aux tribunaux du royaume contre son ennemi. Elle est suppliante auprès du parlement de Paris, dont elle avait tant de fois rejeté les remontrances, et qu'elle avait renvoyé au soin de juger des procès, tandis qu'elle fut régente: tant la manière de penser change avec la fortune! On voit encore aujourd'hui sa requête: « Supplie Marie, « reine de France et de Navarre, disant que depuis « le 23 février elle aurait été arrêtée prisonnière au « château de Compiègne, sans être ni accusée ni soup- « çonnée, etc. » Toutes ses plaintes réitérées contre le cardinal furent affaiblies par cela même qu'elles étaient trop fortes, et que ceux qui les dictaient, mêlant leurs ressentiments à sa douleur, joignaient trop d'accusations fausses aux véritables; enfin, en déplorant ses malheurs, elle ne fit que les augmenter.

(1631) Pour réponse aux requêtes de la reine envoyées contre le ministre, il se fait créer duc et pair, et nommer gouverneur de Bretagne. Tout lui réussissait dans le royaume, en Italie, en Allemagne, dans les Pays-Bas. Jules Mazarin, ministre du pape dans l'affaire de Mantoue, était devenu le ministre de la France par la dextérité heureuse de ses négociations;

et, en servant le cardinal de Richelieu, il jetait sans le prévoir les fondements de la fortune qui le destinait à devenir le successeur de ce ministre. Un traité avantageux venait d'être conclu avec la Savoie; elle cédait pour jamais Pignerol à la France.

Vers les Pays-Bas, le prince d'Orange, secouru de l'argent de la France, fesait des conquêtes sur les Espagnols; et le cardinal avait des intelligences jusque dans Bruxelles.

En Allemagne, le bonheur extraordinaire des armes de Gustave-Adolphe rehaussait encore les services du cardinal en France. Enfin, toutes les prospérités de son ministère tenaient tous ses ennemis dans l'impuissance de lui nuire, et laissaient un libre cours à ses vengeances, que le bien de l'état semblait autoriser. Il établit une chambre de justice, où tous les partisans de la mère et du frère du roi sont condamnés. La liste des proscrits est prodigieuse : on voit chaque jour des poteaux chargés de l'effigie des hommes ou des femmes qui avaient ou suivi ou conseillé Gaston et la reine; on rechercha jusqu'à des médecins et des tireurs d'horoscopes qui avaient dit que le roi n'avait pas long-temps à vivre; et deux furent envoyés aux galères. Enfin, les biens, le douaire de la reine-mère, furent confisqués. « Je ne veux point vous attribuer, « écrivit-elle à son fils (1631), la saisie de mon bien, « ni l'inventaire qui en a été fait, comme si j'étais « morte; il n'est pas croyable que vous ôtiez les ali- « ments à celle qui vous a donné la vie. »

Tout le royaume murmurait, mais presque personne n'osait élever la voix : la crainte retenait ceux qui pouvaient prendre le parti de la reine-mère et du duc d'Orléans. Il n'y eut guère alors que le maréchal duc de Montmorenci, gouverneur du Languedoc, qui crut pouvoir braver la fortune du cardinal. Il se flatta d'être chef de parti; mais son grand courage ne suffisait pas pour ce dangereux rôle : il n'était point maître de sa province, comme Lesdiguières avait su l'être du Dauphiné. Ses profusions l'avaient mis hors d'état d'acheter un assez grand nombre de serviteurs; son goût pour les plaisirs ne pouvait le laisser tout entier aux affaires : enfin, pour être chef d'un parti, il fallait un parti, et il n'en avait pas.

Gaston le flattait du titre de vengeur de la famille royale. On comptait sur un secours considérable du duc de Lorraine, Charles IV, dont Gaston avait épousé la sœur; mais ce duc ne pouvait se défendre lui-même contre Louis XIII, qui s'emparait alors d'une partie de ses états. La cour d'Espagne fesait espérer à Gaston, dans les Pays-Bas et vers Trèves, une armée qu'il conduirait en France; et il put à peine rassembler deux ou trois mille cavaliers allemands, qu'il ne put payer, et qui ne vécurent que de rapines. Dès qu'il paraîtrait en France avec ce secours, tous les peuples devaient se joindre à lui; et il n'y eut pas une ville qui remuât en sa faveur dans toute sa route, des frontières de la Franche-Comté aux provinces de la Loire et jusqu'en Languedoc. Il espérait que le duc d'Épernon, qui avait autrefois traversé tout le royaume pour délivrer la reine sa mère, et qui avait soutenu la guerre et fait la paix en sa faveur, se déclarerait aujourd'hui pour la même reine, et pour un de ses fils, héritier présomptif du royaume, contre un ministre dont l'orgueil avait souvent mortifié l'orgueil du duc d'Épernon. Cette ressource, qui était grande, manqua encore. Le duc d'Épernon s'était presque ruiné pour secourir la reine-mère, et se plaignait d'avoir été négligé par elle après l'avoir si bien servie. Il haïssait le cardinal plus que personne, mais il commençait à le craindre.

Le prince de Condé, qui avait fait la guerre au maréchal d'Ancre, était bien loin de se déclarer contre Richelieu : il cédait au génie de ce ministre; et, uniquement occupé du soin de sa fortune, il briguait le commandement des troupes au-delà de la Loire contre Montmorenci son beau-frère. Le comte de Soissons n'avait encore qu'une haine impuissante contre le cardinal, et n'osait éclater.

Gaston, abandonné parcequ'il n'était pas assez fort, traversa le royaume, plutôt comme un fugitif suivi de bandits étrangers que comme un prince qui venait combattre un roi. Il arrive enfin dans le Languedoc. Le duc de Montmorenci y a rassemblé, à ses dépens et à force de promesses, six à sept mille hommes que l'on compte pour une armée. La division, qui se met toujours dans les partis, affaiblit les forces de Gaston, dès qu'elles purent agir. Le duc d'Elbeuf, favori de Monsieur, voulait partager le commandement avec le duc de Montmorenci, qui avait tout fait, et qui se trouvait dans son gouvernement.

(1ᵉʳ septembre 1632) La journée de Castelnaudari commença par des reproches entre Gaston et Montmorenci. Cette journée fut à peine un combat; ce fut une rencontre, une escarmouche, où le duc se porta, avec quelques seigneurs du parti, contre un petit détachement de l'armée royale, commandée par le maréchal de Schomberg; soit impétuosité naturelle, soit dépit et désespoir, soit encore débauche de vin, qui n'était alors que trop commune, il franchit un large fossé suivi seulement de cinq ou six personnes; c'était la manière de combattre de l'ancienne chevalerie, et non pas celle d'un général. Ayant pénétré dans les rangs ennemis, il y tomba percé de coups, et fut pris à la vue de Gaston et de sa petite armée, qui ne fit aucun mouvement pour le secourir.

Gaston n'était pas le seul fils de Henri IV présent à cette journée; le comte de Moret, bâtard de ce monarque et de mademoiselle du Beuil, se hasarda plus que le fils légitime; il ne voulut point abandonner le duc de Montmorenci, et fut tué à ses côtés. C'est ce même comte de Moret qu'on a fait revivre depuis, et qu'on a prétendu avoir été long-temps ermite : vaine fable mêlée à ces tristes événements.

Le moment de la prise de Montmorenci fut celui du découragement de Gaston, et de la dispersion d'une armée que Montmorenci seul lui avait donnée.

Alors ce prince ne put que se soumettre. La cour lui envoie le conseiller d'état Bullion, contrôleur général des finances, qui lui promet la grace du duc de Montmorenci. Cependant le roi ne stipula point cette grace dans le traité qu'il fit avec son frère, ou plutôt dans l'amnistie qu'on lui accorda; ce n'est pas agir avec grandeur que de tromper les malheureux et les faibles : mais le cardinal voulait, par tous les moyens, l'avilissement de Monsieur et la mort de Montmorenci. Gaston même promit, par un article du traité, *d'aimer le cardinal de Richelieu.*

On n'ignore point la triste fin du maréchal duc de Montmorenci. Son supplice fut juste, si celui de Marillac ne l'avait pas été : mais la mort d'un homme de si grande espérance, qui avait gagné des batailles, et que son extrême valeur, sa générosité, ses graces, avaient rendu cher à toute la France, rendit le cardinal plus odieux que n'avait fait la mort de Marillac. On a écrit que, lorsqu'il fut conduit en prison, on lui trouva un bracelet au bras, avec le portrait de la reine Anne d'Autriche : cette particularité a toujours passé pour constante à la cour; elle est conforme à l'esprit du temps. Madame de Motteville, confidente de cette reine, avoue dans ses Mémoires que le duc de Montmorenci avait, comme Buckingham, fait vanité d'être touché de ses charmes; c'était le *galantear* des Espagnols, quelque chose d'approchant des sigisbés d'Italie, un reste de chevalerie, mais qui ne devait pas adoucir la sévérité de Louis XIII. Montmorenci, avant d'aller à la mort (30 octobre 1632), légua un fameux tableau du Carrache au cardinal. Ce n'était pas là l'esprit du temps, mais un sentiment étranger inspiré aux approches de la mort, regardé par les uns comme un christianisme héroïque, et par les autres comme une faiblesse.

(15 novembre 1632) Monsieur n'étant revenu en France que pour faire périr sur l'échafaud son ami et son défenseur, réduit à n'être qu'exilé de la cour par grace, et craignant pour sa liberté, sort encore

du royaume, et va chez les Espagnols rejoindre sa mère à Bruxelles.

Sous un autre ministère, une reine, un héritier présomptif de la France, retirés chez les ennemis de l'état, tous les ordres du royaume mécontents, cent familles qui avaient du sang à venger, eussent pu déchirer le royaume dans les nouvelles circonstances où se trouvait l'Europe. Gustave-Adolphe, le fléau de la maison d'Autriche, fut tué alors (16 novembre 1632), au milieu de sa victoire de Lutzen, auprès de Leipsick; et l'empereur, délivré de cet ennemi, pouvait avec l'Espagne accabler la France. Mais, ce qui n'était presque jamais arrivé, les Suédois se soutinrent dans un pays étranger après la mort de leur chef. L'Allemagne fut aussi troublée, aussi sanglante qu'auparavant, et l'Espagne devint tous les jours plus faible. Toute cabale devait donc être écrasée sous le pouvoir du cardinal. Cependant il n'y eut pas un jour sans intrigues et sans factions. Lui-même y donnait lieu par des faiblesses secrètes qui se mêlent toujours sourdement aux grandes affaires, et qui, malgré tous les déguisements qui les cachent, décèlent les petitesses de la grandeur.

On prétend que la duchesse de Chevreuse, toujours intrigante et belle encore, engageait le cardinal ministre, par ses artifices, dans la passion qu'elle voulait lui inspirer, et qu'elle le sacrifiait au garde-des-sceaux Châteauneuf. Le commandeur de Jars et d'autres entraient dans la confidence. La reine Anne, femme de Louis XIII, n'avait d'autre consolation, dans la perte de son crédit, que d'aider la duchesse de Chevreuse à rabaisser par le ridicule celui qu'elle ne pouvait perdre. La duchesse feignait du goût pour le cardinal, et formait des intrigues, dans l'attente de sa mort, que de fréquentes maladies fesaient voir aussi prochaine qu'on la souhaitait. Un terme injurieux dont on se servait dans cette cabale pour désigner le cardinal, fut ce qui l'offensa davantage [a].

Le garde-des-sceaux fut mis en prison sans forme de procès, parcequ'il n'y avait point de procès à lui faire. Le commandeur de Jars et d'autres, qu'on accusa de conserver quelques intelligences avec le frère et la mère du roi, furent condamnés par des commissaires à perdre la tête. Le commandeur eut sa grace sur l'échafaud, mais les autres furent exécutés.

(1633) On ne poursuivait pas seulement les sujets qu'on pouvait accuser d'être dans les intérêts de Gaston ; le duc de Lorraine, Charles IV, en fut la victime. Louis XIII s'empara de Nanci, et promit de lui rendre sa capitale, quand ce prince lui mettrait entre les mains sa sœur Marguerite de Lorraine, qui avait secrètement épousé Monsieur. Ce mariage était une nouvelle source de disputes et de querelles dans l'état et dans l'Église. Ces disputes même pouvaient un jour entraîner une grande révolution. Il s'agissait de la succession à la couronne ; et depuis la question de la loi salique, on n'en avait point débattu de plus importante.

Le roi voulait que le mariage de son frère avec Marguerite de Lorraine fût déclaré nul. Gaston n'avait qu'une fille de son premier mariage avec l'héritière de

---

[a] La reine Anne et la duchesse l'appelaient *cul pourri*.

Montpensier. Si l'héritier présomptif du royaume persistait dans son nouveau mariage, s'il en naissait un prince, le roi prétendait que ce prince fût déclaré bâtard et incapable d'hériter.

C'était évidemment insulter les usages de la religion; mais la religion n'ayant pu être instituée que pour le bien des états, il est certain que quand ces usages sont nuisibles ou dangereux, il faut les abolir.

Le mariage de Monsieur avait été célébré en présence de témoins, autorisé par le père et par toute la famille de son épouse, consommé, reconnu juridiquement par les parties, confirmé solennellement par l'archevêque de Malines. Toute la cour de Rome, toutes les universités étrangères regardaient ce mariage comme valide et indissoluble; la faculté même de Louvain déclara depuis qu'il n'était pas au pouvoir du pape de le casser, et que c'était un sacrement ineffaçable.

Le bien de l'état exigeait qu'il ne fût point permis aux princes du sang de disposer d'eux sans la volonté du roi; ce même bien de l'état pouvait, dans la suite, exiger qu'on reconnût pour roi légitime de France le fruit de ce mariage déclaré illégitime : mais ce danger était éloigné, l'intérêt présent parlait; et il importait qu'il fût décidé, malgré l'Église, qu'un sacrement tel que le mariage doit être annulé, quand il n'a pas été précédé de l'aveu de celui qui tient lieu du père de famille.

(Septembre 1634) Un édit du conseil fit ce que Rome et les conciles n'eussent pas fait, et le roi vint avec le cardinal faire vérifier cet édit au parlement de

Paris. Le cardinal parla dans ce lit de justice en qualité de premier ministre et de pair de France. Vous saurez quelle était l'éloquence de ces temps-là, par deux ou trois traits de la harangue du cardinal; il dit « que convertir une ame c'était plus que créer le « monde; que le roi n'osait toucher à la reine sa mère « non plus qu'à l'arche; et qu'il n'arrive jamais plus « de deux ou trois rechutes aux grandes maladies, si « les parties nobles ne sont gâtées. » Presque toute la harangue est dans ce style, et encore était-elle une des moins mauvaises qu'on prononçât alors. Ce faux goût, qui régna si long-temps, n'ôtait rien au génie du ministre, et l'esprit du gouvernement a toujours été compatible avec la fausse éloquence et le faux bel esprit. Le mariage de Monsieur fut solennellement cassé; et même l'assemblée générale du clergé, en 1635, se conformant à l'édit, déclara nuls les mariages des princes du sang contractés sans la volonté du roi. Rome ne vérifia pas cette loi de l'état et de l'Église de France.

L'état de la maison royale devenait problématique en Europe. Si l'héritier présomptif du royaume persistait dans un mariage réprouvé en France, les enfants nés de ce mariage étaient bâtards en France, et auraient besoin d'une guerre civile pour hériter : s'il prenait une autre femme, les enfants nés de ce nouveau mariage étaient bâtards à Rome, et ils fesaient une guerre civile contre les enfants du premier lit. Ces extrémités furent prévenues par la fermeté de Monsieur : il n'en eut qu'en cette occasion ; et le roi consentit enfin, au bout de quelques années, à reconnaître la femme de son frère ; mais l'édit qui casse tous les mariages des princes du sang contractés sans l'aveu du roi, est demeuré dans toute sa force.

Cette opiniâtreté du cardinal à poursuivre le frère du roi jusque dans l'intérieur de sa maison, à lui ôter sa femme, à dépouiller le duc de Lorraine, son beau-frère, à tenir la reine-mère dans l'exil et dans l'indigence, soulève enfin les partisans de ces princes, et il y eut un complot de l'assassiner : on accusa juridiquement le P. Chanteloube de l'Oratoire, aumônier de Marie de Médicis, d'avoir suborné des meurtriers, dont l'un fut roué à Metz. Ces attentats furent très rares : on avait conspiré bien plus souvent contre la vie de Henri IV ; mais les plus grandes inimitiés produisent moins de crimes que le fanatisme.

Le cardinal, mieux gardé que Henri IV, n'avait rien à craindre ; il triomphait de tous ses ennemis. La cour de la reine Marie et de Monsieur, errante et désolée, était encore plongée dans les dissensions qui suivent la faction et le malheur.

Le cardinal de Richelieu avait de plus puissants ennemis à combattre. Il résolut, malgré tous les troubles secrets qui agitaient l'intérieur du royaume, d'établir la force et la gloire de la France au-dehors, et de remplir le grand projet de Henri IV, en fesant une guerre ouverte à toute la maison d'Autriche, en Allemagne, en Italie, en Espagne. Cette guerre le rendait nécessaire à un maître qui ne l'aimait pas, et auprès duquel on était souvent prêt de le perdre. Sa gloire était intéressée dans cette entreprise ; le temps paraissait venu d'accabler la puissance d'Autriche dans son déclin. La Picardie et la Champagne étaient les bornes de la France : on pouvait les reculer, tandis que les Suédois étaient encore dans l'empire. Les Provinces-Unies étaient prêtes d'attaquer le roi d'Espagne dans la Flandre, pour peu que la France les secondât. Ce sont là les seuls motifs de la guerre contre l'empereur, qui ne finit que par les traités de Vestphalie, et de celle contre le roi d'Espagne, qui dura long-temps après jusqu'au traité des Pyrénées : toutes les autres raisons ne furent que des prétextes.

(6 décembre 1634) La cour de France jusqu'alors, sous le nom d'alliée des Suédois et de médiatrice dans l'empire, avait cherché à profiter des troubles de l'Allemagne. Les Suédois avaient perdu une grande bataille à Nordlingen; leur défaite même servit à la France, car elle les mit dans sa dépendance. Le chancelier Oxenstiern vint rendre hommage, dans Compiègne, à la fortune du cardinal, qui dès-lors fut le maître des affaires en Allemagne, au lieu qu'Oxenstiern l'était auparavant. Il fait en même temps un traité avec les États-généraux pour partager d'avance avec eux les Pays-Bas espagnols, qu'il comptait subjuguer aisément.

Louis XIII envoya déclarer la guerre à Bruxelles par un héraut d'armes. Ce héraut devait présenter un cartel au cardinal infant, fils de Philippe III, gouverneur des Pays-Bas. On peut observer que ce prince cardinal, suivant l'usage du temps, commandait des armées. Il avait été l'un des chefs qui gagnèrent la bataille de Nordlingen contre les Suédois. On vit dans ce siècle les cardinaux de Richelieu, de La Valette, et de Sourdis, endosser la cuirasse, et marcher à la tête des troupes : tous ces usages ont changé. La déclaration de guerre par un héraut d'armes ne se renouvela plus depuis ce temps-là : on se contenta de publier la guerre chez soi, sans l'aller signifier à ses ennemis.

Le cardinal de Richelieu attira encore le duc de Savoie et le duc de Parme dans cette ligue : il s'assura surtout du duc Bernard de Veimar, en lui donnant quatre millions de livres par an, et lui promettant le landgraviat d'Alsace. Aucun des événements ne répondit aux arrangements qu'avait pris la politique. Cette Alsace, que Veimar devait posséder, tomba long-temps après dans les mains de la France; et Louis XIII, qui devait partager en une campagne les Pays-Bas espagnols avec les Hollandais, perdit son armée, et fut près de voir toute la Picardie en proie aux Espagnols (1636). Ils avaient pris Corbie. Le comte de Galas, général de l'empereur, et le duc de Lorraine, étaient déjà auprès de Dijon. Les armes de la France furent d'abord malheureuses de tous les côtés. Il fallut faire de grands efforts pour résister à ceux qu'on croyait si facilement abattre.

Enfin le cardinal fut en peu de temps sur le point d'être perdu par cette guerre même qu'il avait suscitée pour sa grandeur et pour celle de la France. Le mauvais succès des affaires publiques diminua quelque temps sa puissance à la cour. Gaston, dont la vie était un reflux perpétuel de querelles et de raccommodements avec le roi son frère, était revenu en France ; et le cardinal fut obligé de laisser à ce prince et au comte de Soissons le commandement de l'armée qui reprit Corbie (1636). Il se vit alors exposé au ressentiment des deux princes. C'était, comme on l'a déjà dit, le temps des conspirations ainsi que des duels. Les mêmes personnes qui depuis excitèrent, avec le cardinal de Retz, les premiers troubles de la fronde, et qui firent les barricades, embrassaient dèslors toutes les occasions d'exercer cet esprit de faction qui les dévorait. Gaston et le comte de Soissons consentirent à tout ce que ces conspirateurs pourraient attenter contre le cardinal. Il fut résolu de l'assassiner chez le roi même; mais le duc d'Orléans, qui ne fesait jamais rien qu'à demi, effrayé de l'attentat, ne donna point le signal dont les conjurés étaient convenus. Ce grand crime ne fut qu'un projet inutile.

Les Impériaux furent chassés de la Bourgogne; les Espagnols, de la Picardie : le duc de Veimar réussit en Alsace, et s'empara de presque tout ce landgraviat que la France lui avait garanti. Enfin, après plus d'avantages que de malheurs, la fortune, qui sauva la vie du cardinal de tant de conspirations, sauva aussi sa gloire, qui dépendait des succès.

(1637) Cet amour de la gloire lui fesait rechercher l'empire des lettres et du bel esprit jusque dans la crise des affaires publiques et des siennes, et parmi les attentats contre sa personne. Il érigeait dans ce temps-là même l'académie française, et donnait dans son palais des pièces de théâtre auxquelles il travaillait quelquefois. Il reprenait sa hauteur et sa fierté sévère dès que le péril était passé. Car ce fut encore dans ce temps qu'il fomenta les premiers troubles

d'Angleterre, et qu'il écrivit au comte d'Estrades ce billet, avant-coureur des malheurs de Charles Ier :
« Le roi d'Angleterre, avant qu'il soit un an, verra
« qu'il ne faut pas me mépriser. »

(1638) Lorsque le siége de Fontarabie fut levé par le prince de Condé, son armée battue, et le duc de La Valette accusé de n'avoir pas secouru le prince de Condé, il fit condamner La Valette fugitif par des commissaires auxquels le roi présida lui-même. C'était l'ancien usage du gouvernement de la pairie, quand les rois n'étaient encore regardés que comme les chefs des pairs; mais sous un gouvernement purement monarchique, la présence, la voix du souverain dirigeait trop l'opinion des juges.

(1638) Cette guerre, excitée par le cardinal, ne réussit que quand le duc de Veimar eut enfin gagné une bataille complète, dans laquelle il fit quatre généraux de l'empereur prisonniers, qu'il s'établit dans Fribourg et dans Brisach, et qu'enfin la branche d'Autriche espagnole eut perdu le Portugal par la seule conspiration heureuse de ces temps-là, et qu'elle perdit encore la Catalogne par une révolte ouverte, sur la fin de 1640. Mais avant que la fortune eût disposé de tous ces événements extraordinaires en faveur de la France, le pays était exposé à la ruine; les troupes commençaient à être mal payées. Grotius, ambassadeur de Suède à Paris, dit que les finances étaient mal administrées. Il avait bien raison, car le cardinal fut obligé, quelque temps après la perte de Corbie, de créer vingt-quatre nouveaux conseillers du parlement et un président. Certainement on n'avait pas besoin de nouveaux juges; et il était honteux de n'en faire que pour tirer quelque argent de la vente des charges. Le parlement se plaignit. Le cardinal, pour toute réponse, fit mettre en prison cinq magistrats qui s'étaient plaints en hommes libres. Tout ce qui lui résistait dans la cour, dans le parlement, dans les armées, était disgracié, exilé, ou emprisonné.

C'est une chose peu digne d'attention, qu'il ne se trouva que vingt personnes qui achetassent ces places de juges : mais ce qui fait connaître l'esprit des hommes, et surtout des Français, c'est que ces nouveaux membres furent long-temps l'objet de l'aversion et du mépris de tout le corps; c'est que, dans la guerre de la fronde, ils furent obligés de payer chacun quinze mille livres pour obtenir les bonnes graces de leurs confrères, par cette contribution à la guerre contre le gouvernement; c'est, comme vous le verrez[1], qu'ils en eurent le sobriquet de *Quinze-Vingts;* c'est qu'enfin, de nos jours, quand on a voulu supprimer des conseillers inutiles, le parlement, qui avait éclaté contre l'introduction des membres surnuméraires, a éclaté contre la suppression. C'est ainsi que les mêmes choses sont bien ou mal reçues selon les temps, et qu'on se plaint souvent autant de la guérison que de la blessure.

Louis XIII avait toujours besoin d'un confident, qu'on appelle un *favori*, qui pût amuser son humeur triste, et recevoir les confidences de ses amertumes.

---

[1] Chapitre IV du *Siècle de Louis XIV*. Lorsqu'en 1761 Voltaire se servait des mots *Comme vous le verrez*, il avait réimprimé le *Siècle de Louis XIV* à la suite de l'*Essai*. B.

Le duc de Saint-Simon occupait ce poste ; mais n'ayant pas assez ménagé le cardinal, il fut éloigné de la cour et relégué à Blayes.

Le roi s'attachait quelquefois à des femmes : il aimait mademoiselle de La Fayette, fille d'honneur de la reine régnante, comme un homme faible, scrupuleux et peu voluptueux peut aimer. Le jésuite Caussin, confesseur du roi, favorisait cette liaison, qui pouvait servir à faire rappeler la reine-mère. Mademoiselle de La Fayette, en se laissant aimer du roi, était dans les intérêts des deux reines, contre le cardinal : mais le ministre l'emporta sur la maîtresse et sur le confesseur, comme il l'avait emporté sur les deux reines. Mademoiselle de La Fayette, intimidée, fut obligée de se jeter dans un couvent (1637), et bientôt après le confesseur Caussin fut arrêté et relégué en Basse-Bretagne.

Ce même jésuite Caussin avait conseillé à Louis XIII de mettre le royaume sous la protection de la Vierge, pour sanctifier l'amour du roi et de mademoiselle de La Fayette, qui n'était regardé que comme une liaison du cœur à laquelle les sens avaient très peu de part. Le conseil fut suivi, et le cardinal de Richelieu remplit cette idée l'année suivante, tandis que Caussin célébrait en mauvais vers, à Quimpercorentin, l'attachement particulier de la Vierge pour le royaume de France. Il est vrai que la maison d'Autriche avait aussi Marie pour protectrice ; de sorte que, sans les armes des Suédois et du duc de Veimar, protestants, la sainte Vierge eût été apparemment fort indécise.

La duchesse de Savoie, Christine, fille de Henri IV,

veuve de Louis Amédée, et régente de la Savoie, avait aussi un confesseur jésuite qui cabalait dans cette cour, et qui irritait sa pénitente contre le cardinal de Richelieu. Le ministre préféra la vengeance et l'intérêt de l'état au droit des gens; il ne balança pas à faire saisir ce jésuite dans les états de la duchesse.

Remarquez ici que vous ne verrez jamais dans l'histoire aucun trouble, aucune intrigue de cour, dans lesquels les confesseurs des rois ne soient entrés; et que souvent ils ont été disgraciés. Un prince est assez faible pour consulter son confesseur sur les affaires d'état (et c'est là le plus grand inconvénient de la confession auriculaire) : le confesseur, qui est presque toujours d'une faction, tâche de faire regarder à son pénitent cette faction comme la volonté de Dieu : le ministre en est bientôt instruit; le confesseur est puni, et on en prend un autre qui emploie le même artifice.

(1637) Les intrigues de cour, les cabales, continuent toujours. La reine Anne d'Espagne, que nous nommons Anne d'Autriche, pour avoir écrit à la duchesse de Chevreuse, ennemie du cardinal et fugitive, est traitée comme une sujette criminelle. Ses papiers sont saisis, et elle subit un interrogatoire devant le chancelier Séguier. Il n'y avait point d'exemple en France d'un pareil procès criminel.

Tous ces traits rapprochés forment le tableau qui peint ce ministère. Le même homme semblait destiné à dominer sur toute la famille de Henri IV, à persécuter sa veuve dans les pays étrangers; à maltraiter Gaston, son fils; à soulever des partis contre la reine d'Angleterre, sa fille; à se rendre maître de la duchesse de Savoie, son autre fille; enfin, à humilier Louis XIII en le rendant puissant, et à faire trembler son épouse.

Tout le temps de son ministère se passa ainsi à exciter la haine et à se venger; et l'on vit presque chaque année des rébellions et des châtiments. La révolte du comte de Soissons fut la plus dangereuse : elle était appuyée par le duc de Bouillon, fils du maréchal, qui le reçut dans Sedan; par le duc de Guise, petit-fils du Balafré, qui, avec le courage de ses ancêtres, voulait en faire revivre la fortune; enfin, par l'argent du roi d'Espagne, et par ses troupes des Pays-Bas. Ce n'était pas une tentative hasardée comme celle de Gaston.

Le comte de Soissons et le duc de Bouillon avaient une bonne armée; ils savaient la conduire; et, pour plus grande sûreté, tandis que cette armée devait s'avancer, on devait assassiner le cardinal, et faire soulever Paris. Le cardinal de Retz, encore très jeune, fesait dans ce complot son apprentissage de conspirations. (1641) La bataille de la Marfée, que le comte de Soissons gagna, près de Sedan, contre les troupes du roi, devait encourager les conjurés : mais la mort de ce prince, tué dans la bataille, tira encore le cardinal de ce nouveau danger. Il fut, cette fois seule, dans l'impuissance de punir. Il ne savait pas la conspiration contre sa vie, et l'armée révoltée était victorieuse. Il fallut négocier avec le duc de Bouillon, possesseur de Sedan. Le seul duc de Guise, le même qui depuis se rendit maître de Naples, fut condamné par contumace au parlement de Paris.

Le duc de Bouillon, reçu en grace à la cour, et raccommodé en apparence avec le cardinal, jura d'être fidèle, et dans le même temps il tramait une nouvelle conspiration. Comme tout ce qui approchait du roi haïssait le ministre, et qu'il fallait toujours au roi un favori, Richelieu lui avait donné lui-même le jeune d'Effiat Cinq-Mars, afin d'avoir sa propre créature auprès du monarque. Ce jeune homme, devenu bientôt grand-écuyer, prétendit entrer dans le conseil; et le cardinal, qui ne le voulut pas souffrir, eut aussitôt en lui un ennemi irréconciliable. Ce qui enhardit le plus Cinq-Mars à conspirer, ce fut le roi lui-même. Souvent mécontent de son ministre, offensé de son faste, de sa hauteur, de son mérite même, il confiait ses chagrins à son favori, qu'il appelait *cher ami*, et parlait de Richelieu avec tant d'aigreur, qu'il enhardit Cinq-Mars à lui proposer plus d'une fois de l'assassiner; et c'est ce qui est prouvé par une lettre de Louis XIII lui-même au chancelier Séguier. Mais ce même roi fut ensuite si mécontent de son favori, qu'il le bannit souvent de sa présence; de sorte que bientôt Cinq-Mars haït également Louis XIII et Richelieu. Il avait eu déjà des intelligences avec le comte de Soissons : il les continuait avec le duc de Bouillon : et enfin Monsieur, qui, après ses entreprises malheureuses, se tenait tranquille dans son apanage de Blois, ennuyé de cette oisiveté, et pressé par ses confidents, entra dans le complot. Il ne s'en fesait point qui n'eût pour base la mort du cardinal; et ce projet, tant de fois tenté, ne fut exécuté jamais.

(1642) Louis XIII et Richelieu, tous deux attaqués

déjà d'une maladie plus dangereuse que les conspirations, et qui les conduisit bientôt au tombeau, marchaient en Roussillon, pour achever d'ôter cette province à la maison d'Autriche. Le duc de Bouillon à qui l'on n'aurait pas dû donner une armée à commander lorsqu'il sortait d'une bataille contre les troupes du roi, en commandait pourtant une en Piémont contre les Espagnols; et c'est dans ce temps-là même qu'il conspirait avec Monsieur et avec Cinq-Mars. Les conjurés fesaient un traité avec le comte-duc Olivarès pour introduire une armée espagnole en France, et pour y mettre tout en confusion dans une régence qu'on croyait prochaine, et dont chacun espérait profiter. Cinq-Mars alors, ayant suivi le roi à Narbonne, était mieux que jamais dans ses bonnes graces; et Richelieu, malade à Tarascon, avait perdu toute sa faveur, et ne conservait que l'avantage d'être nécessaire.

(1642) Le bonheur du cardinal voulut encore que le complot fût découvert, et qu'une copie du traité lui tombât entre les mains. Il en coûta la vie à Cinq-Mars. C'était une anecdote transmise par les courtisans de ce temps-là, que le roi, qui avait si souvent appelé le grand-écuyer *cher ami*, tira sa montre de sa poche à l'heure destinée pour l'exécution, et dit : « Je « crois que *cher ami* fait à présent une vilaine mine. » Le duc de Bouillon fut arrêté au milieu de son armée à Casal. Il sauva sa vie, parcequ'on avait plus besoin de sa principauté de Sedan que de son sang. Celui qui avait deux fois trahi l'état conserva sa dignité de prince, et eut en échange de Sedan des terres d'un plus grand revenu. De Thou, à qui on ne reprochait que d'avoir su la conspiration, et qui l'avait désapprouvée, fut condamné à mort pour ne l'avoir pas révélée. En vain il représenta qu'il n'aurait pu prouver sa déposition, et que s'il avait accusé le frère du roi d'un crime d'état dont il n'avait point de preuves, il aurait bien plus mérité la mort. Une justification si évidente ne fut point reçue du cardinal, son ennemi personnel. Les juges le condamnèrent suivant une loi de Louis XI, dont le seul nom suffit pour faire voir que la loi était cruelle[1]. La reine elle-même était dans le secret de la conspiration; mais, n'étant point accusée, elle échappa aux mortifications qu'elle aurait essuyées. Pour Gaston, duc d'Orléans, il accusa ses complices à son ordinaire, s'humilia, consentit à rester à Blois, sans gardes, sans honneurs; et sa destinée fut toujours de traîner ses amis à la prison ou à l'échafaud.

Le cardinal déploya dans sa vengeance, autorisée de la justice, toute sa rigueur hautaine. On le vit traîner le grand-écuyer à sa suite, de Tarascon à Lyon, sur le Rhône, dans un bateau attaché au sien, frappé lui-même à mort, et triomphant de celui qui allait

[1] Le fils de Barnevelt fut condamné en Hollande sur une semblable accusation; le Florentin Nera l'avait été de même à Florence en 1497: cependant le jurisconsulte milanais Gigas s'était élevé contre cette excessive sévérité: *Qui tales condemnant*, dit-il, *non sunt judices, sed carnifices.* Huygens de Zuilichem, père du célèbre Huygens, fit sur la mort de M. de Thou ce distique latin :

« O legum subtile nefas! quibus inter amicos
« Nolle fidem frustra prodere, proditio est.»

Le duc de Bouillon était neveu du stathouder, allié de la France, et qui de plus avait servi le cardinal auprès de Louis XIII. K.

mourir par le dernier supplice. De là le cardinal se fit porter à Paris, sur les épaules de ses gardes, dans une chambre ornée, où il pouvait tenir deux hommes à côté de son lit : ses gardes se relayaient ; on abattait des pans de muraille pour le faire entrer plus commodément dans les villes : c'est ainsi qu'il alla mourir à Paris (4 décembre 1642), à cinquante-huit ans, et qu'il laissa le roi satisfait de l'avoir perdu et embarrassé d'être le maître.

On dit que ce ministre régna encore après sa mort, parcequ'on remplit quelques places vacantes de ceux qu'il avait nommés ; mais les brevets étaient expédiés avant sa mort ; et ce qui prouve sans réplique qu'il avait trop régné, et qu'il ne régnait plus, c'est que tous ceux qu'il avait fait enfermer à la Bastille en sortirent, comme des victimes déliées qu'il ne fallut plus immoler à sa vengeance. Il légua au roi trois millions de notre monnaie d'aujourd'hui, à cinquante livres le marc, somme qu'il tenait toujours en réserve. La dépense de sa maison, depuis qu'il était premier ministre, montait à mille écus par jour. Tout chez lui était splendeur et faste, tandis que chez le roi tout était simplicité et négligence ; ses gardes entraient jusqu'à la porte de la chambre, quand il allait chez son maître ; il précédait partout les princes du sang. Il ne lui manquait que la couronne ; et même, lorsqu'il était mourant, et qu'il se flattait encore de survivre au roi, il prenait des mesures pour être régent du royaume. La veuve de Henri IV l'avait précédé de cinq mois (3 juillet 1642), et Louis XIII le suivit cinq mois après.

(Mai 1643) Il était difficile de dire lequel des trois fut le plus malheureux. La reine-mère, long-temps errante, mourut à Cologne dans la pauvreté. Le fils, maître d'un beau royaume, ne goûta jamais ni les plaisirs de la grandeur, s'il en est, ni ceux de l'humanité; toujours sous le joug, et toujours voulant le secouer; malade, triste, sombre, insupportable à lui-même; n'ayant pas un serviteur dont il fût aimé; se défiant de sa femme; haï de son frère; quitté par ses maîtresses, sans avoir connu l'amour; trahi par ses favoris, abandonné sur le trône; presque seul au milieu d'une cour qui n'attendait que sa mort, qui la prédisait sans cesse, qui le regardait comme incapable d'avoir des enfants : le sort du moindre citoyen paisible dans sa famille était bien préférable au sien.

Le cardinal de Richelieu fut peut-être le plus malheureux des trois, parcequ'il était le plus haï, et qu'avec une mauvaise santé il avait à soutenir, de ses mains teintes de sang, un fardeau immense dont il fut souvent prêt d'être écrasé.

Dans ce temps de conspirations et de supplices le royaume fleurit pourtant; et, malgré tant d'afflictions, le siècle de la politesse et des arts s'annonçait. Louis XIII n'y contribua en rien; mais le cardinal de Richelieu servit beaucoup à ce changement. La philosophie ne put, il est vrai, effacer la rouille scolastique; mais Corneille commença, en 1636, par la tragédie du *Cid*, le siècle qu'on appelle celui de Louis XIV. Le Poussin égala Raphaël d'Urbin dans quelques parties de la peinture. La sculpture fut bientôt perfectionnée par Girardon, et le mausolée même du cardinal de Richelieu en est une preuve. Les Français commencèrent à se rendre recommandables, surtout par les graces et les politesses de l'esprit : c'était l'aurore du bon goût.

La nation n'était pas encore ce qu'elle devint depuis ; ni le commerce n'était bien cultivé, ni la police générale établie. L'intérieur du royaume était encore à régler; nulle belle ville, excepté Paris, qui manquait encore de bien des choses nécessaires, comme on peut le voir ci-après dans le *Siècle de Louis XIV*[1]. Tout était aussi différent dans la manière de vivre que dans les habillements, de tout ce qu'on voit aujourd'hui. Si les hommes de nos jours voyaient les hommes de ce temps-là, ils ne croiraient pas voir leurs pères. Les petites bottines, le pourpoint, le manteau, le grand collet de point, les moustaches, et une petite barbe en pointe, les rendraient aussi méconnaissables pour nous que leurs passions pour les complots, leur fureur des duels, leurs festins au cabaret, leur ignorance générale, malgré leur esprit naturel.

La nation n'était pas aussi riche qu'elle l'est devenue en espèces monnayées et en argent travaillé : aussi le ministère, qui tirait ce qu'il pouvait du peuple, n'avait guère, par année, que la moitié du revenu de Louis XIV. On était encore moins riche en industrie. Les manufactures grossières de draps de Rouen et d'Elbeuf étaient les plus belles qu'on connût en France : point de tapisseries, point de cristaux, point de glaces. L'art de l'horlogerie était faible, et consistait à mettre

---

[1] Chap. XXIX; voyez aussi ma note ci-dessus, page 237. B.

une corde à la fusée d'une montre : on n'avait point encore appliqué le pendule aux horloges. Le commerce maritime, dans les échelles du Levant, était dix fois moins considérable qu'aujourd'hui; celui de l'Amérique se bornait à quelques pelleteries du Canada : nul vaisseau n'allait aux Indes orientales, tandis que la Hollande y avait des royaumes, et l'Angleterre de grands établissements.

Ainsi la France possédait bien moins d'argent que sous Louis XIV. Le gouvernement empruntait à un plus haut prix; les moindres intérêts qu'il donnait pour la constitution des rentes étaient de sept et demi pour cent à la mort du cardinal de Richelieu. On peut tirer de là une preuve invincible, parmi tant d'autres, que le testament qu'on lui attribue ne peut être de lui. Le faussaire ignorant et absurde qui a pris son nom, dit, au chapitre Ier de la seconde partie, que la jouissance fait le remboursement entier de ces rentes en sept années et demie : il a pris le denier sept et demi pour la septième et demie partie de cent; et il n'a pas vu que le remboursement d'un capital supposé sans intérêt, en sept années et demie, ne donne pas sept et demi par année, mais près de quatorze. Tout ce qu'il dit dans ce chapitre est d'un homme qui n'entend pas mieux les premiers éléments de l'arithmétique que ceux des affaires. J'entre ici dans ce petit détail, seulement pour faire voir combien les noms en imposent aux hommes : tant que cette œuvre de ténèbres a passé pour être du cardinal de Richelieu, on l'a louée comme un chef-d'œuvre; mais quand on a reconnu la foule des anachronismes, des erreurs sur les pays voisins, des fausses évaluations, et l'ignorance absurde avec laquelle il est dit que la France avait plus de ports sur la Méditerranée que la monarchie espagnole ; quand on a vu enfin que dans un prétendu Testament politique du cardinal de Richelieu, il n'était pas dit un seul mot de la manière dont il fallait se conduire dans la guerre qu'on avait à soutenir ; alors on a méprisé ce chef-d'œuvre qu'on avait admiré sans examen.

CHAPITRE CLXXVII.

Du gouvernement et des mœurs de l'Espagne depuis Philippe II jusqu'à Charles II.

On voit, depuis la mort de Philippe II, les monarques espagnols affermir leur pouvoir absolu dans leurs états, et perdre insensiblement leur crédit dans l'Europe. Le commencement de la décadence se fit sentir dès les premières années du règne de Philippe III : la faiblesse de son caractère se répandit sur toutes les parties de son gouvernement. Il était difficile d'étendre toujours des soins vigilants sur l'Amérique, sur les vastes possessions en Asie, sur celles d'Afrique, sur l'Italie, et les Pays-Bas ; mais son père avait vaincu ces difficultés, et les trésors du Mexique, du Pérou, du Brésil, des Indes orientales, devaient surmonter tous les obstacles. La négligence fut si grande, l'administration des deniers publics si infidèle, que, dans la guerre qui continuait toujours contre les Provinces-Unies, on n'eut pas de quoi payer les troupes espagnoles; elles se mutinèrent, elles passèrent, au nombre de trois mille hommes, sous les drapeaux du prince Maurice. (1604) Un simple stathouder, avec un esprit d'ordre, payait mieux ses troupes que le souverain de tant de royaumes. Philippe III aurait pu couvrir les mers de vaisseaux, et les petites provinces de Hollande et de Zélande en avaient plus que lui : leur flotte lui enlevait les principales îles Moluques (1606), et surtout Amboine, qui produit les plus précieuses épiceries, dont les Hollandais sont restés en possession. Enfin, ces sept petites provinces rendaient sur terre les forces de cette vaste monarchie inutiles, et sur mer elles étaient plus puissantes.

(1609) Philippe III, en paix avec la France, avec l'Angleterre, n'ayant la guerre qu'avec cette république naissante, est obligé de conclure avec elle une trêve de douze années, de lui laisser tout ce qui était en sa possession, de lui assurer la liberté du commerce dans les Grandes-Indes, et de rendre enfin à la maison de Nassau ses biens situés dans les terres de la monarchie. Henri IV eut la gloire de conclure cette trêve par ses ambassadeurs. C'est d'ordinaire le parti le plus faible qui desire une trêve, et cependant le prince Maurice ne la voulait pas. Il fut plus difficile de l'y faire consentir que d'y résoudre le roi d'Espagne.

(1609) L'expulsion des Maures fit bien plus de tort à la monarchie. Philippe III ne pouvait venir à bout d'un petit nombre de Hollandais, et il put malheureusement chasser six à sept cent mille Maures de ses états. Ces restes des anciens vainqueurs de l'Espagne étaient la plupart désarmés, occupés du commerce et de la culture des terres, bien moins formidables en Espagne que les protestants ne l'étaient en France, et beaucoup plus utiles, parcequ'ils étaient laborieux dans le pays de la paresse. On les forçait à paraître chrétiens; l'inquisition les poursuivait sans relâche. Cette persécution produisit quelques révoltes, mais faibles et bientôt apaisées (1609). Henri IV voulut prendre ces peuples sous sa protection; mais ses intelligences avec eux furent découvertes par la trahison d'un commis du bureau des affaires étrangères. Cet incident hâta leur dispersion. On avait déjà pris la résolution de les chasser; ils proposèrent en vain d'acheter de deux millions de ducats d'or la permission de respirer l'air de l'Espagne. Le conseil fut inflexible: vingt mille de ces proscrits se réfugièrent dans des montagnes; mais n'ayant pour armes que des frondes et des pierres, ils y furent bientôt forcés. On fut occupé, deux années entières, à transporter des citoyens hors du royaume, et à dépeupler l'état. Philippe se priva ainsi des plus laborieux de ses sujets, au lieu d'imiter les Turcs, qui savent contenir les Grecs, et qui sont bien éloignés de les forcer à s'établir ailleurs.

La plus grande partie des Maures espagnols se réfugièrent en Afrique, leur ancienne patrie; quelques uns passèrent en France, sous la régence de Marie de Médicis : ceux qui ne voulurent pas renoncer à leur religion s'embarquèrent en France pour Tunis. Quelques familles, qui firent profession du christianisme, s'établirent en Provence, en Languedoc; il en vint à Paris même, et leur race n'y a pas été inconnue : mais enfin ces fugitifs se sont incorporés à la nation, qui a profité de la faute de l'Espagne, et qui ensuite l'a imitée dans l'émigration des réformés. C'est ainsi que tous les peuples se mêlent, et que toutes les nations sont absorbées les unes dans les autres, tantôt par les persécutions, tantôt par les conquêtes.

Cette grande émigration, jointe à celle qui arriva sous Isabelle, et aux colonies que l'avarice transplantait dans le Nouveau-Monde, épuisait insensiblement l'Espagne d'habitants, et bientôt la monarchie ne fut plus qu'un vaste corps sans substance. La superstition, ce vice des ames faibles, avilit encore le règne de Philippe III; sa cour ne fut qu'un chaos d'intrigues, comme celle de Louis XIII. Ces deux rois ne pouvaient vivre sans favoris, ni régner sans premiers ministres. Le duc de Lerme, depuis cardinal, gouverna longtemps le roi et le royaume : la confusion où tout était le chassa de sa place. Son fils lui succéda, et l'Espagne ne s'en trouva pas mieux.

(1621) Le désordre augmenta sous Philippe IV, fils de Philippe III. Son favori, le comte-duc Olivarès, lui fit prendre le nom de grand à son avénement : s'il l'avait été, il n'eût point eu de premier ministre. L'Europe et ses sujets lui refusèrent ce titre; et quand il eut perdu depuis le Roussillon par la faiblesse de ses armes, le Portugal par sa négligence, la Catalogne par l'abus de son pouvoir, la voix publique lui donna pour

devise un fossé, avec ces mots : « Plus on lui ôte, plus
« il est grand. »

Ce beau royaume était alors peu puissant au-dehors, et misérable au-dedans. On n'y connaissait nulle police. Le commerce intérieur était ruiné par les droits qu'on continuait de lever d'une province à une autre. Chacune de ces provinces ayant été autrefois un petit royaume, les anciennes douanes subsistaient : ce qui avait été autrefois une loi regardée comme nécessaire devenait un abus onéreux. On ne sut point faire de toutes ces parties du royaume un tout régulier. Le même abus a été introduit en France; mais il était porté en Espagne à un tel excès, qu'il n'était pas permis de transporter de l'argent de province à province. Nulle industrie ne secondait, dans ces climats heureux, les présents de la nature : ni les soies de Valence, ni les belles laines de l'Andalousie et de la Castille, n'étaient préparées par les mains espagnoles. Les toiles fines étaient un luxe très peu connu. Les manufactures flamandes, reste des monuments de la maison de Bourgogne, fournissaient à Madrid ce que l'on connaissait alors de magnificence. Les étoffes d'or et d'argent étaient défendues dans cette monarchie, comme elles le seraient dans une république indigente qui craindrait de s'appauvrir. En effet, malgré les mines du Nouveau-Monde, l'Espagne était si pauvre, que le ministère de Philippe IV se trouva réduit à la nécessité de la monnaie de cuivre, à laquelle on donna un prix presque aussi fort qu'à l'argent : il fallut que le maître du

Mexique et du Pérou fît de la fausse monnaie pour payer les charges de l'état. On n'osait, si on en croit le sage Gourville, imposer des taxes personnelles, parceque ni les bourgeois ni les gens de la campagne, n'ayant presque point de meubles, n'auraient jamais pu être contraints à payer. Jamais ce que dit Charles-Quint ne se trouva si vrai : «En France tout « abonde, tout manque en Espagne. »

Le règne de Philippe IV ne fut qu'un enchaînement de pertes et de disgraces; et le comte-duc Olivarès fut aussi malheureux dans son administration que le cardinal de Richelieu fut heureux dans la sienne.

(1625) Les Hollandais, qui commencèrent la guerre à l'expiration de la trêve de douze années, enlèvent le Brésil à l'Espagne; il leur en est resté Surinam. Ils prennent Mastricht, qui leur est enfin demeuré. Les armées de Philippe sont chassées de la Valteline et du Piémont par les Français, sans déclaration de guerre; et enfin, lorsque la guerre est déclarée en 1635, Philippe IV est malheureux de tous côtés. L'Artois est envahi (1639); la Catalogne entière, jalouse de ses priviléges auxquels il attentait, se révolte, et se donne à la France (1640); le Portugal secoue le joug (1641); une conspiration aussi bien exécutée que bien conduite, mit sur le trône la maison de Bragance. Le premier ministre, Olivarès, eut la confusion d'avoir contribué lui-même à cette grande révolution en envoyant de l'argent au duc de Bragance, pour ne point laisser de prétexte au refus de ce prince de venir à Madrid. Cet argent même servit à payer les conjurés.

La révolution n'était pas difficile. Olivarès avait eu

l'imprudence de retirer une garnison espagnole de la forteresse de Lisbonne. Peu de troupes gardaient le royaume. Les peuples étaient irrités d'un nouvel impôt; et enfin, le premier ministre, qui croyait tromper le duc de Bragance, lui avait donné le commandement des armées (11 décembre 1640). La duchesse de Mantoue, vice-reine, fut chassée, sans que personne prît sa défense. Un secrétaire d'état espagnol, et un de ses commis, furent les seules victimes immolées à la vengeance publique. Toutes les villes du Portugal imitèrent l'exemple de Lisbonne presque dans le même jour. Jean de Bragance fut partout proclamé roi sans le moindre tumulte : un fils ne succède pas plus paisiblement à son père. Des vaisseaux partirent de Lisbonne pour toutes les villes de l'Asie et de l'Afrique, pour toutes les îles qui appartenaient à la couronne de Portugal : il n'y en eut aucune qui hésitât à chasser les gouverneurs espagnols. Tout ce qui restait du Brésil, ce qui n'avait point été pris par les Hollandais sur les Espagnols, retourna aux Portugais ; et enfin les Hollandais, unis avec le nouveau roi, don Jean de Bragance, lui rendirent ce qu'ils avaient pris à l'Espagne dans le Brésil.

Les îles Açores, Mozambique, Goa, Macao, furent animées du même esprit que Lisbonne. Il semblait que la conspiration eût été tramée dans toutes ces villes. On vit partout combien une domination étrangère est odieuse, et en même temps combien peu le ministère espagnol avait pris de mesures pour conserver tant d'états.

On vit aussi comme on flatte les rois dans leurs

malheurs, comme on leur déguise des vérités tristes. La manière dont Olivarès annonça à Philippe IV la perte du Portugal est célèbre. « Je viens vous annon-« cer, dit-il, une heureuse nouvelle : votre majesté a « gagné tous les biens du duc de Bragance : il s'est « avisé de se faire proclamer roi, et la confiscation de « ses terres vous est acquise par son crime. » La confiscation n'eut pas lieu. Le Portugal devint un royaume considérable, surtout lorsque les richesses du Brésil commencèrent à lui procurer un commerce qui eût été très avantageux, si l'amour du travail avait pu animer l'industrie de la nation portugaise.

Le comte-duc Olivarès, long-temps le maître de la monarchie espagnole, et l'émule du cardinal de Richelieu, fut enfin disgracié pour avoir été malheureux. Ces deux ministres avaient été long-temps également rois, l'un en France, l'autre en Espagne, tous deux ayant pour ennemis la maison royale, les grands, et le peuple : tous deux très différents dans leurs caractères, dans leurs vertus, et dans leurs vices; le comte-duc aussi réservé, aussi tranquille, et aussi doux, que le cardinal était vif, hautain, et sanguinaire. Ce qui conserva Richelieu dans le ministère, et ce qui lui donna presque toujours l'ascendant sur Olivarès, ce fut son activité. Le ministre espagnol perdit tout par sa négligence; il mourut de la mort des ministres déplacés : on dit que le chagrin les tue; ce n'est pas seulement le chagrin de la solitude après le tumulte, mais celui de sentir qu'ils sont haïs et qu'ils ne peuvent se venger. Le cardinal de Richelieu avait abrégé ses jours d'une autre manière, par les inquiétudes qui le dévorèrent dans la plénitude de sa puissance.

Avec toutes les pertes que fit la branche d'Autriche espagnole, il lui resta encore plus d'états que le royaume d'Espagne n'en possède aujourd'hui. Le Milanais, la Flandre, la Franche-Comté, le Roussillon, Naples, et Sicile, appartenaient à cette monarchie; et, quelque mauvais que fût son gouvernement, elle fit encore beaucoup de peine à la France jusqu'à la paix des Pyrénées.

La dépopulation de l'Espagne a été si grande, que le célèbre Ustariz, homme d'état, qui écrivait en 1723 pour le bien de son pays, n'y compte qu'environ sept millions d'habitants, un peu moins des deux cinquièmes de ceux de la France; et en se plaignant de la diminution des citoyens, il se plaint aussi que le nombre des moines soit toujours resté le même. Il avoue que les revenus du maître des mines d'or et d'argent ne se montaient pas à quatre-vingt millions de nos livres d'aujourd'hui.

Les Espagnols, depuis le temps de Philippe II jusqu'à Philippe IV, se signalèrent dans les arts de génie. Leur théâtre, tout imparfait qu'il était, l'emportait sur celui des autres nations; il servit de modèle à celui d'Angleterre; et lorsque ensuite la tragédie commença à paraître en France avec quelque éclat, elle emprunta beaucoup de la scène espagnole. L'histoire, les romans agréables, les fictions ingénieuses, la morale, furent traités en Espagne avec un succès qui passa beaucoup celui du théâtre; mais la saine philosophie y fut toujours ignorée. L'inquisition et la superstition y perpétuèrent les erreurs scolastiques : les mathématiques furent peu cultivées, et les Espagnols, dans leurs guerres, employèrent presque toujours des ingénieurs italiens. Ils eurent quelques peintres du second rang, et jamais d'école de peinture. L'architecture n'y fit point de grands progrès : l'Escurial fut bâti sur les dessins d'un Français. Les arts mécaniques y étaient tous très grossiers. La magnificence des grands seigneurs consistait dans de grands amas de vaisselle d'argent, et dans un nombreux domestique. Il régnait chez les grands une générosité d'ostentation qui en imposait aux étrangers, et qui n'était en usage que dans l'Espagne : c'était de partager l'argent qu'on gagnait au jeu avec tous les assistants, de quelque condition qu'ils fussent. Montrésor rapporte que quand le duc de Lerme reçut Gaston, frère de Louis III, et sa suite dans les Pays-Bas, il étala une magnificence bien plus singulière. Ce premier ministre, chez qui Gaston resta plusieurs jours, fesait mettre après chaque repas deux mille louis d'or sur une grande table de jeu. Les suivants de Monsieur, et ce prince lui-même, jouaient avec cet argent.

Les fêtes des combats de taureaux étaient très fréquentes, comme elles le sont encore aujourd'hui; et c'était le spectacle le plus magnifique et le plus galant, comme le plus dangereux. Cependant rien de ce qui rend la vie commode n'était connu. Cette disette de l'utile et de l'agréable augmenta depuis l'expulsion des Maures. Dé là vient qu'on voyage en Espagne comme dans les déserts de l'Arabie, et que dans les villes on trouve peu de ressource. La société ne fut pas plus perfectionnée que les arts de la main. Les femmes, presque aussi renfermées qu'en Afrique, comparant cet esclavage avec la liberté de la France, en étaient plus malheureuses. Cette contrainte avait perfectionné un art ignoré parmi nous, celui de parler avec les doigts : un amant ne s'expliquait pas autrement sous les fenêtres de sa maîtresse, qui ouvrait en ce moment-là ces petites grilles de bois nommées jalousies, tenant lieu de vitres, pour lui répondre dans la même langue. Tout le monde jouait de la guitare, et la tristesse n'en était pas moins répandue sur la face de l'Espagne. Les pratiques de dévotion tenaient lieu d'occupation à des citoyens désœuvrés.

On disait alors que la fierté, la dévotion, l'amour, et l'oisiveté, composaient le caractère de la nation; mais aussi il n'y eut aucune de ces révolutions sanglantes, de ces conspirations, de ces châtiments cruels, qu'on voyait dans les autres cours de l'Europe. Ni le duc de Lerme, ni le comte Olivarès, ne répandirent le sang de leurs ennemis sur les échafauds : les rois n'y furent point assassinés comme en France, et ne périrent point par la main du bourreau, comme en Angleterre. Enfin, sans les horreurs de l'inquisition, on n'aurait eu alors rien à reprocher à l'Espagne.

Après la mort de Philippe IV, arrivée en 1666, l'Espagne fut très malheureuse. Marie d'Autriche, sa veuve, sœur de l'empereur Léopold, fut régente dans la minorité de don Carlos, ou Charles II du nom, son fils. Sa régence ne fut pas si orageuse que celle d'Anne d'Autriche en France; mais elles eurent ces tristes conformités, que la reine d'Espagne s'attira la haine des Espagnols pour avoir donné le ministère à un prêtre étranger, comme la reine de France révolta l'esprit des Français pour les avoir mis sous le joug d'un cardinal italien ; les grands de l'état s'élevèrent dans l'une et dans l'autre monarchie contre ces deux ministres, et l'intérieur des deux royaumes fut également mal administré.

Le premier ministre, qui gouverna quelque temps l'Espagne, dans la minorité de don Carlos, ou Charles II, était le jésuite Évrard Nitard, Allemand, confesseur de la reine, et grand-inquisiteur. L'incompatibilité que la religion semble avoir mise entre les vœux monastiques et les intrigues du ministère excita d'abord les murmures contre le jésuite.

Son caractère augmenta l'indignation publique. Nitard, capable de dominer sur sa pénitente, ne l'était pas de gouverner un état, n'ayant rien d'un ministre et d'un prêtre que la hauteur et l'ambition, et pas même la dissimulation : il avait osé dire un jour au duc de Lerme, même avant de gouverner : « C'est vous « qui me devez du respect ; j'ai tous les jours votre « Dieu dans mes mains, et votre reine à mes pieds. » Avec cette fierté si contraire à la vraie grandeur, il laissait le trésor sans argent, les places de toute la monarchie en ruine, les ports sans vaisseaux, les armées sans discipline, destituées de chefs qui sussent commander : c'est là surtout ce qui contribua aux premiers succès de Louis XIV, quand il attaqua son beau-frère et sa belle-mère en 1667, et qu'il leur ravit la moitié de la Flandre et toute la Franche-Comté.

On se souleva contre le jésuite, comme en France

on s'était soulevé contre Mazarin. Nitard trouva surtout dans don Juan d'Autriche, bâtard de Philippe IV, un ennemi aussi implacable que le grand Condé le fut du cardinal. Si Condé fut mis en prison, don Juan fut exilé. Ces troubles produisirent deux factions qui partagèrent l'Espagne; cependant il n'y eut point de guerre civile. Elle était sur le point d'éclater, lorsque la reine la prévint, en chassant, malgré elle, le P. Nitard, ainsi que la reine Anne d'Autriche fut obligée de renvoyer Mazarin, son ministre: mais Mazarin revint plus puissant que jamais; le P. Nitard, renvoyé en 1669, ne put revenir en Espagne. La raison en est que la régente d'Espagne eut un autre confesseur qui s'opposait au retour du premier, et la régente de France n'eut point de ministre qui lui tînt lieu de Mazarin.

Nitard alla à Rome, où il sollicita le chapeau de cardinal, qu'on ne donne point à des ministres déplacés. Il y vécut peu accueilli de ses confrères, qui marquent toujours quelque ressentiment à quiconque s'est élevé au-dessus d'eux. Mais enfin il obtint par ses intrigues, et par la faveur de la reine d'Espagne, cette dignité de cardinal, que tous les ecclésiastiques ambitionnent; alors ses confrères les jésuites devinrent ses courtisans.

Le règne de don Carlos, Charles II, fut aussi faible que celui de Philippe III et de Philippe IV, comme vous le verrez dans le *Siècle de Louis XIV*[1].

---

[1] Chap. xvii. B.

CHAPITRE CLXXVIII.

Des Allemands sous Rodolphe II, Mathias, et Ferdinand II. Des malheurs de Frédéric, électeur palatin. Des conquêtes de Gustave-Adolphe. Paix de Vestphalie, etc.

Pendant que la France reprenait une nouvelle vie sous Henri IV, que l'Angleterre florissait sous Élisabeth, et que l'Espagne était la puissance prépondérante de l'Europe sous Philippe II, l'Allemagne et le Nord ne jouaient pas un si grand rôle.

Si on regarde l'Allemagne comme le siége de l'empire, cet empire n'était qu'un vain nom; et on peut observer que, depuis l'abdication de Charles-Quint jusqu'au règne de Léopold, elle n'a eu aucun crédit en Italie. Les couronnements à Rome et à Milan furent supprimés comme des cérémonies inutiles : on les regardait auparavant comme essentielles; mais depuis que Ferdinand Ier, frère et successeur de l'empereur Charles-Quint, négligea le voyage de Rome, on s'accoutuma à s'en passer. Les prétentions des empereurs sur Rome, celles des papes de donner l'empire, tombèrent insensiblement dans l'oubli : tout s'est réduit à une lettre de félicitation que le souverain pontife écrit à l'empereur élu. L'Allemagne resta avec le titre d'empire, mais faible, parcequ'elle fut toujours divisée. Ce fut une république de princes, à laquelle présidait l'empereur; et ces princes, ayant tous des prétentions les uns contre les autres, entretinrent presque toujours une guerre civile, tantôt sourde, tantôt éclatante, nourrie par leurs intérêts opposés, et par les trois religions de l'Allemagne, plus opposées encore que les intérêts des princes. Il était impossible que ce vaste état, partagé en tant de principautés désunies, sans commerce alors et sans richesses, influât beaucoup sur le système de l'Europe. Il n'était point fort au-dehors, mais il l'était au-dedans, parceque la nation fut toujours laborieuse et belliqueuse. Si la constitution germanique avait succombé, si les Turcs avaient envahi une partie de l'Allemagne, et que l'autre eût appelé des maîtres étrangers, les politiques n'auraient pas manqué de prouver que l'Allemagne, déjà déchirée par elle-même, ne pouvait subsister : ils auraient démontré que la forme singulière de son gouvernement, la multitude de ses princes, la pluralité des religions, ne pouvaient que préparer une ruine et un esclavage inévitable. Les causes de la décadence de l'ancien empire romain n'étaient pas, à beaucoup près, si palpables; cependant le corps de l'Allemagne est resté inébranlable, en portant dans son sein tout ce qui semblait devoir le détruire ; il est difficile d'attribuer cette permanence d'une constitution si compliquée à une autre cause qu'au génie de la nation.

L'Allemagne avait perdu Metz, Toul, et Verdun, en 1552, sous l'empereur Charles-Quint; mais ce territoire, qui était l'ancienne France, pouvait être regardé plutôt comme une excressence du corps germanique, que comme une partie naturelle de cet état. Ferdinand Ier ni ses successeurs ne firent aucune tentative pour recouvrer ces villes. Les empereurs de la maison d'Autriche, devenus rois de Hongrie, eurent toujours les Turcs à craindre, et ne furent pas en état d'inquiéter la France, quelque faible qu'elle fût depuis François II jusqu'à Henri IV. Des princes d'Allemagne purent venir la piller, et le corps de l'Allemagne ne put se réunir pour l'accabler.

Ferdinand Ier voulut en vain réunir les trois religions qui partageaient l'empire, et les princes qui se fesaient quelquefois la guerre. L'ancienne maxime, *diviser pour régner*, ne lui convenait pas. Il fallait que l'Allemagne fût réunie pour qu'il fût puissant; mais loin d'être unie, elle fut démembrée. Ce fut précisément de son temps que les chevaliers teutoniques donnèrent aux Polonais la Livonie, réputée province impériale, dont les Russes sont à présent en possession. Les évêchés de la Saxe et du Brandebourg, tous sécularisés, ne furent pas un démembrement de l'état, mais un grand changement qui rendit ces princes plus puissants, et l'empereur plus faible.

Maximilien II fut encore moins souverain que Ferdinand Ier. Si l'empire avait conservé quelque vigueur, il aurait maintenu ses droits sur les Pays-Bas, qui étaient réellement une province impériale. L'empereur et la diète étaient les juges naturels; ces peuples, qu'on appela rebelles si long-temps, devaient être mis par les lois au ban de l'empire : cependant Maximilien II laissa le prince d'Orange, Guillaume-le-Taciturne, faire la guerre dans les Pays-Bas, à la tête des troupes allemandes, sans se mêler de la querelle. En vain cet empereur se fit élire roi de Pologne, en 1575, après le départ du roi de France Henri III; départ regardé comme une abdication : Battori, vaivode de Transylvanie, vassal de l'empereur, l'emporta sur son souverain; et la protection de la Porte ottomane, sous laquelle était ce Battori, fut plus puissante que la cour de Vienne.

Rodolphe II, successeur de son père Maximilien II, tint les rênes de l'empire d'une main encore plus faible. Il était à-la-fois empereur, roi de Bohême et de Hongrie; et il n'influa en rien ni sur la Bohême, ni sur la Hongrie, ni sur l'Allemagne, et encore moins sur l'Italie. Les temps de Rodolphe semblent prouver qu'il n'est point de règle générale en politique.

Ce prince passait pour être beaucoup plus incapable de gouverner que le roi de France Henri III. La conduite du roi de France lui coûta la vie, et perdit presque le royaume; la conduite de Rodolphe, beaucoup plus faible, ne causa aucun trouble en Allemagne. La raison en est qu'en France tous les seigneurs voulurent s'établir sur les ruines du trône, et que les seigneurs allemands étaient déjà tout établis.

Il y a des temps où il faut qu'un prince soit guerrier. Rodolphe, qui ne le fut pas, vit toute la Hongrie envahie par les Turcs. L'Allemagne était alors si mal administrée, qu'on fut obligé de faire une quête publique pour avoir de quoi s'opposer aux conquérants ottomans. Des troncs furent établis aux portes de toutes les églises : c'est la première guerre qu'on ait faite avec des aumônes; elle fut regardée comme sainte, et n'en fut pas plus heureuse; sans les troubles du sérail, il est vraisemblable que la Hongrie restait pour jamais sous le pouvoir de Constantinople.

On vit précisément en Allemagne, sous cet empereur, ce qu'on venait de voir en France sous Henri III, une ligue catholique contre une ligue protestante, sans que le souverain pût arrêter les efforts ni de l'une ni de l'autre. La religion, qui avait été si longtemps la cause de tant de troubles dans l'empire, n'en était plus que le prétexte. Il s'agissait de la succession aux duchés de Clèves et de Juliers. C'était encore une suite du gouvernement féodal; on ne pouvait guère décider que par les armes à qui ces fiefs appartenaient. Les maisons de Saxe, de Brandebourg, de Neubourg, les disputaient. L'archiduc Léopold, cousin de l'empereur, s'était mis en possession de Clèves, en attendant que l'affaire fût jugée. Cette querelle fut, comme nous l'avons vu, l'unique cause de la mort de Henri IV. Il allait marcher au secours de la ligue protestante. Ce prince victorieux, suivi de troupes aguerries, des plus grands généraux et des meilleurs ministres de l'Europe, était près de profiter de la faiblesse de Rodolphe et de Philippe III.

La mort de Henri IV, qui fit avorter cette grande entreprise, ne rendit pas Rodolphe plus heureux. Il avait cédé la Hongrie, l'Autriche, la Moravie, à son frère Mathias, lorsque le roi de France se préparait à marcher contre lui; et lorsqu'il fut délivré d'un ennemi si redoutable, il fut encore obligé de céder la Bohême à ce même Mathias; et en conservant le titre d'empereur, il vécut en homme privé.

Tout se fit sans lui sous son empire : il ne s'était pas même mêlé de la singulière affaire de Gerhard de Truchsès, électeur de Cologne, qui voulut garder son archevêché et sa femme, et qui fut chassé de son électorat par les armes de ses chanoines et de son compétiteur. Cette inaction singulière venait d'un principe plus singulier encore dans un empereur. La philosophie qu'il cultivait lui avait appris tout ce qu'on pouvait savoir alors, excepté à remplir ses devoirs de souverain. Il aimait beaucoup mieux s'instruire avec le fameux Tycho-Brahé que tenir les états de Hongrie et de Bohême.

Les fameuses tables astronomiques de Tycho-Brahé et de Kepler portent le nom de cet empereur; elles sont connues sous le nom de Tables Rodolphines, comme celles qui furent composées au douzième siècle, en Espagne, par deux Arabes, portèrent le nom du roi Alfonse. Les Allemands se distinguaient principalement dans ce siècle par les commencements de la véritable physique. Ils ne réussirent jamais dans les arts de goût comme les Italiens; à peine même s'y adonnèrent-ils. Ce n'est jamais qu'aux esprits patients et laborieux qu'appartient le don de l'invention dans les sciences naturelles. Ce génie se remarquait depuis long-temps en Allemagne, et s'étendait à leurs voisins du Nord. Tycho-Brahé était Danois. Ce fut une chose bien extraordinaire, surtout dans ce temps-là, de voir un gentilhomme danois dépenser cent mille écus de son bien à bâtir, avec le secours de Frédéric II, roi de Danemarck, non seulement un observatoire; mais une petite ville habitée par plusieurs savants : elle fut nommée Uranibourg, *la ville du ciel.* Tycho-Brahé avait, à la vérité, la faiblesse commune d'être persuadé de l'astrologie judiciaire; mais il n'en était ni moins bon astronome, ni moins habile mécanicien. Sa destinée fut celle des grands hommes; il fut persécuté dans sa patrie après la mort du roi son protecteur; mais il en trouva un autre dans l'empereur Rodolphe, qui le dédommagea de toutes ses pertes et de toutes les injustices des cours.

Copernic avait trouvé le vrai système du monde, avant que Tycho-Brahé inventât le sien, qui n'est qu'ingénieux. Le trait de lumière qui éclaire aujourd'hui le monde partit de la petite ville de Thorn, dans la Prusse polonaise, dès le milieu du seizième siècle.

Kepler, né dans le duché de Virtemberg, devina, au commencement du dix-septième siècle, les lois mathématiques du cours des astres, et fut regardé comme un législateur en astronomie. Le chancelier Bacon proposait alors de nouvelles sciences; mais Copernic et Kepler en inventaient. L'antiquité n'avait point fait de plus grands efforts, et la Grèce n'avait pas été illustrée par de plus belles découvertes; mais les autres arts fleurirent à-la-fois en Grèce, au lieu qu'en Allemagne la physique seule fut cultivée par un petit nombre de sages inconnus à la multitude : cette multitude était grossière; il y avait de vastes provinces où les hommes pensaient à peine, et on ne savait que se haïr pour la religion.

Enfin, la ligue catholique et la protestante plongèrent l'Allemagne dans une guerre civile de trente années, qui la réduisit dans un état plus déplorable que n'avait été celui de la France avant le règne paisible et heureux de Henri IV.

En l'an 1619, époque de la mort de l'empereur Mathias, successeur de Rodolphe, l'empire allait échapper à la maison d'Autriche; mais Ferdinand, archiduc de Gratz, réunit enfin les suffrages en sa faveur. Maximilien de Bavière, qui lui disputait l'empire, le lui céda : il fit plus, il soutint le trône impérial aux dépens de son sang et de ses trésors, et affermit la grandeur d'une maison qui depuis écrasa la sienne. Deux branches de la maison de Bavière réunies auraient pu changer le sort de l'Allemagne : ces deux branches sont celles des électeurs palatins et des ducs de Bavière. Deux grands obstacles s'opposaient à leur intelligence, la rivalité et la différence des religions. L'électeur palatin, Frédéric, était réformé, le duc de Bavière catholique. Cet électeur palatin fut un des plus malheureux princes de son temps, et la cause des longs malheurs de l'Allemagne.

Jamais les idées de liberté n'avaient prévalu dans l'Europe que dans ces temps-là. La Hongrie, la Bohême et l'Autriche même étaient aussi jalouses que les Anglais de leurs priviléges. Cet esprit dominait en Allemagne depuis les derniers temps de Charles-Quint. L'exemple des sept Provinces-Unies était sans cesse présent à des peuples qui prétendaient avoir les mêmes droits, et qui croyaient avoir plus de force que la Hollande.

Quand l'empereur Mathias fit élire, en 1618, son cousin Ferdinand de Gratz, roi désigné de Hongrie et de Bohême; quand il lui fit céder l'Autriche par les autres archiducs, la Hongrie, la Bohême, l'Autriche, se plaignirent également qu'on n'eût pas assez d'égard au droit des états. La religion entra dans les griefs des Bohémiens, et alors la fureur fut extrême. Les protestants voulurent rétablir des temples que les catholiques avaient fait abattre. Le conseil d'état de Mathias et de Ferdinand se déclara contre les protestants; ceux-ci entrèrent dans la chambre du conseil, et précipitèrent de la salle dans la rue trois principaux magistrats. Cet emportement ne caractérise que la violence du peuple, violence toujours plus grande que les tyrannies dont il se plaint : mais ce qu'il y eut de plus étrange, c'est que les révoltés prétendirent, par un manifeste, qu'ils n'avaient fait que suivre les lois, et qu'ils avaient le droit de jeter par les fenêtres des conseillers qui les opprimaient. L'Autriche prit le parti de la Bohême, et ce fut parmi ces troubles que Ferdinand de Gratz fut élu empereur.

Sa nouvelle dignité n'en imposa point aux protestants de Bohême, qui étaient alors très redoutables : ils se crurent en droit de destituer le roi qu'ils avaient élu, et ils offrirent leur couronne à l'électeur palatin, gendre du roi d'Angleterre, Jacques Ier. Il accepta ce trône (19 novembre 1620), sans avoir assez de force pour s'y maintenir. Son parent, Maximilien de Bavière, avec les troupes impériales et les siennes, lui fit perdre à la bataille de Prague et sa couronne et son palatinat.

Cette journée fut le commencement d'un carnage de trente années. La victoire de Prague décida pour quelque temps l'ancienne querelle des princes de l'empire et de l'empereur : elle rendit Ferdinand II despotique (1621). Il mit l'électeur palatin au ban de l'empire, par un simple arrêt de son conseil aulique, et proscrivit tous les princes et tous les seigneurs de son parti, au mépris des capitulations impériales, qui ne pouvaient être un frein que pour les faibles.

L'électeur palatin fuyait en Silésie, en Danemarck, en Hollande, en Angleterre, en France; il fut au nombre des princes malheureux à qui la fortune manqua toujours, privé de toutes les ressources sur lesquelles il devait compter. Il ne fut point secouru par son beau-père, le roi d'Angleterre, qui se refusa aux cris de sa nation, aux sollicitations de son gendre et aux intérêts du parti protestant, dont il pouvait être le chef; il ne fut point aidé par Louis XIII, malgré l'intérêt visible qu'avait ce prince à empêcher les princes d'Allemagne d'être opprimés. Louis XIII n'était point alors gouverné par le cardinal de Richelieu. Il ne resta bientôt à la maison palatine, et à l'union protestante d'Allemagne, d'autres secours que deux guerriers qui avaient chacun une petite armée vagabonde, comme les *Condottieri* d'Italie : l'un était un prince de Brunsvick, qui n'avait pour tout état que l'administration ou l'usurpation de l'évêché d'Halberstadt; il s'intitulait *ami de Dieu, et ennemi des prêtres*, et méritait ce dernier titre, puisqu'il ne subsistait que du pillage des églises : l'autre, soutien de ce parti alors ruiné, était un aventurier, bâtard de la maison de *Mansfeld*, aussi digne du titre d'*ennemi des prêtres* que le prince de Brunsvick. Ces deux secours pouvaient bien servir à désoler une partie de l'Allemagne, mais non pas à rétablir le palatin et l'équilibre des princes.

(1623) L'empereur, affermi alors en Allemagne, assemble une diète à Ratisbonne, dans laquelle il déclare que « l'électeur palatin s'étant rendu criminel « de lèse-majesté, ses états, ses biens, ses dignités, « sont dévolus au domaine impérial; mais que ne vou- « lant pas diminuer le nombre des électeurs, il veut, « commande et ordonne que Maximilien de Bavière « soit investi de l'électorat palatin. » Il donna en effet cette investiture du haut du trône, et son vice-chancelier prononça que l'empereur conférait cette dignité de *sa pleine puissance*.

La ligue protestante, près d'être écrasée, fit de nouveaux efforts pour prévenir sa ruine entière. Elle mit à sa tête le roi de Danemarck, Christiern IV. L'Angleterre fournit quelque argent; mais ni l'argent des Anglais, ni les troupes de Danemarck, ni Brunsvick, ni Mansfeld, ne prévalurent contre l'empereur, et ne servirent qu'à dévaster l'Allemagne. Ferdinand II triomphait de tout par les mains de ses deux généraux, le duc de Valstein et le comte Tilly. Le roi de Danemarck était toujours battu à la tête de ses armées, et Ferdinand, sans sortir de sa maison, était victorieux et tout puissant.

Il mettait au ban de l'empire le duc de Meckelbourg, l'un des chefs de l'union protestante, et donnait ce duché à Valstein son général. Il proscrivait de même le duc Charles de Mantoue, pour s'être mis en possession, sans ses ordres, de son pays qui lui appartenait par les droits du sang. Les troupes impériales surprirent et saccagèrent Mantoue; elles répandirent la terreur en Italie. Il commençait à resserrer cette ancienne chaîne qui avait lié l'Italie à l'Empire, et qui était relâchée depuis si long-temps. Cent cinquante mille soldats, qui vivaient à discrétion dans l'Allemagne, rendaient sa puissance absolue. Cette puissance s'exerçait alors sur un peuple bien malheureux; on en peut juger par la monnaie, dont la valeur numéraire était alors quatre fois au-dessus de la valeur ancienne, et qui était encore altérée. Le duc de Valstein disait publiquement que le temps était venu de réduire les électeurs à la condition des ducs et pairs de France, et les évêques à la qualité de chapelains de l'empereur. C'est ce même Valstein qui voulut depuis se rendre indépendant, et qui ne voulait asservir ses supérieurs que pour s'élever sur eux.

L'usage que Ferdinand II fesait de son bonheur et de sa puissance, fut ce qui détruisit l'un et l'autre. Il voulut se mêler en maître des affaires de la Suède et de la Pologne, et prendre parti contre le jeune Gustave-Adolphe, qui soutenait alors ses prétentions contre le roi de Pologne, Sigismond, son parent. Ainsi ce fut lui-même qui, en forçant ce prince à venir en Allemagne, prépara sa propre ruine. Il hâta encore son malheur, en réduisant les princes protestants au désespoir.

Ferdinand II se crut, avec raison, assez puissant pour casser la paix de Passau, faite par Charles-Quint, pour ordonner de sa seule autorité à tous les princes, à tous les seigneurs, de rendre les évêchés et les bénéfices dont ils s'étaient emparés (1629). Cet édit est encore plus fort que celui de la révocation de l'édit de Nantes, qui a fait tant de bruit sous Louis XIV. Ces deux entreprises semblables ont eu des succès bien différents. Gustave-Adolphe, appelé alors par les princes protestants que le roi de Danemarck n'osait plus secourir, vint les venger en se vengeant lui-même.

L'empereur voulait rétablir l'Église pour en être le maître; et le cardinal de Richelieu se déclara contre lui. Rome même le traversa. La crainte de sa puissance était plus forte que l'intérêt de la religion. Il n'était pas plus extraordinaire que le ministre du roi très chrétien, et la cour de Rome même, soutinssent le parti protestant contre un empereur redoutable, qu'il ne l'avait été de voir François I*er* et Henri II ligués avec les Turcs contre Charles-Quint. C'est la plus forte démonstration que la religion se tait quand l'intérêt parle.

On aime à attribuer toutes les grandes choses à un seul homme quand il en a fait quelques unes. C'est un préjugé fort commun en France, que le cardinal de Richelieu attira les armes de Gustave-Adolphe en Allemagne, et prépara seul cette révolution; mais il est évident qu'il ne fit autre chose que profiter des conjonctures. Ferdinand II avait en effet déclaré la guerre à Gustave; il voulait lui enlever la Livonie, dont ce jeune conquérant s'était emparé; il soutenait contre lui Sigismond, son compétiteur au royaume de Suède; il lui refusait le titre de roi. L'intérêt, la vengeance, et la fierté, appelaient Gustave en Allemagne; et quand même, lorsqu'il fut en Poméranie, le ministère de France ne l'eût pas assisté de quelque argent, il n'en aurait pas moins tenté la fortune des armes dans une guerre déjà commencée.

(1631) Il était vainqueur en Poméranie quand la France fit son traité avec lui. Trois cent mille francs une fois payés, et neuf cent mille par an qu'on lui donna, n'étaient ni un objet important, ni un grand effort de politique, ni un secours suffisant. Gustave-Adolphe fit tout par lui-même. Arrivé en Allemagne avec moins de quinze mille hommes, il en eut bientôt près de quarante mille, en recrutant dans le pays qui les nourrissait, en fesant servir l'Allemagne même à ses conquêtes en Allemagne. Il force l'électeur de Brandebourg à lui assurer la forteresse de Spandau et tous les passages; il force l'électeur de Saxe à lui donner ses propres troupes à commander.

L'armée impériale commandée par Tilly est entièrement défaite aux portes de Leipsick (17 septembre 1631). Tout se soumet à lui des bords de l'Elbe à ceux du Rhin. Il rétablit tout d'un coup le duc de Meckelbourg dans ses états, à un bout de l'Allemagne; et il est déjà à l'autre bout, dans le Palatinat, après avoir pris Mayence.

L'empereur, immobile dans Vienne, tombé en moins d'une campagne de ce haut degré de grandeur qui avait paru si redoutable, est réduit à demander au pape Urbain VIII de l'argent et des troupes : on lui refusa l'un et l'autre. Il veut engager la cour de Rome à publier une croisade contre Gustave; le saint-père promet un jubilé au lieu de croisade. Gustave traverse en victorieux toute l'Allemagne; il amène dans Munich l'électeur palatin, qui eut du moins la consolation d'entrer dans le palais de celui qui l'avait dépossédé. Cet électeur allait être rétabli dans son palatinat, et même dans le royaume de Bohême, par les mains du conquérant, lorsqu'à la seconde bataille auprès de Leipsick, dans les plaines de Lutzen, Gustave fut tué au milieu de sa victoire (16 novembre 1632). Cette mort fut fatale au palatin, qui étant alors malade, et croyant être sans ressource, termina sa malheureuse vie.

Si l'on demande comment autrefois des essaims venus du Nord conquirent l'empire romain, qu'on voie ce que Gustave a fait en deux ans contre des peuples plus belliqueux que n'était alors cet empire, et l'on ne sera point étonné.

C'est un événement bien digne d'attention, que ni la mort de Gustave, ni la minorité de sa fille Christine, reine de Suède, ni la sanglante défaite des Suédois à Nordlingen, ne nuisit point à la conquête. Ce fut alors que le ministère de France joua en effet le rôle principal; il fit la loi aux Suédois et aux princes protestants d'Allemagne, en les soutenant; et ce fut ce qui valut depuis l'Alsace au roi de France, aux dépens de la maison d'Autriche.

Gustave-Adolphe avait laissé après lui de très grands généraux qu'il avait formés : c'est ce qui est arrivé à presque tous les conquérants. Ils furent secondés par un héros de la maison de Saxe, Bernard de Veimar, descendant de l'ancienne branche électorale dépossédée par Charles-Quint, et respirant encore la haine contre la maison d'Autriche. Ce prince n'avait pour tout bien qu'une petite armée qu'il avait levée dans ces temps de trouble, formée et aguerrie par lui, et dont la solde était au bout de leurs épées. La France payait cette armée, et payait alors les Suédois. L'empereur, qui ne sortait point de son cabinet, n'avait plus de grand général à leur opposer; il s'était défait lui-même du seul homme qui pouvait rétablir ses armes et son trône : il craignit que ce fameux duc de Valstein, auquel il avait donné un pouvoir sans bornes sur ses armées, ne se servît contre lui de ce pouvoir dangereux; (3 février 1634) il fit assassiner ce général qui voulait être indépendant.

C'est ainsi que Ferdinand Ier s'était défait, par un assassinat, du cardinal Martinusius, trop puissant en Hongrie, et que Henri III avait fait périr le cardinal et le duc de Guise.

Si Ferdinand II avait commandé lui-même ses armées, comme il le devait dans ces conjonctures critiques; il n'eût point eu besoin de recourir à cette vengeance des faibles, qu'il crut nécessaire, et qui ne le rendit pas plus heureux.

Jamais l'Allemagne ne fut plus humiliée que dans ce temps : un chancelier suédois y dominait et y tenait sous sa main tous les princes protestants. Ce chancelier Oxenstiern, animé d'abord de l'esprit de Gustave-Adolphe, son maître, ne voulait point que les Français partageassent le fruit des conquêtes de Gustave; mais, après la bataille de Nordlingen, il fut obligé de prier le ministre français de daigner s'emparer de l'Alsace sous le titre de protecteur. Le cardinal de Richelieu promit l'Alsace à Bernard de Veimar, et fit ce qu'il put pour l'assurer à la France. Jusque-là ce ministre avait temporisé et agi sous main; mais alors il éclata. Il déclara la guerre aux deux branches de la maison d'Autriche, affaiblies toutes les deux en Espagne et dans l'empire. C'est là le fort de cette guerre de trente années. La France, la Suède, la Hollande, la Savoie, attaquaient à-la-fois la maison d'Autriche, et le vrai système de Henri IV était suivi.

(15 février 1637) Ferdinand II mourut dans ces tristes circonstances, à l'âge de cinquante-neuf ans, après dix-huit ans d'un règne toujours troublé par des guerres intestines et étrangères, n'ayant jamais combattu que de son cabinet. Il fut très malheureux, puisque dans ses succès il se crut obligé d'être sanguinaire, et qu'il fallut soutenir ensuite de grands revers. L'Allemagne était plus malheureuse que lui, ravagée tour-à-tour par elle-même, par les Suédois et les Français, éprouvant la famine, la disette, et plongée dans la barbarie, suite inévitable d'une guerre si longue et si malheureuse.

Ferdinand II a été loué comme un grand empereur, et l'Allemagne ne fut jamais plus à plaindre que sous son gouvernement; elle avait été heureuse sous ce Rodolphe II qu'on méprise.

Ferdinand II laissa l'empire à son fils, Ferdinand III, déjà élu roi des Romains; mais il ne lui laissa qu'un empire déchiré, dont la France et la Suède partagèrent les dépouilles.

Sous le règne de Ferdinand III, la puissance autrichienne déclina toujours. Les Suédois, établis dans l'Allemagne, n'en sortirent plus : la France, jointe à eux, soutenait toujours le parti protestant de son argent et de ses armes ; et, quoiqu'elle fût elle-même embarrassée dans une guerre d'abord malheureuse contre l'Espagne ; quoique le ministère eût souvent des conspirations ou des guerres civiles à étouffer, cependant elle triompha de l'empire, comme un homme blessé terrasse avec du secours un ennemi plus blessé que lui.

Le duc Bernard de Veimar, descendant de l'infortuné duc de Saxe, dépossédé par Charles-Quint, vengea sur l'Autriche les malheurs de sa race. Il avait été l'un des généraux de Gustave, et il n'y eut pas un seul de ces généraux qui, depuis sa mort, ne soutînt la gloire de la Suède. Le duc de Veimar fut le plus fatal de tous à l'empereur. Il avait commencé, à la vérité, par perdre la grande bataille de Nordlingen ; mais ayant depuis rassemblé avec l'argent de la France une armée qui ne reconnaissait que lui, il gagna quatre batailles, en moins de quatre mois, contre les Impériaux. Il comptait se faire une souveraineté le long du Rhin. La France même lui garantissait, par son traité, la possession de l'Alsace.

(1639) Ce nouveau conquérant mourut à trente-cinq ans, et légua son armée à ses frères, comme on lègue son patrimoine ; mais la France, qui avait plus d'argent que les frères du duc de Veimar, acheta l'armée, et continua les conquêtes pour elle. Le maréchal de Guébriant, le vicomte de Turenne, et le duc d'Enghien, depuis le grand Condé, achevèrent ce que le duc de Veimar avait commencé. Les généraux suédois Bannier et Torstenson pressaient l'Autriche d'un côté, tandis que Turenne et Condé l'attaquaient de l'autre.

Ferdinand III, fatigué de tant de secousses, fut obligé de conclure enfin la paix de Vestphalie. Les Suédois et les Français furent, par ce fameux traité, les législateurs de l'Allemagne dans la politique et dans la religion. La querelle des empereurs et des princes de l'empire, qui durait depuis sept cents ans, fut enfin terminée. L'Allemagne fut une grande aristocratie, composée d'un roi, des électeurs, des princes et des villes impériales. Il fallut que l'Allemagne épuisée payât encore cinq millions de rixdales aux Suédois, qui l'avaient dévastée et pacifiée. Les rois de Suède devinrent princes de l'empire, en se fesant céder la plus belle partie de la Poméranie, Stetin, Vismar, Rugen, Verden, Brême, et des territoires considérables. Le roi de France devint landgrave d'Alsace, sans être prince de l'empire.

La maison palatine fut enfin rétablie dans ses droits, excepté dans le Haut-Palatinat, qui demeura à la branche de Bavière. Les prétentions des moindres gentilshommes furent discutées devant les plénipotentiaires, comme dans une cour suprême de justice. Il y eut cent quarante restitutions d'ordonnées, et qui furent faites. Les trois religions, la romaine, la luthérienne, et la calviniste, furent également autorisées. La chambre impériale fut composée de vingt-quatre membres protestants, et de vingt-six catholiques, et l'empereur fut obligé de recevoir six protestants jusque dans son conseil aulique à Vienne.

L'Allemagne, sans cette paix, serait devenue ce qu'elle était sous les descendants de Charlemagne, un pays presque sauvage. Les villes étaient ruinées de la Silésie jusqu'au Rhin, les campagnes en friche, les villages déserts; la ville de Magdebourg, réduite en cendres par le général impérial Tilly, n'était point rebâtie; le commerce d'Augsbourg et de Nuremberg avait péri. Il ne restait guère de manufactures que celles de fer et d'acier; l'argent était d'une rareté extrême; toutes les commodités de la vie ignorées; les mœurs se ressentaient de la dureté que trente ans de guerre avaient mise dans tous les esprits. Il a fallu un siècle entier pour donner à l'Allemagne tout ce qui lui manquait. Les réfugiés de France ont commencé à y porter cette réforme, et c'est de tous les pays celui qui a retiré le plus d'avantages de la révocation de l'édit de Nantes. Tout le reste s'est fait de soi-même et avec le temps. Les arts se communiquent toujours de proche en proche; et enfin l'Allemagne est devenue aussi florissante que l'était l'Italie au seizième siècle, lorsque tant de princes entretenaient à l'envi dans leurs cours la magnificence et la politesse.

CHAPITRE CLXXIX.

De l'Angleterre jusqu'à l'année 1641.

Si l'Espagne s'affaiblit après Philippe II, si la France tomba dans la décadence et dans le trouble après Henri IV jusqu'aux grands succès du cardinal de Richelieu, l'Angleterre déchut long-temps depuis le règne d'Élisabeth. Son successeur, Jacques I*er*, devait avoir plus d'influence qu'elle dans l'Europe, puisqu'il joignait à la couronne d'Angleterre celle d'Écosse; et cependant son règne fut bien moins glorieux.

Il est à remarquer que les lois de la succession au trône n'avaient pas en Angleterre cette sanction et cette force incontestable qu'elles ont en France et en Espagne. (1603) On compte pour un des droits de Jacques le testament d'Élisabeth qui l'appelait à la couronne; et Jacques avait craint de n'être pas nommé dans le testament d'une reine respectée, dont les dernières volontés auraient pu diriger la nation.

Malgré ce qu'il devait au testament d'Élisabeth, il ne porta point le deuil de la meurtrière de sa mère. Dès qu'il fut reconnu roi, il crut l'être de droit divin; il se fesait traiter, par cette raison, de *sacrée majesté*. Ce fut là le premier fondement du mécontentement de la nation, et des malheurs inouïs de son fils et de sa postérité.

Dans le temps paisible des premières années de son règne, il se forma la plus horrible conspiration qui soit jamais entrée dans l'esprit humain; tous les autres complots qu'ont produits la vengeance, la politique, la barbarie des guerres civiles, le fanatisme même, n'approchent pas de l'atrocité de la conjuration des poudres. Les catholiques romains d'Angleterre s'étaient attendus à des condescendances que le roi n'eut point pour eux; quelques uns, possédés plus que les autres de cette fureur de parti, et de cette mélancolie sombre qui détermine aux grands crimes, résolurent de faire régner leur religion en Angleterre, en exterminant d'un seul coup le roi, la famille royale, et tous les pairs du royaume. (Février 1605) Un Piercy, de la maison de Northumberland, un Catesby, et plusieurs autres, conçurent l'idée de mettre trente-six tonneaux de poudre sous la chambre où le roi devait haranguer son parlement. Jamais crime ne fut d'une exécution plus facile, et jamais succès ne parut plus assuré. Personne ne pouvait soupçonner une entreprise si inouïe ; aucun empêchement n'y pouvait mettre obstacle. Les trente-six barils de poudre, achetés en Hollande, en divers temps, étaient déjà placés sous les solives de la chambre, dans une cave de charbon louée depuis plusieurs mois par Piercy. On n'attendait que le jour de l'assemblée : il n'y aurait eu à craindre que le remords de quelque conjuré ; mais les jésuites Garnet et Oldcorn, auxquels ils s'étaient confessés, avaient écarté les remords. Piercy, qui allait sans pitié faire périr la noblesse et le roi, eut pitié d'un de ses amis, nommé Monteagle, pair du royaume; et ce seul mouvement d'humanité fit avorter l'entreprise. Il écrivit par une main étrangère à ce pair : « Si « vous aimez votre vie, n'assistez point à l'ouverture « du parlement; Dieu et les hommes concourent à pu- « nir la perversité du temps : le danger sera passé en « aussi peu de temps que vous en mettrez à brûler « cette lettre. »

Piercy, dans sa sécurité, ne croyait pas possible qu'on devinât que le parlement entier devait périr par un amas de poudre. Cependant la lettre ayant été lue dans le conseil du roi, et personne n'ayant pu conjecturer la nature du complot, dont il n'y avait pas le moindre indice, le roi, réfléchissant sur le peu de temps que le danger devait durer, imagina précisément quel était le dessein des conjurés. On va par son ordre, la nuit même qui précédait le jour de l'assemblée, visiter les caves sous la salle : on trouve un homme à la porte, avec une mèche, et un cheval qui l'attendait : on trouve les trente-six tonneaux.

Piercy et les chefs, au premier avis de la découverte, eurent encore le temps de rassembler cent cavaliers catholiques, et vendirent chèrement leurs vies. Huit conjurés seulement furent pris et exécutés; les deux jésuites périrent du même supplice. Le roi soutint publiquement qu'ils avaient été légitimement condamnés; leur ordre les soutint innocents, et en fit des martyrs. Tel était l'esprit du temps dans tous les pays où les querelles de la religion aveuglaient et pervertissaient les hommes.

Cependant la conspiration des poudres fut le seul grand exemple d'atrocité que les Anglais donnèrent au monde sous le règne de Jacques Ier. Loin d'être persécuteur, il embrassait ouvertement le tolérantisme; il censura vivement les presbytériens, qui enseignaient alors que l'enfer est nécessairement le partage de tout catholique romain.

Son règne fut une paix de vingt-deux années : le commerce florissait; la nation vivait dans l'abondance. Ce règne fut pourtant méprisé au-dehors et au-dedans. Il le fut au-dehors, parcequ'étant à la tête du parti protestant en Europe, il ne le soutint pas contre le parti catholique, dans la grande crise de la guerre de

Bohême, et que Jacques abandonna son gendre, l'électeur palatin; négociant quand il fallait combattre, trompé à-la-fois par la cour de Vienne et par celle de Madrid, envoyant toujours de célèbres ambassades, et n'ayant jamais d'alliés.

Son peu de crédit chez les nations étrangères contribua beaucoup à le priver de celui qu'il devait avoir chez lui. Son autorité en Angleterre éprouva un grand déchet par le creuset où il la mit lui-même, en voulant lui donner trop de poids et trop d'éclat, ne cessant de dire à son parlement que Dieu l'avait fait maître absolu, que tous leurs priviléges n'étaient que des concessions de la bonté des rois. Par là il excita les parlements à examiner les bornes de l'autorité royale, et l'étendue des droits de la nation. On chercha dès-lors à poser des limites qu'on ne connaissait pas bien encore.

L'éloquence du roi ne servit qu'à lui attirer des critiques sévères : on ne rendit pas à son érudition toute la justice qu'il croyait mériter. Henri IV ne l'appelait jamais que *Maître Jacques;* et ses sujets ne lui donnaient pas des titres plus flatteurs. Aussi il disait à son parlement : « Je vous ai joué de la flûte, et vous n'a- « vez point dansé; je vous ai chanté des lamentations, « et vous n'avez point été attendris. » Mettant ainsi ses droits en compromis par de vains discours mal reçus, il n'obtint presque jamais l'argent qu'il demandait. Ses libéralités et son indigence l'obligèrent, comme plusieurs autres princes, de vendre des dignités et des titres que la vanité paie toujours chèrement. Il créa deux cents chevaliers baronnets héréditaires;

ce faible honneur fut payé deux mille livres sterling par chacun d'eux. Toute la prérogative de ces baronnets consistait à passer devant les chevaliers : ni les uns ni les autres n'entraient dans la chambre des pairs; et le reste de la nation fit peu de cas de cette distinction nouvelle.

Ce qui aliéna surtout les Anglais de lui, ce fut son abandonnement à ses favoris. Louis XIII, Philippe III, et Jacques, avaient en même temps le même faible; et, tandis que Louis XIII était absolument gouverné par Cadenet, créé duc de Luines, Philippe III par Sandoval, fait duc de Lerme, Jacques l'était par un Écossais nommé *Carr*, qu'il fit comte de Sommerset; et depuis il quitta ce favori pour Georges Villiers, comme une femme abandonne un amant pour un autre.

Ce George Villiers est ce même Buckingham, fameux alors dans l'Europe par les agréments de sa figure, par ses galanteries, et par ses prétentions. Il fut le premier gentilhomme qui fut duc en Angleterre sans être parent ou allié des rois. C'était un de ces caprices de l'esprit humain, qu'un roi théologien, écrivant sur la controverse, se livrât sans réserve à un héros de roman. Buckingham mit dans la tête du prince de Galles, qui fut depuis l'infortuné Charles Ier, d'aller déguisé, et sans aucune suite, faire l'amour, dans Madrid, à l'infante d'Espagne, dont on ménageait alors le mariage avec ce jeune prince; s'offrant à lui servir d'écuyer dans ce voyage de chevalerie errante. Jacques, que l'on appelait *le Salomon d'Angleterre*, donna les mains à cette bizarre aventure, dans laquelle il hasardait la sûreté de son fils. Plus il fut obligé de ménager alors la branche d'Autriche, moins il put servir la cause protestante et celle du palatin son gendre.

Pour rendre l'aventure complète, le duc de Buckingham, amoureux de la duchesse d'Olivarès, outragea de paroles le duc son mari, premier ministre, rompit le mariage avec l'infante, et ramena le prince de Galles en Angleterre aussi précipitamment qu'il en était parti. Il négocia aussitôt le mariage de Charles avec Henriette, fille de Henri IV et sœur de Louis XIII ; et, quoiqu'il se laissât emporter en France à de plus grandes témérités qu'en Espagne, il réussit : mais Jacques ne regagna jamais dans sa nation le crédit qu'il avait perdu. Ces prérogatives de la majesté royale, qu'il mêlait dans tous ses discours, et qu'il ne soutint point par ses actions, firent naître une faction qui renversa le trône, et en disposa plus d'une fois après l'avoir souillé de sang. Cette faction fut celle des puritains, qui a subsisté long-temps sous le nom de *whigs*; et le parti opposé, qui fut celui de l'église anglicane et de l'autorité royale, a pris le nom de *torys*. Ces animosités inspirèrent dès-lors à la nation un esprit de dureté, de violence, et de tristesse, qui étouffa le germe des sciences et des arts à peine développé.

Quelques génies, du temps d'Élisabeth, avaient défriché le champ de la littérature, toujours inculte jusqu'alors en Angleterre. Shakespeare, et après lui Ben-Johnson, paraissaient dégrossir le théâtre barbare de la nation. Spencer avait ressuscité la poésie épique. François Bacon, plus estimable dans ses travaux littéraires que dans sa place de chancelier, ouvrait une carrière toute nouvelle à la philosophie. Les esprits se polissaient, s'éclairaient. Les disputes du clergé, et les animosités entre le parti royal et le parlement, ramenèrent la barbarie.

Les limites du pouvoir royal, des priviléges parlementaires, et des libertés de la nation, étaient difficiles à discerner, tant en Angleterre qu'en Écosse. Celles des droits de l'épiscopat anglican et écossais ne l'étaient pas moins. Henri VIII avait renversé toutes les barrières; Élisabeth en trouva quelques-unes nouvellement posées, qu'elle abaissa et qu'elle releva avec dextérité. Jacques Ier disputa : il ne les abattit point, mais il prétendit qu'il fallait les abattre toutes; et la nation, avertie par lui, se préparait à les défendre. (1625 et suiv.) Charles Ier, bientôt après son avénement, voulut faire ce que son père avait trop proposé, et qu'il n'avait point fait.

L'Angleterre était en possession, comme l'Allemagne, la Pologne, la Suède, le Danemarck, d'accorder à ses souverains les subsides comme un don libre et volontaire. Charles Ier voulut secourir l'électeur palatin, son beau-frère, et les protestants, contre l'empereur. Jacques, son père, avait enfin entamé ce dessein, la dernière année de sa vie, lorsqu'il n'en était plus temps. Il fallait de l'argent pour envoyer des troupes dans le Bas-Palatinat; il en fallait pour les autres dépenses : ce n'est qu'avec ce métal qu'on est puissant, depuis qu'il est devenu le signe représentatif de toutes choses. Le roi en demandait comme une dette; le parlement n'en voulait accorder que comme un don gratuit; et avant de l'accorder, il voulait que le roi réformât des abus. Si l'on attendait dans chaque royaume que tous les abus fussent réformés pour avoir de quoi lever des troupes, on ne ferait jamais la guerre. Charles Ier était déterminé par sa sœur, la princesse palatine, à cet arrangement; c'était elle qui avait forcé le prince son mari à recevoir la couronne de Bohême, qui ensuite avait, pendant cinq ans entiers, sollicité le roi son père à la secourir, et qui enfin obtenait, par les inspirations du duc de Buckingham, un secours si long-temps différé. Le parlement ne donna qu'un très léger subside. Il y avait quelques exemples en Angleterre de rois qui, ne voulant point assembler de parlement, et ayant besoin d'argent, en avaient extorqué des particuliers par voie d'emprunt. Le prêt était forcé : celui qui prêtait perdait d'ordinaire son argent, et celui qui ne prêtait pas était mis en prison. Ces moyens tyranniques avaient été mis en usage dans des occasions où un roi affermi et armé pouvait exercer impunément quelques vexations. Charles Ier se servit de cette voie, qu'il adoucit; il emprunta quelques deniers, avec lesquels il eut une flotte et des soldats, qui revinrent sans avoir rien fait.

(1626) Il fallut assembler un parlement nouveau. La chambre des communes, au lieu de secourir le roi, poursuivit son favori, le duc de Buckingham, dont la puissance et la fierté révoltaient la nation. Charles, loin de souffrir l'outrage qu'on lui fesait dans la personne de son ministre, fit mettre en prison deux membres de la chambre des plus ardents à l'accuser. Cet acte de despotisme, qui violait les lois, ne fut pas soutenu; et la faiblesse avec laquelle il relâcha les deux prisonniers enhardit contre lui les esprits, que la détention de ces deux membres avait irrités. Il mit en prison pour le même sujet un pair du royaume, et le relâcha de même. Ce n'était pas le moyen d'obtenir des subsides; aussi n'en eut-il point. Les emprunts forcés continuèrent. On logea des gens de guerre chez les bourgeois qui ne voulurent pas prêter, et cette conduite acheva d'aliéner tous les cœurs. Le duc de Buckingham augmenta le mécontentement général par son expédition infructueuse à la Rochelle (1627). Un nouveau parlement fut convoqué, mais c'était assembler des citoyens irrités; ils ne songeaient qu'à rétablir les droits de la nation et du parlement : ils votèrent que la fameuse loi *Habeas corpus*, la gardienne de la liberté, ne devait jamais recevoir d'atteinte; qu'aucune levée de deniers ne devait être faite que par acte du parlement; et que c'était violer la liberté et la propriété, de loger les gens de guerre chez les bourgeois. Le roi s'opiniâtrant toujours à soutenir son autorité, et à demander de l'argent, affaiblissait l'une, et n'obtenait point l'autre. On voulait toujours faire le procès au duc de Buckingham. (1628) Un fanatique nommé *Felton*, comme on l'a déjà dit, rendu furieux par cette animosité générale, assassina le premier ministre dans sa propre maison et au milieu de ses courtisans. Ce coup fit voir quelle fureur commençait dès-lors à saisir la nation.

Il y avait un petit droit sur l'importation et l'exportation des marchandises, qu'on nommait *droit de tonnage et de pontage*. Le feu roi en avait toujours joui par acte du parlement, et Charles croyait n'avoir pas besoin d'un second acte. Trois marchands de Londres ayant refusé de payer cette petite taxe, les officiers de la douane saisirent leurs marchandises. Un de ces trois marchands était membre de la chambre basse. Cette chambre, ayant à soutenir à-la-fois ses libertés et celles du peuple, poursuivit les commis du roi. Le roi irrité cassa le parlement, et fit emprisonner quatre membres de la chambre. Ce sont là les faibles et premiers principes qui bouleversèrent tout l'état, et qui ensanglantèrent le trône.

A ces sources du malheur public se joignit le torrent des dissensions ecclésiastiques en Écosse. Charles voulut remplir les projets de son père dans la religion comme dans l'état. L'épiscopat n'avait point été aboli en Écosse au temps de la réformation, avant Marie Stuart ; mais ces évêques protestants étaient subjugués par les presbytériens. Une république de prêtres égaux entre eux gouvernait le peuple écossais. C'était le seul pays de la terre où les honneurs et les richesses ne rendaient pas les évêques puissants. La séance au parlement, les droits honorifiques, les revenus de leur siége, leur étaient conservés ; mais ils étaient pasteurs sans troupeau, et pairs sans crédit. Le parlement écossais, tout presbytérien, ne laissait subsister les évêques que pour les avilir. Les anciennes abbayes étaient entre les mains de séculiers, qui entraient au parlement en vertu de ce titre d'abbé. Peu-à-peu le nombre de ces abbés titulaires diminua. Jacques Ier rétablit l'épiscopat dans tous ses droits. Le roi d'Angleterre n'était pas reconnu chef de l'Église en Écosse ; mais étant né dans le pays, et prodiguant l'argent anglais, les pensions et les charges à plusieurs membres, il était plus maître à Édimbourg qu'à Londres. Le rétablissement de l'épiscopat n'empêcha pas l'assemblée presbytérienne de subsister. Ces deux corps se choquèrent toujours, et la république synodale l'emporta toujours sur la monarchie épiscopale. Jacques, qui regardait les évêques comme attachés au trône, et les calvinistes presbytériens comme ennemis du trône, crut qu'il réunirait le peuple écossais aux évêques en fesant recevoir une liturgie nouvelle, qui était précisément la liturgie anglicane. Il mourut avant d'accomplir ce dessein, que Charles son fils voulut exécuter.

La liturgie consistait dans quelques formules de prières, dans quelques cérémonies, dans un surplis que les célébrants devaient porter à l'église. A peine l'évêque d'Édimbourg eut fait lecture dans l'église des canons qui établissaient ces usages indifférents, que le peuple s'éleva contre lui en fureur et lui jeta des pierres. La sédition passa de ville en ville. Les presbytériens firent une ligue, comme s'il s'était agi du renversement de toutes les lois divines et humaines. D'un côté cette passion si naturelle aux grands de soutenir leurs entreprises, et de l'autre la fureur populaire, excitèrent une guerre civile en Écosse.

On ne sut pas alors ce qui la fomentait, et ce qui prépara la fin tragique de Charles; c'était le cardinal de Richelieu. Ce ministre-roi, voulant empêcher Marie de Médicis de trouver un asile en Angleterre chez sa fille, et engager Charles dans les intérêts de la France, essuya du monarque anglais, plus fier que politique, des refus qui l'aigrirent (1637). On lit, dans une lettre du cardinal au comte d'Estrades, alors envoyé en Angleterre, ces propres mots bien remarquables, que nous avons déjà rapportés : « Le roi et « la reine d'Angleterre se repentiront, avant qu'il soit « un an, d'avoir négligé mes offres; on connaîtra bien- « tôt qu'on ne doit pas me mépriser. »

Il avait parmi ses secrétaires un prêtre irlandais, qu'il envoya à Londres et à Édimbourg semer la discorde avec de l'argent parmi les puritains; et la lettre au comte d'Estrades est encore un monument de cette manœuvre. Si l'on ouvrait toutes les archives, on y verrait toujours la religion immolée à l'intérêt et à la vengeance.

Les Écossais armèrent. Charles eut recours au clergé anglican, et même aux catholiques d'Angleterre, qui tous haïssaient également les puritains. Ils ne lui fournirent de l'argent que parceque c'était une guerre de religion; et il eut même jusqu'à vingt mille hommes pour quelques mois. Ces vingt mille hommes ne lui servirent guère qu'à négocier; et quand la plus grande partie de cette armée fut dissipée, faute de paie, les négociations devinrent plus difficiles. (1638 et suiv.) Il fallut donc se résoudre encore à la guerre. On trouve peu d'exemples dans l'histoire d'une grandeur d'ame pareille à celle des seigneurs qui composaient le conseil secret du roi : ils lui sacrifièrent tous une grande partie de leurs biens. Le célèbre Laud, archevêque de Cantorbéry, le marquis Hamilton surtout, se signalèrent dans cette générosité; et le fameux comte de Strafford donna seul vingt mille livres sterling : mais ces libéralités n'étant pas à beaucoup près suffisantes, le roi fut encore obligé de convoquer un parlement.

La chambre des communes ne regardait pas les Écossais comme des ennemis, mais comme des frères qui lui enseignaient à défendre ses privilèges. Le roi ne recueillit d'elle que des plaintes amères contre tous les moyens dont il se servait pour avoir des secours qu'elle lui refusait. Tous les droits que le roi s'était arrogés furent déclarés abusifs : impôt de tonnage et pontage, impôt de marine, vente de privilèges exclusifs à des marchands, logement de soldats par billets chez les bourgeois, enfin tout ce qui gênait la liberté publique. On se plaignit surtout d'une cour de justice nommée la *Chambre étoilée*, dont les arrêts avaient condamné trop sévèrement plusieurs citoyens. Charles cassa ce nouveau parlement, et aggrava ainsi les griefs de la nation.

Il semblait que Charles prît à tâche de révolter tous les esprits; car, au lieu de ménager la ville de Londres dans des circonstances si délicates, il lui fit intenter un procès devant la *Chambre étoilée* pour quelques terres en Irlande, et la fit condamner à une amende considérable. Il continua à exiger toutes les taxes contre lesquelles le parlement s'était récrié. Un roi despotique qui en aurait usé ainsi aurait révolté ses sujets; à plus forte raison un roi d'une monarchie limitée. Mal secouru par les Anglais, secrètement inquiété par les intrigues du cardinal de Richelieu, il ne put empêcher l'armée des puritains écossais de pénétrer jusqu'à Newcastle. Ayant ainsi préparé ses malheurs, il convoqua enfin le parlement, qui acheva sa ruine (1640).

Cette assemblée commença, comme toutes les autres, par lui demander la réparation des griefs, abolition de la *Chambre étoilée*, suppression des impôts arbitraires, et particulièrement de celui de la marine; enfin elle voulut que le parlement fût convoqué tous les trois ans. Charles, ne pouvant plus résister, accorda tout. Il crut regagner son autorité en pliant, et il se trompa. Il comptait que son parlement l'aiderait à se venger des Écossais, qui avaient fait une irruption en Angleterre; et ce même parlement leur fit présent de trois cent mille livres sterling pour les récompenser de la guerre civile. Il se flattait d'abaisser en Angleterre le parti des puritains, et presque toute la chambre des communes était puritaine. Il aimait tendrement le comte de Strafford, dévoué si généreusement à son service; et la chambre des communes, pour ce dévouement même, accusa Strafford de haute trahison. On lui imputa quelques malversations inévitables dans ces temps de troubles, mais commises toutes pour le service du roi, et surtout effacées par la grandeur d'ame avec laquelle il l'avait secouru. Les pairs le condamnèrent; il fallait le consentement du roi pour l'exécution. Le peuple féroce demandait ce sang à grands cris. (1641) Strafford poussa la vertu jusqu'à supplier lui-même le roi de consentir à sa mort; et le roi poussa la faiblesse jusqu'à signer cet acte fatal, qui apprit aux Anglais à répandre un sang plus précieux. On ne voit point dans les grands hommes de Plutarque une telle magnanimité dans un citoyen, ni une telle faiblesse dans un monarque.

CHAPITRE CLXXX.

Des malheurs et de la mort de Charles Ier.

L'Angleterre, l'Écosse, et l'Irlande, étaient alors partagées en factions violentes, ainsi que l'était la France : mais celles de la France n'étaient que des cabales de princes et de seigneurs contre un premier ministre qui les écrasait; et les partis qui divisaient le royaume de Charles Ier étaient des convulsions générales dans tous les esprits, une ardeur violente et réfléchie de changer la constitution de l'état, un dessein mal conçu chez les royalistes d'établir le pouvoir despotique, la fureur de la liberté dans la nation, la soif de l'autorité dans la chambre des communes, le desir vague dans les évêques d'écraser le parti calviniste-puritain; le projet formé chez les puritains d'humilier les évêques; et enfin le plan suivi et caché de ceux qu'on appelait *indépendants*, qui consistait à se servir des fautes de tous les autres pour devenir leurs maîtres.

(Octobre 1641) Au milieu de tous ces troubles, les catholiques d'Irlande crurent avoir trouvé enfin le temps de secouer le joug de l'Angleterre. La religion et la liberté, ces deux sources des plus grandes actions, les précipitèrent dans une entreprise horrible dont il n'y a d'exemples que dans la Saint-Barthélemi. Ils complotèrent d'assassiner tous les protestants de leur île, et en effet ils en égorgèrent plus de quarante mille. Ce massacre n'a pas dans l'histoire des crimes la même célébrité que la Saint-Barthélemi; il fut pourtant aussi général et aussi distingué par toutes les horreurs qui peuvent signaler un tel fanatisme. Mais cette dernière conspiration de la moitié d'un peuple contre l'autre, pour cause de religion, se fesait dans une île alors peu connue des autres nations; elle ne fut point autorisée par des personnages aussi considérables qu'une Catherine de Médicis, un roi de France, un duc de Guise : les victimes immolées n'étaient pas aussi illustres, quoique aussi nombreuses. La scène ne fut pas moins souillée de sang; mais le théâtre n'attirait pas les yeux de l'Europe. Tout retentit encore des fureurs de la Saint-Barthélemi, et les massacres d'Irlande sont presque oubliés.

Si on comptait les meurtres que le fanatisme a commis depuis les querelles d'Athanase et d'Arius jusqu'à nos jours, on verrait que ces querelles ont plus servi que les combats à dépeupler la terre : car dans les batailles on ne détruit que l'espèce mâle, toujours plus nombreuse que la femelle; mais dans les massacres faits pour la religion, les femmes sont immolées comme les hommes.

Pendant qu'une partie du peuple irlandais égorgeait l'autre, le roi Charles Ier était en Écosse, à peine pacifiée, et la chambre des communes gouvernait l'Angleterre. Ces catholiques irlandais, pour se justifier de ce massacre, prétendirent avoir reçu une commission du roi même pour prendre les armes; et Charles, qui demandait du secours contre eux à l'Écosse et à l'Angleterre, se vit accusé du crime même qu'il voulait punir. Le parlement d'Écosse le renvoie avec raison au parlement de Londres, parceque l'Irlande appartient en effet à l'Angleterre, et non pas à l'Écosse. Il retourne donc à Londres. La chambre basse, croyant ou feignant de croire qu'il a part en effet à la rébellion des Irlandais, n'envoie que peu d'argent et peu de troupes dans cette île, pour ne pas dégarnir le royaume, et fait au roi la remontrance la plus terrible.

Elle lui signifie « qu'il faut désormais qu'il n'ait « pour conseil que ceux que le parlement lui nomme- « ra; et en cas de refus elle le menace de prendre « des mesures. » Trois membres de la chambre allèrent lui présenter à genoux cette requête qui lui déclarait la guerre. Olivier Cromwel était déjà dans ce temps-là admis dans la chambre basse; et il dit que, « si ce projet de remontrance ne passait pas dans la « chambre, il vendrait le peu qu'il avait de bien, et « se retirerait de l'Angleterre. »

Ce discours prouve qu'il était alors fanatique de la liberté, que son ambition développée foula depuis aux pieds.

(1641) Charles n'osait pas alors dissoudre le parlement : on ne lui eût pas obéi. Il avait pour lui plusieurs officiers de l'armée assemblée auparavant contre l'Écosse, assidus auprès de sa personne. Il était soutenu par les évêques et les seigneurs catholiques épars dans Londres; eux qui avaient voulu, dans la conspiration des poudres, exterminer la famille royale, se livraient alors à ses intérêts: tout le reste était contre le roi. Déjà le peuple de Londres, excité par les puritains de la chambre basse, remplissait la ville de séditions; il criait à la porte de la chambre des pairs: « Point d'évêques ! point d'évêques ! » Douze prélats intimidés résolurent de s'absenter, et protestèrent contre tout ce qui se ferait pendant leur absence. La chambre des pairs les envoya à la Tour; et, bientôt après, les autres évêques se retirèrent du parlement.

Dans ce déclin de la puissance du roi, un de ses favoris, le lord Digby, lui donna le fatal conseil de la soutenir par un coup d'autorité. Le roi oublia que c'était précisément le temps où il ne fallait pas la compromettre. Il alla lui-même dans la chambre des communes pour y faire arrêter cinq sénateurs les plus opposés à ses intérêts, et qu'il accusait de haute trahison. Ces cinq membres s'étaient évadés; toute la chambre se récria sur la violation de ses priviléges. Le roi, comme un homme égaré qui ne sait plus à quoi se prendre, va de la chambre des communes à l'hôtel-de-ville lui demander du secours; le conseil de la ville ne lui répond que par des plaintes contre lui-même. Il se retire à Windsor; et là, ne pouvant plus soutenir la démarche qu'on lui avait conseillée, il écrit à la chambre basse « qu'il se désiste de ses « procédures contre ses membres, et qu'il prendra « autant de soin des priviléges du parlement que de « sa propre vie. » Sa violence l'avait rendu odieux, et le pardon qu'il en demandait le rendait méprisable.

La chambre basse commençait alors à gouverner

l'état. Les pairs sont en parlement *pour eux-mêmes*; c'est l'ancien droit des barons et des seigneurs de fiefs; les communes sont en parlement pour les villes et les bourgs dont elles sont députées. Le peuple avait bien plus de confiance dans ses députés, qui le représentent, que dans les pairs. Ceux-ci, pour regagner le crédit qu'ils perdaient insensiblement, entraient dans les sentiments de la nation, et soutenaient l'autorité d'un parlement dont ils étaient originairement la partie principale.

Pendant cette anarchie, les rebelles d'Irlande triomphent, et, teints du sang de leurs compatriotes, ils s'autorisent encore du nom du roi, et surtout de celui de la reine sa femme, parcequ'elle était catholique. Les deux chambres du parlement proposent d'armer les milices du royaume, bien entendu qu'elles ne mettront à leur tête que des officiers dépendants du parlement. On ne pouvait rien faire, selon la loi, au sujet des milices sans le consentement du roi. Le parlement s'attendait bien qu'il ne souscrirait pas à un établissement fait contre lui-même. Ce prince se retire, ou plutôt fuit vers le nord d'Angleterre. Sa femme, Henriette de France, fille de Henri IV, qui avait presque toutes les qualités du roi son père, l'activité et l'intrépidité, l'insinuation et même la galanterie, secourut en héroïne un époux à qui d'ailleurs elle était infidèle. Elle vend ses meubles et ses pierreries, emprunte de l'argent en Angleterre, en Hollande, donne tout à son mari, passe en Hollande elle-même pour solliciter des secours par le moyen de la princesse Marie, sa fille, femme du prince d'Orange. Elle négocie dans les cours du Nord; elle cherche partout de l'appui, excepté dans sa patrie, où le cardinal de Richelieu, son ennemi, et le roi son frère, étaient mourants.

La guerre civile n'était point encore déclarée. Le parlement avait de son autorité mis un gouverneur, nommé le chevalier Hotham, dans Hull, petite ville maritime de la province d'York. Il y avait depuis long-temps des magasins d'armes et de munitions. Le roi s'y transporte, et veut y entrer. Hotham fait fermer les portes, et conservant encore du respect pour la personne du roi, il se met à genoux sur les remparts, en lui demandant pardon de lui désobéir. On lui résista depuis moins respectueusement. Les manifestes du roi et du parlement inondent l'Angleterre. Les seigneurs attachés au roi se rendent auprès de lui. Il fait venir de Londres le grand sceau du royaume, sans lequel on avait cru qu'il n'y a point de loi; mais les lois que le parlement fesait contre lui n'en étaient pas moins promulguées. Il arbora son étendard royal à Nottingham; mais cet étendard ne fut d'abord entouré que de quelques milices sans armes. Enfin, avec les secours que lui fournit la reine sa femme, avec les présents de l'université d'Oxford qui lui donna toute son argenterie, et avec tout ce que ses amis lui fournirent, il eut une armée d'environ quatorze mille hommes.

Le parlement, qui disposait de l'argent de la nation, en avait une plus considérable. Charles protesta d'abord, en présence de la sienne, qu'il « maintiendrait « les lois du royaume, et les priviléges mêmes du par-

« lement armé contre lui, et qu'il vivrait et mourrait
« dans la véritable religion protestante. » C'est ainsi
que les princes, en fait de religion, obéissent plus
aux peuples que les peuples ne leur obéissent. Quand
une fois ce qu'on appelle le *dogme* est enraciné dans
une nation, il faut que le souverain dise qu'il mourra
pour ce dogme. Il est plus aisé de tenir ce discours
que d'éclairer le peuple[1].

Les armées du roi furent presque toujours commandées par le prince Robert, frère de l'infortuné Frédéric, électeur palatin, prince d'un grand courage, renommé d'ailleurs pour ses connaissances dans la physique, dans laquelle il fit des découvertes.

(1642) Les combats de Worcester et d'Edge-hill furent d'abord favorables à la cause du roi. Il s'avança jusqu'auprès de Londres. La reine sa femme lui amena de Hollande des soldats, de l'artillerie, des armes, des munitions. Elle repartit sur-le-champ pour aller chercher de nouveaux secours, qu'elle amena quel-

---

[1] Le dernier parti serait le plus noble et le plus sûr. Les princes ont cru faire un grand trait de politique, en se parant d'un zèle religieux; et ils n'ont fait par là que se mettre dans la dépendance des fanatiques de leur secte, et assurer aux partis politiques, soulevés contre eux, l'appui du fanatisme de toutes les autres; or cet appui seul a pu donner à ces partis la force de résister à l'autorité royale, ou de la détruire.

Il n'est pas même nécessaire, pour la sûreté et l'indépendance d'un prince, qu'il s'occupe directement du soin d'éclairer ses sujets; il suffit qu'il cesse de protéger, et surtout de payer ceux dont le métier est de le tromper.

Dans l'état actuel de l'Europe, toute révolution prompte est impossible, à moins que le fanatisme religieux n'en soit un des mobiles. Ainsi tous les soins que prend un prince pour protéger la religion, et empêcher le peuple de secouer le joug des prêtres, n'ont d'autre effet que de conserver aux factieux de ses états le seul moyen de renverser son trône, qu'ils puissent employer avec succès. K.

ques mois après. On reconnaissait dans cette activité courageuse la fille de Henri IV. Les parlementaires ne furent point découragés; ils sentaient leurs ressources : tout vaincus qu'ils étaient, ils agissaient comme des maîtres contre lesquels le roi était révolté.

Ils condamnaient à la mort, pour crime de haute trahison, les sujets qui voulaient rendre au roi des villes; et le roi ne voulut point alors user de représailles contre ses prisonniers. Cela seul peut justifier, aux yeux de la postérité, celui qui fut si criminel aux yeux de son peuple. Les politiques le justifient moins d'avoir trop négocié, tandis qu'il devait, selon eux, profiter d'un premier succès, et n'employer que ce courage actif et intrépide qui seul peut finir de pareils débats.

(1643) Charles et le prince Robert, quoique battus à Newbury, eurent pourtant l'avantage de la campagne. Le parlement n'en fut que plus opiniâtre. On voyait, ce qui est très rare, une compagnie plus ferme et plus inébranlable dans ses vues qu'un roi à la tête de son armée.

Les puritains, qui dominaient dans les deux chambres, levèrent enfin le masque; ils s'unirent solennellement avec l'Écosse, et signèrent (1648) le fameux *convenant*, par lequel ils s'engagèrent à détruire l'épiscopat. Il était visible, par ce *convenant*, que l'Écosse et l'Angleterre puritaines voulaient s'ériger en république : c'était l'esprit du calvinisme. Il tenta long-temps en France cette grande entreprise; il l'exécuta en Hollande : mais en France et en Angleterre, on ne pouvait arriver à ce but si cher aux peuples qu'à travers des flots de sang.

Tandis que le presbytérianisme armait ainsi l'Angleterre et l'Écosse, le catholicisme servait encore de prétexte aux rebelles d'Irlande, qui, teints du sang de quarante mille compatriotes, continuaient à se défendre contre les troupes envoyées par le parlement de Londres. Les guerres de religion, sous Louis XIII, étaient toutes récentes, et l'invasion des Suédois en Allemagne, sous prétexte de religion, durait encore dans toute sa force. C'était une chose bien déplorable que les chrétiens eussent cherché, durant tant de siècles, dans le dogme, dans le culte, dans la discipline, dans la hiérarchie, de quoi ensanglanter presque sans relâche la partie de l'Europe où ils sont établis.

La fureur de la guerre civile était nourrie par cette austérité sombre et atroce que les puritains affectaient. Le parlement prit ce temps pour faire brûler par le bourreau un petit livre du roi Jacques Ier, dans lequel ce monarque savant soutenait qu'il était permis de se divertir le dimanche après le service divin. On croyait par là servir la religion et outrager le roi régnant. Quelque temps après, ce même parlement s'avisa d'indiquer un jour de jeûne par semaine, et d'ordonner qu'on payât la valeur du repas qu'on se retranchait, pour subvenir à la guerre civile. L'empereur Rodolphe avait cru se soutenir contre les Turcs par des aumônes [1]. Le parti parlementaire essaya dans Londres de vaincre par des jeûnes.

---

[1] Voyez chap. CLXXVIII. B.

De tant de troubles qui ont si souvent bouleversé l'Angleterre avant qu'elle ait pris la forme stable et heureuse qu'elle a de nos jours, les troubles de ces années, jusqu'à la mort du roi, furent les seuls où l'excès du ridicule se mêla aux excès de la fureur. Ce ridicule, que les réformateurs avaient tant reproché à la communion romaine, devint le partage des presbytériens. Les évêques se conduisirent en lâches; ils devaient mourir pour défendre une cause qu'ils croyaient juste: mais les presbytériens se conduisirent en insensés; leurs habillements, leurs discours, leurs basses allusions aux passages de l'Évangile, leurs contorsions, leurs sermons, leurs prédications, tout en eux aurait mérité, dans des temps plus tranquilles, d'être joué à la foire de Londres, si cette farce n'avait pas été trop dégoûtante. Mais malheureusement l'absurdité de ces fanatiques se joignait à la fureur : les mêmes hommes dont les enfants se seraient moqués, imprimaient la terreur en se baignant dans le sang; et ils étaient à-la-fois les plus fous de tous les hommes et les plus redoutables.

Il ne faut pas croire que dans aucune des factions, ni en Angleterre, ni en Irlande, ni en Écosse, ni auprès du roi, ni parmi ses ennemis, il y eût beaucoup de ces esprits déliés qui, dégagés des préjugés de leur parti, se servent des erreurs et du fanatisme des autres pour les gouverner; ce n'était pas là le génie de ces nations. Presque tout le monde était de bonne foi dans le parti qu'il avait embrassé. Ceux qui en changeaient pour des mécontentements particuliers, changeaient presque tous avec hauteur. Les indépendants étaient les seuls qui cachassent leurs desseins : premièrement, parcequ'étant à peine comptés pour chrétiens, ils auraient trop révolté les autres sectes; en second lieu, parcequ'ils avaient des idées fanatiques de l'égalité primitive des hommes, et que ce système d'égalité choquait trop l'ambition des autres.

Une des grandes preuves de cette atrocité inflexible répandue alors dans les esprits, c'est le supplice de l'archevêque de Cantorbéry, Guillaume Laud, qui, après avoir été quatre ans en prison, fut enfin condamné par le parlement. Le seul crime bien constaté qu'on lui reprocha était de s'être servi de quelques cérémonies de l'Église romaine en consacrant une église de Londres. La sentence porta qu'il serait pendu, et qu'on lui arracherait le cœur pour lui en battre les joues; supplice ordinaire des traîtres : on lui fit grace en lui coupant la tête.

Charles, voyant les parlements d'Angleterre et d'Écosse réunis contre lui, pressé entre les armées de ces deux royaumes, crut devoir faire au moins une trêve avec les catholiques rebelles d'Irlande, afin d'engager à sa cause une partie des troupes anglaises qui servaient dans cette île. Cette politique lui réussit. Il eut à son service non seulement beaucoup d'Anglais de l'armée d'Irlande, mais encore un grand nombre d'Irlandais, qui vinrent grossir son armée. Alors le parlement l'accusa hautement d'avoir été l'auteur de la rébellion d'Irlande et du massacre. Malheureusement ces troupes nouvelles, sur lesquelles il devait tant compter, furent entièrement défaites par le lord Fairfax, l'un des généraux parlementaires (1644); et il ne resta au roi que la douleur d'avoir donné à ses ennemis le prétexte de l'accuser d'être complice des Irlandais.

Il marchait d'infortune en infortune. Le prince Robert, ayant soutenu long-temps l'honneur des armes royales, est battu auprès d'York, et son armée est dissipée par Manchester et Fairfax (1644). Charles se retire dans Oxford, où il est bientôt assiégé. La reine fuit en France. Le danger du roi excite, à la vérité, ses amis à faire de nouveaux efforts. Le siége d'Oxford fut levé. Il rassembla des troupes; il eut quelques succès. Cette apparence de fortune ne dura pas. Le parlement était toujours en état de lui opposer une armée plus forte que la sienne. Les généraux Essex, Manchester, et Waller, attaquèrent Charles à Newbury, sur le chemin d'Oxford. Cromwell était colonel dans leur armée; il s'était déjà fait connaître par des actions d'une valeur extraordinaire. On a écrit qu'à cette bataille de Newbury (27 octobre 1644), le corps que Manchester commandait ayant plié, et Manchester lui-même étant entraîné dans la fuite, Cromwell courut à lui, tout blessé, et lui dit, « Vous vous « trompez, milord; ce n'est pas de ce côté que sont « les ennemis »; qu'il le ramena au combat, et qu'enfin on ne dut qu'à Cromwell le succès de cette journée. Ce qui est certain, c'est que Cromwell, qui commençait à avoir autant de crédit dans la chambre des communes qu'il avait de réputation dans l'armée, accusa son général de n'avoir pas fait son devoir.

Le penchant des Anglais pour des choses inouïes

fit éclater alors une étrange nouveauté, qui développa le caractère de Cromwell, et qui fut à-la-fois l'origine de sa grandeur, de la chute du parlement et de l'épiscopat, du meurtre du roi, et de la destruction de la monarchie. La secte des *indépendants* commençait à faire quelque bruit. Les presbytériens les plus emportés s'étaient jetés dans ce parti : ils ressemblaient aux quakers, en ce qu'ils ne voulaient d'autres prêtres qu'eux-mêmes, ni d'autre explication de l'Évangile que celle de leurs propres lumières; ils différaient d'eux en ce qu'ils étaient aussi turbulents que les quakers étaient pacifiques. Leur projet chimérique était l'égalité entre tous les hommes : mais ils allaient à cette égalité par la violence. Olivier Cromwell les regarda comme des instruments propres à favoriser ses desseins.

La ville de Londres, partagée entre plusieurs factions, se plaignait alors du fardeau de la guerre civile que le parlement appesantissait sur elle. Cromwell fit proposer à la chambre des communes, par quelques indépendants, de réformer l'armée, et de s'engager, eux et les pairs, à renoncer à tous les emplois civils et militaires. Tous ces emplois étaient entre les mains des membres des deux chambres. Trois pairs étaient généraux des armées parlementaires. La plupart des colonels et des majors, des trésoriers, des munitionnaires, des commissaires de toute espèce, étaient de la chambre des communes. Pouvait-on se flatter d'engager par la force de la parole tant d'hommes puissants à sacrifier leurs dignités et leurs revenus? C'est pourtant ce qui arriva dans une seule séance. La chambre des communes surtout fut éblouie de l'idée de régner sur les esprits du peuple par un désintéressement sans exemple. On appela cet acte *l'acte du renoncement à soi-même*. Les pairs hésitèrent; mais la chambre des communes les entraîna. Les lords *Essex*, *Denbigh*, *Fairfax*, *Manchester*, se déposèrent eux-mêmes du généralat (1645); et le chevalier Fairfax, fils du général, n'étant point de la chambre des communes, fut nommé seul commandant de l'armée.

C'était ce que voulait Cromwell; il avait un empire absolu sur le chevalier Fairfax. Il en avait un si grand dans la chambre, qu'on lui conserva un régiment, quoiqu'il fût membre du parlement; et même il fut ordonné au général de lui confier le commandement de la cavalerie qu'on envoyait alors à Oxford. Le même homme qui avait eu l'adresse d'ôter à tous les sénateurs tous les emplois militaires, eut celle de faire conserver dans leurs postes les officiers du parti des indépendants, et dès-lors on s'aperçut bien que l'armée devait gouverner le parlement. Le nouveau général Fairfax, aidé de Cromwell, réforma toute l'armée, incorpora des régiments dans d'autres, changea tous les corps, établit une discipline nouvelle: ce qui, dans tout autre temps, eût excité une révolte, se fit alors sans résistance.

Cette armée, animée d'un nouvel esprit, marcha droit au roi, près d'Oxford; et alors se donna la bataille décisive de Naseby, non loin d'Oxford. Cromwell, général de la cavalerie, après avoir mis en déroute celle du roi, revint défaire son infanterie, et eut presque seul l'honneur de cette célèbre journée (14 juin 1645). L'armée royale, après un grand carnage, fut ou prisonnière ou dispersée. Toutes les villes se rendirent à Fairfax et à Cromwell. Le jeune prince de Galles, qui fut depuis Charles II, partageant de bonne heure les infortunes de son père, fut obligé de s'enfuir dans la petite île de Scilly. Le roi se retira enfin dans Oxford avec les débris de son armée, et demanda au parlement la paix, qu'on était bien loin de lui accorder. La chambre des communes insultait à sa disgrace. Le général avait envoyé à cette chambre la cassette du roi, trouvée sur le champ de bataille, remplie de lettres de la reine sa femme. Quelques unes de ces lettres n'étaient que des expressions de tendresse et de douleur. La chambre les lut avec ces railleries amères qui sont le partage de la férocité.

Le roi était dans Oxford, ville presque sans fortification, entre l'armée victorieuse des Anglais et celle des Écossais, payée par les Anglais. Il crut trouver sa sûreté dans l'armée écossaise, moins acharnée contre lui. Il se livra entre ses mains; mais la chambre des communes ayant donné à l'armée écossaise deux cent mille livres sterling d'arrérages, et lui en devant encore autant, le roi cessa dès-lors d'être libre.

(16 février 1645) Les Écossais le livrèrent au commissaire du parlement anglais, qui d'abord ne sut comment il devait traiter son roi prisonnier. La guerre paraissait finie; l'armée d'Écosse payée retournait en son pays : le parlement n'avait plus à craindre que sa propre armée qui l'avait rendu victorieux. Cromwell et ses indépendants y étaient les maîtres. Ce parlement, ou plutôt la chambre des communes, toute

puissante encore à Londres, et sentant que l'armée allait l'être, voulut se débarrasser de cette armée devenue si dangereuse à ses maîtres : elle vota d'en faire marcher une partie en Irlande, et de licencier l'autre. On peut bien croire que Cromwell ne le souffrit pas. C'était là le moment de la crise ; il forma un conseil d'officiers, et un autre de simples soldats nommés *agitateurs*, qui d'abord firent des remontrances, et qui bientôt donnèrent des lois. Le roi était entre les mains de quelques commissaires du parlement, dans un château nommé Holmby. Des soldats du conseil des agitateurs allèrent l'enlever au parlement dans ce château, et le conduisirent à Newmarket.

Après ce coup d'autorité, l'armée marcha vers Londres. Cromwell, voulant mettre dans ses violences des formes usitées, fit accuser par l'armée onze membres du parlement, ennemis ouverts du parti indépendant. Ces membres n'osèrent plus, dès ce moment, rentrer dans la chambre. La ville de Londres ouvrit enfin les yeux, mais trop tard et trop inutilement, sur tant de malheurs ; elle voyait un parlement oppresseur opprimé par l'armée, son roi captif entre les mains des soldats, ses citoyens exposés. Le conseil de ville assemble ses milices, on entoure à la hâte Londres de retranchements ; mais l'armée étant arrivée aux portes, Londres les ouvrit, et se tut. Le parlement remit la tour au général Fairfax (1647), remercia l'armée d'avoir désobéi, et lui donna de l'argent.

Il restait toujours à savoir ce qu'on ferait du roi prisonnier, que les indépendants avaient transféré à la maison royale de Hampton-court. Cromwell d'un côté, les presbytériens de l'autre, traitaient secrètement avec lui. Les Écossais lui proposaient de l'enlever. Charles, craignant également tous les partis, trouva le moyen de s'enfuir de Hampton-court et de passer dans l'île de Wight, où il crut trouver un asile, et où il ne trouva qu'une nouvelle prison.

Dans cette anarchie d'un parlement factieux et méprisé, d'une ville divisée, d'une armée audacieuse, d'un roi fugitif et prisonnier, le même esprit qui animait depuis long-temps les indépendants saisit tout-à-coup plusieurs soldats de l'armée; ils se nommèrent les *aplanisseurs*, nom qui signifiait qu'ils voulaient tout mettre au niveau, et ne reconnaître aucun maître au-dessus d'eux, ni dans l'armée, ni dans l'état, ni dans l'Église. Ils ne fesaient que ce qu'avait fait la chambre des communes : ils imitaient leurs officiers, et leur droit paraissait aussi bon que celui des autres; leur nombre était considérable. Cromwell, voyant qu'ils étaient d'autant plus dangereux qu'ils se servaient de ses principes, et qu'ils allaient lui ravir le fruit de tant de politique et de tant de travaux, prit tout d'un coup le parti de les exterminer au péril de sa vie. Un jour qu'ils s'assemblaient il marche à eux, à la tête de son régiment des *Frères rouges*, avec lesquels il avait toujours été victorieux, leur demande au nom de Dieu ce qu'ils veulent, et les charge avec tant d'impétuosité, qu'ils résistèrent à peine. Il en fit pendre plusieurs, et dissipa ainsi une faction dont le crime était de l'avoir imité.

Cette action augmenta encore son pouvoir dans l'armée, dans le parlement, et dans Londres. Le chevalier

Fairfax était toujours général, mais avec bien moins de crédit que lui. Le roi, prisonnier dans l'île de Wight, ne cessait de faire des propositions de paix, comme s'il eût fait encore la guerre, et comme si on eût voulu l'écouter. Le duc d'York, un de ses fils, qui fut depuis Jacques II, âgé alors de quinze ans, prisonnier au palais de Saint-James, se sauva plus heureusement de sa prison que son père ne s'était sauvé de Hampton-court : il se retira en Hollande ; et quelques partisans du roi ayant dans ce temps-là même gagné une partie de la flotte anglaise, cette flotte fit voile au port de la Brille où ce jeune prince était retiré. Le prince de Galles, son frère, et lui, montèrent sur cette flotte pour aller au secours de leur père, et ce secours hâta sa perte.

Les Écossais, honteux de passer dans l'Europe pour avoir vendu leur maître, assemblaient de loin quelques troupes en sa faveur. Plusieurs jeunes seigneurs les secondaient en Angleterre. Cromwell marche à eux à grandes journées, avec une partie de l'armée. Il les défait entièrement à Preston, (1648) et prend prisonnier le duc Hamilton, général des Écossais. La ville de Colchester, dans le comté d'Essex, ayant pris le parti du roi, se rendit à discrétion au général Fairfax ; et ce général fit exécuter à ses yeux, comme des traîtres, plusieurs seigneurs qui avaient soulevé la ville en faveur de leur prince.

Pendant que Fairfax et Cromwell achevaient ainsi de tout soumettre, le parlement, qui craignait encore plus Cromwell et les indépendants qu'il n'avait craint le roi, commençait à traiter avec lui, et cherchait tous les moyens possibles de se délivrer d'une armée dont il dépendait plus que jamais. Cette armée, qui revenait triomphante, demande enfin qu'on mette le roi en justice, comme la cause de tous les maux, que ses principaux partisans soient punis, qu'on ordonne à ses enfants de se soumettre, sous peine d'être déclarés traîtres. Le parlement ne répond rien; Cromwell se fait présenter des requêtes par tous les régiments de son armée, pour qu'on fasse le procès au roi. Le général Fairfax, assez aveuglé pour ne pas voir qu'il agissait pour Cromwell, fait transférer le monarque prisonnier de l'île de Wight au château de Hurst, et de là à Windsor, sans daigner seulement en rendre compte au parlement. Il mène l'armée à Londres, saisit tous les postes, oblige la ville de payer quarante mille livres sterling.

Le lendemain la chambre des communes veut s'assembler; elle trouve des soldats à la porte, qui chassent la plupart de ces membres presbytériens, les anciens auteurs de tous les troubles dont ils étaient alors les victimes; on ne laisse entrer que les indépendants et les presbytériens rigides, ennemis toujours implacables de la royauté. Les membres exclus protestent; on déclare leur protestation séditieuse. Ce qui restait de la chambre des communes n'était plus qu'une troupe de bourgeois esclaves de l'armée; les officiers, membres de cette chambre, y dominaient; la ville était asservie à l'armée; et ce même conseil de ville, qui naguère avait pris le parti du roi, dirigé alors par les vainqueurs, demanda par une requête qu'on lui fît son procès.

La chambre des communes établit un comité de trente-huit personnes, pour dresser contre le roi des accusations juridiques : on érige une cour de justice nouvelle, composée de Fairfax, de Cromwell, d'Ireton, gendre de Cromwell, de Waller, et de cent quarante-sept autres juges. Quelques pairs qui s'assemblaient encore dans la chambre haute seulement pour la forme, tous les autres s'étant retirés, furent sommés de joindre leur assistance juridique à cette chambre illégale; aucun d'eux n'y voulut consentir. Leur refus n'empêcha point la nouvelle cour de justice de continuer ses procédures.

Alors la chambre basse déclara enfin que le pouvoir souverain réside originairement dans le peuple, et que les représentants du peuple avaient l'autorité légitime : c'était une question que l'armée jugeait par l'organe de quelques citoyens; c'était renverser toute la constitution de l'Angleterre. La nation est, à la vérité, représentée légalement par la chambre des communes; mais elle l'est aussi par un roi et par les pairs. On s'est toujours plaint dans les autres états, quand on a vu des particuliers jugés par des commissaires; et c'étaient ici des commissaires nommés par la moindre partie du parlement, qui jugeaient leur souverain. Il n'est pas douteux que la chambre des communes ne crût en avoir le droit; elle était composée d'indépendants, qui pensaient tous que la nature n'avait mis aucune différence entre le roi et eux, et que la seule qui subsistait était celle de la victoire. Les Mémoires de Ludlow, colonel alors dans l'armée, et l'un des juges, font voir combien leur fierté était flattée en secret de condamner en maîtres celui qui avait été le leur. Ce même Ludlow, presbytérien rigide, ne laisse pas douter que le fanatisme n'eût part à cette catastrophe. Il développe tout l'esprit du temps, en citant ce passage de l'ancien Testament : « Le pays « ne peut être purifié de sang que par le sang de celui « qui l'a répandu. »

(Janvier 1648) Enfin Fairfax, Cromwell, les indépendants, les presbytériens, croyaient la mort du roi nécessaire à leur dessein d'établir une république. Cromwell ne se flattait certainement pas alors de succéder au roi; il n'était que lieutenant-général dans une armée pleine de factions. Il espérait, avec grande raison, dans cette armée et dans la république, le crédit attaché à ses grandes actions militaires et à son ascendant sur les esprits; mais s'il avait formé dèslors le dessein de se faire reconnaître pour le souverain de trois royaumes, il n'aurait pas mérité de l'être. L'esprit humain, dans tous les genres, ne marche que par degrés, et ces degrés amenèrent nécessairement l'élévation de Cromwell, qui ne la dut qu'à sa valeur et à la fortune.

Charles Ier, roi d'Écosse, d'Angleterre et d'Irlande, fut exécuté par la main du bourreau, dans la place de Whitehall (10 février[1] 1649); son corps fut transporté à la chapelle de Windsor, mais on n'a jamais pu le retrouver. Plus d'un roi d'Angleterre avait été dé-

---

[1] L'*Art de vérifier les dates* dit le 9 février; mais ses auteurs ainsi que Voltaire suivent ici l'ancien calendrier (qui n'a été abandonné des Anglais qu'en 1752); et le 9 février de l'ancien calendrier correspond au 30 janvier 1649. B.

posé anciennement par des arrêts du parlement; des femmes de rois avaient péri par le dernier supplice; des commissaires anglais avaient jugé à mort la reine d'Écosse, Marie Stuart, sur laquelle ils n'avaient d'autre droit que celui des brigands sur ceux qui tombent entre leurs mains; mais on n'avait vu encore aucun peuple faire périr son propre roi sur un échafaud, avec l'appareil de la justice. Il faut remonter jusqu'à trois cents ans avant notre ère pour trouver dans la personne d'Agis, roi de Lacédémone, l'exemple d'une pareille catastrophe[1].

CHAPITRE CLXXXI.

De Cromwell.

Après le meurtre de Charles Ier, la chambre des communes défendit, sous peine de mort, de recon-

---

[1] On a conservé les actes de cette procédure. Un tribunal légitime qui condamnerait un garnement à un mois de Bicêtre, sur une pareille instruction, commettrait un acte de tyrannie : et si on ajoute que ni suivant le droit particulier d'Angleterre, ni (en supposant alors les Anglais absolument libres) suivant aucun principe de droit public qu'un homme de bon sens puisse admettre, ce tribunal ne pouvait être regardé comme légitime, on aura une idée juste de ce jugement extraordinaire.

Charles répondit avec une modération et une fermeté qui honorent sa mémoire, et qui contrastent avec la dureté et la mauvaise foi de ses juges.

On prétend que des voleurs de grands chemins se sont avisés quelquefois de condamner en cérémonie, avant de les assassiner, des juges qui étaient tombés entre leurs mains. Rien ne ressemble mieux à la conduite de Cromwell et de ses amis. Il a fallu toute l'atrocité du fanatisme pour que cette sentence ne soulevât point tous les partis, et que l'indignation générale n'en rendît pas l'exécution impossible; et le fanatisme seul en a pu faire l'apologie. K.

naître pour roi ni son fils ni aucun autre. Elle abolit la chambre haute, où il ne siégeait plus que seize pairs du royaume, et resta ainsi souveraine en apparence de l'Angleterre et de l'Irlande.

Cette chambre, qui devait être composée de cinq cent treize membres, ne l'était alors que d'environ quatre-vingts. Elle fit un nouveau grand sceau, sur lequel étaient gravés ces mots : *Le parlement de la république d'Angleterre.* On avait déjà abattu la statue du roi, élevée dans la Bourse de Londres, et on avait mis en sa place cette inscription : *Charles le dernier roi et le premier tyran.*

Cette même chambre condamna à mort plusieurs seigneurs qui avaient été faits prisonniers en combattant pour le roi. Il n'était pas étonnant qu'on violât les lois de la guerre, après avoir violé celles des nations; et pour les enfreindre plus pleinement encore, le duc Hamilton, Écossais, fut du nombre des condamnés. Cette nouvelle barbarie servit beaucoup à déterminer les Écossais à reconnaître pour leur roi Charles II; mais en même temps, l'amour de la liberté était si profondément gravé dans tous les cœurs qu'ils bornèrent le pouvoir royal autant que le parlement d'Angleterre l'avait limité dans les premiers troubles. L'Irlande reconnaissait le nouveau roi sans conditions. Cromwell alors se fit nommer gouverneur d'Irlande (1649) : il partit avec l'élite de son armée, et fut suivi de sa fortune ordinaire.

Cependant Charles II était rappelé en Écosse par le parlement, mais aux mêmes conditions que ce parlement écossais avait faites au roi son père. On voulait qu'il fût presbytérien, comme les Parisiens avaient voulu que Henri IV, son grand-père, fût catholique. On restreignait en tout l'autorité royale; Charles la voulait pleine et entière. L'exemple de son père n'affaiblissait point en lui des idées qui semblent nées dans le cœur des monarques. Le premier fruit de sa nomination au trône d'Écosse était déjà une guerre civile. Le marquis de Montrose, homme célèbre dans ces temps-là par son attachement à la famille royale et par sa valeur, avait amené d'Allemagne et du Danemarck quelques soldats dans le nord d'Écosse; et, suivi des montagnards, il prétendait joindre aux droits du roi celui de conquête. Il fut défait, pris, et condamné par le parlement d'Écosse à être pendu à une potence haute de trente pieds, à être ensuite écartelé, et ses membres à être attachés aux portes des quatre principales villes, pour avoir contrevenu à ce qu'on appelait la *loi nouvelle*, ou *convenant presbytérien*. Ce brave homme dit à ses juges qu'il n'était fâché que de n'avoir pas assez de membres pour être attachés à toutes les portes des villes de l'Europe, comme des monuments de sa fidélité pour son roi. Il mit même cette pensée en assez beaux vers, en allant au supplice. C'était un des plus agréables esprits qui cultivassent alors les lettres, et l'ame la plus héroïque qui fût dans les trois royaumes. Le clergé presbytérien le conduisit à la mort en l'insultant et en prononçant sa damnation.

(1650) Charles II, n'ayant pas d'autre ressource, vint de Hollande se remettre à la discrétion de ceux qui venaient de faire pendre son général et son appui, et entra dans Édimbourg par la porte où les membres de Montrose étaient exposés.

La nouvelle république d'Angleterre se prépara dès ce moment à faire la guerre à l'Écosse, ne voulant pas que dans la moitié de l'île il y eût un roi qui prétendît l'être de l'autre. Cette nouvelle république soutenait la révolution avec autant de conduite qu'elle l'avait faite avec fureur. C'était une chose inouïe, de voir un petit nombre de citoyens obscurs, sans aucun chef à leur tête, tenir tous les pairs du royaume dans l'éloignement et dans le silence, dépouiller tous les évêques, contenir les peuples, entretenir en Irlande environ seize mille combattants et autant en Angleterre, maintenir une grande flotte bien pourvue, et payer exactement toutes les dépenses, sans qu'aucun des membres de la chambre s'enrichît aux dépens de la nation. Pour subvenir à tant de frais, on employait avec une économie sévère les revenus autrefois attachés à la couronne, et les terres des évêques et des chapitres qu'on vendit pour dix années. Enfin la nation payait une taxe de cent vingt mille livres sterling par mois, taxe dix fois plus forte que cet impôt de la marine que Charles Ier s'était arrogé, et qui avait été la première cause de tant de désastres.

Ce parlement d'Angleterre n'était pas gouverné par Cromwell, qui alors était en Irlande avec son gendre Ireton; mais il était dirigé par la faction des indépendants, dans laquelle il conservait toujours un grand crédit. La chambre résolut de faire marcher une armée contre l'Écosse, et d'y faire servir Cromwell sous le général Fairfax. Cromwell reçut ordre de quitter l'Irlande, qu'il avait presque soumise. Le général Fairfax ne voulut point marcher contre l'Écosse : il n'était point indépendant, mais presbytérien. Il prétendait qu'il ne lui était pas permis d'aller attaquer ses frères, qui n'attaquaient point l'Angleterre. Quelques représentations qu'on lui fît, il demeura inflexible, et se démit du généralat pour passer le reste de ses jours en paix. Cette résolution n'était point extraordinaire dans un temps et dans un pays où chacun se conduisait suivant ses principes.

(Juin 1650) C'est là l'époque de la grande fortune de Cromwell. Il est nommé général à la place de Fairfax. Il se rend en Écosse avec une armée accoutumée à vaincre depuis près de dix ans. D'abord il bat les Écossais à Dunbar, et se rend maître de la ville d'Édimbourg. De là il suit Charles II, qui s'était avancé jusqu'à Worcester, en Angleterre, dans l'espérance que les Anglais de son parti viendraient l'y joindre ; mais ce prince n'avait avec lui que de nouvelles troupes sans discipline. (13 septembre 1650) Cromwell l'attaqua sur les bords de la Saverne, et remporta presque sans résistance la victoire la plus complète qui eût jamais signalé sa fortune. Environ sept mille prisonniers furent menés à Londres, et vendus pour aller travailler aux plantations anglaises en Amérique. C'est, je crois, la première fois qu'on a vendu des hommes comme des esclaves, chez les chrétiens, depuis l'abolition de la servitude. L'armée victorieuse se rend maîtresse de l'Écosse entière. Cromwell poursuit le roi partout.

L'imagination, qui a produit tant de romans, n'a

guère inventé d'aventures plus singulières, ni des dangers plus pressants, ni des extrémités plus cruelles, que tout ce que Charles II essuya en fuyant la poursuite du meurtrier de son père. Il fallut qu'il marchât presque seul par les routes les moins fréquentées, exténué de fatigue et de faim, jusque dans le comté de Strafford. Là, au milieu d'un bois, poursuivi par les soldats de Cromwell, il se cacha dans le creux d'un chêne, où il fut obligé de passer un jour et une nuit. Ce chêne se voyait encore au commencement de ce siècle. Les astronomes l'ont placé dans les constellations du pôle austral, et ont ainsi éternisé la mémoire de tant de malheurs. (Novembre 1650) Ce prince, errant de village en village, déguisé, tantôt en postillon, tantôt en bûcheron, se sauva enfin dans une petite barque, et arriva en Normandie, après six semaines d'aventures incroyables. Remarquons ici que son petit-neveu, Charles Édouard, a éprouvé de nos jours des aventures pareilles, et encore plus inouïes. On ne peut trop remettre ces terribles exemples devant les yeux des hommes vulgaires qui voudraient intéresser le monde entier à leurs malheurs, quand ils ont été traversés dans leurs petites prétentions, ou dans leurs vains plaisirs.

Cromwell cependant revint à Londres en triomphe. La plupart des députés du parlement, leur orateur à leur tête, le conseil de ville, précédé du maire, allèrent au-devant de lui à quelques milles de Londres. Son premier soin, dès qu'il fut dans la ville, fut de porter le parlement à un abus de la victoire dont les Anglais devaient être flattés. La chambre réunit l'Écosse à l'Angleterre comme un pays de conquête, et abolit la royauté chez les vaincus, comme elle l'avait exterminée chez les vainqueurs.

Jamais l'Angleterre n'avait été plus puissante que depuis qu'elle était république. Ce parlement tout républicain forma le projet singulier de joindre les sept Provinces-Unies à l'Angleterre, comme il venait d'y joindre l'Écosse (1651). Le stathouder, Guillaume II, gendre de Charles Ier, venait de mourir, après avoir voulu se rendre souverain en Hollande, comme Charles en Angleterre, et n'ayant pas mieux réussi que lui. Il laissait un fils au berceau, et le parlement espérait que les Hollandais se passeraient de stathouder, comme l'Angleterre se passait de monarque, et que la nouvelle république de l'Angleterre, de l'Écosse, et de la Hollande, pourrait tenir la balance de l'Europe : mais les partisans de la maison d'Orange s'étant opposés à ce projet, qui tenait beaucoup de l'enthousiasme de ces temps-là, ce même enthousiasme porta le parlement anglais à déclarer la guerre à la Hollande. On se battit sur mer avec des succès balancés. Les plus sages du parlement, redoutant le grand crédit de Cromwell, ne continuaient cette guerre que pour avoir un prétexte d'augmenter la flotte aux dépens de l'armée, et de détruire ainsi peu-à-peu la puissance dangereuse du général.

Cromwell les pénétra comme ils l'avaient pénétré : ce fut alors qu'il développa tout son caractère. « Je « suis, dit-il au major-général Vernon, poussé à un « dénoûment qui me fait dresser les cheveux à la « tête. » Il se rendit au parlement (30 avril 1653), suivi d'officiers et de soldats choisis qui s'emparèrent de la porte. Dès qu'il eut pris sa place : « Je crois, dit-il, « que ce parlement est assez mûr pour être dissous. » Quelques membres lui ayant reproché son ingratitude, il se met au milieu de la chambre : « Le Sei-« gneur, dit-il, n'a plus besoin de vous; il a choisi « d'autres instruments pour accomplir son ouvrage. » Après ce discours fanatique, il les charge d'injures, dit à l'un qu'il est un ivrogne, à l'autre qu'il mène une vie scandaleuse, que l'Évangile les condamne, et qu'ils aient à se dissoudre sur-le-champ. Ses officiers et ses soldats entrent dans la chambre. « Qu'on em-« porte la masse du parlement, dit-il; qu'on nous dé-« fasse de cette marotte. » Son major-général, Harrisson, va droit à l'orateur, et le fait descendre de la chaire avec violence. « Vous m'avez forcé, s'écria « Cromwell, à en user ainsi; car j'ai prié le Seigneur, « toute la nuit, qu'il me fît plutôt mourir que de « commettre une telle action. » Ayant dit ces paroles, il fit sortir tous les membres du parlement l'un après l'autre, ferma la porte lui-même, et emporta la clef dans sa poche.

Ce qui est bien plus étrange, c'est que le parlement étant détruit avec cette violence, et nulle autorité législative n'étant reconnue, il n'y eut point de confusion. Cromwell assembla le conseil des officiers. Ce furent eux qui changèrent véritablement la constitution de l'état; et il n'arrivait en Angleterre que ce qu'on a vu dans tous les pays de la terre, où le fort a donné la loi au faible. Cromwell fit nommer par ce conseil cent quarante-quatre députés du peuple, qu'on prit pour la plupart dans les boutiques et dans les ateliers des artisans. Le plus accrédité de ce nouveau parlement d'Angleterre était un marchand de cuir, nommé Barebone; c'est ce qui fit qu'on appela cette assemblée *le parlement des Barebones*[a]. Cromwell, en qualité de général, écrivit une lettre circulaire à tous ces députés, et les somma de venir gouverner l'Angleterre, l'Écosse, et l'Irlande. Au bout de cinq mois, ce prétendu parlement, aussi méprisé qu'incapable, fut obligé de se casser lui-même, et de remettre à son tour le pouvoir souverain au conseil de guerre. Les officiers seuls déclarèrent alors Cromwell protecteur des trois royaumes (22 décembre 1653). On envoya chercher le maire de Londres et les aldermans. Cromwell fut installé à Whitehall, dans le palais des rois, où il prit dès-lors son logement. On lui donna le titre *d'altesse*, et la ville de Londres l'invita à un festin, avec les mêmes honneurs qu'on rendait aux monarques. C'est ainsi qu'un citoyen obscur du pays de Galles parvint à se faire roi, sous un autre nom, par sa valeur secondée de son hypocrisie.

Il était âgé alors de près de cinquante ans, et en avait passé quarante sans aucun emploi ni civil ni militaire. A peine était-il connu en 1642, lorsque la chambre des communes, dont il était membre, lui donna une commission de major de cavalerie. C'est de là qu'il parvint à gouverner la chambre et l'armée, et que, vainqueur de Charles Ier et de Charles II, il monta en effet sur leur trône, et régna, sans être roi, avec plus de pouvoir et plus de bonheur qu'aucun roi.

---

[a] Cela signifie *os décharnés*.

CHAP. CLXXXI.- DE CROMWELL.

Il choisit d'abord, parmi les seuls officiers compagnons de ses victoires, quatorze conseillers, à chacun desquels il assigna mille livres sterling de pension. Les troupes étaient toujours payées un mois d'avance, les magasins fournis de tout; le trésor public, dont il disposait, était rempli de trois cent mille livres sterling : il en avait cent cinquante mille en Irlande. Les Hollandais lui demandèrent la paix, et il en dicta les conditions[1], qui furent, qu'on lui paierait trois cent mille livres sterling, que les vaisseaux des Provinces-Unies baisseraient pavillon devant les vaisseaux anglais, et que le jeune prince d'Orange ne serait jamais rétabli dans les charges de ses ancêtres. C'est ce même prince qui détrôna depuis Jacques II, dont Cromwell avait détrôné le père.

Toutes les nations courtisèrent à l'envi le protecteur. La France rechercha son alliance contre l'Espagne, et lui livra la ville de Dunkerque[a]. Ses flottes prirent sur les Espagnols la Jamaïque, qui est restée à l'Angleterre. L'Irlande fut entièrement soumise, et traitée comme un pays de conquête. On donna aux vainqueurs les terres des vaincus, et ceux qui étaient le plus attachés à leur patrie périrent par la main des bourreaux.

Cromwell, gouvernant en roi, assemblait des parlements; mais il s'en rendait le maître, et les cassait à sa volonté. Il découvrit toutes les conspirations contre lui, et prévint tous les soulèvements. Il n'y eut aucun pair du royaume dans ces parlements qu'il

---

[1] En 1653. Voyez chap. CLXXXVII. B.
[a] Voyez le *Siècle de Louis XIV* (chap. VI).

convoquait : tous vivaient obscurément dans leurs terres. Il eut l'adresse d'engager un de ces parlements à lui offrir le titre de roi (1656), afin de le refuser et de mieux conserver la puissance réelle. Il menait dans le palais des rois une vie sombre et retirée, sans aucun faste, sans aucun excès. Le général Ludlow, son lieutenant en Irlande, rapporte que, quand le protecteur y envoya son fils, Henri Cromwell, il l'envoya avec un seul domestique. Ses mœurs furent toujours austères; il était sobre, tempérant, économe sans être avide du bien d'autrui, laborieux, et exact dans toutes les affaires. Sa dextérité ménageait toutes les sectes, ne persécutant ni les catholiques ni les anglicans, qui alors à peine osaient paraître; il avait des chapelains de tous les partis; enthousiaste avec les fanatiques, maintenant les presbytériens qu'il avait trompés et accablés, et qu'il ne craignait plus; ne donnant sa confiance qu'aux indépendants qui ne pouvaient subsister que par lui, et se moquant d'eux quelquefois avec les théistes. Ce n'est pas qu'il vît de bon œil la religion du théisme, qui, étant sans fanatisme, ne peut guère servir qu'à des philosophes, et jamais à des conquérants.

Il y avait peu de ces philosophes, et il se délassait quelquefois avec eux aux dépens des insensés qui lui avaient frayé le chemin du trône, l'Évangile à la main. C'est par cette conduite qu'il conserva jusqu'à sa mort son autorité cimentée de sang, et maintenue par la force et par l'artifice.

La nature, malgré sa sobriété, avait fixé la fin de sa vie à cinquante-cinq ans. (13 septembre 1658) Il mourut d'une fièvre ordinaire, causée probablement par l'inquiétude attachée à la tyrannie; car dans les derniers temps il craignait toujours d'être assassiné; il ne couchait jamais deux nuits de suite dans la même chambre. Il mourut après avoir nommé Richard Cromwell son successeur. A peine eut-il expiré qu'un de ses chapelains, presbytérien, nommé Herry, dit aux assistants : « Ne vous alarmez pas; s'il a protégé le « peuple de Dieu tant qu'il a été parmi nous, il le pro- « tégera bien davantage à présent qu'il est monté au « ciel où il sera assis à la droite de Jésus-Christ. » Le fanatisme était si puissant, et Cromwell si respecté, que personne ne rit d'un pareil discours.

Quelques intérêts divers qui partageassent tous les esprits, Richard Cromwell fut déclaré paisiblement protecteur dans Londres. Le conseil ordonna des funérailles plus magnifiques que pour aucun roi d'Angleterre. On choisit pour modèle les solennités pratiquées à la mort du roi d'Espagne, Philippe II. Il est à remarquer qu'on avait représenté Philippe II en purgatoire pendant deux mois, dans un appartement tendu de noir, éclairé de peu de flambeaux, et qu'ensuite on l'avait représenté dans le ciel, le corps sur un lit brillant d'or, dans une salle tendue de même, éclairée de cinq cents flambeaux, dont la lumière, renvoyée par des plaques d'argent, égalait l'éclat du soleil. Tout cela fut pratiqué pour Olivier Cromwell : on le vit sur son lit de parade, la couronne en tête et un sceptre d'or à la main. Le peuple ne fit nulle attention ni à cette imitation d'une pompe catholique, ni à la profusion. Le cadavre embaumé, que Charles II fit exhumer depuis, et porter au gibet, fut enterré dans le tombeau des rois.

CHAPITRE CLXXXII.

De l'Angleterre sous Charles II.

Le second protecteur, Richard Cromwell, n'ayant pas les qualités du premier, ne pouvait en avoir la fortune. Son sceptre n'était point soutenu par l'épée; et n'ayant ni l'intrépidité ni l'hypocrisie d'Olivier, il ne sut ni se faire craindre de l'armée, ni en imposer aux partis et aux sectes qui divisaient l'Angleterre. Le conseil guerrier d'Olivier Cromwell brava d'abord Richard. Ce nouveau protecteur prétendit s'affermir en convoquant un parlement, dont une chambre, composée d'officiers, représentait les pairs d'Angleterre, et dont l'autre, formée de députés anglais, écossais, et irlandais, représentait les trois royaumes; mais les chefs de l'armée le forcèrent de dissoudre ce parlement. Ils rétablirent eux-mêmes l'ancien parlement qui avait fait couper la tête à Charles Ier, et qu'ensuite Olivier Cromwell avait dissous avec tant de hauteur. Ce parlement était tout républicain, aussi bien que l'armée. On ne voulait point de roi; mais on ne voulait pas non plus de protecteur. Ce parlement, qu'on appela le *croupion (rump)*, semblait idolâtre de la liberté; et, malgré son enthousiasme fanatique, il se flattait de gouverner, haïssant également les noms de roi, de protecteur, d'évêques, et de pairs, ne parlant jamais qu'au nom du peuple. (12 mai 1659) Les officiers demandèrent à-la-fois au parlement établi par eux, que tous les partisans de la maison royale fussent à jamais privés de leurs emplois, et que Richard Cromwell fût privé du protectorat. Ils le traitaient honorablement, demandant pour lui vingt mille livres sterling de rente, et huit mille pour sa mère; mais le parlement ne donna à Richard Cromwell que deux mille livres une fois payées, et lui ordonna de sortir dans six jours de la maison des rois; il obéit sans murmure, et vécut en particulier paisible.

On n'entendait point alors parler des pairs ni des évêques. Charles II paraissait abandonné de tout le monde, aussi-bien que Richard Cromwell; et on croyait dans toutes les cours de l'Europe que la république anglaise subsisterait. Le célèbre Monk, officier-général sous Cromwell, fut celui qui rétablit le trône : il commandait en Écosse l'armée qui avait subjugué le pays. Le parlement de Londres ayant voulu casser quelques officiers de cette armée, ce général se résolut à marcher en Angleterre pour tenter la fortune. Les trois royaumes alors n'étaient qu'une anarchie. Une partie de l'armée de Monk, restée en Écosse, ne pouvait la tenir dans la sujétion. L'autre partie, qui suivait Monk en Angleterre, avait en tête celle de la république. Le parlement redoutait ces deux armées, et voulait en être le maître. Il y avait là de quoi renouveler toutes les horreurs des guerres civiles.

Monk ne se sentant pas assez puissant pour succéder aux deux protecteurs, forma le dessein de rétablir la famille royale; et au lieu de répandre du sang, il embrouilla tellement les affaires par ses négociations, qu'il augmenta l'anarchie, et mit la nation au point de desirer un roi. A peine y eut-il du sang répandu. Lambert, un des généraux de Cromwell, et des plus ardents républicains, voulut en vain renouveler la guerre; il fut prévenu avant qu'il eût rassemblé un assez grand nombre des anciennes troupes de Cromwell, et fut battu et pris par celles de Monk. On assembla un nouveau parlement. Les pairs, si long-temps oisifs et oubliés, revinrent enfin dans la chambre haute. Les deux chambres reconnurent Charles II pour roi, et il fut proclamé dans Londres.

(8 mai 1660) Charles II, rappelé ainsi en Angleterre, sans y avoir contribué que de son consentement, et sans qu'on lui eût fait aucune condition, partit de Bréda, où il était retiré. Il fut reçu aux acclamations de toute l'Angleterre; il ne paraissait pas qu'il y eût eu de guerre civile. Le parlement exhuma le corps d'Olivier Cromwell, d'Ireton son gendre, d'un nommé Bradshaw, président de la chambre qui avait jugé Charles Ier. On les traîna au gibet sur la claie. De tous les juges de Charles Ier, qui vivaient encore, il n'y en eut que dix qu'on exécuta. Aucun d'eux ne témoigna le moindre repentir; aucun ne reconnut le roi régnant: tous remercièrent Dieu *de mourir martyrs pour la plus juste et la plus noble des causes.* Non seulement ils étaient de la faction intraitable des indépendants, mais de la secte des anabap-

tistes qui attendaient fermement le second avénement de Jésus-Christ, et la cinquième monarchie [1].

Il n'y avait plus que neuf évêques en Angleterre, le roi en compléta bientôt le nombre. L'ordre ancien fut rétabli : on vit les plaisirs et la magnificence d'une cour succéder à la triste férocité qui avait régné si long-temps. Charles II introduisit la galanterie et ses fêtes dans le palais de Whitehall, souillé du sang de son père. Les indépendants ne parurent plus; les puritains furent contenus. L'esprit de la nation parut d'abord si changé, que la guerre civile précédente fut tournée en ridicule. Ces sectes sombres et sévères, qui avaient mis tant d'enthousiasme dans les esprits, furent l'objet de la raillerie des courtisans et de toute la jeunesse.

Le théisme, dont le roi fesait une profession assez ouverte, fut la religion dominante au milieu de tant de religions. Ce théisme a fait depuis des progrès prodigieux dans le reste du monde. Le comte de Shaftesbury, le petit-fils du ministre, l'un des plus grands soutiens de cette religion, dit formellement, dans ses *Caractéristiques*, qu'on ne saurait trop respecter ce grand nom de *théiste*. Une foule d'illustres écrivains

---

[1] Charles II eût montré une meilleure politique en ne permettant aucune recherche contre ces misérables, et en ne leur laissant pas l'honneur de mourir avec un courage qui diminuait l'horreur de leur crime. Il eût été plus noble de vaincre Cromwell, que de faire traîner son cadavre sur la claie. On a prétendu que Charles II avait même payé des assassins pour faire périr quelques uns des meurtriers qui s'étaient retirés dans les pays étrangers. Cette conduite augmenta la haine du parti qui avait détrôné son père, parti dont les restes troublèrent son règne, et contribuèrent à l'expulsion de sa famille. K.

en ont fait profession ouverte. La plupart des sociniens se sont enfin rangés à ce parti. On reproche à cette secte si étendue de n'écouter que la raison, et d'avoir secoué le joug de la foi: il n'est pas possible à un chrétien d'excuser leur indocilité; mais la fidélité de ce grand tableau que nous traçons de la vie humaine ne permet pas qu'en condamnant leur erreur on ne rende justice à leur conduite. Il faut avouer que de toutes les sectes, c'est la seule qui n'ait point troublé la société par des disputes; la seule qui, en se trompant, ait toujours été sans fanatisme : il est impossible même qu'elle ne soit pas paisible. Ceux qui la professent sont unis avec tous les hommes dans le principe commun à tous les siècles et à tous les pays, dans l'adoration d'un seul Dieu; ils diffèrent des autres hommes en ce qu'ils n'ont ni dogmes ni temples, ne croyant qu'un Dieu juste, tolérant tout le reste, et découvrant rarement leur sentiment. Ils disent que cette religion pure est aussi ancienne que le monde; qu'elle était celle du peuple hébreu avant que Moïse lui donnât un culte particulier. Ils se fondent sur ce que les lettrés de la Chine l'ont toujours professée; mais ces lettrés de la Chine ont un culte public, et les théistes d'Europe n'ont qu'un culte secret, chacun adorant Dieu en particulier, et ne fesant aucun scrupule d'assister aux cérémonies publiques : du moins il n'y a eu jusqu'ici qu'un très petit nombre de ceux qu'on nomme *unitaires* qui se soient assemblés; mais ceux-là se disent chrétiens primitifs plutôt que théistes.

La Société royale de Londres, déjà formée, mais

qui ne s'établit par des lettres-patentes qu'en 1660, commença à adoucir les mœurs en éclairant les esprits. Les belles-lettres renaquirent et se perfectionnèrent de jour en jour. On n'avait guère connu, du temps de Cromwell, d'autre science et d'autre littérature que celle d'appliquer des passages de l'ancien et du nouveau Testament aux dissensions publiques et aux révolutions les plus atroces. On s'appliqua alors à connaître la nature, et à suivre la route que le chancelier Bacon avait montrée. La science des mathématiques fut portée bientôt à un point que les Archimède n'auraient pu même deviner. Un grand homme[1] a connu enfin les lois primitives, jusqu'alors cachées, de la constitution générale de l'univers; et, tandis que toutes les autres nations se repaissaient de fables, les Anglais trouvèrent les plus sublimes vérités. Tout ce que les recherches de plusieurs siècles avaient appris en physique n'approchait pas de la seule découverte de la nature de la lumière. Les progrès furent rapides et immenses en vingt ans; c'est là un mérite, une gloire, qui ne passeront jamais. Le fruit du génie et de l'étude reste; et les effets de l'ambition, du fanatisme, et des passions, s'anéantissent avec les temps qui les ont produits. L'esprit de la nation acquit sous le règne de Charles II une réputation immortelle, quoique le gouvernement n'en eût point.

L'esprit français qui régnait à la cour la rendit aimable et brillante; mais en l'assujettissant à des mœurs nouvelles, elle l'asservit aux intérêts de Louis XIV : et le gouvernement anglais, vendu long-

---

[1] Newton. B.

temps à celui de France, fit quelquefois regretter le temps où l'usurpateur Cromwell rendait sa nation respectable.

Le parlement d'Angleterre et celui d'Écosse rétablis s'empressèrent d'accorder au roi, dans chacun de ces deux royaumes, tout ce qu'ils pouvaient lui donner, comme une espèce de réparation du meurtre de son père. Le parlement d'Angleterre surtout, qui seul pouvait le rendre puissant, lui assigna un revenu de douze cent mille livres sterling, pour lui et pour toutes les parties de l'administration, indépendamment des fonds destinés pour la flotte; jamais Élisabeth n'en avait eu tant. Cependant Charles II, prodigue, fut toujours indigent. La nation ne lui pardonna pas de vendre pour moins de deux cent quarante mille livres sterling Dunkerque, acquise par les négociations et les armes de Cromwell.

La guerre qu'il eut d'abord contre les Hollandais fut très onéreuse, puisqu'elle coûta sept millions et demi de livres sterling au peuple; et elle fut honteuse, puisque l'amiral Ruyter entra jusque dans le port de Chatham, et y brûla les vaisseaux anglais.

Des accidents funestes se mêlèrent à ces désastres : (1665) une peste ravagea Londres au commencement de ce règne, (1666) et la ville presque entière fut détruite par un incendie. Ce malheur, arrivé après la contagion, et au fort d'une guerre malheureuse contre la Hollande, paraissait irréparable; cependant, à l'étonnement de l'Europe, Londres fut rebâtie en trois années, beaucoup plus belle, plus régulière, plus commode, qu'elle n'était auparavant. Un seul impôt sur le charbon, et l'ardeur des citoyens, suffirent à ce travail immense. Ce fut un grand exemple de ce que peuvent les hommes, et qui rend croyable ce qu'on rapporte des anciennes villes de l'Asie et de l'Égypte, construites avec tant de célérité.

Ni ces accidents, ni ces travaux, ni la guerre de 1672 contre la Hollande, ni les cabales dont la cour et le parlement furent remplis, ne dérobèrent rien aux plaisirs et à la gaieté que Charles II avait amenés en Angleterre, comme les productions du climat de la France, où il avait demeuré plusieurs années. Une maîtresse française, l'esprit français, et surtout l'argent de la France, dominaient à la cour.

Malgré tant de changements dans les esprits, ni l'amour de la liberté et de la faction ne changea dans le peuple, ni la passion du pouvoir absolu dans le roi et dans le duc d'York son frère. On vit enfin, au milieu des plaisirs, la confusion, la division, la haine des partis et des sectes, désoler encore les trois royaumes. Il n'y eut plus, à la vérité, de grandes guerres civiles comme du temps de Cromwell, mais une suite de complots, de conspirations, de meurtres juridiques ordonnés en vertu des lois interprétées par la haine, et enfin plusieurs assassinats, auxquels la nation n'était point encore accoutumée, *funestèrent*[1] quelque temps le règne de Charles II. Il semblait, par son ca-

---

[1] Les éditions de 1761, 1769, 1775 portent *noircirent :* les éditions de Kehl sont les premières où l'on lise *funestèrent;* c'est sans doute une des corrections manuscrites de l'auteur, qui avait déjà employé le verbe *funester* en 1770 dans les *Questions sur l'Encyclopédie,* au mot ANA (*Bévue sur le maréchal d'Ancre*), et qui, en 1768, s'était servi du verbe *enfunester.* Voyez le chapitre XXXVI du *Pyrrhonisme de l'Histoire.* (*Mélanges,* année 1763.) B.

ractère doux et aimable, formé pour rendre sa nation heureuse, comme il fesait les délices de ceux qui l'approchaient. Cependant le sang coulait sur les échafauds sous ce bon prince comme sous les autres. La religion seule fût la cause de tant de désastres, quoique Charles fût très philosophe.

Il n'avait point d'enfant; et son frère, héritier présomptif de la couronne, avait embrassé ce qu'on appelle en Angleterre la *secte papiste*, objet de l'exécration de presque tout le parlement et de la nation. Dès qu'on sut cette défection, la crainte d'avoir un jour un papiste pour roi aliéna presque tous les esprits. Quelques malheureux de la lie du peuple, apostés par la faction opposée à la cour, dénoncèrent une conspiration bien plus étrange encore que celle des poudres. Ils affirmèrent par serment que les papistes devaient tuer le roi, et donner la couronne à son frère; que le pape Clément X, dans une congrégation qu'on appelle de *la propagande*, avait déclaré, en 1675, que le royaume d'Angleterre appartenait aux papes par un droit imprescriptible; qu'il en donnait la lieutenance au jésuite Oliva, général de l'ordre; que ce jésuite remettait son autorité au duc d'York, vassal du pape; qu'on devait lever une armée en Angleterre pour détrôner Charles II; que le jésuite La Chaise, confesseur de Louis XIV, avait envoyé dix mille louis d'or à Londres pour commencer les opérations; que le jésuite Conyers avait acheté un poignard une livre sterling pour assassiner le roi, et qu'on en avait offert dix mille à un médecin pour l'empoisonner. Ils produisaient les noms et les commissions de tous les officiers que le général des jésuites avait nommés pour commander l'armée papiste.

Jamais accusation ne fut plus absurde. Le fameux Irlandais qui voyait à cinquante pieds sous terre; la femme qui accoucha tous les huit jours d'un lapin dans Londres; celui qui promit à la ville assemblée d'entrer dans une bouteille de deux pintes; et, parmi nous, l'affaire de notre bulle *Unigenitus*, nos convulsions, et nos accusations contre les philosophes, n'ont pas été plus ridicules. Mais quand les esprits sont échauffés, plus une opinion est impertinente, plus elle a de crédit.

Toute la nation fut alarmée. La cour ne put empêcher le parlement de procéder avec la sévérité la plus prompte. Il se mêla une vérité à tous ces mensonges incroyables, et dès-lors tous ces mensonges parurent vrais. Les délateurs prétendaient que le général des jésuites avait nommé pour son secrétaire d'état en Angleterre un nommé Coleman, attaché au duc d'York : on saisit les papiers de ce Coleman, on trouva des lettres de lui au P. La Chaise, conçues en ces termes :

« Nous poursuivons une grande entreprise; il s'a-
« git de convertir trois royaumes, et peut-être de dé-
« truire à jamais l'hérésie; nous avons un prince
« zélé, etc... Il faut envoyer beaucoup d'argent au
« roi : l'argent est la logique qui persuade tout à notre
« cour. »

Il est évident, par ces lettres, que le parti catholique voulait avoir le dessus; qu'il attendait beaucoup du duc d'York; que le roi lui-même favoriserait les catholiques, pourvu qu'on lui donnât de l'argent; qu'enfin les jésuites fesaient tout ce qu'ils pouvaient pour servir le pape en Angleterre. Tout le reste était manifestement faux; les contradictions des délateurs étaient si grossières, qu'en tout autre temps on n'aurait pu s'empêcher d'en rire.

Mais les lettres de Coleman, et l'assassinat d'un de ses juges, firent tout croire des papistes. Plusieurs accusés périrent sur l'échafaud : cinq jésuites furent pendus et écartelés. Si on s'était contenté de les juger comme perturbateurs du repos public, entretenant des correspondances illicites, et voulant abolir la religion établie par la loi, leur condamnation eût été dans toutes les règles; mais il ne fallait pas les pendre en qualité de capitaines et d'aumôniers de l'armée papale qui devait subjuguer trois royaumes. Le zèle contre le papisme fut porté si loin, que la chambre des communes vota presque unanimement l'exclusion du duc d'York, et le déclara incapable d'être jamais roi d'Angleterre. Ce prince ne confirma que trop, quelques années après, la sentence de la chambre des communes.

L'Angleterre, ainsi que tout le Nord, la moitié de l'Allemagne, les sept Provinces-Unies, et les trois quarts de la Suisse, s'étaient contentés jusque-là de regarder la religion catholique romaine comme une idolâtrie: mais cette flétrissure n'avait encore passé nulle part en loi de l'état. Le parlement d'Angleterre ajouta à l'ancien serment du test l'obligation d'abhorrer le papisme comme une idolâtrie.

Quelles révolutions dans l'esprit humain! Les premiers chrétiens accusèrent le sénat de Rome d'adorer des statues qu'il n'adorait certainement pas. Le christianisme subsista trois cents ans sans images; douze empereurs chrétiens traitèrent d'idolâtres ceux qui priaient devant des figures de saints. Ce culte fut reçu ensuite dans l'Occident et dans l'Orient, abhorré après dans la moitié de l'Europe. Enfin Rome chrétienne, qui fonde sa gloire sur la destruction de l'idolâtrie, est mise au rang des païens par les lois d'une nation puissante, respectée aujourd'hui dans l'Europe.

L'enthousiasme de la nation ne se borna pas à des démonstrations de haine et d'horreur contre le papisme; les accusations, les supplices, continuèrent.

Ce qu'il y eut de plus déplorable, ce fut la mort du lord Stafford, vieillard zélé pour l'état, attaché au roi, mais retiré des affaires, et achevant sa carrière honorable dans l'exercice paisible de toutes les vertus. Il passait pour papiste, et ne l'était pas. Les délateurs l'accusèrent d'avoir voulu engager l'un d'eux à tuer le roi. L'accusateur ne lui avait jamais parlé, et cependant il fut cru; l'innocence du lord Stafford parut en vain dans tout son jour; il fut condamné, et le roi n'osa lui donner sa grace : faiblesse infame, dont son père avait été coupable [1], et qui perdit son père. Cet exemple prouve que la tyrannie d'un corps est toujours plus impitoyable que celle d'un roi : il y a mille moyens d'apaiser un prince; il n'y en a point d'adoucir la férocité d'un corps entraîné par les préjugés. Chaque membre, enivré de cette fureur commune, la reçoit

---

[1] Envers le comte de Strafford en 1641; voyez la fin du chap. cxxxix. B.

et la redouble dans les autres membres, et se porte à l'inhumanité sans crainte, parceque personne ne répond pour le corps entier.

Pendant que les papistes et les anglicans donnaient à Londres cette sanglante scène, les presbytériens d'Écosse en donnèrent une non moins absurde et plus abominable. Ils assassinèrent l'archevêque de Saint-André, primat d'Écosse; car il y avait encore des évêques dans ce pays, et l'archevêque de Saint-André avait conservé ses prérogatives. Les presbytériens assemblèrent le peuple après cette belle action, et la comparèrent hautement dans leurs sermons à celles de Jahel, d'Aod, et de Judith, auxquelles elle ressemblait en effet. Ils menèrent leurs auditeurs, au sortir du sermon, tambour battant, à Glascow, dont ils s'emparèrent. Ils jurèrent de ne plus obéir au roi comme chef suprême de l'Église anglicane, de ne reconnaître jamais son frère pour roi, de n'obéir qu'au Seigneur, et d'immoler au Seigneur tous les prélats qui s'opposeraient aux saints.

(1679) Le roi fut obligé d'envoyer contre les saints le duc de Monmouth, son fils naturel, avec une petite armée. Les presbytériens marchèrent contre lui au nombre de huit mille hommes, commandés par des ministres du saint Évangile. Cette armée s'appelait l'*armée du Seigneur*. Il y avait un vieux ministre qui monta sur un petit tertre, et qui se fit soutenir les mains comme Moïse, pour obtenir une victoire sûre. L'armée du Seigneur fut mise en déroute dès les premiers coups de canon. On fit douze cents prisonniers. Le duc de Monmouth les traita avec humanité; il ne fit pendre que deux prêtres, et donna la liberté à tous les prisonniers qui voulurent jurer de ne plus troubler la patrie au nom de Dieu : neuf cents firent le serment; trois cents jurèrent qu'il valait mieux obéir à Dieu qu'aux hommes, et qu'ils aimaient mieux mourir que de ne pas tuer les anglicans et les papistes. On les transporta en Amérique, et leur vaisseau ayant fait naufrage, ils reçurent au fond de la mer la couronne du martyre.

Cet esprit de vertige dura encore quelque temps en Angleterre, en Écosse, en Irlande : mais enfin, le roi apaisa tout, moins par sa prudence, peut-être, que par son caractère aimable dont la douceur et les graces prévalurent, et changèrent insensiblement la férocité atrabilaire de tant de factieux en des mœurs plus sociables.

Charles II paraît être le premier roi d'Angleterre qui ait acheté par des pensions secrètes les suffrages des membres du parlement; du moins, dans un pays où il n'y a presque rien de secret, cette méthode n'avait jamais été publique; on n'avait point de preuve que les rois ses prédécesseurs eussent pris ce parti, qui abrége les difficultés, et qui prévient les contradictions.

Le second parlement, convoqué en 1679, procéda contre dix-huit membres des communes du parlement précédent, qui avait duré dix-huit années. On leur reprocha d'avoir reçu des pensions; mais comme il n'y avait point de loi qui défendît de recevoir des gratifications de son souverain, on ne put les poursuivre.

Cependant Charles II, voyant que la chambre des communes, qui avait détrôné et fait mourir son père, voulait déshériter son frère de son vivant, et craignant pour lui-même les suites d'une telle entreprise, cassa le parlement, et régna sans en assembler désormais.

(1681) Tout fut tranquille dès le moment que l'autorité royale et parlementaire ne se choquèrent plus. Le roi fut réduit enfin à vivre avec économie de son revenu, et d'une pension de cent mille livres sterling, que lui fesait Louis XIV. Il entretenait seulement quatre mille hommes de troupes, et on lui reprochait cette garde comme s'il eût eu sur pied une puissante armée. Les rois n'avaient communément, avant lui, que cent hommes pour leur garde ordinaire.

On ne connut alors en Angleterre que deux partis politiques, celui des torys qui embrassaient une soumission entière aux rois, et celui des whigs qui soutenaient les droits des peuples, et qui limitaient ceux du pouvoir souverain. Ce dernier parti l'a presque toujours emporté sur l'autre.

Mais ce qui a fait la puissance de l'Angleterre, c'est que tous les partis ont également concouru, depuis le temps d'Élisabeth, à favoriser le commerce. Le même parlement qui fit couper la tête à son roi, fut occupé d'établissements maritimes, comme si on eût été dans les temps les plus paisibles. Le sang de Charles Ier était encore fumant, quand ce parlement, quoique presque tout composé de fanatiques, fit en 1650 le fameux acte de la navigation, qu'on attribue au seul Cromwell, et auquel il n'eut d'autre part que celle d'en être fâché, parceque cet acte, très préjudiciable aux Hollandais, fut une des causes de la guerre entre l'Angleterre et les sept Provinces, et que cette guerre, en portant toutes les grandes dépenses du côté de la marine, tendait à diminuer l'armée de terre, dont Cromwell était général. Cet acte de la navigation a toujours subsisté dans toute sa force. L'avantage de cet acte consiste à ne permettre qu'aucun vaisseau étranger puisse apporter en Angleterre des marchandises qui ne sont pas du pays auquel appartient le vaisseau [1].

Il y eut dès le temps de la reine Élisabeth une compagnie des Indes, antérieure même à celle de Hol-

---

[1] On voulut par cet acte punir les Hollandais des gains qu'ils fesaient en fournissant à l'Angleterre les marchandises étrangères. L'économie qu'ils savaient mettre dans les frais de transport leur permettait de les donner à un prix plus bas que les négociants nationaux ou les commerçants du pays même dont les denrées étaient tirées : ainsi cet acte n'eut d'autre effet que de faire payer aux Anglais les marchandises étrangères un peu plus cher, et d'augmenter le prix des transports par mer. La jalousie des marchands anglais fit porter cette loi, que l'on a regardée depuis comme le fruit d'une profonde politique. M. de Voltaire, qui n'avait point fait son étude principale des principes du commerce, se conforme ici à l'opinion commune; mais en partageant cette opinion, il n'en assigne pas moins, dans l'article suivant, les véritables causes de la richesse de l'Angleterre.

Quant à la prime proposée pour encourager l'exportation des grains; elle a deux inconvénients : l'un d'être un impôt levé sur la nation, l'autre d'élever un peu le prix moyen du blé pour l'Angleterre, comparé aux autres nations; mais ces deux inconvénients sont peu sensibles. Cette loi n'a d'ailleurs aucun avantage qu'une liberté absolue n'eût procuré plus sûrement et plus complètement encore. Il est possible cependant que la faiblesse du gouvernement anglais, contre toute insurrection populaire, rende les emmagasinements peu sûrs. Alors la loi pourrait être un véritable encouragement pour la culture; mais elle serait alors un remède qu'on oppose à un vice regardé comme incurable; et quelque bon que puisse être ce remède, il vaudrait mieux n'en avoir pas besoin. K.

lande, et on en forma encore une nouvelle du temps du roi Guillaume. Depuis 1597 jusqu'en 1612, les Anglais furent seuls en possession de la pêche de la baleine; mais leurs plus grandes richesses vinrent toujours de leurs troupeaux. D'abord ils ne surent que vendre les laines; mais depuis Élisabeth ils manufacturèrent les plus beaux draps de l'Europe. L'agriculture, long-temps négligée, leur a tenu lieu enfin des mines du Potose. La culture des terres a été surtout encouragée, lorsqu'on a commencé, en 1689, à donner des récompenses à l'exportation des grains. Le gouvernement a toujours accordé depuis ce temps-là cinq schellings pour chaque mesure de froment portée à l'étranger, lorsque cette mesure, qui contient vingt-quatre boisseaux de Paris, ne vaut à Londres que deux livres huit sous sterling. La vente de tous les autres grains a été encouragée à proportion; et dans les derniers temps il a été prouvé dans le parlement que l'exportation des grains avait valu en quatre années cent soixante-dix millions trois cent trente mille livres de France.

L'Angleterre n'avait pas encore toutes ces grandes ressources du temps de Charles II : elle était encore tributaire de l'industrie de la France, qui tirait d'elle plus de huit millions chaque année par la balance du commerce. Les manufactures de toiles, de glaces, de cuivre, d'airain, d'acier, de papier, de chapeaux même, manquaient aux Anglais : c'est la révocation de l'édit de Nantes qui leur a donné presque toute cette nouvelle industrie.

On peut juger par ce seul trait si les flatteurs de

Louis XIV ont eu raison de le louer d'avoir privé la France de citoyens utiles. Aussi, en 1687, la nation anglaise, sentant de quel avantage lui seraient les ouvriers français réfugiés chez elle, leur a donné quinze cent mille francs d'aumônes, et a nourri treize mille de ces nouveaux citoyens dans la ville de Londres, aux dépens du public, pendant une année entière.

Cette application au commerce, dans une nation guerrière, l'a mise enfin en état de soudoyer une partie de l'Europe contre la France. Elle a de nos jours multiplié son crédit, sans augmenter ses fonds, au point que les dettes de l'état aux particuliers ont monté à cent de nos millions de rente. C'est précisément la situation où s'est trouvé le royaume de France, dans lequel l'état, sous le nom du roi, doit à peu près la même somme par année aux rentiers et à ceux qui ont acheté des charges. Cette manœuvre, inconnue à tant d'autres nations, et surtout à celles de l'Asie, a été le triste fruit de nos guerres, et le dernier effort de l'industrie politique; industrie non moins dangereuse que la guerre même. Ces dettes de la France et de l'Angleterre sont depuis augmentées prodigieusement [1].

[1] Le capital nominal de la dette de la France est en 1828 (non compris la rente viagère ni les cautionnements) de quatre milliards quatre cent soixante-deux millions deux cent cinquante mille francs. La dette de l'Angleterre est de vingt et un milliards trois cent dix-neuf millions six cent soixante-dix mille francs. Dans ces comptes je mets de côté les fractions. On peut, sur la dette de l'Angleterre, consulter l'ouvrage de M. de Montvéran, intitulé : *Histoire critique et raisonnée de la situation de l'Angleterre*, 1821-1822; huit volumes in-8°, et aussi l'ouvrage de M. D. L. Rodet, intitulé : *Questions commerciales*, 1828, in-8°. B.

CHAPITRE CLXXXIII.

De l'Italie, et principalement de Rome, à la fin du seizième siècle. Du concile de Trente. De la réforme du calendrier, etc.

Autant la France et l'Allemagne furent bouleversées à la fin du seizième et au commencement du dix-septième siècle, languissantes, sans commerce, privées des arts et de toute police, abandonnées à l'anarchie; autant les peuples d'Italie commencèrent en général à jouir du repos, et cultivèrent à l'envi les arts de goût, qui ailleurs étaient ignorés, ou grossièrement exercés. Naples et Sicile furent sans révolutions; on n'y eut même aucune inquiétude. Quand le pape Paul IV, poussé par ses neveux, voulut ôter ces deux royaumes à Philippe II, par les armes de Henri II, roi de France, il prétendait les transférer au duc d'Anjou, qui fut depuis Henri III, moyennant vingt mille ducats de tribut annuel au lieu de six mille, et surtout à condition que ses neveux y auraient des principautés considérables et indépendantes.

Ce royaume était alors le seul au monde qui fût tributaire. On prétendait que la cour de Rome voulait qu'il cessât de l'être, et qu'il fût enfin réuni au saint-siége; ce qui aurait pu rendre les papes assez puissants pour tenir en maîtres la balance de l'Italie. Mais il était impossible que ni Paul IV, ni toute l'Italie ensemble, ôtassent Naples à Philippe II, pour l'ôter ensuite au roi de France, et dépouiller les deux plus puissants monarques de la chrétienté. L'entreprise de

Paul IV ne fut qu'une témérité malheureuse. Le fameux duc d'Albe, alors vice-roi de Naples, insulta aux démarches de ce pontife, en fesant fondre les cloches et tout le bronze de Bénévent qui appartenait au saint-siége, pour en faire des canons. Cette guerre fut presque aussitôt finie que commencée. Le duc d'Albe se flattait de prendre Rome, comme elle avait été prise sous Charles-Quint, et du temps des Othon, et d'Arnoud, et de tant d'autres ; mais il alla, au bout de quelques mois, baiser les pieds du pontife ; on rendit les cloches à Bénévent, et tout fut fini.

(1560) Ce fut un spectacle affreux, après la mort de Paul IV, que la condamnation de ses deux neveux, le prince de Palliano, et le cardinal Caraffa : le sacré collége vit avec horreur ce cardinal, condamné par les ordres de Pie IV, mourir par la corde, comme était mort le cardinal Soli [1] sous Léon X. Mais une action de cruauté ne fit pas un règne cruel, et la nation romaine ne fut pas tyrannisée : elle se plaignit seulement que le pape vendît les charges du palais, abus qui augmenta dans la suite.

(1563) Le concile de Trente fut terminé sous Pie IV, d'une manière paisible [a]. Il ne produisit aucun effet nouveau ni parmi les catholiques qui croyaient tous les articles de foi enseignés par ce concile, ni parmi les protestants qui ne les croyaient pas : il ne changea rien aux usages des nations catholiques qui adop-

---

[1] Soli s'étant racheté, ainsi que Voltaire l'a dit au chapitre cxxvii, ce fut le cardinal Petrucci qu'on pendit dans sa prison. B.

[a] La relation des disputes et des actes de ce concile se trouve au chapitre clxxii.

taient quelques règles de discipline différentes de celles du concile.

La France surtout conserva ce qu'on appelle les libertés de son Église, qui sont en effet les libertés de sa nation. Vingt-quatre articles, qui choquent les droits de la juridiction civile, ne furent jamais adoptés en France : les principaux de ces articles donnaient aux seuls évêques l'administration de tous les hôpitaux, attribuaient au seul pape le jugement des causes criminelles de tous les évêques, soumettaient les laïques en plusieurs cas à la juridiction épiscopale. Voilà pourquoi la France rejeta toujours le concile dans la discipline qu'il établit. Les rois d'Espagne le reçurent dans tous leurs états avec le plus grand respect et les plus grandes modifications, mais secrètes et sans éclat : Venise imita l'Espagne. Les catholiques d'Allemagne demandèrent encore l'usage de la coupe et le mariage des prêtres. Pie IV accorda la communion sous les deux espèces, par des brefs, à l'empereur Maximilien II et à l'archevêque de Mayence; mais il fut inflexible sur le célibat des prêtres. L'*Histoire des papes* en donne pour raison que Pie IV, étant délivré du concile, n'en avait plus rien à craindre : « De là « vient, ajoute l'auteur, que ce pape, qui violait les « lois divines et humaines, fesait le scrupuleux sur le « célibat. » Il est très faux que Pie IV violât les lois divines et humaines; et il est très évident qu'en conservant l'ancienne discipline du célibat sacerdotal depuis si long-temps établie dans l'Occident, il se conformait à une opinion devenue une loi de l'Église.

Tous les autres usages de la discipline ecclésiastique

particulière à l'Allemagne subsistèrent. Les questions préjudiciables à la puissance séculière ne réveillèrent plus ces guerres qu'elles avaient autrefois fait naître. Il y eut toujours des difficultés, des épines, entre la cour de Rome et les cours catholiques : mais le sang ne coula point pour ces petits démêlés. L'interdit de Venise sous Paul V a été depuis la seule querelle éclatante. Les guerres de religion en Allemagne et en France occupaient alors assez; et la cour de Rome ménageait d'ordinaire les souverains catholiques, de peur qu'ils ne devinssent protestants. Malheur seulement aux princes faibles, quand ils avaient en tête un prince puissant comme Philippe, qui était le maître au conclave!

Il manqua à l'Italie la police générale : ce fut là son véritable fléau. Elle fut infestée long-temps de brigands au milieu des arts et dans le sein de la paix, comme la Grèce l'avait été dans les temps sauvages. Des frontières du Milanais au fond du royaume de Naples, des troupes de bandits, courant sans cesse d'une province à une autre, achetaient la protection des petits princes, ou les forçaient à les tolérer. On ne put les exterminer dans l'état du saint-siége jusqu'au règne de Sixte-Quint; et après lui ils reparurent quelquefois. Ce fatal exemple encourageait les particuliers à l'assassinat : l'usage du stylet n'était que trop commun dans les villes, tandis que les bandits couraient les campagnes; les écoliers de Padoue s'étaient accoutumés à assommer les passants sous les arcades qui bordent les rues.

Malgré ces désordres trop communs, l'Italie était

le pays le plus florissant de l'Europe, s'il n'était pas le plus puissant. On n'entendait plus parler de ces guerres étrangères qui l'avaient désolée depuis le règne du roi de France Charles VIII, ni de ces guerres intestines de principauté contre principauté, et de ville contre ville; on ne voyait plus de ces conspirations autrefois si fréquentes. Naples, Venise, Rome, Florence, attiraient les étrangers par leur magnificence et par la culture de tous les arts. Les plaisirs de l'esprit n'étaient encore bien connus que dans ce climat. La religion s'y montrait aux peuples sous un appareil imposant, nécessaire aux imaginations sensibles. Ce n'était qu'en Italie qu'on avait élevé des temples dignes de l'antiquité; et Saint-Pierre de Rome les surpassait tous. Si les pratiques superstitieuses, de fausses traditions, des miracles supposés, subsistaient encore, les sages les méprisaient, et savaient que les abus ont été de tous les temps l'amusement de la populace.

Peut-être les écrivains ultramontains, qui ont tant déclamé contre ces usages, n'ont pas assez distingué entre le peuple et ceux qui le conduisent. Il n'aurait pas fallu mépriser le sénat de Rome parceque les malades guéris par la nature tapissaient de leurs offrandes les temples d'Esculape, parceque mille tableaux votifs de voyageurs échappés aux naufrages ornaient ou défiguraient les autels de Neptune, et que dans Egnatia l'encens brûlait et fumait de lui-même sur une pierre sacrée. Plus d'un protestant, après avoir goûté les délices du séjour de Naples, s'est répandu en invectives contre les trois miracles qui se font à jour nommé dans cette ville, quand le sang de saint Janvier, de saint Jean-Baptiste, et de saint Étienne, conservé dans des bouteilles, se liquéfie étant approché de leurs têtes. Ils accusent ceux qui président à ces églises d'imputer à la Divinité des prodiges inutiles. Le savant et sage Addison dit qu'il n'a jamais vu *a more bungling trick*, un tour plus grossier. Tous ces auteurs pouvaient observer que ces institutions ne nuisent point aux mœurs, qui doivent être le principal objet de la police civile et ecclésiastique ; que probablement les imaginations ardentes des climats chauds ont besoin de signes visibles qui les mettent continuellement sous la main de la Divinité ; et qu'enfin ces signes ne pouvaient être abolis que quand ils seraient méprisés du même peuple qui les révère [1].

[1] Ces superstitions ne nous paraissent pas aussi indifférentes qu'à M. de Voltaire. Comme le miracle réussit ou manque au gré du charlatan qui est chargé de le faire, et que le peuple entre en fureur lorsqu'il ne réussit pas, le clergé de Naples a le pouvoir d'exciter à son gré des séditions parmi une populace nombreuse, dénuée de toute morale, que le sang n'effraie pas, et qui n'a rien à perdre ; en sorte que la cérémonie de la liquéfaction met absolument le gouvernement de Naples dans la dépendance des prêtres. Toute réforme, toute loi qui déplaît aux prêtres devient impossible à établir. Il faudrait éclairer le peuple ; mais si un ministre était soupçonné d'en avoir l'idée, le miracle manquerait, et il se verrait exposé à toute la fureur du peuple.

Un seigneur napolitain avait imaginé de faire le miracle chez lui ; ce moyen était un des plus sûrs pour le faire tomber ; mais le gouvernement eut peur des prêtres, et on lui défendit de continuer. Son secret se trouve décrit dans les *Mémoires de l'Académie des Sciences* de Paris, 1757 (page 383) ; mais il n'est pas sûr que ce soit exactement le même que celui des prêtres.

Espérons qu'un archevêque de Naples aura quelque jour assez de véritable piété et de courage pour avouer que ses prédécesseurs et son clergé ont abusé de la crédulité du peuple, pour révéler toute la fraude, et en exposer le secret au grand jour.

Il est bon de savoir que, si le miracle est retardé, il arrive souvent que le peuple s'en prend aux étrangers qui se trouvent dans l'église, et qu'il soup-

A Pie IV succéda ce dominicain Ghisleri, Pie V, si haï dans Rome même, pour y avoir fait exercer avec trop de cruauté le ministère de l'inquisition, publiquement combattu ailleurs par les tribunaux séculiers. La fameuse bulle *In cœnâ Domini*, émanée sous Paul III, et publiée par Pie V, dans laquelle on brave tous les droits des souverains, révolta plusieurs cours, et fit élever contre elle les voix de plusieurs universités.

L'extinction de l'ordre des *humiliés* fut un des principaux événements de son pontificat. Les religieux de cet ordre, établis principalement au Milanais, vivaient dans le scandale. Saint Charles Borromée, archevêque de Milan, voulut les réformer : quatre d'entre eux conspirèrent contre sa vie; l'un des quatre lui tira un coup d'arquebuse dans son palais, pendant qu'il fesait sa prière (1571). Ce saint homme, qui ne fut que légèrement blessé, demanda au pape la grace des coupables; mais le pape punit leur attentat par le dernier supplice, et abolit l'ordre entier. Ce pontife envoya quelques troupes en France au secours du roi Charles IX contre les huguenots de son royaume.

---

connue d'être des hérétiques. Alors ils sont obligés de se retirer, et quelquefois le peuple les poursuit à coups de pierres. Il n'y a pas quinze ans que M. le prince de S. et M. le comte de C. essuyèrent ce traitement, sans se l'être attiré par aucune indiscrétion. K. — En 1797 on venait de faire la paix avec les Français; la liquéfaction du sang de saint Janvier n'eut pas lieu à Naples, d'où le peuple concluait que le saint désapprouvait qu'on eût traité avec les Français. L'année d'après on était en guerre, et l'on annonça que le sang bouillonnerait plus fort que de coutume. En 1799 la ville de Naples était au pouvoir des Français; le général en chef Championnet exigea que le miracle se fit, et il eut lieu plus tôt qu'on ne l'attendait. (Voyez le *Moniteur*, n° 139 de l'an v; 256 de l'an vi; 259 de l'an vii.) B.

Elles se trouvèrent à la bataille de Moncontour. Le gouvernement de France était alors parvenu à cet excès de subvertissement, que deux mille soldats du pape étaient un secours utile.

Mais ce qui consacra la mémoire de Pie V, ce fut son empressement à défendre la chrétienté contre les Turcs, et l'ardeur dont il pressa l'armement de la flotte qui gagna la bataille de Lépante. Son plus bel éloge vint de Constantinople même, où l'on fit des réjouissances publiques de sa mort.

Grégoire XIII, Buoncompagno, successeur de Pie V, rendit son nom immortel par la réforme du calendrier qui porte son nom; et en cela, il imita Jules César. Ce besoin où les nations furent toujours de réformer l'année montre bien la lenteur des arts les plus nécessaires. Les hommes avaient su ravager le monde d'un bout à l'autre, avant d'avoir su connaître les temps et régler leurs jours. Les anciens Romains n'avaient d'abord connu que dix mois lunaires et une année de trois cent quatre jours; ensuite leur année fut de trois cent cinquante-cinq. Tous les remèdes à cette fausse computation furent autant d'erreurs. Les pontifes, depuis Numa Pompilius, furent les astronomes de la nation, ainsi qu'ils l'avaient été chez les Babyloniens, chez les Égyptiens, chez les Perses, chez presque tous les peuples de l'Asie. La science des temps les rendait plus vénérables au peuple, rien ne conciliant plus l'autorité que la connaissance des choses utiles inconnues au vulgaire.

Comme chez les Romains le suprême pontificat était toujours entre les mains d'un sénateur, Jules César, en qualité de pontife, réforma le calendrier autant qu'il le put; il se servit de Sosigènes, mathématicien, Grec d'Alexandrie. Alexandre avait transporté dans cette ville les sciences et le commerce; c'était la plus célèbre école de mathématiques, et c'était là que les Égyptiens, et même les Hébreux, avaient enfin puisé quelques connaissances réelles. Les Égyptiens avaient su auparavant élever des masses énormes de pierre; mais les Grecs leur enseignèrent tous les beaux-arts, ou plutôt les exercèrent chez eux sans pouvoir former d'élèves égyptiens. En effet, on ne compte, chez ce peuple d'esclaves efféminés, aucun homme distingué dans les arts de la Grèce.

Les pontifes chrétiens réglèrent l'année, ainsi que les pontifes de l'ancienne Rome, parceque c'était à eux d'indiquer les célébrations des fêtes. Le premier concile de Nicée, en 325, voyant le dérangement que le temps apportait au calendrier de César, consulta, comme lui, les Grecs d'Alexandrie : ces Grecs répondirent que l'équinoxe du printemps arrivait alors le 21 mars; et les pères réglèrent le temps de la fête de Pâques suivant ce principe.

Deux légers mécomptes dans le calcul de Jules César, et dans celui des astronomes consultés par le concile, augmentèrent dans la suite des siècles. Le premier de ces mécomptes vient du fameux nombre d'or de l'Athénien Méton; il donne dix-neuf années à la révolution par laquelle la lune revient au même point du ciel : il ne s'en manque qu'une heure et demie; méprise insensible dans un siècle, et considérable après plusieurs siècles. Il en était de même de la révolution apparente du soleil, et des points qui fixent les équinoxes et les solstices. L'équinoxe du printemps, au siècle du concile de Nicée, arrivait le 21 mars; mais au temps du concile de Trente, l'équinoxe avait avancé de dix jours, et tombait à l'onze de ce mois. La cause de cette précession des équinoxes, inconnue à toute l'antiquité, n'a été découverte que de nos jours: cette cause est un mouvement particulier à l'axe de la terre ; mouvement dont la période s'achève en vingt-cinq mille neuf cents années, et qui fait passer successivement les équinoxes et les solstices par tous les points du zodiaque. Ce mouvement est l'effet de la gravitation, dont le seul Newton a connu et calculé les phénomènes, qui semblaient hors de la portée de l'esprit humain [1].

Il ne s'agissait pas, du temps de Grégoire XIII, de songer à deviner la cause de cette précession des équinoxes, mais de mettre ordre à la confusion qui commençait à troubler sensiblement l'année civile. Grégoire fit consulter tous les célèbres astronomes de l'Europe. Un médecin, nommé Lilio, né à Rome, eut l'honneur de fournir la manière la plus simple et la plus facile de rétablir l'ordre de l'année, telle qu'on la voit dans le nouveau calendrier; il ne fallait que retrancher dix jours à l'année 1582, où l'on était pour lors, et prévenir le dérangement dans les siècles à venir par une précaution aisée. Ce Lilio a été depuis ignoré; et le calendrier porte le nom du pape

[1] Voltaire confond ici l'anticipation de l'année julienne sur l'année tropique avec la précession des équinoxes (voyez *Éléments de chronologie historique*, par *M. Schoell*, tome Ier, page 53). B.

Grégoire, ainsi que le nom de Sosigènes fut couvert par celui de César. Il n'en était pas ainsi chez les anciens Grecs ; la gloire de l'invention demeurait aux artistes.

Grégoire XIII eut celle de presser la conclusion de cette réforme nécessaire ; il eut plus de peine à la faire recevoir par les nations qu'à la faire rédiger par les mathématiciens. La France résista quelques mois ; et enfin, sur un édit de Henri III, enregistré au parlement de Paris (3 novembre 1582), on s'accoutuma à compter comme il le fallait ; mais l'empereur Maximilien II ne put persuader à la diète d'Augsbourg que l'équinoxe était avancé de dix jours. On craignit que la cour de Rome, en instruisant les hommes, ne prît le droit de les maîtriser. Ainsi l'ancien calendrier subsista encore quelque temps chez les catholiques même de l'Allemagne. Les protestants de toutes les communions s'obstinèrent à ne pas recevoir des mains du pape une vérité qu'il aurait fallu recevoir des Turcs, s'ils l'avaient proposée.

(1575) Les derniers jours du pontificat de Grégoire XIII furent célèbres par cette ambassade d'obédience qu'il reçut du Japon. Rome fesait des conquêtes spirituelles à l'extrémité de la terre, tandis qu'elle fesait tant de pertes en Europe. Trois rois ou princes du Japon, alors divisé en plusieurs souverainetés, envoyèrent chacun un de leurs plus proches parents saluer le roi d'Espagne, Philippe II, comme le plus puissant de tous les rois chrétiens ; et le pape, comme père de tous les rois. Les lettres de ces trois princes au pape commençaient toutes par un acte d'adoration envers lui. La première, du roi de Bungo, était écrite, « A l'adorable qui tient sur terre la place « du roi du ciel »; elle finit par ces mots, « Je m'a-« dresse avec crainte et respect à votre sainteté, que « j'adore, et dont je baise les pieds très saints. » Les deux autres disent à peu près la même chose. L'Espagne se flattait alors que le Japon deviendrait une de ses provinces, et le saint-siége voyait déjà le tiers de cet empire soumis à sa juridiction ecclésiastique.

Le peuple romain eût été très heureux sous le gouvernement de Grégoire XIII, si la tranquillité publique de ses états n'avait pas été quelquefois troublée par les bandits. Il abolit quelques impôts onéreux, et ne démembra point l'état en faveur de son bâtard, comme avaient fait quelques uns de ses prédécesseurs [1].

CHAPITRE CLXXXIV.

De Sixte-Quint.

Le règne de Sixte-Quint a plus de célébrité que ceux de Grégoire XIII et de Pie V, quoique ces deux pontifes aient fait de grandes choses : l'un s'étant signalé par la bataille de Lépante, dont il fut le premier mo-

---

[1] Grégoire XIII approuva le massacre de la Saint-Barthélemi, l'annonça dans un consistoire comme un événement consolant pour la religion, et voulut en consacrer et en éterniser le souvenir par un tableau qu'il fit placer dans son palais. Cette seule action suffit pour rendre sa mémoire à jamais exécrable.

Il fit aussi frapper une médaille sur ce sujet horrible. Elle porte le nom et le portrait de ce pape, et au revers des figures allégoriques avec ces mots : *Ugonotorum strages*, 1572. J'ai une de ces médailles entre mes mains. K.

bile, et l'autre par la réforme des temps. Il arrive quelquefois que le caractère d'un homme et la singularité de son élévation arrêtent sur lui les yeux de la postérité plus que les actions mémorables des autres. La disproportion qu'on croit voir entre la naissance de Sixte-Quint, fils d'un pauvre vigneron, et l'élévation à la dignité suprême, augmente sa réputation : cependant nous avons vu que jamais une naissance obscure et basse ne fut regardée comme un obstacle au pontificat, dans une religion et dans une cour où toutes les places sont réputées le prix du mérite[1], quoiqu'elles soient aussi celui de la brigue. Pie V n'était guère d'une famille plus relevée; Adrien VI fut le fils d'un artisan; Nicolas V était né dans l'obscurité; le père du fameux Jean XXII, qui ajouta un troisième cercle à la tiare, et qui porta trois couronnes, sans posséder aucune terre, raccommodait des souliers à Cahors; c'était le métier du père d'Urbain IV. Adrien IV, l'un des plus grands papes, fils d'un mendiant, avait été mendiant lui-même. L'histoire de l'Église est pleine de ces exemples, qui encouragent la simple vertu, et qui confondent la vanité humaine. Ceux qui ont voulu relever la naissance de Sixte-Quint n'ont pas songé qu'en cela ils rabaissaient sa personne; ils lui ôtaient le mérite d'avoir vaincu les premières difficultés. Il y a plus loin d'un gardeur de porcs, tel qu'il le fut dans son enfance, aux simples places qu'il eut dans son ordre, que de ces places au trône de l'Église. On a composé sa vie à Rome sur des journaux qui n'apprennent que des dates, et sur des panégyriques

---

[1] Voyez la fin du chap. XLVII. B.

qui n'apprennent rien. Le cordelier qui a écrit la vie de Sixte-Quint commence par dire « qu'il a l'honneur « de parler du plus haut, du meilleur, du plus grand « des pontifes, des princes, et des sages, du glorieux « et de l'immortel Sixte. » Il s'ôte lui-même tout crédit par ce début.

L'esprit de Sixte-Quint et de son règne est la partie essentielle de son histoire : ce qui le distingue des autres papes, c'est qu'il ne fit rien comme les autres. Agir toujours avec hauteur, et même avec violence, quand il est un simple moine ; dompter tout d'un coup la fougue de son caractère dès qu'il est cardinal ; se donner quinze ans pour incapable d'affaires, et surtout de régner, afin de déterminer un jour en sa faveur les suffrages de tous ceux qui compteraient régner sous son nom ; reprendre toute sa hauteur au moment même qu'il est sur le trône ; mettre dans son pontificat une sévérité inouïe, et de la grandeur dans toutes ses entreprises ; embellir Rome, et laisser le trésor pontifical très riche ; licencier d'abord les soldats, les gardes même de ses prédécesseurs, et dissiper les bandits par la seule force des lois, sans avoir de troupes ; se faire craindre de tout le monde par sa place et par son caractère ; c'est là ce qui mit son nom parmi les noms illustres, du vivant même de Henri et d'Élisabeth. Les autres souverains risquaient alors leur trône, quand ils tentaient quelque entreprise sans le secours de ces nombreuses armées, qu'ils ont entretenues depuis : il n'en était pas ainsi des souverains de Rome qui, réunissant le sacerdoce et l'empire, n'avaient pas même besoin d'une garde.

Sixte-Quint se fit une grande réputation en embellissant et en policant Rome, comme Henri IV embellissait et policait Paris; mais ce fut là le moindre mérite de Henri, et c'était le premier de Sixte. Aussi ce pape fit en ce genre de bien plus grandes choses que le roi de France : il commandait à un peuple bien plus paisible, et alors infiniment plus industrieux; et il avait dans les ruines et dans les exemples de l'ancienne Rome, et encore dans les travaux de ses prédécesseurs, tout l'encouragement à ses grands desseins.

Du temps des Césars romains, quatorze aquéducs immenses, soutenus sur des arcades, voituraient des fleuves entiers à Rome l'espace de plusieurs milles, et y entretenaient continuellement cent cinquante fontaines jaillissantes, et cent dix-huit grands bains publics, outre l'eau nécessaire à ces mers artificielles, sur lesquelles on représentait des batailles navales. Cent mille statues ornaient les places publiques, les carrefours, les temples, les maisons. On voyait quatre-vingt-dix colosses élevés sur des portiques : quarante-huit obélisques de marbre de granit, taillés dans la Haute-Égypte, étonnaient l'imagination, qui concevait à peine comment on avait pu transporter du tropique aux bords du Tibre ces masses prodigieuses. Il restait aux papes de restaurer quelques aquéducs, de relever quelques obélisques ensevelis sous des décombres, de déterrer quelques statues.

Sixte-Quint rétablit la fontaine Mazia, dont la source est à vingt milles de Rome, auprès de l'ancienne Préneste, et il la fit conduire par un aquéduc de treize mille pas : il fallut élever des arcades dans un chemin de sept milles de longueur ; un tel ouvrage, qui eût été peu de chose pour l'empire romain, était beaucoup pour Rome pauvre et resserrée.

Cinq obélisques furent relevés par ses soins. Le nom de l'architecte Fontana, qui les rétablit, est encore célèbre à Rome ; celui des artistes qui les taillèrent, qui les transportèrent de si loin, n'est pas connu. On lit dans quelques voyageurs, et dans cent auteurs qui les ont copiés, que quand il fallut élever sur son piédestal l'obélisque du Vatican, les cordes employées à cet usage se trouvèrent trop longues, et que, malgré la défense sous peine de mort de parler pendant cette opération, un homme du peuple s'écria : *Mouillez les cordes*. Ces contes, qui rendent l'histoire ridicule, sont le fruit de l'ignorance ; les cabestans dont on se servait ne pouvaient avoir besoin de ce ridicule secours.

L'ouvrage qui donna quelque supériorité à Rome moderne sur l'ancienne fut la coupole de Saint-Pierre de Rome. Il ne restait dans le monde que trois monuments antiques de ce genre, une partie du dôme du temple de Minerve dans Athènes, celui du Panthéon à Rome, et celui de la grande mosquée de Constantinople, autrefois Sainte-Sophie, ouvrage de Justinien. Mais ces coupoles, assez élevées dans l'intérieur, étaient trop écrasées au-dehors. Le Brunelleschi, qui rétablit l'architecture en Italie au quatorzième siècle, remédia à ce défaut par un coup de l'art, en établissant deux coupoles l'une sur l'autre, dans la cathédrale de Florence ; mais ces coupoles tenaient encore un peu du gothique, et n'étaient pas dans les nobles proportions. Michel-Ange Buonarotti, peintre, sculpteur, et architecte, également célèbre dans ces trois genres, donna, dès le temps de Jules II, le dessin des deux dômes de Saint-Pierre; et Sixte-Quint fit construire en vingt-deux mois cet ouvrage dont rien n'approche.

La bibliothèque, commencée par Nicolas V, fut tellement augmentée alors, que Sixte-Quint peut passer pour en être le vrai fondateur. Le vaisseau qui la contient est encore un beau monument. Il n'y avait point alors dans l'Europe de bibliothèque ni si ample, ni si curieuse; mais la ville de Paris l'a emporté depuis sur Rome en ce point; et si l'architecture de la bibliothèque royale de Paris n'est pas comparable à celle du Vatican, les livres y sont en beaucoup plus grand nombre, bien mieux arrangés, et prêtés aux particuliers avec une tout autre facilité.

Le malheur de Sixte-Quint et de ses états fut que toutes ces grandes fondations appauvrirent son peuple, au lieu que Henri IV soulagea le sien. L'un et l'autre, à leur mort, laissèrent à peu près la même somme en argent comptant; car quoique Henri IV eût quarante millions en réserve dont il pouvait disposer, il n'y en avait qu'environ vingt dans les caves de la Bastille; et les cinq millions d'écus d'or que Sixte mit dans le château Saint-Ange revenaient à peu près à vingt millions de nos livres d'alors. Cet argent ne pouvait être ravi à la circulation dans un état presque sans commerce et sans manufactures, tel que celui de Rome, sans appauvrir les habitants. Sixte, pour amasser ce trésor, et pour subvenir à ces dépenses, fut obligé de donner encore plus d'étendue à la vénalité des emplois, que n'avaient fait ses prédécesseurs. Sixte IV, Jules II, Léon X, avaient commencé; Sixte aggrava beaucoup ce fardeau; il créa des rentes à huit, à neuf, à dix pour cent, pour le paiement desquelles les impôts furent augmentés. Le peuple oublia qu'il embellissait Rome; il sentit seulement qu'il l'appauvrissait: et ce pontife fut plus haï qu'admiré.

Il faut toujours regarder les papes sous deux aspects, comme souverains d'un état, et comme chefs de l'Église. Sixte-Quint, en qualité de premier pontife, voulut renouveler les temps de Grégoire VII. Il déclara Henri IV, alors roi de Navarre, incapable de succéder à la couronne de France. Il priva la reine Élisabeth de ses royaumes par une bulle; et si la *flotte invincible* de Philippe II eût abordé en Angleterre, la bulle eût pu être mise à exécution. La manière dont il se conduisit avec Henri III, après l'assassinat du duc de Guise et du cardinal son frère, ne fut pas si emportée. Il se contenta de le déclarer excommunié s'il ne fesait pénitence de ces deux meurtres. C'était imiter saint Ambroise; c'était agir comme Alexandre III, qui exigea une pénitence publique du meurtre de Becket, canonisé sous le nom de Thomas de Cantorbéry. Il était avéré que le roi de France, Henri III, venait d'assassiner dans sa propre maison deux princes, dangereux à la vérité, mais auxquels on n'avait point fait le procès, et qu'il eût été très difficile de convaincre de crime en justice réglée. Ils étaient les chefs d'une ligue funeste, mais que le roi lui-même avait signée. Toutes les circonstances de ce double assassinat étaient horribles; et sans entrer ici dans les justifications prises de la politique et du malheur des temps, la sûreté du genre humain semblait demander un frein à de pareilles violences. Sixte-Quint perdit le fruit de sa démarche austère et inflexible, en ne soutenant que les droits de la tiare et du sacré collége, et non ceux de l'humanité; en ne blâmant pas le meurtre du duc de Guise autant que celui du cardinal; en n'insistant que sur la prétendue immunité de l'Église, sur le droit que les papes réclamaient de juger les cardinaux; en commandant au roi de France de relâcher le cardinal de Bourbon et l'archevêque de Lyon, qu'il retenait en prison par les raisons d'état les plus fortes; enfin en lui ordonnant de venir dans l'espace de soixante jours expier son crime dans Rome. Il est très vrai que Sixte-Quint, chef des chrétiens, pouvait dire à un prince chrétien, « Purgez-vous devant Dieu d'un « double homicide »; mais il ne pouvait pas lui dire, « C'est à moi seul de juger vos sujets ecclésiastiques; « c'est à moi de vous juger dans ma cour. »

Ce pape parut encore moins conserver la grandeur et l'impartialité de son ministère, quand, après le parricide du moine Jacques Clément, il prononça devant les cardinaux ces propres paroles, fidèlement rapportées par le secrétaire du consistoire : « Cette mort, « dit-il, qui donne tant d'étonnement et d'admiration, « sera crue à peine de la postérité. Un très puissant « roi, entouré d'une forte armée qui a réduit Paris à « lui demander miséricorde, est tué d'un seul coup « de couteau par un pauvre religieux. Certes, ce grand « exemple a été donné, afin que chacun connaisse la « force des jugements de Dieu. » Ce discours du pape parut horrible, en ce qu'il semblait regarder le crime d'un scélérat insensé comme une inspiration de la Providence.

Sixte était en droit de refuser les vains honneurs d'un service funèbre à Henri III, qu'il regardait comme exclu de la participation aux prières. Aussi dit-il dans le même consistoire : « Je les dois au roi de France, « mais je ne les dois pas à Henri de Valois impénitent. »

Tout cède à l'intérêt : ce même pape, qui avait privé si fièrement Élisabeth et le roi de Navarre de leurs royaumes, qui avait signifié au roi Henri III qu'il fallait venir répondre à Rome dans soixante jours, ou être excommunié, refusa pourtant à la fin de prendre le parti de la ligue et de l'Espagne contre Henri IV, alors hérétique. Il sentait que si Philippe II réussissait, ce prince, maître à-la-fois de la France, du Milanais, et de Naples, le serait bientôt du saint-siége et de toute l'Italie. Sixte-Quint fit donc ce que tout homme sage eût fait à sa place ; il aima mieux s'exposer à tous les ressentiments de Philippe II que de se ruiner lui-même en prêtant la main à la ruine de Henri IV. Il mourut dans ces inquiétudes (26 auguste 1590), n'osant secourir Henri IV, et craignant Philippe II. Le peuple romain, qui gémissait sous le fardeau des taxes, et qui haïssait un gouvernement triste et dur, éclata à la mort de Sixte ; on eut beaucoup de peine à l'empêcher de troubler la pompe funèbre, de déchirer en pièces celui qu'il avait adoré à genoux. Presque tous ses trésors furent dissipés un an après sa mort, ainsi que ceux de Henri IV : destinée ordinaire qui fait voir assez la vanité des desseins des hommes.

CHAPITRE CLXXXV.

Des successeurs de Sixte-Quint.

On voit combien l'éducation, la patrie, tous les préjugés, gouvernent les hommes. Grégoire XIV, né Milanais et sujet du roi d'Espagne, fut gouverné par la faction espagnole, à laquelle Sixte, né sujet de Rome, avait résisté. Il immola tout à Philippe II. Une armée d'Italiens fut levée pour aller ravager la France aux dépens de ce même trésor que Sixte-Quint avait amassé pour défendre l'Italie; et cette armée ayant été battue et dissipée, il ne resta à Grégoire XIV que la honte de s'être appauvri pour Philippe II, et d'être dominé par lui.

Clément VIII, Aldobrandin, fils d'un banquier florentin, se conduisit avec plus d'esprit et d'adresse : il connut très bien que l'intérêt du saint-siége était de tenir, autant qu'il pouvait, la balance entre la France et la maison d'Autriche. Ce pape accrut le domaine ecclésiastique du duché de Ferrare : c'était encore un effet de ces lois féodales si épineuses et si contestées, et c'était une suite évidente de la faiblesse de l'empire. La comtesse Mathilde, dont nous avons tant parlé, avait donné aux papes Ferrare, Modène et Reggio, avec bien d'autres terres. Les empereurs réclamèrent

CHAP. CLXXXV. DES SUCCESSEURS, ETC.

toujours contre la donation de ces domaines, qui étaient des fiefs de la couronne de Lombardie. Ils devinrent, malgré l'empire, fiefs du saint-siége, comme Naples, qui relevait du pape après avoir relevé des empereurs. Ce n'est que de nos jours que Modène et Reggio ont été enfin solennellement déclarés fiefs impériaux. Mais depuis Grégoire VII, ils étaient, ainsi que Ferrare, dépendants de Rome; et la maison de Modène, autrefois propriétaire de ces terres, ne les possédait plus qu'à titre de vicaire du saint-siége. En vain la cour de Vienne et les diètes impériales prétendaient toujours la suzeraineté. (1597) Clément VIII enleva Ferrare à la maison d'Est, et ce qui pouvait produire une guerre violente ne produisit que des protestations. Depuis ce temps, Ferrare fut presque déserte[a].

Ce pape fit la cérémonie de donner l'absolution et la discipline à Henri IV, en la personne des cardinaux du Perron et d'Ossat; mais on voit combien la cour de Rome craignait toujours Philippe II, par les ménagements et les artifices dont usa Clément VIII pour parvenir à réconcilier Henri IV avec l'Église. (1595) Ce prince avait abjuré solennellement la religion réformée; et cependant les deux tiers des cardinaux persistèrent dans un consistoire à lui refuser l'absolution. Les ambassadeurs du roi eurent beaucoup de peine à empêcher que le pape se servît de cette formule: « Nous réhabilitons Henri dans sa royauté[1]. » Le ministère de Rome voulait bien reconnaître Henri

---

[a] Voyez l'article FERRARE dans le *Dictionnaire philosophique*.
[1] Voyez le *Cri des nations* (*Mélanges*, année 1769). B.

pour roi de France, et opposer ce prince à la maison d'Autriche; mais en même temps Rome soutenait, autant qu'elle pouvait, son ancienne prétention de disposer des royaumes.

Sous Borghèse, Paul V, renaquit l'ancienne querelle de la juridiction séculière et de l'ecclésiastique, qui avait fait verser autrefois tant de sang. (1605) Le sénat de Venise avait défendu les nouvelles donations faites aux églises sans son concours, et surtout l'aliénation des biens-fonds en faveur des moines. Il se crut aussi en droit de faire arrêter et de juger un chanoine de Vicence, et un abbé de Nervèse, convaincus de rapines et de meurtres.

Le pape écrivit à la république que les décrets et l'emprisonnement des deux ecclésiastiques blessaient l'honneur de Dieu; il exigea que les ordonnances du sénat fussent remises à son nonce, et qu'on lui rendît aussi les deux coupables, qui ne devaient être justiciables que de la cour romaine.

Paul V, qui peu de temps auparavant avait fait plier la république de Gênes dans une occasion pareille, crut que Venise aurait la même condescendance. Le sénat envoya un ambassadeur extraordinaire pour soutenir ses droits. Paul répondit à l'ambassadeur que ni les droits ni les raisons de Venise ne valaient rien, et qu'il fallait obéir. Le sénat n'obéit point. Le doge et les sénateurs furent excommuniés (17 avril 1606), et tout l'état de Venise mis en interdit, c'est-à-dire qu'il fut défendu au clergé, sous peine de damnation éternelle, de dire la messe, de faire le service, d'administrer aucun sacrement, et de prêter son ministère à la sépulture des morts. C'était ainsi que Grégoire VII et ses successeurs en avaient usé envers plusieurs empereurs, bien sûrs alors que les peuples aimeraient mieux abandonner leurs empereurs que leurs églises, et comptant toujours sur des princes prêts à envahir les domaines des excommuniés. Mais les temps étaient changés : Paul V, par cette violence, hasardait qu'on lui désobéît, que Venise fît fermer toutes les églises, et renonçât à la religion catholique : elle pouvait aisément embrasser la grecque, ou la luthérienne, ou la calviniste, et parlait, en effet, alors de se séparer de la communion du pape. Le changement ne se fût pas fait sans troubles ; le roi d'Espagne aurait pu en profiter. Le sénat se contenta de défendre la publication du monitoire dans toute l'étendue de ses terres. Le grand-vicaire de l'évêque de Padoue, à qui cette défense fut signifiée, répondit au podestat qu'il ferait ce que Dieu lui inspirerait; mais le podestat ayant répliqué que Dieu avait inspiré au conseil des dix de faire pendre quiconque désobéirait, l'interdit ne fut publié nulle part; et la cour de Rome fut assez heureuse pour que tous les Vénitiens continuassent à vivre en catholiques malgré elle.

Il n'y eut que quelques ordres religieux qui obéirent. Les jésuites ne voulurent pas donner l'exemple les premiers. Leurs députés se rendirent à l'assemblée générale des capucins; ils leur dirent que, « dans cette « grande affaire, l'univers avait les yeux sur les capu- « cins, et qu'on attendait leur démarche pour savoir « quel parti on devait prendre. » Les capucins, qui se crurent en spectacle à l'univers, ne balancèrent pas à fermer leurs églises. Les jésuites et les théatins fermèrent alors les leurs. Le sénat les fit tous embarquer pour Rome, et les jésuites furent bannis à perpétuité.

Parmi tant de moines qui, depuis leur fondation, avaient trahi leur patrie pour les intérêts des papes, il s'en trouva un à Venise qui fut citoyen, et qui acquit une gloire durable en défendant ses souverains contre les prétentions romaines; ce fut le célèbre Sarpi, si connu sous le nom de fra-Paolo. Il était théologien de la république : ce titre de théologien ne l'empêcha pas d'être un excellent jurisconsulte. Il soutint la cause de Venise avec toute la force de la raison, et avec une modération et une finesse qui rendaient cette raison victorieuse. Deux sujets du pape et un prêtre de Venise subornèrent deux assassins pour tuer fra-Paolo. Ils le percèrent de trois coups de stylet, et s'enfuirent dans une barque à dix rames, qui leur était préparée. Un assassinat si bien concerté, la fuite des meurtriers assurée avec tant de précautions et de frais, marquaient évidemment qu'ils avaient obéi aux ordres de quelques hommes puissants. On accusa les jésuites; on soupçonna le pape; le crime fut désavoué par la cour romaine et par les jésuites. Fra-Paolo, qui réchappa de ses blessures, garda long-temps un des stylets dont il avait été frappé, et mit au-dessous cette inscription : *Stilo della chiesa romana.*

Le roi d'Espagne excitait le pape contre les Vénitiens, et le roi Henri IV se déclarait pour eux. Les Vénitiens armèrent à Vérone, à Padoue, à Bergame, à Brescia; ils levèrent quatre mille soldats en France.

Le pape, de son côté, ordonna la levée de quatre mille Corses, et de quelques Suisses catholiques. Le cardinal Borghèse devait commander cette petite armée. Les Turcs remercièrent Dieu solennellement de la discorde qui divisait le pape et Venise. Le roi Henri IV eut la gloire, comme je l'ai déjà dit[1], d'être l'arbitre du différent, et d'exclure Philippe III de la médiation. Paul V essuya la mortification de ne pouvoir même obtenir que l'accommodement se fît à Rome. Le cardinal de Joyeuse, envoyé par le roi de France à Venise, révoqua, au nom du pape, l'excommunication et l'interdit (1609). Le pape, abandonné par l'Espagne, ne montra plus que de la modération, et les jésuites restèrent bannis de la république pendant plus de cinquante ans : ils n'y ont été rappelés qu'en 1657, à la prière du pape Alexandre VII ; mais ils n'ont jamais pu y rétablir leur crédit.

Paul V, depuis ce temps, ne voulut plus faire aucune décision qui pût compromettre son autorité : on le pressa en vain de faire un article de foi de l'immaculée conception de la sainte Vierge ; il se contenta de défendre d'enseigner le contraire en public, pour ne pas choquer les dominicains, qui prétendent qu'elle a été conçue comme les autres dans le péché originel. Les dominicains étaient alors très puissants en Espagne et en Italie.

Il s'appliqua à embellir Rome, à rassembler les plus beaux ouvrages de sculpture et de peinture. Rome lui doit ses plus belles fontaines, surtout celle qui fait jaillir l'eau d'un vase antique tiré des thermes

---

[1] Chap. CLXXIV. B.

de Vespasien, et celle qu'on appelle *l'Acqua Paola*, ancien ouvrage d'Auguste, que Paul V rétablit; il y fit conduire l'eau par un aqueduc de trente-cinq mille pas, à l'exemple de Sixte-Quint : c'était à qui laisserait dans Rome les plus nobles monuments. Il acheva le palais de Monte-Cavallo. Le palais Borghèse est un des plus considérables. Rome, embellie sous chaque pape, devenait la plus belle ville du monde. Urbain VIII construisit ce grand autel de Saint-Pierre, dont les colonnes et les ornements paraîtraient partout ailleurs des ouvrages immenses, et qui n'ont là qu'une juste proportion : c'est le chef-d'œuvre du Florentin Bernini, digne de mêler ses ouvrages avec ceux de son compatriote Michel-Ange.

Cet Urbain VIII, dont le nom était Barberini, aimait tous les arts; il réussissait dans la poésie latine. Les Romains, dans une profonde paix, jouissaient de toutes les douceurs que les talents répandent dans la société, et de la gloire qui leur est attachée. (1644) Urbain réunit à l'état ecclésiastique le duché d'Urbino, Pesaro, Sinigaglia, après l'extinction de la maison de La Rovère, qui tenait ces principautés en fief du saint-siége. La domination des pontifes romains devint donc toujours plus puissante depuis Alexandre VI. Rien ne troubla plus la tranquillité publique : à peine s'aperçut-on de la petite guerre qu'Urbain VIII, ou plutôt ses deux neveux, firent à Édouard, duc de Parme, pour l'argent que ce duc devait à la chambre apostolique sur son duché de Castro. Ce fut une guerre peu sanglante et passagère, telle qu'on la devait attendre de ces nouveaux Romains, dont le mœurs doivent être nécessairement conformes à l'esprit de leur gouvernement. Le cardinal Barberin, auteur de ces troubles, marchait à la tête de sa petite armée avec des indulgences. La plus forte bataille qui se donna fut entre quatre ou cinq cents hommes de chaque parti. La forteresse de Piégaia se rendit à discrétion, dès qu'elle vit approcher l'artillerie : cette artillerie consistait en deux coulevrines. Cependant il fallut pour étouffer ces troubles, qui ne méritent point de place dans l'histoire, plus de négociations que s'il s'était agi de l'ancienne Rome et de Carthage. On ne rapporte cet événement que pour faire connaître le génie de Rome moderne, qui finit tout par la négociation, comme l'ancienne Rome finissait tout par des victoires.

Les cérémonies de la religion, celles des préséances, les arts, les antiquités, les édifices, les jardins, la musique, les assemblées, occupèrent le loisir des Romains, tandis que la guerre de trente ans ruina l'Allemagne, que le sang des peuples et du roi coulait en Angleterre, et que bientôt après la guerre civile de la fronde désola la France.

Mais si Rome était heureuse par sa tranquillité, et illustre par ses monuments, le peuple était dans la misère. L'argent qui servit à élever tant de chefs-d'œuvre d'architecture retournait aux autres nations par le désavantage du commerce.

Les papes étaient obligés d'acheter des étrangers le blé dont manquent les Romains, et qu'on revendait en détail dans la ville. Cette coutume dure encore aujourd'hui; il y a des états que le luxe enrichit, il y en a d'autres qu'il appauvrit. La splendeur de quelques cardinaux et des parents des papes servait à faire mieux remarquer l'indigence des autres citoyens, qui pourtant, à la vue de tant de beaux édifices, semblaient s'enorgueillir, dans leur pauvreté, d'être habitants de Rome.

Les voyageurs qui allaient admirer cette ville étaient étonnés de ne voir, d'Orviette à Terracine, dans l'espace de plus de cent milles, qu'un terrain dépeuplé d'hommes et de bestiaux. La campagne de Rome, il est vrai, est un pays inhabitable, infecté par des marais croupissants, que les anciens Romains avaient desséchés. Rome, d'ailleurs, est dans un terrain ingrat, sur le bord d'un fleuve qui est à peine navigable. Sa situation entre sept montagnes était plutôt celle d'un repaire que d'une ville. Ses premières guerres furent les pillages d'un peuple qui ne pouvait guère vivre que de rapines; et lorsque le dictateur Camille eut pris Véies, à quelques lieues de Rome, dans l'Ombrie, tout le peuple romain voulut quitter son territoire stérile et ses sept montagnes, pour se transplanter au pays de Véies. On ne rendit depuis les environs de Rome fertiles qu'avec l'argent des nations vaincues, et par le travail d'une foule d'esclaves; mais ce terrain fut plus couvert de palais que de moissons. Il a repris enfin son premier état de campagne déserte.

Le saint-siége possédait ailleurs de riches contrées, comme celle de Bologne. L'évêque de Salisbury, Burnet, attribue la misère du peuple, dans les meilleurs cantons de ce pays, aux taxes et à la forme du gouvernement. Il a prétendu, avec presque tous les écrivains, qu'un prince électif, qui règne peu d'années, n'a ni le pouvoir ni la volonté de faire de ces établissements utiles qui ne peuvent devenir avantageux qu'avec le temps. Il a été plus aisé de relever les obélisques, et de construire des palais et des temples, que de rendre la nation commerçante et opulente. Quoique Rome fût la capitale des peuples catholiques, elle était cependant moins peuplée que Venise et Naples, et fort au-dessous de Paris et de Londres ; elle n'approchait pas d'Amsterdam pour l'opulence, et pour les arts nécessaires qui la produisent. On ne comptait, à la fin du dix-septième siècle, qu'environ cent vingt mille habitants dans Rome, par le dénombrement imprimé des familles ; et ce calcul se trouvait encore vérifié par les registres des naissances. Il naissait, année commune, trois mille six cents enfants : ce nombre de naissances, multiplié par trente-quatre, donne toujours à peu près la somme des habitants ; et cette somme est ici de cent vingt-deux mille quatre cents. Paul Jove, dans son Histoire de Léon X, rapporte que, du temps de Clément VII, Rome ne possédait que trente-deux mille habitants. Quelle différence de ces temps avec ceux des Trajan et des Antonin ! Environ huit mille Juifs, établis à Rome, n'étaient pas compris dans ce dénombrement : ces Juifs ont toujours vécu paisiblement à Rome, ainsi qu'à Livourne. On n'a jamais exercé contre eux en Italie les cruautés qu'ils ont souffertes en Espagne et en Portugal. L'Italie était le pays de l'Europe où la religion inspirait alors le plus de douceur.

Rome fut le seul centre des arts et de la politesse jusqu'au siècle de Louis XIV, et c'est ce qui détermina la reine Christine à y fixer son séjour; mais bientôt l'Italie fut égalée dans plus d'un genre par la France, et surpassée de beaucoup dans quelques uns. Les Anglais eurent sur elle autant de supériorité par les sciences que par le commerce. Rome conserva la gloire de ses antiquités et des travaux qui la distinguèrent depuis Jules II.

CHAPITRE CLXXXVI.

Suite de l'Italie au dix-septième siècle.

La Toscane était, comme l'état du pape, depuis le seizième siècle, un pays tranquille et heureux. Florence, rivale de Rome, attirait chez elle la même foule d'étrangers qui venaient admirer les chefs-d'œuvre antiques et modernes dont elle était remplie. On y voyait cent soixante statues publiques. Les deux seules qui décoraient Paris, celle de Henri IV et le cheval qui porte la statue de Louis XIII, avaient été fondues à Florence, et c'étaient des présents des grands-ducs.

Le commerce avait rendu la Toscane si florissante et ses souverains si riches, que le grand-duc, Cosme II, fut en état d'envoyer vingt mille hommes au secours du duc de Mantoue contre le duc de Savoie, en 1613, sans mettre aucun impôt sur ses sujets; exemple rare chez les nations plus puissantes.

La ville de Venise jouissait d'un avantage plus singulier, c'est que depuis le treizième siècle sa tranquillité intérieure ne fut pas altérée un seul moment; nul trouble, nulle sédition, nul danger dans la ville. Si on allait à Rome et à Florence pour y voir les grands monuments des beaux-arts, les étrangers s'empressaient d'aller goûter dans Venise la liberté et les plaisirs; et on y admirait encore, ainsi qu'à Rome, d'excellents morceaux de peinture. Les arts de l'esprit y étaient cultivés; les spectacles y attiraient les étrangers. Rome était la ville des cérémonies, et Venise la ville des divertissements: elle avait fait la paix avec les Turcs, après la bataille de Lépante, et son commerce, quoique déchu, était encore considérable dans le Levant: elle possédait Candie, et plusieurs îles, l'Istrie, la Dalmatie, une partie de l'Albanie, et tout ce qu'elle conserve de nos jours en Italie.

(1618) Au milieu de ses prospérités, elle fut sur le point d'être détruite par une conspiration qui n'avait point d'exemple depuis la fondation de la république. L'abbé de Saint-Réal, qui a écrit cet événement célèbre avec le style de Salluste, y a mêlé quelques embellissements de roman; mais le fond en est très vrai. Venise avait eu une petite guerre avec la maison d'Autriche sur les côtes de l'Istrie. Le roi d'Espagne, Philippe III, possesseur du Milanais, était toujours l'ennemi secret des Vénitiens. Le duc d'Ossone, vice-roi de Naples, don Pèdre de Tolède, gouverneur de Milan, et le marquis de Bedmar, ambassadeur d'Espagne à Venise, depuis cardinal de la Cueva, s'unirent tous trois pour anéantir la république: les mesures étaient si extraordinaires, et le projet si hors de vraisemblance, que le sénat, tout vigilant et tout éclairé qu'il était, ne pouvait en concevoir de soupçon. Venise était gardée par sa situation, et par les lagunes qui l'environnent. La fange de ces lagunes, que les eaux portent tantôt d'un côté, tantôt d'un autre, ne laisse jamais le même chemin ouvert aux vaisseaux; il faut chaque jour indiquer une route nouvelle. Venise avait une flotte formidable sur les côtes de l'Istrie, où elle fesait la guerre à l'archiduc d'Autriche, Ferdinand, qui fut depuis l'empereur Ferdinand II. Il paraissait impossible d'entrer dans Venise : cependant le marquis de Bedmar rassemble des étrangers dans la ville, attirés les uns par les autres jusqu'au nombre de cinq cents. Les principaux conjurés les engagent sous différents prétextes, et s'assurent de leur service avec l'argent que l'ambassadeur fournit. On doit mettre le feu à la ville en plusieurs endroits à-la-fois; des troupes du Milanais doivent arriver par la terre ferme; des matelots gagnés doivent montrer le chemin à des barques chargées de soldats que le duc d'Ossone a envoyées à quelques lieues de Venise; le capitaine Jacques Pierre, un des conjurés, officier de marine au service de la république, et qui commandait douze vaisseaux pour elle, se charge de faire brûler ces vaisseaux, et d'empêcher, par ce coup extraordinaire, le reste de la flotte de venir à temps au secours de la ville. Tous les conjurés étant des étrangers de nations différentes, il n'est pas surprenant que le complot ait été découvert. Le procurateur Nani, historien célèbre de la république, dit que le sénat fut instruit de tout par plusieurs personnes : il ne parle point de ce prétendu remords que sentit un des conjurés, nommé Jaffier, quand Renaud, leur chef, les harangua pour la dernière fois, et qu'il leur fit, dit-on, une peinture si vive des horreurs de leur entreprise, que ce Jaffier, au lieu d'être encouragé, se livra au repentir. Toutes ces harangues sont de l'imagination des écrivains : on doit s'en défier en lisant l'histoire : il n'est ni dans la nature des choses, ni dans aucune vraisemblance, qu'un chef de conjurés leur fasse une description pathétique des horreurs qu'ils vont commettre, et qu'il effraie les imaginations qu'il doit enhardir. Tout ce que le sénat put trouver de conjurés fut noyé incontinent dans les canaux de Venise. On respecta dans Bedmar le caractère d'ambassadeur, qu'on pouvait ne pas ménager; et le sénat le fit sortir secrètement de la ville, pour le dérober à la fureur du peuple.

Venise, échappée à ce danger, fut dans un état florissant jusqu'à la prise de Candie. Cette république soutint seule la guerre contre l'empire turc pendant près de trente ans, depuis 1641 jusqu'à 1669. Le siége de Candie, le plus long et le plus mémorable dont l'histoire fasse mention, dura près de vingt ans; tantôt tourné en blocus, tantôt ralenti et abandonné, puis recommencé à plusieurs reprises, fait enfin dans les formes, deux ans et demi sans relâche, jusqu'à ce que ce monceau de cendres fût rendu aux Turcs avec l'île presque tout entière, en 1669.

Avec quelle lenteur, avec quelle difficulté le genre humain se civilise, et la société se perfectionne! On voyait auprès de Venise, aux portes de cette Italie, où tous les arts étaient en honneur, des peuples aussi peu policés que l'étaient alors ceux du Nord. L'Istrie, la Croatie, la Dalmatie, étaient presque barbares : c'était pourtant cette même Dalmatie si fertile et si agréable sous l'empire romain; c'était cette terre délicieuse que Dioclétien avait choisie pour sa retraite, dans un temps où ni la ville de Venise ni ce nom n'existaient pas encore. Voilà quelle est la vicissitude des choses humaines. Les Morlaques, surtout, passaient pour les peuples les plus farouches de la terre. C'est ainsi que la Sardaigne, la Corse, ne se ressentaient ni des mœurs ni de la culture de l'esprit, qui fesaient la gloire des autres Italiens : il en était comme de l'ancienne Grèce, qui voyait auprès de ses limites des nations encore sauvages.

Les chevaliers de Malte se soutenaient dans cette île, que Charles-Quint leur donna après que Soliman les eut chassés de Rhodes en 1523. Le grand-maître Villiers L'Isle-Adam, ses chevaliers, et les Rhodiens attachés à eux, furent d'abord errants de ville en ville, à Messine, à Gallipoli, à Rome, à Viterbe. L'Isle-Adam alla jusqu'à Madrid implorer Charles-Quint; il passa en France, en Angleterre, tâchant de relever partout les débris de son ordre qu'on croyait entièrement ruiné. Charles-Quint fit présent de Malte aux chevaliers en 1525, aussi-bien que de Tripoli; mais Tripoli leur fut bientôt enlevé par les amiraux de Soliman. Malte n'était qu'un rocher presque stérile : le travail y avait forcé autrefois la terre à être féconde, quand ce pays était possédé par les Carthaginois : car les nouveaux possesseurs y trouvèrent des débris de colonnes, de grands édifices de marbre, avec des inscriptions en langue punique. Ces restes de grandeur étaient des témoignages que le pays avait été florissant. Les Romains ne dédaignèrent pas de le prendre sur les Carthaginois; les Arabes s'en emparèrent au neuvième siècle; et le Normand Roger, comte de Sicile, l'annexa à la Sicile vers la fin du douzième siècle. Quand Villiers L'Isle-Adam eut transporté le siége de son ordre dans cette île, le même Soliman, indigné de voir tous les jours ses vaisseaux exposés aux courses des ennemis qu'il avait cru détruire, voulut prendre Malte comme il avait pris Rhodes. Il envoya trente mille soldats devant cette petite place, qui n'était défendue que par sept cents chevaliers. (1565) Le grand-maître, Jean de La Valette, âgé de soixante et onze ans, soutint quatre mois le siége.

Les Turcs montèrent à l'assaut en plusieurs endroits différents; on les repoussait avec une machine d'une nouvelle invention; c'étaient de grands cercles de bois, couverts de laine enduite d'eau-de-vie, d'huile, de salpêtre et de poudre à canon, et on jetait ces cercles enflammés sur les assaillants. Enfin, environ six mille hommes de secours étant arrivés de Sicile, les Turcs levèrent le siége. Le principal bourg de Malte, qui avait soutenu le plus d'assauts, fut nommé *la cité victorieuse*, nom qu'il conserve encore aujourd'hui. Le grand-maître de La Valette fit bâtir une cité nouvelle, qui porte le nom de La Valette, et qui rendit Malte imprenable. Cette petite île a toujours, depuis ce temps, bravé toute la puissance ottomane; mais l'ordre n'a jamais été assez riche pour tenter de grandes conquêtes, ni pour équiper des flottes nombreuses. Ce monastère de guerriers ne subsiste guère que des bénéfices qu'il possède dans les états catholiques, et il a fait bien moins de mal aux Turcs que les corsaires algériens n'en ont fait aux chrétiens.

CHAPITRE CLXXXVII.

De la Hollande au dix-septième siècle.

La Hollande mérite d'autant plus d'attention, que c'est un état d'une espèce toute nouvelle, devenu puissant sans posséder presque de terrain, riche en n'ayant pas de son fonds de quoi nourrir la vingtième partie de ses habitants, et considérable en Europe par ses travaux au bout de l'Asie. (1609) Vous voyez cette république reconnue libre et souveraine par le roi d'Espagne, son ancien maître, après avoir acheté sa liberté par quarante ans de guerre. Le travail et la sobriété furent les premiers gardiens de cette liberté. On raconte que le marquis de Spinola et le président Richardot, allant à La Haye, en 1608, pour négocier chez les Hollandais mêmes cette première trêve, ils virent sur leur chemin sortir d'un petit bateau huit ou dix personnes qui s'assirent sur l'herbe, et firent un repas de pain, de fromage et de bière, chacun portant soi-même ce qui lui était nécessaire. Les ambassadeurs espagnols demandèrent à un paysan qui étaient ces voyageurs. Le paysan répondit : « Ce sont

« les députés des états, nos souverains seigneurs et « maîtres. » Les ambassadeurs espagnols s'écrièrent : « Voilà des gens qu'on ne pourra jamais vaincre, et « avec lesquels il faut faire la paix. » C'est à peu près ce qui était arrivé autrefois à des ambassadeurs de Lacédémone, et à ceux du roi de Perse. Les mêmes mœurs peuvent avoir ramené la même aventure. En général les particuliers de ces provinces étaient pauvres alors, et l'état riche; au lieu que depuis, les citoyens sont devenus riches, et l'état pauvre. C'est qu'alors les premiers fruits du commerce avaient été consacrés à la défense publique.

Ce peuple ne possédait encore ni le cap de Bonne-Espérance, dont il ne s'empara qu'en 1653 sur les Portugais, ni Cochin et ses dépendances, ni Malaca. Il ne trafiquait point encore directement à la Chine. Le commerce du Japon, dont les Hollandais sont aujourd'hui les maîtres, leur fut interdit jusqu'en 1609 par les Portugais, ou plutôt par l'Espagne, maîtresse encore du Portugal. Mais ils avaient déjà conquis les Moluques : ils commençaient à s'établir à Java; et la compagnie des Indes, depuis 1602 jusqu'en 1609, avait déjà gagné plus de deux fois son capital. Des ambassadeurs de Siam avaient déjà fait à ce peuple de commerçants, en 1608, le même honneur qu'ils firent depuis à Louis XIV. Des ambassadeurs du Japon vinrent, en 1609, conclure un traité à La Haye, sans que les états célébrassent cette ambassade par des médailles. L'empereur de Maroc et de Fez leur envoya demander un secours d'hommes et de vaisseaux. Ils augmentaient, depuis quarante ans, leur fortune et leur gloire par le commerce et par la guerre.

La douceur de ce gouvernement, et la tolérance de toutes les manières d'adorer Dieu, dangereuse peut-être ailleurs [1], mais là nécessaire, peuplèrent la Hollande d'une foule d'étrangers, et surtout de Wallons que l'inquisition persécutait dans leur patrie, et qui d'esclaves devinrent citoyens.

La religion réformée, dominante dans la Hollande, servit encore à sa puissance. Ce pays, alors si pauvre, n'aurait pu ni suffire à la magnificence des prélats, ni nourrir des ordres religieux; et cette terre où il fallait des hommes, ne pouvait admettre ceux qui s'engagent par serment à laisser périr, autant qu'il est en eux, l'espèce humaine. On avait l'exemple de l'Angleterre, qui était d'un tiers plus peuplée, depuis que les ministres des autels jouissaient de la douceur du mariage, et que les espérances des familles n'étaient point ensevelies dans le célibat du cloître.

Amsterdam, malgré les incommodités de son port, devint le magasin du monde. Toute la Hollande s'enrichit et s'embellit par des travaux immenses. Les eaux de la mer furent contenues par de doubles digues. Des canaux creusés dans toutes les villes furent

---

[1] Lorsque Voltaire s'exprimait ainsi, c'était en 1756, après des persécutions qui lui avaient fait chercher une retraite sur les bords du lac de Genève. Sa position l'obligeait à des ménagements dans un ouvrage où il mettait son nom. Mais dans le moment même où il accordait que la tolérance est *dangereuse peut-être*, il la réclamait sans restriction dans les chapitres xxvi et xxvii de ses *Mélanges*, dont on a fait depuis, et qui forment la section ix de l'article AME dans le *Dictionnaire philosophique*. Six ou sept ans plus tard c'était aussi sans restriction qu'il disait : *La tolérance n'a jamais excité de guerre civile; l'intolérance a couvert la terre de carnage.* Voyez chapitre iv du *Traité de la tolérance* (dans les *Mélanges*, année 1763). B.

revêtus de pierres; les rues devinrent de larges quais ornés de grands arbres. Les barques chargées de marchandises abordèrent aux portes des particuliers, et les étrangers ne se lassent point d'admirer ce mélange singulier, formé par les faîtes des maisons, les cimes des arbres, et les banderoles des vaisseaux, qui donnent à-la-fois, dans un même lieu, le spectacle de la mer, de la ville, et de la campagne.

Mais le mal est tellement mêlé avec le bien, les hommes s'éloignent si souvent de leurs principes, que cette république fut près de détruire elle-même la liberté pour laquelle elle avait combattu, et que l'intolérance fit couler le sang chez un peuple dont le bonheur et les lois étaient fondés sur la tolérance. Deux docteurs calvinistes firent ce que tant de docteurs avaient fait ailleurs. (1609 et suiv.) Gomar et Armin disputèrent dans Leyde avec fureur sur ce qu'ils n'entendaient pas, et ils divisèrent les Provinces-Unies. La querelle fut semblable, en plusieurs points, à celles des thomistes et des scotistes, des jansénistes et des molinistes, sur la prédestination, sur la grace, sur la liberté, sur des questions obscures et frivoles, dans lesquelles on ne sait pas même définir les choses dont on dispute. Le loisir dont on jouit pendant la trève donna la malheureuse facilité à un peuple ignorant de s'entêter de ces querelles; et enfin, d'une controverse scolastique il se forma deux partis dans l'état. Le prince d'Orange, Maurice, était à la tête des gomaristes; le pensionnaire Barnevelt favorisait les arminiens. Du Maurier dit avoir appris de l'ambassadeur son père, que Maurice ayant fait proposer au pensionnaire Barnevelt de concourir à donner au prince un pouvoir souverain, ce zélé républicain n'en fit voir aux états que le danger et l'injustice, et que dès-lors la ruine de Barnevelt fut résolue. Ce qui est avéré, c'est que le stathouder prétendait accroître son autorité par les gomaristes, et Barnevelt la restreindre par les arminiens : c'est que plusieurs villes levèrent des soldats qu'on appelait *Attendants*, parcequ'ils attendaient les ordres du magistrat, et qu'ils ne prenaient point l'ordre du stathouder; c'est qu'il y eut des séditions sanglantes dans quelques villes (1618); et que le prince Maurice poursuivit sans relâche le parti contraire à sa puissance. Il fit enfin assembler un concile calviniste à Dordrecht, composé de toutes les Églises réformées de l'Europe, excepté de celle de France, qui n'avait pas la permission de son roi d'y envoyer des députés. Les pères de ce synode, qui avaient tant crié contre la dureté des pères de plusieurs conciles, et contre leur autorité, condamnèrent les arminiens, comme ils avaient été eux-mêmes condamnés par le concile de Trente. Plus de cent ministres arminiens furent bannis des sept Provinces. Le prince Maurice tira du corps de la noblesse et des magistrats vingt-six commissaires pour juger le grand-pensionnaire Barnevelt, le célèbre Grotius, et quelques autres du parti. On les avait retenus six mois en prison avant de leur faire leur procès.

L'un des grands motifs de la révolte des sept Provinces et des princes d'Orange contre l'Espagne, fut d'abord que le duc d'Albe fesait languir long-temps des prisonniers sans les juger, et qu'enfin il les fesait condamner par des commissaires. Les mêmes griefs dont on s'était plaint sous la monarchie espagnole renaquirent dans le sein de la liberté. Barnevelt eut la tête tranchée dans La Haye (1619), plus injustement encore que les comtes d'Egmont et de Horn à Bruxelles. C'était un vieillard de soixante et douze ans, qui avait servi quarante ans sa république dans toutes les affaires politiques, avec autant de succès que Maurice et ses frères en avaient eu par les armes. La sentence portait *qu'il avait contristé au possible l'Église de Dieu*. Grotius, depuis ambassadeur de Suède en France, et plus illustre par ses ouvrages que par son ambassade, fut condamné à une prison perpétuelle, dont sa femme eut la hardiesse et le bonheur de le tirer. Cette violence fit naître des conspirations qui attirèrent de nouveaux supplices. Un fils de Barnevelt résolut de venger le sang de son père sur celui de Maurice (1623). Le complot fut découvert. Ses complices, à la tête desquels était un ministre arminien, périrent tous par la main du bourreau. Ce fils de Barnevelt eut le bonheur d'échapper tandis qu'on saisissait les conjurés : mais son jeune frère eut la tête tranchée, uniquement pour avoir su la conspiration. De Thou mourut en France précisément pour la même cause. La condamnation du jeune Hollandais était bien plus cruelle; c'était le comble de l'injustice de le faire mourir parcequ'il n'avait pas été le délateur de son frère. Si ces temps d'atrocité eussent continué, les Hollandais libres eussent été plus malheureux que leurs ancêtres esclaves du duc d'Albe. Ces persécutions gomariennes ressemblaient à ces premières persécutions que les protestants avaient si souvent reprochées aux catholiques, et que toutes les sectes avaient exercées les unes envers les autres.

Amsterdam, quoique remplie de gomaristes, favorisa toujours les arminiens, et embrassa le parti de la tolérance. L'ambition et la cruauté du prince Maurice laissèrent une profonde plaie dans le cœur des Hollandais, et le souvenir de la mort de Barnevelt ne contribua pas peu dans la suite à faire exclure du stathoudérat le jeune prince d'Orange, Guillaume III, qui fut depuis roi d'Angleterre. Il était encore au berceau, lorsque le pensionnaire de Witt stipula, dans le traité de paix des états-généraux avec Cromwell, en 1653, qu'il n'y aurait plus de stathouder en Hollande[1]. Cromwell poursuivait encore, dans cet enfant, le roi Charles Ier, son grand-père, et le pensionnaire de Witt vengeait le sang d'un pensionnaire. Cette manœuvre de Witt fut enfin la cause funeste de sa mort et de celle de son frère : mais voilà à peu près toutes les catastrophes sanglantes causées en Hollande par le combat de la liberté et de l'ambition.

La compagnie des Indes, indépendante de ces factions, n'en bâtit pas moins Batavia, dès l'année 1618, malgré les rois du pays, et malgré les Anglais qui vinrent attaquer ce nouvel établissement. La Hollande, marécageuse et stérile en plus d'un canton, se fesait, sous le cinquième degré de latitude septentrionale, un royaume dans la contrée la plus fertile de la terre, où les campagnes sont couvertes de riz, de poivre, de cannelle, et où la vigne porte deux fois l'année.

[1] Chap. CLXXXI. B.

Elle s'empara depuis de Bantam dans la même île, et en chassa les Anglais. Cette seule compagnie eut huit grands gouvernements dans les Indes, en y comptant le cap de Bonne-Espérance, quoique à la pointe de l'Afrique, poste important qu'elle enleva aux Portugais en 1653.

Dans le même temps que les Hollandais s'établissaient ainsi aux extrémités de l'Orient, ils commencèrent à étendre leurs conquêtes du côté de l'Occident en Amérique, après l'expiration de la trêve de douze années avec l'Espagne. La compagnie d'Occident se rendit maîtresse de presque tout le Brésil, depuis 1623 jusqu'en 1636. On vit avec étonnement, par les registres de cette compagnie, qu'elle avait, dans ce court espace de temps, équipé huit cents vaisseaux, tant pour la guerre que pour le commerce, et qu'elle en avait enlevé cinq cent quarante-cinq aux Espagnols. Cette compagnie l'emportait alors sur celle des Indes orientales; mais enfin lorsque le Portugal eut secoué le joug des rois d'Espagne, il défendit mieux qu'eux ses possessions, et regagna le Brésil, où il a trouvé des trésors nouveaux.

La plus fructueuse des expéditions hollandaises fut celle de l'amiral Pierre Hein, qui enleva tous les galions d'Espagne revenant de la Havane, et rapporta, dans ce seul voyage, vingt millions de nos livres à sa patrie. Les trésors du Nouveau-Monde, conquis par les Espagnols, servaient à fortifier contre eux leurs anciens sujets, devenus leurs ennemis redoutables. La république, pendant quatre-vingts ans, si vous en exceptez une trêve de douze années, soutint cette guerre dans les Pays-Bas, dans les Grandes-Indes et dans le Nouveau-Monde; et elle fut assez puissante pour conclure une paix avantageuse à Munster, en 1647, indépendamment de la France, son alliée et long-temps sa protectrice, sans laquelle elle avait promis de ne pas traiter.

Bientôt après, en 1652, et dans les années suivantes, elle ne craint point de rompre avec son alliée, l'Angleterre; elle a autant de vaisseaux qu'elle; son amiral Tromp ne cède au fameux amiral Blake qu'en mourant dans une bataille. Elle secourt ensuite le roi de Danemarck, assiégé dans Copenhague par le roi de Suède, Charles X. Sa flotte, commandée par l'amiral Obdam, bat la flotte suédoise, et délivre Copenhague. Toujours rivale du commerce des Anglais, elle leur fait la guerre sous Charles II comme sous Cromwell, et avec de bien plus grands succès. Elle devient l'arbitre des couronnes en 1668. Louis XIV est obligé par elle de faire la paix avec l'Espagne. Cette même république, auparavant si attachée à la France, est depuis ce temps-là jusqu'à la fin du dix-septième siècle l'appui de l'Espagne contre la France même. Elle est long-temps une des parties principales dans les affaires de l'Europe. Elle se relève de ses chutes; et enfin, quoique affaiblie, elle subsiste par le seul commerce, qui a servi à sa fondation, sans avoir fait en Europe aucune conquête que celle de Mastricht et d'un très petit et mauvais pays, qui ne sert qu'à défendre ses frontières; on ne l'a point vue s'agrandir depuis la paix de Munster : en cela plus semblable à l'ancienne république de Tyr, puissante par le seul commerce, qu'à celle de Carthage, qui eut tant de possessions en Afrique, et à celle de Venise, qui s'était trop étendue dans la terre ferme.

CHAPITRE CLXXXVIII.

Du Danemarck, de la Suède, et de la Pologne, au dix-septième siècle.

Vous ne voyez point le Danemarck entrer dans le système de l'Europe au seizième siècle. Il n'y a rien de mémorable qui attire les yeux des autres nations depuis la déposition solennelle du tyran Christiern II. Ce royaume, composé du Danemarck et de la Norvége, fut long-temps gouverné à peu près comme la Pologne. Ce fut une aristocratie à laquelle présidait un roi électif. C'est l'ancien gouvernement de presque toute l'Europe. Mais, dans l'année 1660, les états assemblés défèrent au roi, Frédéric III, le droit héréditaire et la souveraineté absolue. Le Danemarck devient le seul royaume de la terre où les peuples aient établi le pouvoir arbitraire par un acte solennel. La Norvége, qui a six cents lieues de long, ne rendait pas cet état puissant. Un terrain de rochers stériles ne peut être beaucoup peuplé. Les îles qui composent le Danemarck sont plus fertiles; mais on n'en avait pas encore tiré les mêmes avantages qu'aujourd'hui. On ne s'attendait pas encore que les Danois auraient un jour une compagnie des Indes, et un établissement à Tranquebar; que le roi pourrait entretenir aisément trente vaisseaux de guerre et une armée de vingt-cinq mille hommes. Les gouvernements sont comme les hommes : ils se forment tard. L'esprit de commerce, d'industrie, d'économie, s'est communiqué de proche en proche. Je ne parlerai point ici des guerres que le Danemarck a si souvent soutenues contre la Suède; elles n'ont presque point laissé de grandes traces; et vous aimez mieux considérer les mœurs et la forme des gouvernements, que d'entrer dans le détail des meurtres qui n'ont point produit d'événements dignes de la postérité.

Les rois, en Suède, n'étaient pas plus despotiques qu'en Danemarck aux seizième et dix-septième siècles. Les quatre états, composés de mille gentilshommes, de cent ecclésiastiques, de cent cinquante bourgeois, et d'environ deux cent cinquante paysans, fesaient les lois du royaume. On n'y connaissait, non plus qu'en Danemarck et dans le Nord, aucun de ces titres de comte, de marquis, de baron, si fréquents dans le reste de l'Europe. Ce fut le roi Éric, fils de Gustave Vasa, qui les introduisit vers l'an 1561. Cet Éric cependant était bien loin de régner avec un pouvoir absolu, et il laissa au monde un nouvel exemple des malheurs qui peuvent suivre le desir d'être despotique, et l'incapacité de l'être. (1569) Le fils du restaurateur de la Suède fut accusé de plusieurs crimes pardevant les états assemblés, et déposé par une sentence unanime, comme le roi Christiern II l'avait été en Danemarck : on le condamna à une prison perpétuelle, et on donna la couronne à Jean son frère.

Comme votre principal dessein, dans cette foule

d'événements, est de porter la vue sur ceux qui tiennent aux mœurs et à l'esprit du temps, il faut savoir que ce roi Jean, qui était catholique, craignant que les partisans de son frère ne le tirassent de sa prison et ne le remissent sur le trône, lui envoya publiquement du poison, comme le sultan envoie un cordeau, et le fit enterrer avec solennité, le visage découvert, afin que personne ne doutât de sa mort, et qu'on ne pût se servir de son nom pour troubler le nouveau règne.

(1580) Le jésuite Possevin, que le pape Grégoire XIII envoya dans la Suède et dans tout le Nord, en qualité de nonce, imposa au roi Jean, pour pénitence de cet empoisonnement, de ne faire qu'un repas tous les mercredis; pénitence ridicule, mais qui montre au moins que le crime doit être expié. Ceux du roi Éric avaient été punis plus rigoureusement.

Ni le roi Jean, ni le nonce Possevin, ne purent réussir à faire dominer la religion catholique. Le roi Jean, qui ne s'accommodait pas de la luthérienne, tenta de faire recevoir la grecque; mais il n'y réussit pas davantage. Ce roi avait quelque teinture des lettres, et il était presque le seul dans son royaume qui se mêlât de controverse. Il y avait une université à Upsal, mais elle était réduite à deux ou trois professeurs sans étudiants. La nation ne connaissait que les armes, sans avoir pourtant fait encore de progrès dans l'art militaire. On n'avait commencé à se servir d'artillerie que du temps de Gustave Vasa; les autres arts étaient si inconnus, que, quand ce roi Jean tomba malade, en 1592, il mourut sans qu'on pût lui trouver un médecin ; tout au contraire des autres rois, qui quelquefois en sont trop environnés. Il n'y avait encore ni médecin ni chirurgien en Suède. Quelques épiciers vendaient seulement des drogues médicinales qu'on prenait au hasard. On en usait ainsi dans presque tout le Nord. Les hommes, bien loin d'y être exposés à l'abus des arts, n'avaient pas su encore se procurer les arts nécessaires.

Cependant la Suède pouvait alors devenir très puissante. Sigismond, fils du roi Jean, avait été élu roi de Pologne, (1587) cinq ans avant la mort de son père. La Suède s'empara alors de la Finlande et de l'Estonie. (1600) Sigismond, roi de Suède et de Pologne, pouvait conquérir toute la Moscovie, qui n'était alors ni bien gouvernée ni bien armée ; mais Sigismond étant catholique, et la Suède luthérienne, il ne conquit rien, et perdit la couronne de Suède. Les mêmes états qui avaient déposé son oncle Éric le déposèrent aussi (1604), et déclarèrent roi un autre de ses oncles, qui fut Charles IX, père du grand Gustave-Adolphe. Tout cela ne se passa pas sans les troubles, les guerres et les conspirations qui accompagnent de tels changements. Charles IX n'était regardé que comme un usurpateur par les princes alliés de Sigismond : mais en Suède il était roi légitime.

(1611) Gustave-Adolphe, son fils, lui succéda sans aucun obstacle, n'ayant pas encore dix-huit ans accomplis, qui est l'âge de la majorité des rois de Suède et de Danemarck, ainsi que des princes de l'empire. Les Suédois ne possédaient point alors la Scanie, la plus belle de leurs provinces : elle avait été cédée au

Danemarck dès le quatorzième siècle; de sorte que le territoire de Suède était presque toujours le théâtre de toutes les guerres entre les Suédois et les Danois. La première chose que fit Gustave-Adolphe, ce fut d'entrer dans cette province de Scanie; mais il ne put jamais la reprendre. Ses premières guerres furent infructueuses : il fut obligé de faire la paix avec le Danemarck (1613). Il avait tant de penchant pour la guerre, qu'il alla attaquer les Moscovites au-delà de la Newa, dès qu'il fut délivré des Danois. Ensuite il se jeta sur la Livonie, qui appartenait alors aux Polonais; et, attaquant partout Sigismond, son cousin, il pénétra jusqu'en Lithuanie. L'empereur Ferdinand II était allié de Sigismond, et craignait Gustave-Adolphe. Il envoya quelques troupes contre lui. On peut juger de là que le ministère de France n'eut pas grande peine à faire venir Gustave en Allemagne. Il fit avec Sigismond et la Pologne une trêve pendant laquelle il garda ses conquêtes. Vous savez comme il ébranla le trône de Ferdinand II, et comme il mourut à la fleur de son âge, au milieu de ses victoires.

(1632) Christine, sa fille, non moins célèbre que lui, ayant régné aussi glorieusement que son père avait combattu, et ayant présidé aux traités de Vestphalie qui pacifièrent l'Allemagne, étonna l'Europe par l'abdication de sa couronne, à l'âge de vingt-sept ans. Puffendorf dit qu'elle fut obligée de se démettre : mais en même temps il avoue que, lorsque cette reine communiqua pour la première fois sa résolution au sénat, en 1651, des sénateurs en larmes la conjurèrent de ne pas abandonner le royaume; qu'elle n'en fut pas moins ferme dans le mépris de son trône, et qu'enfin, ayant assemblé les états (21 mai 1654), elle quitta la Suède, malgré les prières de tous ses sujets. Elle n'avait jamais paru incapable de porter le poids de la couronne, mais elle aimait les beaux-arts. Si elle avait été reine en Italie, où elle se retira, elle n'eût point abdiqué. C'est le plus grand exemple de la supériorité réelle des arts, de la politesse, et de la *société perfectionnée*, sur la grandeur qui n'est que grandeur.

Charles X, son cousin, duc de Deux-Ponts, fut choisi par les états pour son successeur. Ce prince ne connaissait que la guerre. Il marcha en Pologne, et la conquit avec la même rapidité que nous avons vu Charles XII, son petit-fils, la subjuguer, et il la perdit de même. Les Danois, alors défenseurs de la Pologne, parcequ'ils étaient toujours ennemis de la Suède, tombèrent sur elle (1658) : mais Charles X, quoique chassé de la Pologne, marcha sur la mer glacée, d'île en île, jusqu'à Copenhague. Cet événement prodigieux fit enfin conclure une paix qui rendit à la Suède la Scanie, perdue depuis trois siècles.

Son fils, Charles XI, fut le premier roi absolu, et son petit-fils, Charles XII, fut le dernier. Je n'observerai ici qu'une seule chose, qui montre combien l'esprit du gouvernement a changé dans le Nord, et combien il a fallu de temps pour le changer. Ce n'est qu'après la mort de Charles XII que la Suède, toujours guerrière, s'est enfin tournée à l'agriculture et au commerce, autant qu'un terrain ingrat et la médiocrité de ses richesses peuvent le permettre. Les Suédois ont eu enfin une compagnie des Indes; et leur fer, dont ils ne se servaient autrefois que pour combattre, a été porté avec avantage sur leurs vaisseaux, du port de Gothembourg aux provinces méridionales du Mogol et de la Chine.

Voici une nouvelle vicissitude et un nouveau contraste dans le Nord. Cette Suède, despotiquement gouvernée, est devenue de nos jours le royaume de la terre le plus libre, et celui où les rois sont le plus dépendants. Le Danemarck, au contraire, où le roi n'était qu'un doge, où la noblesse était souveraine, et le peuple esclave, devint, dès l'an 1661, un royaume entièrement monarchique. Le clergé et les bourgeois aimèrent mieux un souverain absolu que cent nobles qui voulaient commander; ils forcèrent ces nobles à être sujets comme eux, et à déférer au roi, Frédéric III, une autorité sans bornes. Ce monarque fut le seul dans l'univers qui, par un consentement formel de tous les ordres de l'état, fut reconnu pour souverain absolu des hommes et des lois, *pouvant les faire, les abroger, et les négliger, à sa volonté*. On lui donna juridiquement ces armes terribles, contre lesquelles il n'y a point de bouclier. Ses successeurs en ont rarement abusé. Ils ont senti que leur grandeur consistait à rendre heureux leurs peuples. La Suède et le Danemarck sont parvenus à cultiver le commerce par des routes diamétralement opposées, la Suède en se rendant libre, et le Danemarck en cessant de l'être[1].

---

[1] Ce chapitre a été écrit avant la révolution de 1772.

CHAPITRE CLXXXIX.

De la Pologne au dix-septième siècle, et des sociniens ou unitaires.

La Pologne était le seul pays qui, joignant le nom de république à celui de monarchie, se donnât toujours un roi étranger, comme les Vénitiens choisissent un général de terre. C'est encore le seul royaume qui n'ait point eu l'esprit de conquête, occupé seulement de défendre ses frontières contre les Turcs et contre les Moscovites.

Les factions catholique et protestante, qui avaient troublé tant d'états, pénétrèrent enfin chez cette nation. Les protestants furent assez considérables pour se faire accorder la liberté de conscience en 1587; et leur parti était déjà si fort, que le nonce du pape, Annibal de Capoue, n'employa qu'eux pour tâcher de donner la couronne à l'archiduc Maximilien, frère de l'empereur Rodolphe II. En effet, les protestants polonais élurent ce prince autrichien, tandis que la faction opposée choisissait le Suédois Sigismond, petit-fils de Gustave Vasa, dont nous avons parlé. Sigismond devait être roi de Suède, si les droits du sang avaient été consultés : mais vous avez vu que les états de la Suède disposaient du trône. Il était si loin de régner en Suède, que Gustave-Adolphe, son cousin, fut sur le point de le détrôner en Pologne, et ne renonça à cette entreprise que pour aller tenter de détrôner l'empereur.

C'est une chose étonnante que les Suédois aient souvent parcouru la Pologne en vainqueurs, et que les Turcs, bien plus puissants, n'aient jamais pénétré beaucoup au-delà de ses frontières. Le sultan Osman attaqua les Polonais avec deux cent mille hommes, au temps de Sigismond, du côté de la Moldavie : les Cosaques, seuls peuples alors attachés à la république et sous sa protection, rendirent, par une résistance opiniâtre, l'irruption des Turcs inutile. Que peut-on conclure du mauvais succès d'un tel armement, sinon que les capitaines d'Osman ne savaient pas faire la guerre ?

(1632) Sigismond mourut la même année que Gustave-Adolphe. Son fils Ladislas, qui lui succéda, vit commencer la fatale défection de ces Cosaques qui, ayant été long-temps le rempart de la république, se sont enfin donnés aux Russes et aux Turcs. Ces peuples, qu'il faut distinguer des Cosaques du Tanaïs, habitent les deux rives du Borysthène : leur vie est entièrement semblable à celle des anciens Scythes et des Tartares des bords du Pont-Euxin. Au nord et à l'orient de l'Europe, toute cette partie du monde était encore agreste : c'est l'image de ces prétendus siècles héroïques où les hommes, se bornant au nécessaire, pillaient ce nécessaire chez leurs voisins. Les seigneurs polonais des palatinats qui touchent à l'Ukraine voulurent traiter quelques Cosaques comme leurs vassaux, c'est-à-dire comme des serfs. Toute la nation, qui n'avait de bien que sa liberté, se souleva unanimement, et désola long-temps les terres de la

Pologne. Ces Cosaques étaient de la religion grecque, et ce fut encore une raison de plus pour les rendre irréconciliables avec les Polonais. Les uns se donnèrent aux Russes, les autres aux Turcs, toujours à condition de vivre dans leur libre anarchie. Ils ont conservé le peu qu'ils ont de la religion des Grecs, et ils ont enfin perdu presque entièrement leur liberté sous l'empire de la Russie, qui, après avoir été policée de nos jours, a voulu les policer aussi.

Le roi Ladislas mourut sans laisser d'enfants de sa femme, Marie-Louise de Gonzague, la même qui avait aimé le grand-écuyer Cinq-Mars. Ladislas avait deux frères, tous deux dans les ordres : l'un jésuite et cardinal, nommé Jean Casimir; l'autre évêque de Breslau et de Kiovie. Le cardinal et l'évêque disputèrent le trône. (1648) Casimir fut élu. Il renvoya son chapeau, prit la couronne de Pologne, et épousa la veuve de son frère; mais après avoir vu, pendant vingt années, son royaume toujours troublé par des factions, dévasté tantôt par le roi de Suède, Charles X, tantôt par les Moscovites et par les Cosaques, il suivit l'exemple de la reine Christine : il abdiqua comme elle (1668), mais avec moins de gloire, et alla mourir à Paris, abbé de Saint-Germain-des-Prés.

La Pologne ne fut pas plus heureuse sous son successeur Michel Coribut. Tout ce qu'elle a perdu en divers temps composerait un royaume immense. Les Suédois lui avaient enlevé la Livonie, que les Russes possèdent encore aujourd'hui. Ces mêmes Russes, après leur avoir pris autrefois les provinces de Pleskou et de Smolensko, s'emparèrent encore de presque toute la Kiovie et de l'Ukraine. Les Turcs prirent, sous le règne de Michel, la Podolie et la Volhinie (1672). La Pologne ne put se conserver qu'en se rendant tributaire de la Porte ottomane. Le grand-maréchal de la couronne, Jean Sobieski, lava cette honte, à la vérité, dans le sang des Turcs à la bataille de Chokzim : (1674) cette célèbre bataille délivra la Pologne du tribut, et valut à Sobieski la couronne; mais apparemment cette victoire si célèbre ne fut pas aussi sanglante et aussi décisive qu'on le dit, puisque les Turcs gardèrent alors la Podolie et une partie de l'Ukraine, avec l'importante forteresse de Kaminieck qu'ils avaient prise.

Il est vrai que Sobieski, devenu roi, rendit depuis son nom immortel par la délivrance de Vienne; mais il ne put jamais reprendre Kaminieck, et les Turcs ne l'ont rendu qu'après sa mort, à la paix de Carlowitz, en 1699. La Pologne, dans toutes ces secousses, ne changea jamais ni de gouvernement, ni de lois, ni de mœurs, ne devint ni plus riche ni plus pauvre; mais sa discipline militaire ne s'étant point perfectionnée, et le czar Pierre ayant enfin, par le moyen des étrangers, introduit chez lui cette discipline si avantageuse, il est arrivé que les Russes, autrefois méprisés de la Pologne, l'ont forcée en 1733 à recevoir le roi qu'ils ont voulu lui donner, et que dix mille Russes ont imposé des lois à la noblesse polonaise assemblée.

L'impératrice-reine Marie-Thérèse, l'impératrice de Russie Catherine II, et Frédéric, roi de Prusse, ont imposé des lois plus dures à cette république, au moment que nous écrivons[1].

Quant à la religion, elle causa peu de troubles dans cette partie du monde. Les unitaires eurent quelque temps des églises dans la Pologne, dans la Lithuanie, au commencement du dix-septième siècle. Ces unitaires, qu'on appelle tantôt *sociniens*, tantôt *ariens*, prétendaient soutenir la cause de Dieu même, en le regardant comme un être unique, incommunicable, qui n'avait un fils que par adoption. Ce n'était pas entièrement le dogme des anciens *eusébéiens*. Ils prétendaient ramener sur la terre la pureté des premiers âges du christianisme, renonçant à la magistrature et à la profession des armes. Des citoyens qui se fesaient un scrupule de combattre, ne semblaient pas propres pour un pays où l'on était sans cesse en armes contre les Turcs. Cependant cette religion fut assez florissante en Pologne jusqu'à l'année 1658. On la proscrivit dans ce temps-là, parceque ces sectaires, qui avaient renoncé à la guerre, n'avaient pas renoncé à l'intrigue. Ils étaient liés avec Ragotski, prince de Transylvanie, alors ennemi de la république. Cependant ils sont encore en grand nombre en Pologne, quoiqu'ils y aient perdu la liberté de faire une profession ouverte de leurs sentiments.

Le déclamateur Maimbourg prétend qu'ils se réfugièrent en Hollande, où « il n'y a, dit-il, que la religion « catholique qu'on ne tolère pas. » Le déclamateur

---

[1] Cet alinéa est une des additions posthumes. Il a trait au premier partage de la Pologne en 1772. B.

Maimbourg se trompe sur cet article comme sur bien d'autres. Les catholiques sont si tolérés dans les Provinces-Unies, qu'ils y composent le tiers de la nation, et jamais les unitaires ou les sociniens n'y ont eu d'assemblée publique. Cette religion s'est étendue sourdement en Hollande, en Transylvanie, en Silésie, en Pologne, mais surtout en Angleterre. On peut compter, parmi les révolutions de l'esprit humain, que cette religion, qui a dominé dans l'Église à diverses fois pendant trois cent cinquante années depuis Constantin, se soit reproduite dans l'Europe depuis deux siècles, et soit répandue dans tant de provinces, sans avoir aujourd'hui de temple en aucun endroit du monde. Il semble qu'on ait craint d'admettre parmi les communions du christianisme une secte qui avait autrefois triomphé si long-temps de toutes les autres communions.

C'est encore une contradiction de l'esprit humain. Qu'importe, en effet, que les chrétiens reconnaissent dans Jésus-Christ un Dieu portion indivisible de Dieu, et pourtant séparée, ou qu'ils révèrent dans lui la première créature de Dieu? Ces deux systèmes sont également incompréhensibles; mais les lois de la morale, l'amour de Dieu et celui du prochain, sont également à la portée de tout le monde, également nécessaires.

CHAPITRE CXC.

De la Russie aux seizième et dix-septième siècles.

Nous ne donnions point alors le nom de Russie à la Moscovie, et nous n'avions qu'une idée vague de ce pays; la ville de Moscou, plus connue en Europe que le reste de ce vaste empire, lui fesait donner le nom de Moscovie. Le souverain prend le titre d'empereur de toutes les Russies, parcequ'en effet il y a plusieurs provinces de ce nom qui lui appartiennent, ou sur lesquelles il a des prétentions[a].

La Moscovie ou Russie se gouvernait au seizième siècle à peu près comme la Pologne. Les boyards, ainsi que les nobles polonais, comptaient pour toute leur richesse les habitants de leurs terres; les cultivateurs étaient leurs esclaves. Le czar était quelquefois choisi par ces boyards; mais aussi ce czar nommait souvent son successeur, ce qui n'est jamais arrivé en Pologne. L'artillerie était très peu en usage au seizième siècle dans toute cette partie du monde; la discipline militaire inconnue : chaque boyard amenait ses paysans au rendez-vous des troupes, et les armait de flèches, de sabres, de bâtons ferrés en forme de piques, et de quelques fusils. Jamais d'opérations régulières en campagne, nuls magasins, point d'hôpitaux : tout se fesait par incursion; et quand il n'y avait plus rien à

---

[a] Voyez l'*Histoire de Pierre-le-Grand*, chap. 1er.

piller, le boyard, ainsi que le staroste polonais, et le mirza tartare, ramenait sa troupe.

Labourer ses champs, conduire ses troupeaux, et combattre, voilà la vie des Russes jusqu'au temps de Pierre-le-Grand; et c'est la vie des trois quarts des habitants de la terre.

Les Russes conquirent aisément, au milieu du seizième siècle, les royaumes de Casan et d'Astracan sur les Tartares affaiblis et plus mal disciplinés qu'eux encore; mais jusqu'à Pierre-le-Grand, ils ne purent se soutenir contre la Suède du côté de la Finlande; des troupes régulières devaient nécessairement l'emporter sur eux. Depuis Jean Basilowitz, ou Basilides, qui conquit Astracan et Casan, une partie de la Livonie, Pleskou, Novogorod, jusqu'au czar Pierre, il n'y a rien eu de considérable.

Ce Basilides eut une étrange ressemblance avec Pierre Ier; c'est que tous deux firent mourir leur fils. Jean Basilides, soupçonnant son fils d'une conspiration pendant le siége de Pleskou, le tua d'un coup de pique; et Pierre ayant fait condamner le sien à la mort, ce jeune prince ne survécut pas à sa condamnation et à sa grace.

L'histoire ne fournit guère d'événement plus extraordinaire que celui des faux Demetrius (Dmitri), qui agita si long-temps la Russie après la mort de Jean Basilides (1584). Ce czar laissa deux fils, l'un nommé Fédor ou Théodor, l'autre Demetri ou Demetrius. Fédor régna; Demetri fut confiné dans un village nommé Uglis avec la czarine sa mère. Jusque-là les mœurs de cette cour n'avaient point encore adopté la politique des sultans et des anciens empereurs grecs, de sacrifier les princes du sang à la sûreté du trône. Un premier ministre, nommé Boris-Gudenou[1], dont Fédor avait épousé la sœur, persuada au czar Fédor qu'on ne pouvait bien régner qu'en imitant les Turcs, et en assassinant son frère. Ce premier ministre, Boris, envoya un officier dans le village où était élevé le jeune Demetri, avec ordre de le tuer. L'officier de retour dit qu'il avait exécuté sa commission, et demanda la récompense qu'on lui avait promise. Boris, pour toute récompense, fit tuer le meurtrier, afin de supprimer les preuves du crime. On prétend que Boris, quelque temps après, empoisonna le czar Fédor; et quoiqu'il en fût soupçonné, il n'en monta pas moins sur le trône.

(1597) Il parut alors dans la Lithuanie un jeune homme qui prétendait être le prince Demetri échappé à l'assassin. Plusieurs personnes, qui l'avaient vu auprès de sa mère, le reconnaissaient à des marques certaines. Il ressemblait parfaitement au prince; il montrait la croix d'or, enrichie de pierreries, qu'on avait attachée au cou de Demetri, à son baptême. Un palatin de Sandomir le reconnut d'abord pour le fils de Jean Basilides, et pour le véritable czar. Une diète de Pologne examina solennellement les preuves de sa naissance, et les ayant trouvées incontestables, lui fournit une armée pour chasser l'usurpateur Boris, et pour reprendre la couronne de ses ancêtres.

[1] Dans l'*Histoire de Russie*, etc., chap. III de la première partie (voyez tome XXV), Voltaire a écrit Boris-Godonou : l'*Art de vérifier les dates* écrit Godonouf. B.

Cependant on traitait en Russie Demetri d'imposteur, et même de magicien. Les Russes ne pouvaient croire que Demetri, présenté par des Polonais catholiques, et ayant deux jésuites pour conseil, pût être leur véritable roi. Les boyards le regardaient tellement comme un imposteur, que le czar Boris étant mort, ils mirent sans difficulté sur le trône le fils de Boris, âgé de quinze ans.

(1605) Cependant Demetri s'avançait en Russie avec l'armée polonaise. Ceux qui étaient mécontents du gouvernement moscovite se déclarèrent en sa faveur. Un général russe, étant en présence de l'armée de Demetri, s'écria, « Il est le seul légitime héritier « de l'empire », et passa de son côté avec les troupes qu'il commandait. La révolution fut bientôt pleine et entière ; Demetri ne fut plus un magicien. Le peuple de Moscou courut au château, et traîna en prison le fils de Boris et sa mère. Demetri fut proclamé czar sans aucune contradiction. On publia que le jeune Boris et sa mère s'étaient tués en prison ; il est plus vraisemblable que Demetri les fit mourir.

La veuve de Jean Basilides, mère du vrai ou faux Demetri, était depuis long-temps reléguée dans le nord de la Russie; le nouveau czar l'envoya chercher dans une espèce de carrosse aussi magnifique qu'on en pouvait avoir alors. Il alla plusieurs milles au-devant d'elle; tous deux se reconnurent avec des transports et des larmes, en présence d'une foule innombrable; personne alors dans l'empire ne douta que Demetri ne fût le véritable empereur. (1606) Il épousa la fille du palatin de Sandomir, son premier protecteur; et ce fut ce qui le perdit.

Le peuple vit avec horreur une impératrice catholique, une cour composée d'étrangers, et surtout une église qu'on bâtissait pour des jésuites. Demetri dèslors ne passa plus pour un Russe.

Un boyard, nommé Zuski, se mit à la tête de plusieurs conjurés, au milieu des fêtes qu'on donnait pour le mariage du czar : il entre dans le palais, le sabre dans une main et une croix dans l'autre. On égorge la garde polonaise : Demetri est chargé de chaînes. Les conjurés amènent devant lui la czarine, veuve de Jean Basilides, qui l'avait reconnu si solennellement pour son fils. Le clergé l'obligea de jurer sur la croix, et de déclarer enfin si Demetri était son fils ou non. Alors, soit que la crainte de la mort forçât cette princesse à un faux serment et l'emportât sur la nature, soit qu'en effet elle rendît gloire à la vérité, elle déclara en pleurant que le czar n'était point son fils; que le véritable Demetri avait été, en effet, assassiné dans son enfance, et qu'elle n'avait reconnu le nouveau czar qu'à l'exemple de tout le peuple, et pour venger le sang de son fils sur la famille des assassins. On prétendit alors que Demetri était un homme du peuple, nommé Griska Utropoya, qui avait été quelque temps moine dans un couvent de Russie. On lui avait reproché auparavant de n'être pas du rite grec, et de n'avoir rien des mœurs de son pays; et alors on lui reprocha d'être à-la-fois un paysan russe et un moine grec. Quel qu'il fût, le chef des conjurés, Zuski, le tua de sa main (1606), et se mit à sa place.

Ce nouveau czar, monté en un moment sur le trône, renvoya dans leur pays le peu de Polonais échappés au carnage. Comme il n'avait d'autre droit au trône ni d'autre mérite que d'avoir assassiné Demetri, les autres boyards, qui de ses égaux devenaient ses sujets, prétendirent bientôt que le czar assassiné n'était point un imposteur, qu'il était le véritable Demetri, et que son meurtrier n'était pas digne de la couronne. Ce nom de Demetri devint cher aux Russes. Le chancelier de celui qu'on venait de tuer s'avisa de dire qu'il n'était pas mort, qu'il guérirait bientôt de ses blessures, et qu'il reparaîtrait à la tête de ses fidèles sujets.

Ce chancelier parcourut la Moscovie, menant avec lui, dans une litière, un jeune homme auquel il donnait le nom de Demetri, et qu'il traitait en souverain. A ce nom seul les peuples se soulevèrent; il se donna des batailles au nom de ce Demetri qu'on ne voyait pas : mais le parti du chancelier ayant été battu, ce second Demetri disparut bientôt. Les imaginations étaient si frappées de ce nom, qu'un troisième Demetri se présenta en Pologne. Celui-là fut plus heureux que les autres; il fut soutenu par le roi de Pologne Sigismond, et vint assiéger le tyran Zuski dans Moscou même. Zuski, enfermé dans Moscou, tenait encore en sa puissance la veuve du premier Demetri, et le palatin de Sandomir, père de cette veuve. Le troisième redemanda la princesse comme sa femme. Zuski rendit la fille et le père, espérant peut-être adoucir le roi de Pologne, ou se flattant que la palatine ne reconnaîtrait pas son mari dans un imposteur; mais cet imposteur était victorieux. La veuve du premier Demetri ne manqua pas de reconnaître ce troisième pour son véritable époux : et si le premier trouva une mère, le troisième trouva aussi aisément une épouse. Le beau-père jura que c'était là son gendre, et les peuples ne doutèrent plus. Les boyards, partagés entre l'usurpateur Zuski et l'imposteur, ne reconnurent ni l'un ni l'autre. Ils déposèrent Zuski, et le mirent dans un couvent. C'était encore une superstition des Russes, comme de l'ancienne Église grecque, qu'un prince qu'on avait fait moine ne pouvait plus régner : ce même usage s'était insensiblement établi autrefois dans l'Église latine. Zuski ne reparut plus, et Demetri fut assassiné dans un festin par des Tartares.

(1610) Les boyards alors offrirent leur couronne au prince Ladislas, fils de Sigismond, roi de Pologne. Ladislas se préparait à venir la recevoir, lorsqu'il parut encore un quatrième Demetri pour la lui disputer. Celui-ci publia que Dieu l'avait toujours conservé, quoiqu'il eût été assassiné à Uglis par le tyran Boris, à Moscou par l'usurpateur Zuski, et ensuite par des Tartares. Il trouva des partisans qui crurent ces trois miracles. La ville de Pleskou le reconnut pour czar; il y établit sa cour quelques années, pendant que les Russes, se repentant d'avoir appelé les Polonais, les chassaient de tous côtés, et que Sigismond renonçait à voir son fils Ladislas sur le trône des czars. Au milieu de ces troubles, on mit sur le trône le fils du patriarche Fédor Romanow : ce patriarche était parent, par les femmes, du czar Jean Basilides. Son fils, Michel Fédérowitz, c'est-à-dire fils de Fédor, fut élu à l'âge de dix-sept ans par le crédit du père. Toute la Russie reconnut ce Michel, et la ville de Pleskou lui livra le quatrième Demetri, qui finit par être pendu.

Il en restait un cinquième : c'était le fils du premier, qui avait régné en effet, de celui-là même qui avait épousé la fille du palatin de Sandomir. Sa mère l'enleva de Moscou lorsqu'elle alla trouver le troisième Demetri, et qu'elle feignit de le reconnaître pour son véritable mari. (1633) Elle se retira ensuite chez les Cosaques avec cet enfant, qu'on regardait comme le petit-fils de Jean Basilides, et qui, en effet, pouvait bien l'être. Mais dès que Michel Fédérowitz fut sur le trône, il força les Cosaques à lui livrer la mère et l'enfant, et les fit noyer l'un et l'autre.

On ne s'attendait pas à un sixième Demetri. Cependant, sous l'empire de Michel Fédérowitz en Russie, et sous le règne de Ladislas en Pologne, on vit encore un nouveau prétendant de ce nom à la cour de Russie. Quelques jeunes gens, en se baignant avec un Cosaque de leur âge, aperçurent sur son dos des caractères russes, imprimés avec une aiguille; on y lisait : *Demetri, fils du czar Demetri.* Celui-ci passa pour ce même fils de la palatine de Sandomir, que le czar Fédérowitz avait fait noyer dans un étang glacé. Dieu avait opéré un miracle pour le sauver; il fut traité en fils du czar à la cour de Ladislas, et on prétendait bien se servir de lui pour exciter de nouveaux troubles en Russie. La mort de Ladislas, son protecteur, lui ôta toute espérance : il se retira en Suède, et de là dans le Holstein; mais malheureusement pour lui le duc de Holstein ayant envoyé en Moscovie une ambassade pour établir un commerce de soie de Perse, et son ambassadeur n'ayant réussi qu'à faire des dettes à Moscou, le duc de Holstein obtint quittance de la dette en livrant ce dernier Demetri, qui fut mis en quartiers.

Toutes ces aventures, qui tiennent du fabuleux, et qui sont pourtant très vraies, n'arrivent point chez les peuples policés qui ont une forme de gouvernement régulière. Le czar Alexis, fils de Michel Fédérowitz, et petit-fils du patriarche Fédor Romanow, couronné en 1645, n'est guère connu dans l'Europe que pour avoir été le père de Pierre-le-Grand. La Russie, jusqu'au czar Pierre, resta presque inconnue aux peuples méridionaux de l'Europe, ensevelie sous un despotisme malheureux du prince sur les boyards, et des boyards sur les cultivateurs. Les abus dont se plaignent aujourd'hui les nations policées, auraient été des lois divines pour les Russes. Il y a quelques réglements parmi nous qui excitent les murmures des commerçants et des manufacturiers; mais dans ces pays du Nord il était très rare d'avoir un lit : on couchait sur des planches, que les moins pauvres couvraient d'un gros drap acheté aux foires éloignées, ou bien d'une peau d'animal, soit domestique, soit sauvage. Lorsque le comte de Carlisle, ambassadeur de Charles II d'Angleterre à Moscou, traversa tout l'empire russe d'Archangel en Pologne, en 1663, il trouva partout cet usage, et la pauvreté générale que cet usage suppose, tandis que l'or et les pierreries brillaient à la cour, au milieu d'une pompe grossière.

Un Tartare de la Crimée, un Cosaque du Tanaïs, réduit à la vie sauvage du citoyen russe, était bien plus heureux que ce citoyen, puisqu'il était libre d'aller où il voulait, et qu'il était défendu au Russe de sortir de son pays. Vous connaissez, par l'histoire de Charles XII, et par celle de Pierre Ier, qui s'y trouve renfermée[1], quelle différence immense un demi-siècle a produite dans cet empire. Trente siècles n'auraient pu faire ce qu'a fait Pierre en voyageant quelques années.

CHAPITRE CXCI.

De l'empire ottoman au dix-septième siècle. Siége de Candie. Faux messie.

Après la mort de Sélim II (1585), les Ottomans conservèrent leur supériorité dans l'Europe et dans l'Asie. Ils étendirent encore leurs frontières sous le règne d'Amurat III. Ses généraux prirent, d'un côté, Raab en Hongrie, et de l'autre, Tibris en Perse. Les janissaires, redoutables aux ennemis, l'étaient toujours à leurs maîtres; mais Amurat III leur fit voir qu'il était digne de leur commander. (1593) Ils vinrent un jour lui demander la tête du tefterdar, c'est-à-dire du grand-trésorier. Ils étaient répandus en tumulte à la porte intérieure du sérail, et menaçaient le sul-

---

[1] Voltaire parlait ainsi en 1756 : c'est depuis (en 1759 et 1763) qu'il a donné son *Histoire de la Russie sous Pierre Ier*, qui forme le tome XXV de la présente édition. B.

tan même. Il leur fait ouvrir la porte : suivi de tous les officiers du sérail, il fond sur eux le sabre à la main, il en tue plusieurs; le reste se dissipe et obéit. Cette milice si fière souffre qu'on exécute à ses yeux les principaux auteurs de l'émeute : mais quelle milice que des soldats que leur maître était obligé de combattre! On pouvait quelquefois la réprimer; mais on ne pouvait ni l'accoutumer au joug, ni la discipliner, ni l'abolir, et elle disposa souvent de l'empire.

Mahomet III, fils d'Amurat, méritait plus qu'aucun sultan que ses janissaires usassent contre lui du droit qu'ils s'arrogeaient de juger leurs maîtres. Il commença son règne, à ce qu'on dit, par faire étrangler dix-neuf de ses frères, et par faire noyer douze femmes de son père, qu'on croyait enceintes. On murmura à peine; il n'y a que les faibles de punis : ce barbare gouverna avec splendeur. Il protégea la Transylvanie contre l'empereur Rodolphe II, qui abandonnait le soin de ses états et de l'empire; il dévasta la Hongrie; il prit Agria en personne (1596), à la vue de l'archiduc Mathias; et son règne affreux ne laissa pas de maintenir la grandeur ottomane.

Pendant le règne d'Achmet Ier, son fils, depuis 1603 jusqu'en 1631, tout dégénère. Sha-Abbas-le-Grand, roi de Perse, est toujours vainqueur des Turcs. (1603) Il reprend sur eux Tauris, ancien théâtre de la guerre entre les Turcs et les Persans; il les chasse de toutes leurs conquêtes, et par là il délivre Rodolphe, Mathias et Ferdinand II d'inquiétude. Il combât pour les chrétiens sans le savoir. Achmet conclut, en 1615, une paix honteuse avec l'empereur Mathias; il lui rend Agria, Canise, Pest, Albe-Royale conquise par ses ancêtres. Tel est le contre-poids de la fortune. C'est ainsi que vous avez vu Ussum Cassan, Ismaël Sophi arrêter les progrès des Turcs contre l'Allemagne et contre Venise; et, dans les temps antérieurs, Tamerlan sauver Constantinople.

Ce qui se passe après la mort d'Achmet nous prouve bien que le gouvernement turc n'était pas cette monarchie absolue que nos historiens nous ont représentée comme la loi du despotisme établie sans contradiction. Ce pouvoir était entre les mains du sultan comme un glaive à deux tranchants qui blessait son maître quand il était manié d'une main faible. L'empire était souvent, comme le dit le comte Marsigli [1], une démocratie militaire, pire encore que le pouvoir arbitraire. L'ordre de succession n'était point établi. Les janissaires et le divan ne choisirent point pour leur empereur le fils d'Achmet qui s'appelait Osman, mais Mustapha, frère d'Achmet (1617). Ils se dégoûtèrent au bout de deux mois de Mustapha, qu'on disait incapable de régner; ils le mirent en prison et proclamèrent le jeune Osman, son neveu, âgé de douze ans : ils régnèrent en effet sous son nom.

Mustapha, du fond de sa prison, avait encore un parti. Sa faction persuada aux janissaires que le jeune Osman avait dessein de diminuer leur nombre pour affaiblir leur pouvoir. On déposa Osman sur ce prétexte; on l'enferma aux Sept-Tours, et le grand-vizir Daout alla lui-même égorger son empereur (1622).

[1] Voyez chap. XCIII. B.

Mustapha fut tiré de la prison pour la seconde fois, reconnu sultan, et au bout d'un an déposé encore par les mêmes janissaires qui l'avaient deux fois élu. Jamais prince, depuis Vitellius, ne fut traité avec plus d'ignominie. Il fut promené dans les rues de Constantinople, monté sur un âne, exposé aux outrages de la populace, puis conduit aux Sept-Tours, et étranglé dans sa prison.

Tout change sous Amurat IV, surnommé *Gasi,* l'Intrépide. Il se fait respecter des janissaires en les occupant contre les Persans, en les conduisant lui-même. (12 décembre 1628) Il enlève Erzerom à la Perse. Dix ans après, il prend d'assaut Bagdad, cette ancienne Séleucie, capitale de la Mésopotamie, que nous appelons Diarbekir, et qui est demeurée aux Turcs, ainsi qu'Erzerom. Les Persans n'ont cru depuis pouvoir mettre leurs frontières en sûreté qu'en dévastant trente lieues de leur propre pays par-delà Bagdad, et en fesant une solitude stérile de la plus fertile contrée de la Perse. Les autres peuples défendent leurs frontières par des citadelles; les Persans ont défendu les leurs par des déserts.

Dans le même temps qu'il prenait Bagdad, il envoyait quarante mille hommes au secours du grand mogol, Sha-Gean, contre son fils Aurengzeb. Si ce torrent qui se débordait en Asie fût tombé sur l'Allemagne, occupée alors par les Suédois et les Français, et déchirée par elle-même, l'Allemagne était en risque de perdre la gloire de n'avoir jamais été entièrement subjuguée.

Les Turcs avouent que ce conquérant n'avait de

mérite que la valeur, qu'il était cruel, et que la débauche augmentait encore sa cruauté. Un excès de vin termina ses jours et déshonora sa mémoire (1639).

Ibrahim, son fils, eut les mêmes vices, avec plus de faiblesse, et nul courage. Cependant c'est sous ce règne que les Turcs conquirent l'île de Candie, et qu'il ne leur resta plus à prendre que la capitale et quelques forteresses qui se défendirent vingt-quatre années. Cette île de Crète, si célèbre dans l'antiquité par ses lois, par ses arts, et même par ses fables, avait déjà été conquise par les mahométans arabes au commencement du neuvième siècle. Ils y avaient bâti Candie, qui depuis ce temps donna son nom à l'île entière. Les empereurs grecs les en avaient chassés au bout de quatre-vingts ans; mais, lorsque du temps des croisades les princes latins, ligués pour secourir Constantinople, envahirent l'empire grec au lieu de le défendre, Venise fut assez riche pour acheter l'île de Candie, et assez heureuse pour la conserver.

Une aventure singulière, et qui tient du roman, attira les armes ottomanes sur Candie. Six galères de Malte s'emparèrent d'un grand vaisseau turc, et vinrent avec leur prise mouiller dans un petit port de l'île nommée Calismène. On prétendit que le vaisseau turc portait un fils du grand-seigneur. Ce qui le fit croire, c'est que le kislar-aga, chef des eunuques noirs, avec plusieurs officiers du sérail, était dans le navire, et que cet enfant était élevé par lui avec des soins et des respects. Cet eunuque ayant été tué dans le combat, les officiers assurèrent que l'enfant appartenait à Ibrahim, et que sa mère l'envoyait en Égypte.

Il fut long-temps traité à Malte comme fils du sultan, dans l'espérance d'une rançon proportionnée à sa naissance. Le sultan dédaigna de proposer la rançon, soit qu'il ne voulût point traiter avec les chevaliers de Malte, soit que le prisonnier ne fût point en effet son fils. Ce prétendu prince, négligé enfin par les Maltais, se fit dominicain: on l'a connu long-temps sous le nom du père Ottoman; et les dominicains se sont toujours vantés d'avoir le fils d'un sultan dans leur ordre.

La Porte ne pouvant se venger sur Malte, qui de son rocher inaccessible brave la puissance turque, fit tomber sa colère sur les Vénitiens; elle leur reprochait d'avoir, malgré les traités de paix, reçu dans leur port la prise faite par les galères de Malte. La flotte turque aborda en Candie: (1645) on prit la Canée, et en peu de temps presque toute l'île.

Ibrahim n'eut aucune part à cet événement. On a fait quelquefois les plus grandes choses sous les princes les plus faibles. Les janissaires furent absolument les maîtres, du temps d'Ibrahim: s'ils firent des conquêtes, ce ne fut pas pour lui, mais pour eux et pour l'empire. Enfin il fut déposé sur une décision du muphti, et sur un arrêt du divan. (1648) L'empire turc fut alors une véritable démocratie; car après avoir enfermé le sultan dans l'appartement de ses femmes, on ne proclama point d'empereur; l'administration continua au nom du sultan qui ne régnait plus.

(1649) Nos historiens prétendent qu'Ibrahim fut enfin étranglé par quatre muets, dans la fausse supposition que les muets sont employés à l'exécution des ordres sanguinaires qui se donnent dans le sérail; mais ils n'ont jamais été que sur le pied des bouffons et des nains; on ne les emploie à rien de sérieux. Il ne faut regarder que comme un roman la relation de la mort de ce prince étranglé par quatre muets; les annales turques ne disent point comment il mourut : ce fut un secret du sérail. Toutes les faussetés qu'on nous a débitées sur le gouvernement des Turcs, dont nous sommes si voisins, doivent bien redoubler notre défiance sur l'histoire ancienne. Comment peut-on espérer de nous faire connaître les Scythes, les Gomérites et les Celtes, quand on nous instruit si mal de ce qui se passe autour de nous? Tout nous confirme que nous devons nous en tenir aux événements publics dans l'histoire des nations, et qu'on perd son temps à vouloir approfondir les détails secrets, quand ils ne nous ont pas été transmis par des témoins oculaires et accrédités.

Par une fatalité singulière, ce temps funeste à Ibrahim l'était à tous les rois. Le trône de l'empire d'Allemagne était ébranlé par la fameuse guerre de trente ans. La guerre civile désolait la France, et forçait la mère de Louis XIV à fuir de sa capitale avec ses enfants. Charles Ier, à Londres, était condamné à mort par ses sujets. Philippe IV, roi d'Espagne, après avoir perdu presque toutes ses possessions en Asie, avait perdu encore le Portugal. Le commencement du dix-septième siècle était le temps des usurpateurs presque d'un bout du monde à l'autre. Cromwell subjuguait l'Angleterre, l'Écosse, et l'Irlande.

Un rebelle, nommé Listching, forçait le dernier empereur de la race chinoise à s'étrangler avec sa femme et ses enfants, et ouvrait l'empire de la Chine aux conquérants tartares. Aurengzeb, dans le Mogol, se révoltait contre son père; il le fit languir en prison, et jouit paisiblement du fruit de ses crimes. Le plus grand des tyrans, Mulei-Ismaël, exerçait dans l'empire de Maroc de plus horribles cruautés. Ces deux usurpateurs, Aurengzeb et Mulei-Ismaël, furent de tous les rois de la terre ceux qui vécurent le plus heureusement et le plus long-temps. La vie de l'un et de l'autre a passé cent années. Cromwell, aussi méchant qu'eux, vécut moins, mais régna et mourut tranquille. Si on parcourt l'histoire du monde, on voit les faiblesses punies, mais les grands crimes heureux, et l'univers est une vaste scène de brigandage abandonnée à la fortune.

Cependant la guerre de Candie était semblable à celle de Troie. Quelquefois les Turcs menaçaient la ville; quelquefois ils étaient assiégés eux-mêmes dans la Canée, dont ils avaient fait leur place d'armes. Jamais les Vénitiens ne montrèrent plus de résolution et de courage; ils battirent souvent les flottes turques. Le trésor de Saint-Marc fut épuisé à lever des soldats. Les troubles du sérail, les irruptions des Turcs en Hongrie, firent languir l'entreprise sur Candie quelques années, mais jamais elle ne fut interrompue. Enfin, en 1667, Achmet Cuprogli, ou Kieuperli [1], grand-vizir de Mahomet IV, et fils d'un grand-vizir, assiégea régulièrement Candie, défendue par

---

[1] Dans l'*Histoire de Charles XII*, livre v, il est nommé Couprougli. *B.*

le capitaine général Francesco Morosini, et par du Pui-Montbrun-Saint-André, officier français, à qui le sénat donna le commandement des troupes de terre.

Cette ville ne devait jamais être prise, pour peu que les princes chrétiens eussent imité Louis XIV, qui, en 1669, envoya six à sept mille hommes au secours de la ville, sous le commandement du duc de Beaufort et du duc de Navailles. Le port de Candie fut toujours libre, il ne fallait qu'y transporter assez de soldats pour résister aux janissaires. La république ne fut pas assez puissante pour lever des troupes suffisantes. Le duc de Beaufort, le même qui avait joué du temps de la fronde un personnage plus étrange qu'illustre, alla attaquer et renverser les Turcs dans leurs tranchées, suivi de la noblesse de France : mais un magasin de poudre et de grenades ayant sauté dans ces tranchées, tout le fruit de cette action fut perdu. Les Français, croyant marcher sur un terrain miné, se retirèrent en désordre poursuivis par les Turcs, et le duc de Beaufort fut tué dans cette action avec beaucoup d'officiers français.

Louis XIV, allié de l'empire ottoman, secourut ainsi ouvertement Venise, et ensuite l'Allemagne contre cet empire, sans que les Turcs parussent en avoir beaucoup de ressentiment. On ne sait point pourquoi ce monarque rappela bientôt après ses troupes de Candie. Le duc de Navailles, qui les commandait après la mort du duc de Beaufort, était persuadé que la place ne pouvait plus tenir contre les Turcs. Le capitaine général, Francesco Morosini, qui soutint si long-temps ce fameux siége, pouvait abandonner des ruines sans capituler, et se retirer par la mer dont il fut toujours le maître : mais en capitulant il conservait encore quelques places dans l'île à la république, et la capitulation était un traité de paix. Le vizir Achmet Cuprogli mettait toute sa gloire et celle de l'empire ottoman à prendre Candie.

(Sept. 1669) Ce vizir et Morosini firent donc la paix, dont le prix fut la ville de Candie réduite en cendres, et où il ne resta qu'une vingtaine de chrétiens malades. Jamais les chrétiens ne firent avec les Turcs de capitulation plus honorable ni de mieux observée par les vainqueurs. Il fut permis à Morosini de faire embarquer tout le canon amené à Candie pendant la guerre. Le vizir prêta des chaloupes pour conduire des citoyens qui ne pouvaient trouver place sur les vaisseaux vénitiens. Il donna cinq cents sequins au bourgeois qui lui présenta les clefs, et deux cents à chacun de ceux qui l'accompagnaient. Les Turcs et les Vénitiens se visitèrent comme des peuples amis jusqu'au jour de l'embarquement.

Le vainqueur de Candie, Cuprogli, était un des meilleurs généraux de l'Europe, un des plus grands ministres, et en même temps juste et humain. Il acquit une gloire immortelle dans cette longue guerre, où, de l'aveu des Turcs, il périt deux cent mille de leurs soldats.

Les Morosini (car il y en avait quatre de ce nom dans la ville assiégée), les Cornaro, les Gustiniani, les Benzoni, le marquis de Montbrun-Saint-André, le marquis de Frontenac, rendirent leurs noms célèbres dans l'Europe. Ce n'est pas sans raison qu'on a comparé cette guerre à celle de Troie. Le grand-vizir avait un Grec auprès de lui qui mérita le surnom d'Ulysse ; il s'appelait Payanotos, ou Payanoti. Le prince Cantemir prétend que ce Grec détermina le conseil de Candie à capituler, par un stratagème digne d'Ulysse. Quelques vaisseaux français, chargés de provisions pour Candie, étaient en route. Payanotos fit arborer le pavillon français à plusieurs vaisseaux turcs qui, ayant pris le large pendant la nuit, entrèrent le jour à la rade occupée par la flotte ottomane, et furent reçus avec des cris d'allégresse. Payanotos, qui négocia avec le conseil de guerre de Candie, leur persuada que le roi de France abandonnait les intérêts de la république en faveur des Turcs dont il était allié ; et cette feinte hâta la capitulation. Le capitaine général Morosini fut accusé en plein sénat d'avoir trahi Venise. Il fut défendu avec autant de véhémence qu'on en mit à l'accuser. C'est encore une ressemblance avec les anciennes républiques grecques, et surtout avec la romaine. Morosini se justifia depuis en fesant sur les Turcs la conquête du Péloponèse, qu'on nomme aujourd'hui Morée, conquête dont Venise a joui trop peu de temps. Ce grand homme mourut doge, et laissa après lui une réputation qui durera autant que Venise.

Pendant la guerre de Candie il arriva chez les Turcs un événement qui fut l'objet de l'attention de l'Europe et de l'Asie. Il s'était répandu un bruit général, fondé sur la vaine curiosité, que l'année 1666 devait être l'époque d'une grande révolution sur la terre. Le nombre mystique de 666 qui se trouve dans l'*Apocalypse* était la source de cette opinion. Jamais l'attente de l'antechrist ne fut si universelle. Les Juifs, de leur côté, prétendirent que leur messie devait naître cette année.

Un Juif de Smyrne, nommé Sabatei-Sevi, homme assez savant, fils d'un riche courtier de la factorerie anglaise, profita de cette opinion générale, et s'annonça pour le messie. Il était éloquent et d'une figure avantageuse, affectant de la modestie, recommandant la justice, parlant en oracle, disant partout que les temps étaient accomplis. Il voyagea d'abord en Grèce et en Italie. Il enleva une fille à Livourne, et la mena à Jérusalem, où il commença à prêcher ses frères.

C'est chez les Juifs une tradition constante, que leur Shilo, leur Messiah, leur vengeur et leur roi, ne doit venir qu'avec Élie. Ils se persuadent qu'ils ont eu un Éliah qui doit reparaître au renouvellement de la terre. Cet Éliah, que nous nommons Élie, a été pris par quelques savants pour le soleil, à cause de la conformité du mot Ἥλιος, qui signifie le soleil chez les Grecs, et parcequ'Élie, ayant été transporté hors de la terre dans un char de feu, attelé de quatre chevaux ailés, a beaucoup de ressemblance avec le char du Soleil et ses quatre chevaux inventés par les poëtes. Mais sans nous arrêter à ces recherches, et sans examiner si les livres hébreux ont été écrits après Alexandre, et après que les facteurs juifs eurent appris quelque chose de la mythologie grecque dans Alexandrie, c'est assez de remarquer que les Juifs attendent Élie de temps immémorial. Aujourd'hui même encore, quand ces malheureux circoncisent un enfant avec cérémonie, ils mettent dans la salle un fauteuil pour Élie, en cas qu'il veuille les honorer de sa présence. Élie doit amener le grand sabbat, le grand messie, et la révolution universelle. Cette idée a même passé chez les chrétiens. Élie doit venir annoncer la fin de ce monde et un nouvel ordre de choses. Presque tous les fanatiques attendent un Élie. Les prophètes des Cévennes, qui allèrent à Londres ressusciter des morts en 1707, avaient vu Élie; ils lui avaient parlé; il devait se montrer au peuple. Aujourd'hui même ce ramas de convulsionnaires qui a infecté Paris pendant quelques années, annonçait Élie à la populace des faubourgs. Le magistrat de la police fit, en 1724, enfermer à Bicêtre deux Élies qui se battaient à qui serait reconnu pour le véritable. Il fallait donc absolument que Sabatei-Sevi fût annoncé chez ses frères par un Élie, sans quoi sa mission aurait été traitée de chimérique.

Il trouva un rabbin, nommé Nathan, qui crut qu'il y aurait assez à gagner à jouer ce second rôle. Sabatei déclara aux Juifs de l'Asie Mineure et de Syrie que Nathan était Élie, et Nathan assura que Sabatei était le messie, le Shilo, l'attente du peuple saint.

Ils firent de grandes œuvres tous deux à Jérusalem, et y réformèrent la synagogue. Nathan expliquait les prophètes, et fesait voir clairement qu'au bout de l'année le sultan devait être détrôné, et que Jérusalem devait devenir la maîtresse du monde. Tous les Juifs de la Syrie furent persuadés. Les synagogues retentissaient des anciennes prédictions. On se fondait sur ces paroles d'Isaïe[1] : « Levez-vous, Jérusalem; « levez-vous dans votre force et dans votre gloire; il « n'y aura plus d'incirconcis ni d'impurs au milieu de « vous. » Tous les rabbins avaient à la bouche ce passage[2] : « Ils feront venir vos frères de tous les climats « à la montagne sainte de Jérusalem, sur des chars, « sur des litières, sur des mulets, sur des charrettes. » Enfin, cent passages que les femmes et les enfants répétaient, nourrissaient leur espérance. Il n'y avait point de Juif qui ne se préparât à loger quelqu'un des dix anciennes tribus dispersées. La persuasion fut si forte, que les Juifs abandonnaient partout leur commerce, et se tenaient prêts pour le voyage de Jérusalem.

Nathan choisit à Damas douze hommes pour présider aux douze tribus. Sabatei-Sevi alla se montrer à ses frères de Smyrne, et Nathan lui écrivait : « Roi des « rois, seigneur des seigneurs, quand serons-nous « dignes d'être à l'ombre de votre âne? Je me prosterne « pour être foulé sous la plante de vos pieds. » Sabatei déposa dans Smyrne quelques docteurs de la loi qui ne le reconnaissaient pas, et en établit de plus dociles. Un de ses plus violents ennemis, nommé Samuel Pennia, se convertit à lui publiquement, et l'annonça comme le fils de Dieu. Sabatei s'étant un jour présenté devant le cadi de Smyrne avec une foule de ses suivants, tous assurèrent qu'ils voyaient une colonne de feu entre lui et le cadi. Quelques autres miracles

---
[1] Isaïe, LII, 1.
[2] *Ibid.*, LXVI, 20.

de cette espèce mirent le sceau à la certitude de sa mission. Plusieurs Juifs même s'empressaient de porter à ses pieds leur or et leurs pierreries.

Le bacha de Smyrne voulut le faire arrêter. Sabatei partit pour Constantinople avec les plus zélés de ses disciples. Le grand-vizir, Achmet Cuprogli, qui partait alors pour le siége de Candie, l'envoya prendre dans le vaisseau qui le portait à Constantinople, et le fit mettre en prison. Tous les Juifs obtenaient aisément l'entrée de la prison pour de l'argent, comme c'est l'usage en Turquie; ils vinrent se prosterner à ses pieds et baiser ses fers. Il les prêchait, les exhortait, les bénissait, et ne se plaignait jamais. Les Juifs de Constantinople, persuadés que la venue d'un messie abolissait toutes les dettes, ne payaient plus leurs créanciers. Les marchands anglais de Galata s'avisèrent d'aller trouver Sabatei dans sa prison; ils lui dirent qu'en qualité de roi des Juifs il devait ordonner à ses sujets de payer leurs dettes. Sabatei écrivit ces mots à ceux dont on se plaignait : « A vous qui atten-
« dez le salut d'Israël, etc....., satisfaites à vos dettes
« légitimes; si vous le refusez, vous n'entrerez point
« avec nous dans notre joie et dans notre empire. »

La prison de Sabatei était toujours remplie d'adorateurs. Les Juifs commençaient à exciter quelques tumultes dans Constantinople. Le peuple était alors très mécontent de Mahomet IV. On craignait que la prédiction des Juifs ne causât des troubles. Il semblait qu'un gouvernement aussi sévère que celui des Turcs dût faire mourir celui qui se disait *roi d'Israël* : cependant on se contenta de le transférer au château des Dardanelles. Les Juifs alors s'écrièrent qu'il n'était pas au pouvoir des hommes de le faire mourir.

Sa réputation s'étant étendue dans tous les pays de l'Europe, il reçut aux Dardanelles les députations des Juifs de Pologne, d'Allemagne, de Livourne, de Venise, d'Amsterdam ; ils payaient chèrement la permission de lui baiser les pieds, et c'est probablement ce qui lui conserva la vie. Les partages de la Terre-Sainte se fesaient tranquillement dans le château des Dardanelles. Enfin le bruit de ses miracles fut si grand, que le sultan, Mahomet, eut la curiosité de voir cet homme, et de l'interroger lui-même. On amena le roi des Juifs au sérail. Le sultan lui demanda en turc *s'il était le messie.* Sabatei répondit modestement *qu'il l'était;* mais comme il s'exprimait incorrectement en turc : « Tu parles bien mal, lui dit Mahomet, pour un « messie qui devrait avoir le don des langues. Fais-tu « des miracles ? Quelquefois, répondit l'autre. Eh bien, « dit le sultan, qu'on le dépouille tout nu; il servira « de but aux flèches de mes icoglans; et s'il est invul- « nérable, nous le reconnaîtrons pour le messie. » Sabatei se jeta à genoux, et avoua que c'était un miracle qui était au-dessus de ses forces. On lui proposa alors d'être empalé ou de se faire musulman, et d'aller publiquement à la mosquée. Il ne balança pas ; et il embrassa la religion turque dans le moment. Il prêcha alors qu'il n'avait été envoyé que pour substituer la religion turque à la juive, selon les anciennes prophéties. Cependant les Juifs des pays éloignés crurent encore long-temps en lui ; et cette scène, qui ne fut point sanglante, augmenta partout leur confusion et leur opprobre.

Quelque temps après que les Juifs eurent essuyé cette honte dans l'empire ottoman, les chrétiens de l'Église latine eurent une autre mortification. Ils avaient toujours jusqu'alors conservé la garde du Saint-Sépulcre à Jérusalem, avec les secours d'argent que fournissaient plusieurs princes de leur communion, et surtout le roi d'Espagne; mais ce même Payanotos, qui avait conclu le traité de la reddition de Candie, obtint du grand-vizir, Achmet Cuprogli (1674), que l'Église grecque aurait désormais la garde de tous les lieux saints de Jérusalem. Les religieux du rite latin formèrent une opposition juridique. L'affaire fut plaidée d'abord devant le cadi de Jérusalem, et ensuite au grand divan de Constantinople. On décida que l'Église grecque ayant compté Jérusalem dans son district avant le temps des croisades, sa prétention était juste. Cette peine que prenaient les Turcs d'examiner les droits de leurs sujets chrétiens, cette permission qu'ils leur donnaient d'exercer leur religion dans le lieu même qui en fut le berceau, est un exemple bien frappant d'un gouvernement tolérant sur la religion, quoiqu'il fût sanguinaire sur le reste. Quand les Grecs voulurent, en vertu de l'arrêt du divan, se mettre en possession, les mêmes Latins résistèrent, et il y eut du sang répandu. Le gouvernement ne punit personne de mort : nouvelle preuve de l'humanité du vizir Achmet Cuprogli, dont les exemples ont été rarement imités. Un de ses prédécesseurs, en 1638, avait fait étrangler Cyrille, fameux patriarche grec de Constantinople, sur les accusations réitérées de son Église. Le caractère de ceux qui gouvernent fait en tout lieu les temps de douceur ou de cruauté.

CHAPITRE CXCII.

Progrès des Turcs. Siége de Vienne.

Le torrent de la puissance ottomane ne se répandait pas seulement en Candie et dans les îles de la république vénitienne; il pénétrait souvent en Pologne et en Hongrie. Le même Mahomet IV, dont le grand-vizir avait pris Candie, marcha en personne contre les Polonais, sous prétexte de protéger les Cosaques maltraités par eux. Il enleva aux Polonais l'Ukraine, la Podolie, la Volhinie, la ville de Kaminieck, et ne leur donna la paix (1672) qu'en leur imposant ce tribut annuel de vingt mille écus, dont Jean Sobieski les délivra bientôt.

Les Turcs avaient laissé respirer la Hongrie pendant la guerre de trente ans qui bouleversa l'Allemagne. Ils possédaient, depuis 1541, les deux bords du Danube à peu de chose près, jusqu'à Bude inclusivement. Les conquêtes d'Amurat IV en Perse l'avaient empêché de porter ses armes vers l'Allemagne. La Transylvanie entière appartenait à des princes que les empereurs Ferdinand II et Ferdinand III étaient obligés de ménager, et qui étaient tributaires des

Turcs. Ce qui restait de la Hongrie jouissait de la liberté. Il n'en fut pas de même du temps de l'empereur Léopold : la Haute-Hongrie et la Transylvanie furent le théâtre des révolutions, des guerres, des dévastations.

De tous les peuples qui ont passé sous nos yeux dans cette histoire, il n'y en a point eu de plus malheureux que les Hongrois. Leur pays dépeuplé, partagé entre la faction catholique et la protestante, et entre plusieurs partis, fut à-la-fois occupé par les armées turques et allemandes. On dit que Ragotski, prince de la Transylvanie, fut la première cause de tous ces malheurs. Il était tributaire de la Porte ; le refus de payer le tribut attira sur lui les armes ottomanes. L'empereur Léopold envoya contre les Turcs ce Montécuculli, qui depuis fut l'émule de Turenne. (1663) Louis XIV fit marcher six mille hommes au secours de l'empereur d'Allemagne, son ennemi naturel. Ils eurent part à la célèbre bataille de Saint-Gothard (1664), où Montécuculli battit les Turcs. Mais, malgré cette victoire, l'empire ottoman fit une paix avantageuse, par laquelle il garda Bude, Neuhausel même, et la Transylvanie.

Les Hongrois, délivrés des Turcs, voulurent alors défendre leur liberté contre Léopold ; et cet empereur ne connut que les droits de sa couronne. De nouveaux troubles éclatèrent. Le jeune Émerik Tékéli, seigneur hongrois, qui avait à venger le sang de ses amis et de ses parents, répandu par la cour de Vienne, souleva la partie de la Hongrie qui obéissait à l'empereur Léopold. Il se donna à l'empereur Mahomet IV, qui le déclara roi de la Haute-Hongrie. La Porte ottomane donnait alors quatre couronnes à des princes chrétiens, celles de la Haute-Hongrie, de la Transylvanie, de la Valachie, et de la Moldavie.

Il s'en fallut peu que le sang des seigneurs hongrois du parti de Tékéli, répandu à Vienne par la main des bourreaux, ne coûtât Vienne et l'Autriche à Léopold et à sa maison. Le grand-vizir, Kara Mustapha, successeur d'Achmet Cuprogli, fut chargé par Mahomet IV d'attaquer l'empereur d'Allemagne, sous prétexte de venger Tékéli. Le sultan Mahomet vint assembler son armée dans les plaines d'Andrinople. Jamais les Turcs n'en levèrent une plus nombreuse; elle était de plus de cent quarante mille hommes de troupes régulières. Les Tartares de Crimée étaient au nombre de trente mille; les volontaires, ceux qui servent l'artillerie, qui ont soin des bagages et des vivres, les ouvriers en tout genre, les domestiques, composaient avec l'armée environ trois cent mille hommes. Il fallut épuiser toute la Hongrie pour fournir des provisions à cette multitude. Rien ne mit obstacle à la marche de Kara Mustapha. Il avança sans résistance jusqu'aux portes de Vienne (16 juillet 1683), et en forma aussitôt le siége.

Le comte de Staremberg, gouverneur de la ville, avait une garnison dont le fonds était de seize mille hommes, mais qui n'en composait pas en effet plus de huit mille. On arma les bourgeois qui étaient restés dans Vienne; on arma jusqu'à l'université. Les professeurs, les écoliers, montèrent la garde, et ils eurent un médecin pour major. La retraite de l'empereur Léopold augmentait encore la terreur. Il avait quitté

Vienne dès le septième juillet, avec l'impératrice sa belle-mère, l'impératrice sa femme, et toute sa famille. Vienne, mal fortifiée, ne devait pas tenir longtemps. Les annales turques prétendent que Kara Mustapha avait dessein de se former, dans Vienne et dans la Hongrie, un empire indépendant du sultan. Il s'était figuré que la résidence des empereurs d'Allemagne devait contenir des trésors immenses. En effet, de Constantinople jusqu'aux bornes de l'Asie, c'est l'usage que les souverains aient toujours un trésor qui fait leur ressource en temps de guerre. On ne connaît chez eux ni les levées extraordinaires dont les traitants avancent l'argent, ni les créations et les ventes de charges, ni les rentes foncières et viagères sur l'état ; le fantôme du crédit public, les artifices d'une banque au nom d'un souverain, sont ignorés; les potentats ne savent qu'accumuler l'or, l'argent, et les pierreries : c'est ainsi qu'on en use depuis le temps de Cyrus. Le vizir pensait qu'il en était de même chez l'empereur d'Allemagne ; et, dans cette idée, il ne poussa pas le siége assez vivement, de peur que la ville étant prise d'assaut, le pillage ne le privât de ses trésors imaginaires. Il ne fit jamais donner d'assaut général, quoiqu'il y eût de très grandes brèches au corps de la place, et que la ville fût sans ressource. Cet aveuglement du grand-vizir, son luxe, et sa mollesse, sauvèrent Vienne qui devait périr. Il laissa au roi de Pologne, Jean Sobieski, le temps de venir au secours; au duc de Lorraine, Charles V, et aux princes de l'empire, celui d'assembler une armée. Les janissaires murmuraient; le découragement succéda à leur indignation; ils s'écriaient : « Venez, infidèles; la seule « vue de vos chapeaux nous fera fuir. »

En effet, dès que le roi de Pologne et le duc de Lorraine descendirent de la montagne de Calemberg, les Turcs prirent la fuite presque sans combattre. Kara Mustapha, qui avait compté trouver tant de trésors dans Vienne, laissa tous les siens au pouvoir de Sobieski, et bientôt après il fut étranglé (12 septembre 1683). Tékéli, que ce vizir avait fait roi, soupçonné bientôt après par la Porte ottomane de négocier avec l'empereur d'Allemagne, fut arrêté par le nouveau vizir, et envoyé, les fers aux pieds et aux mains, à Constantinople (1685). Les Turcs perdirent presque toute la Hongrie.

(1687) Le règne de Mahomet IV ne fut plus fameux que par des disgraces. Morosini prit tout le Péloponèse, qui valait mieux que Candie. Les bombes de l'armée vénitienne détruisirent, dans cette conquête, plus d'un ancien monument que les Turcs avaient épargnés, et entre autres, le fameux temple d'Athènes dédié *aux dieux inconnus*. Les janissaires, qui attribuaient tant de malheurs à l'indolence du sultan, résolurent de le déposer. Le caïmacan, gouverneur de Constantinople, Mustapha Cuprogli, le shérif de la mosquée de Sainte-Sophie, et le nakif, garde de l'étendard de Mahomet, vinrent signifier au sultan qu'il fallait quitter le trône, et que telle était la volonté de la nation. Le sultan leur parla long-temps pour se justifier. Le nakif lui répliqua qu'il était venu pour lui commander, de la part du peuple, d'abdiquer l'empire, et de le laisser à son frère Soliman. Mahomet IV

répondit : « La volonté de Dieu soit faite; puisque sa
« colère doit tomber sur ma tête, allez dire à mon
« frère que Dieu déclare sa volonté par la bouche du
« peuple. »

La plupart de nos historiens prétendent que Mahomet IV fut égorgé par les janissaires : mais les annales turques font foi qu'il vécut encore cinq ans renfermé dans le sérail. Le même Mustapha Cuprogli, qui avait déposé Mahomet IV, fut grand-vizir sous Soliman III. Il reprit une partie de la Hongrie, et rétablit la réputation de l'empire turc : mais depuis ce temps les limites de cet empire ne passèrent jamais Belgrade ou Témesvar. Les sultans conservèrent Candie; mais ils ne sont rentrés dans le Péloponèse qu'en 1715. Les célèbres batailles que le prince Eugène a données contre les Turcs ont fait voir qu'on pouvait les vaincre, mais non pas qu'on pût faire sur eux beaucoup de conquêtes.

Ce gouvernement, qu'on nous peint si despotique, si arbitraire, paraît ne l'avoir jamais été que sous Mahomet II, Soliman, et Sélim II, qui firent tout plier sous leur volonté. Mais sous presque tous les autres padishas ou empereurs, et surtout dans nos derniers temps, vous retrouvez dans Constantinople le gouvernement d'Alger et de Tunis; vous voyez en 1703 le padisha, Mustapha II [1], juridiquement déposé par la milice et par les citoyens de Constantinople. On ne choisit point un de ses enfants pour lui succéder, mais son frère Achmet III. Ce même empereur Achmet est condamné en 1730, par les janissaires et par

[1] Voyez aussi chap. cxci; page 415. B.

le peuple, à résigner le trône à son neveu Mahmoud, et il obéit sans résistance, après avoir inutilement sacrifié son grand-vizir et ses principaux officiers au ressentiment de la nation. Voilà ces souverains si absolus ! On s'imagine qu'un homme est par les lois le maître arbitraire d'une grande partie de la terre, parcequ'il peut faire impunément quelques crimes dans sa maison, et ordonner le meurtre de quelques esclaves ; mais il ne peut persécuter sa nation, et il est plus souvent opprimé qu'oppresseur.

Les mœurs des Turcs offrent un grand contraste : ils sont à-la-fois féroces et charitables, intéressés et ne commettant presque jamais de larcin ; leur oisiveté ne les porte ni au jeu, ni à l'intempérance ; très peu usent du privilége d'épouser plusieurs femmes, et de jouir de plusieurs esclaves ; et il n'y a pas de grande ville en Europe où il y ait moins de femmes publiques qu'à Constantinople. Invinciblement attachés à leur religion, ils haïssent, ils méprisent les chrétiens : ils les regardent comme des idolâtres ; et cependant ils les souffrent, ils les protégent dans tout leur empire et dans la capitale : on permet aux chrétiens de faire leurs processions dans le vaste quartier qu'ils ont à Constantinople, et on voit quatre janissaires précéder ces processions dans les rues.

Les Turcs sont fiers, et ne connaissent point la noblesse : ils sont braves, et n'ont point l'usage du duel ; c'est une vertu qui leur est commune avec tous les peuples de l'Asie, et cette vertu vient de la coutume de n'être armés que quand ils vont à la guerre. C'était aussi l'usage des Grecs et des Romains ; et l'usage contraire ne s'introduisit chez les chrétiens que dans les temps de barbarie et de chevalerie, où l'on se fit un devoir et un honneur de marcher à pied avec des éperons aux talons, et de se mettre à table ou de prier Dieu avec une longue épée au côté. La noblesse chrétienne se distingua par cette coutume, bientôt suivie, comme on l'a déjà dit, par le plus vil peuple, et mise au rang de ces ridicules dont on ne s'aperçoit point, parcequ'on les voit tous les jours.

CHAPITRE CXCIII.

De la Perse, de ses mœurs, de sa dernière révolution, et de Thamas Kouli-kan, ou Sha-Nadir.

La Perse était alors plus civilisée que la Turquie; les arts y étaient plus en honneur, les mœurs plus douces, la police générale bien mieux observée. Ce n'est pas seulement un effet du climat; les Arabes y avaient cultivé les arts cinq siècles entiers. Ce furent ces Arabes qui bâtirent Ispahan, Chiras, Casbin, Cachan, et plusieurs autres grandes villes : les Turcs, au contraire, n'en ont bâti aucune, et en ont laissé plusieurs tomber en ruine. Les Tartares subjuguèrent deux fois la Perse après le règne des califes arabes, mais ils n'y abolirent point les arts; et quand la famille des Sophis régna, elle y porta les mœurs douces de l'Arménie, où cette famille avait habité long-temps. Les ouvrages de la main passaient pour être mieux travaillés, plus finis en Perse qu'en Turquie. Les sciences y avaient de bien plus grands encouragements; point de ville dans laquelle il n'y eût plusieurs colléges fondés où l'on enseignait les belles-lettres. La langue persane, plus douce et plus harmonieuse que la turque, a été féconde en poésies agréables. Les anciens Grecs, qui ont été les premiers précepteurs de l'Europe, sont encore ceux des Persans. Ainsi leur philosophie était, au seizième et au dix-septième siècle, à peu près au même état que la nôtre. Ils tenaient l'astrologie de leur propre pays, et ils s'y attachaient plus qu'aucun peuple de la terre, comme nous l'avons déjà indiqué [1]. La coutume de marquer de blanc les jours heureux, et de noir les jours funestes, s'est conservée chez eux avec scrupule. Elle était très familière aux Romains, qui l'avaient prise des nations asiatiques. Les paysans de nos provinces ont moins de foi aux jours propres à semer et à planter indiqués dans leurs almanachs, que les courtisans d'Ispahan n'en avaient aux heures favorables ou dangereuses pour les affaires. Les Persans étaient, comme plusieurs de nos nations, pleins d'esprit et d'erreurs. Quelques voyageurs ont assuré que ce pays n'était pas aussi peuplé qu'il pourrait l'être. Il est très vraisemblable que du temps des mages il était plus peuplé et plus fertile. L'agriculture était alors un point de religion : c'est de toutes les professions celle qui a le plus besoin d'une nombreuse famille, et qui, en conservant la santé et la force, met le plus aisément l'homme en état de former et d'entretenir plusieurs enfants.

Cependant Ispahan, avant les dernières révolu-

[1] Chap. CLVIII. B.

tions, était aussi grand et aussi peuplé que Londres. On comptait dans Tauris plus de cinq cent mille habitants. On comparait Cachan à Lyon. Il est impossible qu'une ville soit bien peuplée si les campagnes ne le sont pas, à moins que cette ville ne subsiste uniquement du commerce étranger. On n'a que des idées bien vagues sur la population de la Turquie, de la Perse, et de tous les états de l'Asie, excepté de la Chine : mais il est indubitable que tout pays policé qui met sur pied de grandes armées, et qui a beaucoup de manufactures, possède le nombre d'hommes nécessaire.

La cour de Perse étalait plus de magnificence que la Porte ottomane. On croit lire une relation du temps de Xerxès, quand on voit dans nos voyageurs ces chevaux couverts de riches brocarts, leurs harnais brillants d'or et de pierreries, et ces quatre mille vases d'or dont parle Chardin, lesquels servaient pour la table du roi de Perse. Les choses communes, et surtout les comestibles, étaient à trois fois meilleur marché à Ispahan et à Constantinople que parmi nous. Ce bas prix est la démonstration de l'abondance, quand il n'est pas une suite de la rareté des métaux. Les voyageurs, comme Chardin, qui ont bien connu la Perse, ne nous disent pas au moins que toutes les terres appartiennent au roi. Ils avouent qu'il y a, comme partout ailleurs, des domaines royaux, des terres données au clergé, et des fonds que les particuliers possèdent de droit, lesquels leur sont transmis de père en fils.

Tout ce qu'on nous dit de la Perse nous persuade

qu'il n'y avait point de pays monarchique où l'on jouît plus des droits de l'humanité. On s'y était procuré, plus qu'en aucun pays de l'Orient, des ressources contre l'ennui, qui est partout le poison de la vie. On se rassemblait dans des salles immenses, qu'on appelait les maisons à café, où les uns prenaient de cette liqueur, qui n'est en usage parmi nous que depuis la fin du dix-septième siècle; les autres jouaient, ou lisaient, ou écoutaient des feseurs de contes, tandis qu'à un bout de la salle un ecclésiastique prêchait pour quelque argent, et qu'à un autre bout ces espèces d'hommes, qui se sont fait un art de l'amusement des autres, déployaient tous leurs talents. Tout cela annonce un peuple sociable, et tout nous dit qu'il méritait d'être heureux. Il le fut, à ce qu'on prétend, sous le règne de Sha-Abbas, qu'on a appelé *le Grand*. Ce prétendu grand homme était très cruel; mais il y a des exemples que des hommes féroces ont aimé l'ordre et le bien public. La cruauté ne s'exerce que sur des particuliers exposés sans cesse à la vue du tyran, et ce tyran est quelquefois par ses lois le bienfaiteur de la patrie.

Sha-Abbas, descendant d'Ismaël-Sophi, se rendit despotique en détruisant une milice telle à peu près que celle des janissaires, et que les gardes prétoriennes. C'est ainsi que le czar Pierre a détruit la milice des strélits pour établir sa puissance. Nous voyons dans toute la terre les troupes divisées en plusieurs petits corps affermir le trône, et les troupes réunies en un grand corps disposer du trône et le renverser. Sha-Abbas transporta des peuples d'un pays dans un autre; c'est ce que les Turcs n'ont jamais fait. Ces colonies réussissent rarement. De trente mille familles chrétiennes que Sha-Abbas transporta de l'Arménie et de la Géorgie dans le Mazanderan, vers la mer Caspienne, il n'en est resté que quatre à cinq cents : mais il construisit des édifices publics, il rebâtit des villes, il fit d'utiles fondations; il reprit sur les Turcs tout ce que Soliman et Sélim avaient conquis sur la Perse : il chassa les Portugais d'Ormus; et toutes ces grandes actions lui méritèrent le nom de *Grand*: il mourut en 1629. Son fils Sha-Sophi, plus cruel que Sha-Abbas, mais moins guerrier, moins politique, abruti par la débauche, eut un règne malheureux. Le grand mogol Sha-Gean enleva Candahar à la Perse, et le sultan Amurat IV prit d'assaut Bagdad en 1638.

Depuis ce temps vous voyez la monarchie persane décliner sensiblement, jusqu'à ce qu'enfin la mollesse de la dynastie des Sophis a causé sa ruine entière. Les eunuques gouvernaient le sérail et l'empire sous Muza-Sophi, et sous Hussein, le dernier de cette race.

C'est le comble de l'avilissement dans la nature humaine, et l'opprobre de l'Orient, de dépouiller les hommes de leur virilité; et c'est le dernier attentat du despotisme de confier le gouvernement à ces malheureux. Partout où leur pouvoir a été excessif, la décadence et la ruine sont arrivées. La faiblesse de Sha-Hussein fesait tellement languir l'empire, et la confusion le troublait si violemment par les factions des eunuques noirs et des eunuques blancs, que si

Myri-Veis [1] et ses aguans n'avaient pas détruit cette dynastie, elle l'eût été par elle-même. C'est le sort de la Perse que toutes ses dynasties commencent par la force et finissent par la faiblesse. Presque toutes ces familles ont eu le sort de Serdan-pull, que nous nommons Sardanapale.

Ces aguans, qui ont bouleversé la Perse au commencement du siècle où nous sommes, étaient une ancienne colonie de Tartares habitant les montagnes de Candahar, entre l'Inde et la Perse. Presque toutes les révolutions qui ont changé le sort de ce pays-là sont arrivées par des Tartares. Les Persans avaient reconquis Candahar sur le Mogol, vers l'an 1650, sous Sha-Abbas II, et ce fut pour leur malheur. Le ministère de Sha-Hussein, petit-fils de Sha-Abbas II, traita mal les aguans. Myri-Veis, qui n'était qu'un particulier, mais un particulier courageux et entreprenant, se mit à leur tête.

C'est encore ici une de ces révolutions où le caractère des peuples qui la firent eut plus de part que le caractère de leurs chefs : car Myri-Veis ayant été assassiné et remplacé par un autre barbare, nommé Maghmud, son propre neveu, qui n'était âgé que de dix-huit ans, il n'y avait pas d'apparence que ce jeune homme pût faire beaucoup par lui-même, et qu'il conduisît ces troupes indisciplinées de montagnards féroces, comme nos généraux conduisent des armées

[1] C'est le même personnage que Voltaire appelle *Miriwitz* dans son deuxième *Discours sur l'homme* (*Poésies*, tome XII). Voyez aussi le chapitre XVI de la seconde partie de l'*Histoire de Russie sous Pierre-le-Grand* (tome XXV). B.

réglées. Le gouvernement de Hussein était méprisé; et la province de Candahar ayant commencé les troubles, les provinces du Caucase, du côté de la Géorgie, se révoltèrent aussi. Enfin Maghmud assiégea Ispahan en 1722. Sha-Hussein lui remit cette capitale, abdiqua le royaume à ses pieds, et le reconnut pour son maître; trop heureux que Maghmud daignât épouser sa fille.

Tous les tableaux des cruautés et des malheurs des hommes, que nous examinons depuis le temps de Charlemagne, n'ont rien de plus horrible que les suites de la révolution d'Ispahan. Maghmud crut ne pouvoir s'affermir qu'en fesant égorger les familles des principaux citoyens. La Perse entière a été trente années ce qu'avait été l'Allemagne avant la paix de Vestphalie, ce que fut la France du temps de Charles VI, l'Angleterre dans les guerres de la *rose rouge* et de la *rose blanche* : mais la Perse est tombée d'un état plus florissant dans un plus grand abîme de malheurs.

La religion eut encore part à ces désolations. Les aguans tenaient pour Omar, comme les Persans pour Ali ; et ce Maghmud, chef des aguans, mêlait les plus lâches superstitions aux plus détestables cruautés : il mourut en démence, en 1725, après avoir désolé la Perse. Un nouvel usurpateur de la nation des aguans lui succéda ; il s'appelait Asraf. La désolation de la Perse redoublait de tous côtés. Les Turcs l'inondaient du côté de la Géorgie, l'ancienne Colchide. Les Russes fondaient sur ses provinces, du nord à l'occident de la mer Caspienne, vers les portes de Delbent dans le

Shirvan, qui était autrefois l'Ibérie et l'Albanie. On ne nous dit point ce que devint parmi tant de troubles le roi détrôné, Sha-Hussein. Ce prince n'est connu que pour avoir servi d'époque au malheur de son pays.

Un des fils de cet empereur, nommé Thamas, échappé au massacre de la famille impériale, avait encore des sujets fidèles qui se rassemblèrent autour de sa personne vers Tauris. Les guerres civiles et les temps de malheur produisent toujours des hommes extraordinaires qui eussent été ignorés dans des temps paisibles. Le fils d'un berger devint le protecteur du prince Thamas, et le soutien du trône dont il fut ensuite l'usurpateur. Cet homme, qui s'est placé au rang des plus grands conquérants, s'appelait Nadir. Il gardait les moutons de son père dans les plaines du Corassan, partie de l'ancienne Hyrcanie et de la Bactriane. Il ne faut pas se figurer ces bergers comme les nôtres : la vie pastorale qui s'est conservée dans plus d'une contrée de l'Asie n'est pas sans opulence ; les tentes de ces riches bergers valent beaucoup mieux que les maisons de nos cultivateurs. Nadir vendit plusieurs grands troupeaux de son père, et se mit à la tête d'une troupe de bandits, chose encore fort commune dans ces pays où les peuples ont gardé les mœurs des temps antiques. Il se donna avec sa troupe au prince Thamas ; et à force d'ambition, de courage, et d'activité, il fut à la tête d'une armée. Il se fit appeler alors Thamas Kouli-kan, *le kan esclave de Thamas ;* mais l'esclave était le maître sous un prince aussi faible et aussi efféminé que son père Hussein. (1729)

Il reprit Ispahan et toute la Perse, poursuivit le nouveau roi Asraf jusqu'à Candahar, le vainquit, le prit prisonnier, et lui fit couper la tête après lui avoir arraché les yeux.

Kouli-kan ayant ainsi rétabli le prince Thamas sur le trône de ses aïeux, et l'ayant mis en état d'être ingrat, voulut l'empêcher de l'être. Il l'enferma dans la capitale du Corassan, et agissant toujours au nom de ce prince prisonnier, il alla faire la guerre aux Turcs, sachant bien qu'il ne pouvait affermir sa puissance que par la même voie qu'il l'avait acquise. Il battit les Turcs à Érivan, reprit tout ce pays, et assura ses conquêtes en fesant la paix avec les Russes. (1736) Ce fut alors qu'il se fit déclarer roi de Perse, sous le nom de Sha-Nadir. Il n'oublia pas l'ancienne coutume de crever les yeux à ceux qui peuvent avoir droit au trône. Cette cruauté fut exercée sur son souverain Thamas. Les mêmes armées qui avaient servi à désoler la Perse servirent aussi à la rendre redoutable à ses voisins. Kouli-kan mit les Turcs plusieurs fois en fuite. Il fit enfin avec eux une paix honorable, par laquelle ils rendirent tout ce qu'ils avaient jamais pris aux Persans, excepté Bagdad et son territoire.

Kouli-kan, chargé de crimes et de gloire, alla ensuite conquérir l'Inde, comme nous le verrons au chapitre du Mogol. De retour dans sa patrie, il trouva un parti formé en faveur des princes de la maison royale qui existait encore; et, au milieu de ces nouveaux troubles, il fut assassiné par son propre neveu, ainsi que l'avait été Myri-Veis, le premier auteur de la révolution. La Perse alors est devenue encore le théâtre des guerres civiles. Tant de dévastations y ont détruit le commerce et les arts, en détruisant une partie du peuple : mais quand le terrain est fertile et la nation industrieuse, tout se répare à la longue.

CHAPITRE CXCIV.

Du Mogol.

Cette prodigieuse variété de mœurs, de coutumes, de lois, de révolutions, qui ont toutes le même principe, l'intérêt, forme le tableau de l'univers. Nous n'avons vu ni en Perse ni en Turquie de fils révolté contre son père. Vous voyez dans l'Inde les deux fils du grand mogol Gean-Guir lui faire la guerre l'un après l'autre, au commencement du dix-septième siècle. L'un de ces deux princes, nommé Sha-Gean, s'empare de l'empire, en 1627, après la mort de son père, Gean-Guir, au préjudice d'un petit-fils à qui Gean-Guir avait laissé le trône. L'ordre de succession n'était point dans l'Asie une loi reconnue comme dans les nations de l'Europe. Ces peuples avaient une source de malheurs de plus que nous.

Sha-Gean, qui s'était révolté contre son père, vit aussi dans la suite ses enfants soulevés contre lui. Il est difficile de comprendre comment des souverains, qui ne pouvaient empêcher leurs propres enfants de lever contre eux des armées, étaient aussi absolus qu'on veut nous le faire croire. Il paraît que l'Inde était gouvernée à peu près comme l'étaient les royaumes de l'Europe du temps des grands fiefs. Les gouverneurs des provinces de l'Indoustan étaient les maîtres dans leurs gouvernements, et on donnait des vice-royautés aux enfants des empereurs. C'était manifestement un sujet éternel de guerres civiles : aussi, dès que la santé de l'empereur Sha-Gean devint languissante, ses quatre enfants, qui avaient chacun le commandement d'une province, armèrent pour lui succéder. Ils s'accordaient pour détrôner leur père, et se fesaient la guerre entre eux : c'était précisément l'aventure de Louis-le-Débonnaire ou le Faible. Aurengzeb, le plus scélérat des quatre frères, fut le plus heureux.

La même hypocrisie que nous avons vue dans Cromwell se retrouve dans ce prince indien; la même dissimulation et la même cruauté avec un cœur plus dénaturé. Il se ligua d'abord avec un de ses frères, et se rendit maître de la personne de son père, Sha-Gean, qu'il tint toujours en prison; ensuite il assassina ce même frère, dont il s'était servi comme d'un instrument dangereux qu'il fallait exterminer; il poursuit ses deux autres frères, dont il triomphe, et qu'il fait enfin étrangler l'un après l'autre.

Cependant le père d'Aurengzeb vivait encore. Son fils le retenait dans la prison la plus dure; et le nom du vieil empereur était souvent le prétexte des conspirations contre le tyran. Il envoya enfin un médecin à son père, attaqué d'une indisposition légère, et le vieillard mourut (1666) : Aurengzeb passa dans toute l'Asie pour l'avoir empoisonné. Nul homme n'a mieux montré que le bonheur n'est pas le prix de la vertu. Cet homme, souillé du sang de ses frères, et coupable de la mort de son père, réussit dans toutes ses entreprises : il ne mourut qu'en 1707, âgé d'environ cent trois ans. Jamais prince n'eut une carrière si longue et si fortunée. Il ajouta à l'empire des Mogols les royaumes de Visapour et de Golconde, tout le pays de Carnate, et presque toute cette grande presqu'île que bordent les côtes de Coromandel et de Malabar. Cet homme, qui eût péri par le dernier supplice, s'il eût pu être jugé par les lois ordinaires des nations, a été sans contredit le plus puissant prince de l'univers. La magnificence des rois de Perse, tout éblouissante qu'elle nous a paru, n'était que l'effort d'une cour médiocre qui étale quelque faste, en comparaison des richesses d'Aurengzeb.

De tous temps les princes asiatiques ont accumulé des trésors; ils ont été riches de tout ce qu'ils entassaient, au lieu que dans l'Europe les princes sont riches de l'argent qui circule dans leurs états. Le trésor de Tamerlan subsistait encore, et tous ses successeurs l'avaient augmenté. Aurengzeb y ajouta des richesses étonnantes : un seul de ses trônes a été estimé par Tavernier cent soixante millions de son temps, qui en font plus de trois cents du nôtre. Douze colonnes d'or, qui soutenaient le dais de ce trône, étaient entourées de grosses perles : le dais était de perles et de diamants, surmonté d'un paon qui étalait une queue de pierreries; tout le reste était proportionné à cette étrange magnificence. Le jour le plus solennel de l'année était celui où l'on pesait l'empereur dans des balances d'or, en présence du peuple; et, ce jour-là, il recevait pour plus de cinquante millions de présents.

Si jamais le climat a influé sur les hommes, c'est assurément dans l'Inde : les empereurs y étalaient le même luxe, vivaient dans la même mollesse que les rois indiens dont parle Quinte-Curce; et les vainqueurs tartares prirent insensiblement ces mêmes mœurs, et devinrent Indiens.

Tout cet excès d'opulence et de luxe n'a servi qu'au malheur de l'Indoustan. Il est arrivé, en 1739, au petit-fils d'Aurengzeb, Mahamad-Sha, la même chose qu'à Crésus. On avait dit à ce roi de Lydie : « Vous « avez beaucoup d'or, mais celui qui se servira du fer « mieux que vous, vous enlèvera tout cet or. »

Thamas Kouli-kan, élevé au trône de Perse après avoir détrôné son maître, vaincu les aguans et pris Candahar, est venu jusqu'à la capitale des Indes, sans autre raison que l'envie d'arracher au Mogol tous ces trésors que les Mogols avaient pris aux Indiens. Il n'y a guère d'exemple ni d'une plus grande armée que celle du grand mogol Mahamad, levée contre Thamas Kouli-kan, ni d'une plus grande faiblesse. Il opposa douze cent mille hommes, dix mille pièces de canon, et deux mille éléphants armés en guerre, au vainqueur de la Perse, qui n'avait pas avec lui soixante mille combattants. Darius n'avait pas armé tant de forces contre Alexandre.

On ajoute encore que cette multitude d'Indiens était couverte par des retranchements de six lieues d'étenduc, du côté que Thamas Kouli-kan pouvait attaquer; c'était bien sentir sa faiblesse. Cette armée innombrable devait entourer les ennemis, leur couper la communication et les faire périr par la disette dans un pays qui leur était étranger. Ce fut, au contraire, la petite armée persane qui assiégea la grande, lui coupa les vivres, et la détruisit en détail. Le grand mogol Mahamad semblait n'être venu que pour étaler sa vaine grandeur, et pour la soumettre à des brigands aguerris. Il vint s'humilier devant Thamas Kouli-kan, qui lui parla en maître, et le traita en sujet. Le vainqueur entra dans Delhi, ville qu'on nous représente plus grande et plus peuplée que Paris et Londres. Il traînait à sa suite ce riche et misérable empereur. Il l'enferma d'abord dans une tour, et se fit proclamer lui-même empereur des Indes.

Quelques officiers mogols essayèrent de profiter d'une nuit où les Persans s'étaient livrés à la débauche, pour prendre les armes contre leurs vainqueurs. Thamas Kouli-kan livra la ville au pillage; presque tout fut mis à feu et à sang. Il emporta beaucoup plus de trésors de Delhi que les Espagnols n'en prirent à la conquête du Mexique. Ces richesses, amassées par un brigandage de quatre siècles, ont été apportées en Perse par un autre brigandage, et n'ont pas empêché les Persans d'être long-temps le plus malheureux peuple de la terre : elles y sont dispersées ou ensevelies pendant les guerres civiles jusqu'au temps où quelque tyran les rassemblera.

Kouli-kan, en partant des Indes pour retourner en Perse, eut la vanité de laisser le nom d'empereur à ce

Mahamad-Sha qu'il avait détrôné; mais il laissa le gouvernement à un vice-roi qui avait élevé le grand mogol, et qui s'était rendu indépendant de lui. Il détacha trois royaumes de ce vaste empire, Cachemire, Caboul, et Multan, pour les incorporer à la Perse, et imposa à l'Indoustan un tribut de quelques millions.

L'Indoustan fut gouverné alors par un vice-roi, et par un conseil que Thamas Kouli-kan avait établi. Le petit-fils d'Aurengzeb garda le titre de roi des rois et de souverain du monde, et ne fut plus qu'un fantôme. Tout est rentré ensuite dans l'ordre ordinaire quand Kouli-kan a été assassiné en Perse au milieu de ses triomphes : le Mogol n'a plus payé de tribut; les provinces enlevées par le vainqueur persan sont retournées à l'empire.

Il ne faut pas croire que ce Mahamad, roi des rois, ait été despotique avant son malheur; Aurengzeb l'avait été à force de soins, de victoires, et de cruautés. Le despotisme est un état violent qui semble ne pouvoir durer. Il est impossible que, dans un empire où des vice-rois soudoient des armées de vingt mille hommes, ces vice-rois obéissent long-temps et aveuglément. Les terres que l'empereur donne à ces vice-rois deviennent dès là même indépendantes de lui. Gardons-nous donc bien de croire que dans l'Inde le fruit de tous les travaux des hommes appartienne à un seul. Plusieurs castes indiennes ont conservé leurs anciennes possessions. Les autres terres ont été données aux grands de l'empire, aux raïas, aux nababs, aux omras. Ces terres sont cultivées, comme ailleurs, par des fermiers qui s'y enrichissent, et par des colons qui travaillent pour leurs maîtres. Le petit peuple est pauvre dans le riche pays de l'Inde, ainsi que dans presque tous les pays du monde; mais il n'est point serf et attaché à la glèbe, ainsi qu'il l'a été dans notre Europe, et qu'il l'est encore en Pologne, en Bohême, et dans plusieurs pays de l'Allemagne. Le paysan, dans toute l'Asie, peut sortir de son pays quand il en est mécontent, et en chercher un meilleur, s'il en trouve.

Ce qu'on peut résumer de l'Inde en général, c'est qu'elle est gouvernée comme un pays de conquête par trente tyrans qui reconnaissent un empereur amolli comme eux dans les délices, et qui dévorent la substance du peuple. Il n'y a point là de ces grands tribunaux permanents, dépositaires des lois, qui protègent le faible contre le fort.

C'est un problème qui paraît d'abord difficile à résoudre, que l'or et l'argent venus de l'Amérique en Europe aillent s'engloutir continuellement dans l'Indoustan pour n'en plus sortir, et que cependant le peuple y soit si pauvre qu'il y travaille presque pour rien: mais la raison en est que cet argent ne va pas au peuple; il va aux marchands, qui paient des droits immenses aux gouverneurs; ces gouverneurs en rendent beaucoup au grand mogol, et enfouissent le reste. La peine des hommes est moins payée que partout ailleurs dans ce pays le plus riche de la terre, parceque dans tout pays le prix des journaliers ne passe guère leur subsistance et leur vêtement. L'extrême fertilité de la terre des Indes, et la chaleur du climat, font que cette subsistance et ce vêtement ne coûtent presque rien. L'ouvrier qui cherche des diamants dans les mines gagne de quoi acheter un peu de riz et une chemise de coton. Partout la pauvreté sert à peu de frais la richesse.

Je ne répèterai point ce que j'ai dit des Indiens[1] : leurs superstitions sont les mêmes que du temps d'Alexandre; les bramins y enseignent la même religion; les femmes se jettent encore dans des bûchers allumés sur le corps de leurs maris : nos voyageurs, nos négociants, en ont vu plusieurs exemples. Les disciples se sont fait aussi quelquefois un point d'honneur de ne pas survivre à leurs maîtres. Tavernier rapporte qu'il fut témoin dans Agra même, l'une des capitales de l'Inde, que le grand-bramin étant mort, un négociant, qui avait étudié sous lui, vint à la loge des Hollandais, arrêta ses comptes, leur dit qu'il était résolu d'aller trouver son maître dans l'autre monde, et se laissa mourir de faim, quelque effort qu'on fît pour lui persuader de vivre.

Une chose digne d'observation, c'est que les arts ne sortent presque jamais des familles où ils sont cultivés; les filles des artisans ne prennent des maris que du métier de leurs pères : c'est une coutume très ancienne en Asie, et qui avait passé autrefois en loi dans l'Égypte.

La loi de l'Asie et de l'Afrique, qui a toujours permis la pluralité des femmes, n'est pas une loi dont le peuple, toujours pauvre, puisse faire usage. Les riches

---

[1] Voyez *Introduction*, tome XV, page 75, et l'*Essai sur les Mœurs*, chapitres III et IV, tome XV, p. 282-305. B.

ont toujours compté les femmes au nombre de leurs biens, et ils ont pris des eunuques pour les garder : c'est un usage immémorial, établi dans l'Inde comme dans toute l'Asie. Lorsque les Juifs voulurent avoir un roi, il y a plus de trois mille ans, Samuël, leur magistrat et leur prêtre, qui s'opposait à l'établissement de la royauté, remontra aux Juifs que ce roi leur imposerait des tributs pour avoir de quoi donner à ses eunuques. Il fallait que les hommes fussent dès long-temps bien pliés à l'esclavage, pour qu'une telle coutume ne parût point extraordinaire.

Lorsqu'on finissait ce chapitre, une nouvelle révolution a bouleversé l'Indoustan. Les princes tributaires, les vice-rois, ont tous secoué le joug. Les peuples de l'intérieur ont détrôné le souverain. L'Inde est devenue, comme la Perse, le théâtre des guerres civiles. Ces désastres font voir que le gouvernement était très mauvais, et en même temps que ce prétendu despotisme n'existait pas. L'empereur n'était pas assez puissant pour se faire obéir d'un raïa.

Nos voyageurs ont cru que le pouvoir arbitraire résidait essentiellement dans la personne des grands mogols, parcequ'Aurengzeb avait tout asservi. Ils n'ont pas considéré que cette puissance, uniquement fondée sur le droit des armes, ne dure qu'autant qu'on est à la tête d'une armée, et que ce despotisme, qui détruit tout, se détruit enfin de lui-même. Il n'est pas une forme de gouvernement, mais une subversion de tout gouvernement; il admet le caprice pour toute règle; il ne s'appuie point sur des lois qui assurent sa durée; et ce colosse tombe par terre dès qu'il n'a plus le bras levé : il se forme de ses débris plusieurs petites tyrannies, et l'état ne reprend une forme constante que quand les lois règnent.

CHAPITRE CXCV.

De la Chine au dix-septième siècle et au commencement du dix-huitième.

Il vous est fort inutile, sans doute, de savoir que, dans la dynastie chinoise qui régnait après la dynastie des Tartares de Gengis-kan, l'empereur Quancum succéda à Kinkum, et Kicum à Quancum. Il est bon que ces noms se trouvent dans les tables chronologiques; mais, vous attachant toujours aux événements et aux mœurs, vous franchissez tous ces espaces vides pour venir aux temps marqués par de grandes choses. Cette même mollesse qui a perdu la Perse et l'Inde fit à la Chine, dans le siècle passé, une révolution plus complète que celle de Gengis-kan et de ses petits-fils. L'empire chinois était, au commencement du dix-septième siècle, bien plus heureux que l'Inde, la Perse, et la Turquie. L'esprit humain ne peut certainement imaginer un gouvernement meilleur que celui où tout se décide par de grands tribunaux, subordonnés les uns aux autres, dont les membres ne sont reçus qu'après plusieurs examens sévères. Tout se règle à la Chine par ces tribunaux. Six cours souveraines sont à la tête de toutes les cours de l'empire. La première veille sur tous les mandarins des provinces; la seconde dirige les finances; la troisième a l'intendance des rites, des sciences, et des arts; la quatrième a l'intendance de la guerre; la cinquième préside aux juridictions chargées des affaires criminelles; la sixième a soin des ouvrages publics. Le résultat de toutes les affaires décidées à ces tribunaux est porté à un tribunal suprême. Sous ces tribunaux, il y en a quarante-quatre subalternes qui résident à Pékin. Chaque mandarin, dans sa province, dans sa ville, est assisté d'un tribunal. Il est impossible que, dans une telle administration, l'empereur exerce un pouvoir arbitraire. Les lois générales émanent de lui; mais, par la constitution du gouvernement, il ne peut rien faire sans avoir consulté des hommes élevés dans les lois, et élus par les suffrages. Que l'on se prosterne devant l'empereur comme devant un dieu, que le moindre manque de respect à sa personne soit puni selon la loi comme un sacrilége, cela ne prouve certainement pas un gouvernement despotique et arbitraire. Le gouvernement despotique serait celui où le prince pourrait, sans contrevenir à la loi, ôter à un citoyen les biens ou la vie, sans forme et sans autre raison que sa volonté. Or, s'il y eut jamais un état dans lequel la vie, l'honneur, et le bien des hommes, aient été protégés par les lois, c'est l'empire de la Chine. Plus il y a de grands corps dépositaires de ces lois, moins l'administration est arbitraire; et si quelquefois le souverain abuse de son pouvoir contre le petit nombre d'hommes qui s'expose à être connu de lui, il ne peut en abuser contre la multitude, qui lui est inconnue, et qui vit sous la protection des lois.

La culture des terres, poussée à un point de perfection dont on n'a pas encore approché en Europe, fait assez voir que le peuple n'était pas accablé de ces impôts qui gênent le cultivateur : le grand nombre d'hommes occupés de donner des plaisirs aux autres montre que les villes étaient florissantes autant que les campagnes étaient fertiles. Il n'y avait point de cité dans l'empire où les festins ne fussent accompagnés de spectacles. On n'allait point au théâtre, on fesait venir les théâtres dans sa maison; l'art de la tragédie, de la comédie, était commun, sans être perfectionné; car les Chinois n'ont perfectionné aucun des arts de l'esprit : mais ils jouissaient avec profusion de ce qu'ils connaissaient; et enfin ils étaient heureux autant que la nature humaine le comporte.

Ce bonheur fut suivi, vers l'an 1630, de la plus terrible catastrophe et de la désolation la plus générale. La famille des conquérants tartares, descendants de Gengis-kan, avait fait ce que tous les conquérants ont tâché de faire; elle avait affaibli la nation des vainqueurs, afin de ne pas craindre, sur le trône des vaincus, la même révolution qu'elle y avait faite. Cette dynastie des Iven ayant été enfin dépossédée par la dynastie Ming, les Tartares qui habitèrent au nord de la grande muraille ne furent plus regardés que comme des espèces de sauvages dont il n'y avait rien ni à espérer ni à craindre. Au-delà de la grande muraille est le royaume de Leaotong, incorporé par la famille de Gengis-kan à l'empire de la Chine, et devenu entièrement chinois. Au nord-est de Leaotong étaient quelques hordes de Tartares mantchoux, que le vice-roi de Leaotong traita durement. Ils firent des représentations hardies, telles qu'on nous dit que les Scythes en firent de tout temps depuis l'invasion de Cyrus; car le génie des peuples est toujours le même, jusqu'à ce qu'une longue oppression les fasse dégénérer. Le gouverneur, pour toute réponse, fit brûler leurs cabanes, enleva leurs troupeaux, et voulut transplanter les habitants. (1622) Alors ces Tartares, qui étaient libres, se choisirent un chef pour faire la guerre. Ce chef, nommé Taïtsou, se fit bientôt roi; il battit les Chinois, entra victorieux dans le Leaotong, et prit d'assaut la capitale.

Cette guerre se fit comme toutes celles des temps les plus reculés. Les armes à feu étaient inconnues dans cette partie du monde. Les anciennes armes, comme la flèche, la lance, la massue, le cimeterre, étaient en usage : on se servait peu de boucliers et de casques, encore moins de brassards et de bottines de métal. Les fortifications consistaient en un fossé, un mur, des tours; on sapait le mur, ou on montait à l'escalade. La seule force du corps devait donner la victoire; et les Tartares, accoutumés à dormir en plein champ, devaient avoir l'avantage sur un peuple élevé dans une vie moins dure.

Taïtsou, ce premier chef des hordes tartares, étant mort en 1626, dans le commencement de ses conquêtes, son fils, Taïtsong, prit tout d'un coup le titre d'empereur des Tartares, et s'égala à l'empereur de la Chine. On dit qu'il savait lire et écrire, et il paraît qu'il reconnaissait un seul Dieu, comme les lettrés chinois; il l'appelait Tien, comme eux. Il s'exprime ainsi dans une de ses lettres circulaires aux magistrats des provinces chinoises : « Le Tien élève qui lui plaît; « il m'a peut-être choisi pour devenir votre maître. » En effet, depuis l'année 1628, le Tien lui fit remporter victoire sur victoire. C'était un homme très habile; il policait son peuple féroce pour le rendre obéissant, et établissait des lois au milieu de la guerre. Il était toujours à la tête de ses troupes; et l'empereur de la Chine, dont le nom est devenu obscur, et qui s'appelait Hoaitsong, restait dans son palais avec ses femmes et ses eunuques : aussi fut-il le dernier empereur du sang chinois. Il n'avait pas su empêcher que Taïtsong et ses Tartares lui prissent ses provinces du nord; il n'empêcha pas davantage qu'un mandarin rebelle, nommé Li-tsé-tching, lui prît celles du midi. Tandis que les Tartares ravageaient l'orient et le septentrion de la Chine, ce Li-tsé-tching s'emparait de presque tout le reste. On prétend qu'il avait six cent mille hommes de cavalerie et quatre cent mille d'infanterie. Il vint avec l'élite de ses troupes aux portes de Pékin, et l'empereur ne sortit jamais de son palais; il ignorait une partie de ce qui se passait. Li-tsé-tching le rebelle (on l'appelle ainsi, parcequ'il ne réussit pas) renvoya à l'empereur deux de ses principaux eunuques faits prisonniers, avec une lettre fort courte, par laquelle il l'exhortait à abdiquer l'empire.

C'est ici qu'on voit bien ce que c'est que l'orgueil asiatique, et combien il s'accorde avec la mollesse. L'empereur ordonna qu'on coupât la tête aux deux eunuques, pour lui avoir apporté une lettre dans laquelle on lui manquait de respect. On eut beaucoup de peine à lui faire entendre que les têtes des princes du sang, et d'une foule de mandarins que Li-tsé-tching avait entre ses mains, répondraient de celles de ses deux eunuques.

Pendant que l'empereur délibérait sur la réponse, Li-tsé-tching était déjà entré dans Pékin. L'impératrice eut le temps de faire sauver quelques uns de ses enfants mâles; après quoi elle s'enferma dans sa chambre, et se pendit. L'empereur y accourut; et ayant fort approuvé cet exemple de fidélité, il exhorta quarante autres femmes qu'il avait à l'imiter. Le P. de Mailla, jésuite, qui a écrit cette histoire dans Pékin même, au siècle passé, prétend que toutes ces femmes obéirent sans réplique; mais il se peut qu'il y en eût quelques unes qu'il fallut aider. L'empereur, qu'il nous dépeint comme un très bon prince, aperçut, après cette exécution, sa fille unique, âgée de quinze ans, que l'impératrice n'avait pas jugé à propos d'exposer à sortir du palais; il l'exhorta à se pendre comme sa mère et ses belles-mères : mais la princesse n'en voulant rien faire, ce bon prince, ainsi que le dit Mailla, lui donna un grand coup de sabre, et la laissa pour morte. On s'attend qu'un tel père, un tel époux se tuera sur le corps de ses femmes et de sa fille; mais il alla dans un pavillon hors de la ville pour attendre des nouvelles; et enfin, ayant appris que tout était désespéré, et que Li-tsé-tching était dans son palais, il s'étrangla, et mit fin à un empire et à une vie qu'il n'avait pas osé défendre. Cet étrange événement arriva l'année 1641. C'est sous ce dernier empereur de la race chinoise que les jésuites avaient enfin pénétré dans la cour de Pékin. Le P. Adam Schall, natif de Cologne, avait tellement réussi auprès de cet empereur par ses connaissances en physique et en mathématiques, qu'il était devenu mandarin. C'était lui qui le premier avait fondu du canon de bronze à la Chine : mais le peu qu'il y en avait à Pékin, et qu'on ne savait pas employer, ne sauva pas l'empire. Le mandarin Schall quitta Pékin avant la révolution.

Après la mort de l'empereur, les Tartares et les rebelles se disputèrent la Chine. Les Tartares étaient unis et aguerris; les Chinois étaient divisés et indisciplinés. Il fallut petit à petit céder tout aux Tartares. Leur nation avait pris un caractère de supériorité qui ne dépendait pas de la conduite de leur chef. Il en était comme des Arabes de Mahomet, qui furent pendant plus de trois cents ans si redoutables par eux-mêmes.

La mort de l'empereur Taïtsong, que les Tartares perdirent en ce temps-là, ne les empêcha pas de poursuivre leurs conquêtes. Ils élurent un de ses neveux encore enfant; c'est Chun-tchi, père du célèbre Kanghi [1], sous lequel la religion chrétienne a fait des progrès à la Chine. Ces peuples, qui avaient d'abord pris les armes pour défendre leur liberté, ne connaissaient pas le droit héréditaire. Nous voyons que tous les peuples ont commencé par élire des chefs pour la guerre; ensuite ces chefs sont devenus absolus, excepté chez quelques nations d'Europe. Le droit héréditaire s'établit et devient sacré avec le temps.

Une minorité ruine presque toujours des conqué-

[1] On lit *Cam-hi,* tome XV, p. 76, 85, etc. B.

rants, et ce fut pendant cette minorité de Chun-tchi que les Tartares achevèrent de subjuguer la Chine. L'usurpateur Li-tsé-tching fut tué par un autre usurpateur chinois qui prétendait venger le dernier empereur. On reconnut dans plusieurs provinces des enfants vrais ou faux du dernier prince détrôné et étranglé, comme on avait produit des Demetri en Russie. Des mandarins chinois tâchèrent d'usurper des provinces, et les grands usurpateurs tartares vinrent enfin à bout de tous les petits. Il y eut un général chinois qui arrêta quelque temps leurs progrès, parcequ'il avait quelques canons, soit qu'il les eût des Portugais de Macao, soit que le jésuite Schall les eût fait fondre. Il est très remarquable que les Tartares, dépourvus d'artillerie, l'emportèrent à la fin sur ceux qui en avaient: c'était le contraire de ce qui était arrivé dans le Nouveau-Monde, et une preuve de la supériorité des peuples du Nord sur ceux du Midi.

Ce qu'il y a de plus surprenant, c'est que les Tartares conquirent pied à pied tout ce vaste empire de la Chine sous deux minorités; car leur jeune empereur Chun-tchi étant mort, en 1661, à l'âge de vingt-quatre ans, avant que leur domination fût entièrement affermie, ils élurent son fils, Kang-ki, au même âge de huit ans auquel ils avaient élu son père, et ce Kang-ki a rétabli l'empire de la Chine, ayant été assez sage et assez heureux pour se faire également obéir des Chinois et des Tartares. Les missionnaires qu'il fit mandarins l'ont loué comme un prince parfait. Quelques voyageurs, et surtout Le Gentil, qui n'ont point été mandarins, disent qu'il était d'une avarice sordide, et plein de caprices : mais ces détails personnels n'entrent point dans cette peinture générale du monde; il suffit que l'empire ait été heureux sous ce prince; c'est par là qu'il faut regarder et juger les rois.

Pendant le cours de cette révolution, qui dura plus de trente ans, une des plus grandes mortifications que les Chinois éprouvèrent, fut que leurs vainqueurs les obligeaient à se couper les cheveux à la manière tartare. Il y en eut qui aimèrent mieux mourir que de renoncer à leur chevelure. Nous avons vu les Moscovites exciter quelques séditions, quand le czar Pierre Ier les a obligés à se couper leur barbe : tant la coutume a de force sur le vulgaire.

Le temps n'a pas encore confondu la nation conquérante avec le peuple vaincu, comme il est arrivé dans nos Gaules, dans l'Angleterre, et ailleurs. Mais les Tartares ayant adopté les lois, les usages, et la religion des Chinois, les deux nations n'en composeront bientôt qu'une seule.

Sous le règne de ce Kang-ki les missionnaires d'Europe jouirent d'une grande considération; plusieurs furent logés dans le palais impérial : ils bâtirent des églises; ils eurent des maisons opulentes. Ils avaient réussi en Amérique en enseignant à des sauvages les arts nécessaires : ils réussirent à la Chine en enseignant les arts les plus relevés à une nation spirituelle. Mais bientôt la jalousie corrompit les fruits de leur sagesse; et cet esprit d'inquiétude et de contention, attaché en Europe aux connaissances et aux talents, renversa les plus grands desseins.

On fut étonné à la Chine de voir des sages qui n'étaient pas d'accord sur ce qu'ils venaient enseigner, qui se persécutaient et s'anathématisaient réciproquement, qui s'intentaient des procès criminels à Rome[a], et qui fesaient décider dans des congrégations de cardinaux si l'empereur de la Chine entendait aussi bien sa langue que des missionnaires venus d'Italie et de France.

Ces querelles allèrent si loin, que l'on craignit dans la Chine, ou qu'on feignit de craindre les mêmes troubles qu'on avait essuyés au Japon[b]. Le successeur de Kang-ki défendit l'exercice de la religion chrétienne, tandis qu'on permettait la musulmane et les différentes sortes de bonzes. Mais cette même cour, sentant le besoin des mathématiques autant que le prétendu danger d'une religion nouvelle, conserva les mathématiciens, en leur imposant silence sur le reste, et en chassant les missionnaires. Cet empereur, nommé Yongtching, leur dit ces propres paroles, qu'ils ont eu la bonne foi de rapporter dans leurs lettres intitulées *curieuses et édifiantes*.

« Que diriez-vous si j'envoyais une troupe de bonzes
« et de lamas dans votre pays ? comment les recevriez-
« vous ? Si vous avez su tromper mon père, n'espérez
« pas me tromper de même. Vous voulez que les Chi-
« nois embrassent votre loi. Votre culte n'en tolère
« point d'autre, je le sais : en ce cas que deviendrons-
« nous ? les sujets de vos princes. Les disciples que

---

[a] Voyez le chap. XXXIX des *Disputes sur les cérémonies chinoises*, etc., à la fin du *Siècle de Louis XIV*.

[b] Voyez le chapitre suivant concernant le Japon.

« vous faites ne connaissent que vous. Dans un temps
« de troubles ils n'écouteraient d'autre voix que la
« vôtre. Je sais bien qu'à présent il n'y a rien à crain-
« dre; mais quand les vaisseaux viendront par mil-
« liers, il pourrait y avoir du désordre. »

Les mêmes jésuites qui rendent compte de ces paroles, avouent avec tous les autres que cet empereur était un des plus sages et des plus généreux princes qui aient jamais régné; toujours occupé du soin de soulager les pauvres, et de les faire travailler, exact observateur des lois, réprimant l'ambition et le manége des bonzes, entretenant la paix et l'abondance, encourageant tous les arts utiles, et surtout la culture des terres. De son temps les édifices publics, les grands chemins, les canaux qui joignent tous les fleuves de ce grand empire, furent entretenus avec une magnificence et une économie qui n'a rien d'égal que chez les Romains.

Ce qui mérite bien notre attention, c'est le tremblement de terre que la Chine essuya en 1699, sous l'empereur Kang-hi. Ce phénomène fut plus funeste que celui qui de nos jours a détruit Lima et Lisbonne; il fit périr, dit-on, environ quatre cent mille hommes. Ces secousses ont dû être fréquentes dans notre globe : la quantité de volcans qui vomissent la fumée et la flamme font penser que la première écorce de la terre porte sur des gouffres, et qu'elle est remplie de matière inflammable. Il est vraisemblable que notre habitation à éprouvé autant de révolutions en physique que la rapacité et l'ambition en ont causé parmi les peuples.

CHAPITRE CXCVI.

Du Japon au dix-septième siècle, et de l'extinction de la religion chrétienne en ce pays.

Dans la foule des révolutions que nous avons vues d'un bout de l'univers à l'autre, il paraît un enchaînement fatal des causes qui entraînent les hommes, comme les vents poussent les sables et les flots. Ce qui s'est passé au Japon en est une nouvelle preuve. Un prince portugais, sans puissance, sans richesses, imagine au quinzième siècle d'envoyer quelques vaisseaux sur les côtes d'Afrique. Bientôt après les Portugais découvrent l'empire du Japon. L'Espagne, devenue pour un temps souveraine du Portugal, fait au Japon un commerce immense. La religion chrétienne y est portée à la faveur de ce commerce; et à la faveur de cette tolérance de toutes les sectes admises si généralement dans l'Asie, elle s'y introduit, elle s'y établit. Trois princes japonais chrétiens viennent à Rome baiser les pieds du pape Grégoire XIII. Le christianisme allait devenir au Japon la religion dominante, et bientôt l'unique, lorsque sa puissance même servit à le détruire. Nous avons déjà remarqué[1] que les missionnaires y avaient beaucoup d'ennemis; mais aussi ils s'y étaient fait un parti très puissant. Les bonzes craignirent pour leurs anciennes possessions, et l'empereur enfin craignit pour l'état. Les Espa-

[1] Chap. CXLII. B.

gnols s'étaient rendus maîtres des Philippines, voisines du Japon : on savait ce qu'ils avaient fait en Amérique; il n'est pas étonnant que les Japonais fussent alarmés.

L'empereur du Japon, dès l'an 1586, proscrivit la religion chrétienne; l'exercice en fut défendu aux Japonais sous peine de mort : mais comme on permettait toujours le commerce aux Portugais et aux Espagnols, leurs missionnaires fesaient dans le peuple autant de prosélytes qu'on en condamnait aux supplices. Le gouvernement défendit aux marchands étrangers d'introduire des prêtres chrétiens dans le pays : malgré cette défense, le gouverneur des îles Philippines envoya des cordeliers en ambassade à l'empereur japonais. Ces ambassadeurs commencèrent par faire construire une chapelle publique dans la ville capitale, nommée Méaco; ils furent chassés, et la persécution redoubla. Il y eut long-temps des alternatives de cruauté et d'indulgence. Il est évident que la raison d'état fut la seule cause des persécutions, et qu'on ne se déclara contre la religion chrétienne que par la crainte de la voir servir d'instrument aux entreprises des Espagnols; car jamais on ne persécuta au Japon la religion de Confucius, quoique apportée par un peuple dont les Japonais sont jaloux, et auquel ils ont souvent fait la guerre.

Le savant et judicieux observateur Kempfer, qui a si long-temps été sur les lieux, nous dit que, l'an 1674, on fit le dénombrement des habitants de Méaco. Il y avait douze religions dans cette capitale, qui vivaient toutes en paix; et ces douze sectes composaient plus de quatre cent mille habitants, sans compter la cour nombreuse du daïri, souverain pontife. Il paraît que si les Portugais et les Espagnols s'étaient contentés de la liberté de conscience, ils auraient été aussi paisibles dans le Japon que ces douze religions. Ils y fesaient encore en 1636 le commerce le plus avantageux ; Kempfer dit qu'ils en rapportèrent à Macao deux mille trois cent cinquante caisses d'argent.

Les Hollandais, qui trafiquaient au Japon depuis 1600, étaient jaloux du commerce des Espagnols. Ils prirent en 1637, vers le cap de Bonne-Espérance, un vaisseau espagnol qui fesait voile du Japon à Lisbonne : ils y trouvèrent des lettres d'un officier portugais, nommé Moro, espèce de consul de la nation ; ces lettres renfermaient le plan d'une conspiration des chrétiens du Japon contre l'empereur ; on spécifiait le nombre des vaisseaux et des soldats qu'on attendait de l'Europe et des établissements d'Asie, pour faire réussir le projet. Les lettres furent envoyées à la cour du Japon : Moro reconnut son crime, et fut brûlé publiquement.

Alors le gouvernement aima mieux renoncer à tout commerce avec les étrangers que se voir exposé à de telles entreprises. L'empereur Jemitz, dans une assemblée de tous les grands, porta ce fameux édit, que désormais aucun Japonais ne pourrait sortir du pays, sous peine de mort ; qu'aucun étranger ne serait reçu dans l'empire ; que tous les Espagnols ou Portugais seraient renvoyés, que tous les chrétiens du pays seraient mis en prison, et qu'on donnerait environ mille écus à quiconque découvrirait un prêtre chrétien. Ce parti extrême de se séparer tout d'un coup du reste du monde, et de renoncer à tous les avantages du commerce, ne permet pas de douter que la conspiration n'ait été véritable : mais ce qui rend la preuve complète, c'est qu'en effet les chrétiens du pays, avec quelques Portugais à leur tête, s'assemblèrent en armes au nombre de plus de trente mille. Ils furent battus en 1638, et se retirèrent dans une forteresse sur le bord de la mer, dans le voisinage du port de Nangazaki.

Cependant toutes les nations étrangères étaient alors chassées du Japon; les Chinois mêmes étaient compris dans cette loi générale, parceque quelques missionnaires d'Europe s'étaient vantés au Japon d'être sur le point de convertir la Chine au christianisme. Les Hollandais eux-mêmes, qui avaient découvert la conspiration, étaient chassés comme les autres : on avait déjà démoli le comptoir qu'ils avaient à Firando; leurs vaisseaux étaient déjà partis : il en restait un, que le gouvernement somma de tirer son canon contre la forteresse où les chrétiens étaient réfugiés. Le capitaine hollandais Kokbeker rendit ce funeste service : les chrétiens furent bientôt forcés, et périrent dans d'affreux supplices. Encore une fois, quand on se représente un capitaine portugais, nommé Moro, et un capitaine hollandais, nommé Kokbeker, suscitant dans le Japon de si étranges événements, on reste convaincu de l'esprit remuant des Européans, et de cette fatalité qui dispose des nations.

Le service odieux qu'avaient rendu les Hollandais au Japon ne leur attira pas la grace qu'ils espéraient d'y commercer et de s'y établir librement ; mais ils obtinrent la permission d'aborder dans une petite île nommée Désima, près du port de Nangazaki ; c'est là qu'il leur est permis d'apporter une quantité déterminée de marchandises.

Il fallut d'abord marcher sur la croix [1], renoncer à toutes les marques du christianisme, et jurer qu'ils n'étaient pas de la religion des Portugais, pour obtenir d'être reçus dans cette petite île, qui leur sert de prison : dès qu'ils y arrivent on s'empare de leurs vaisseaux et de leurs marchandises, auxquelles on met le prix. Ils viennent chaque année subir cette prison pour gagner de l'argent ; ceux qui sont rois à Batavia et dans les Moluques, se laissent ainsi traiter en esclaves : on les conduit, il est vrai, de la petite île où ils sont retenus jusqu'à la cour de l'empereur ; et ils sont partout reçus avec civilité et avec honneur, mais gardés à vue et observés ; leurs conducteurs et leurs gardes font un serment par écrit signé de leur sang, qu'ils observeront toutes les démarches des Hollandais, et qu'ils en rendront un compte fidèle.

On a imprimé dans plusieurs livres qu'ils abjuraient le christianisme au Japon : cette opinion a sa source dans l'aventure d'un Hollandais qui, s'étant échappé et vivant parmi les naturels du pays, fut bientôt reconnu ; il dit, pour sauver sa vie, qu'il n'était pas chrétien, mais Hollandais. Le gouvernement japonais a défendu depuis ce temps qu'on bâtît des vaisseaux qui pussent aller en haute mer. Ils ne veu-

---

[1] Voyez une note du chapitre premier des *Fragments sur l'Inde* (dans les *Mélanges*, année 1773). B.

lent avoir que de longues barques à voiles et à rames pour le commerce de leurs îles. La fréquentation des étrangers est devenue chez eux le plus grand des crimes; il semble qu'ils les craignent encore après le danger qu'ils ont couru. Cette terreur ne s'accorde ni avec le courage de la nation, ni avec la grandeur de l'empire; mais l'horreur du passé a plus agi en eux que la crainte de l'avenir. Toute la conduite des Japonais a été celle d'un peuple généreux, facile, fier, et extrême dans ses résolutions : ils reçurent d'abord les étrangers avec cordialité; et quand ils se sont crus outragés et trahis par eux, ils ont rompu avec eux sans retour.

Lorsque le ministre Colbert, d'éternelle mémoire, établit le premier une compagnie des Indes en France, il voulut essayer d'introduire le commerce des Français au Japon, comptant se servir des seuls protestants, qui pouvaient jurer qu'ils n'étaient pas de la religion des Portugais : mais les Hollandais s'opposèrent à ce dessein; et les Japonais, contents de recevoir tous les ans chez eux une nation qu'ils font prisonnière, ne voulurent pas en recevoir deux.

Je ne parlerai point ici du royaume de Siam, qu'on nous représentait beaucoup plus vaste et plus opulent qu'il n'est; on verra dans le *Siècle de Louis XIV* (chapitre XIV) le peu qu'il est nécessaire d'en savoir. La Corée, la Cochinchine, le Tunquin, le Laos, Ava, Pégu, sont des pays dont on a peu de connaissance; et dans ce prodigieux nombre d'îles répandues aux extrémités de l'Asie, il n'y a guère que celle de Java, où les Hollandais ont établi le centre de leur domination et de leur commerce, qui puisse entrer dans le plan de cette histoire générale. Il en est ainsi de tous les peuples qui occupent le milieu de l'Afrique, et d'une infinité de peuplades dans le Nouveau-Monde. Je remarquerai seulement qu'avant le seizième siècle, plus de la moitié du globe ignorait l'usage du pain et du vin; une grande partie de l'Amérique et de l'Afrique orientale l'ignore encore, et il faut y porter ces nourritures pour y célébrer les mystères de notre religion.

Les anthropophages sont beaucoup plus rares qu'on ne le dit, et depuis cinquante ans aucun de nos voyageurs n'en a vu [1]. Il y a beaucoup d'espèces d'hommes manifestement différentes les unes des autres. Plusieurs nations vivent encore dans l'état de la pure nature; et, tandis que nous fesons le tour du monde pour découvrir si leurs terres n'ont rien qui puisse assouvir notre cupidité, ces peuples ne s'informent pas s'il existe d'autres hommes qu'eux, et passent leurs jours dans une heureuse indolence qui serait un malheur pour nous.

[1] Depuis le temps où M. de Voltaire a écrit cette histoire, les voyageurs ont trouvé des anthropophages dans plusieurs îles de la mer du Sud. Il paraît résulter de leurs observations que cet usage s'abolit peu-à-peu chez ces peuples, à mesure que le temps amène quelques progrès dans leur civilisation. Les peuples qui mangent quelques uns de leurs ennemis dans une espèce de fête barbare sont encore en assez grand nombre; mais il est très rare d'en trouver qui tuent leurs ennemis pour les manger. Ce sont deux degrés de barbarie bien distincts, dont le premier a précédé l'autre qui paraît n'être qu'un reste de l'ancien usage. Au reste, on n'a trouvé chez aucun de ces peuples l'usage de faire brûler vivants les hommes qui ne sont pas de l'avis des autres, ni celui de faire mourir les prisonniers dans les supplices : ces coutumes paraissent appartenir exclusivement aux théologiens de l'Europe et aux sauvages de l'Amérique septentrionale. K.

Il reste beaucoup à découvrir pour notre vaine curiosité; mais si l'on s'en tient à l'utile, on n'a que trop découvert.

CHAPITRE CXCVII.

Résumé de toute cette histoire jusqu'au temps où commence le beau siècle de Louis XIV.

J'ai parcouru ce vaste théâtre des révolutions depuis Charlemagne, et même en remontant souvent beaucoup plus haut, jusqu'au temps de Louis XIV. Quel sera le fruit de ce travail? quel profit tirera-t-on de l'histoire? On y a vu les faits et les mœurs; voyons quel avantage nous produira la connaissance des uns et des autres.

Un lecteur sage s'apercevra aisément qu'il ne doit croire que les grands événements qui ont quelque vraisemblance, et regarder en pitié toutes les fables dont le fanatisme, l'esprit romanesque, et la crédulité, ont chargé dans tous les temps la scène du monde.

Constantin triomphe de l'empereur Maxence : mais certainement un *Labarum* ne lui apparut point dans les nuées, en Picardie, avec une inscription grecque.

Clovis, souillé d'assassinats, se fait chrétien, et commet des assassinats nouveaux; mais ni une colombe ne lui apporte une ampoule pour son baptême, ni un ange ne descend du ciel pour lui donner un étendard.

Un moine de Clervaux peut prêcher une croisade; mais il faut être imbécile pour écrire que Dieu fit des miracles par la main de ce moine, afin d'assurer le succès de cette croisade, qui fut aussi malheureuse que follement entreprise et mal conduite.

Le roi Louis VIII peut mourir de phthisie; mais il n'y a qu'un fanatique ignorant qui puisse dire que les embrassements d'une jeune fille l'auraient guéri, et qu'il mourut martyr de sa chasteté.

Chez toutes les nations l'histoire est défigurée par la fable, jusqu'à ce qu'enfin la philosophie vienne éclairer les hommes; et lorsque enfin la philosophie arrive au milieu de ces ténèbres, elle trouve les esprits si aveuglés par des siècles d'erreurs, qu'elle peut à peine les détromper; elle trouve des cérémonies, des faits, des monuments, établis pour constater des mensonges.

Comment, par exemple, un philosophe aurait-il pu persuader à la populace, dans le temple de Jupiter Stator, que Jupiter n'était point descendu du ciel pour arrêter la fuite des Romains? Quel philosophe eût pu nier, dans le temple de Castor et de Pollux, que ces deux jumeaux avaient combattu à la tête des troupes? ne lui aurait-on pas montré l'empreinte des pieds de ces dieux conservée sur le marbre? Les prêtres de Jupiter et de Pollux n'auraient-ils pas dit à ce philosophe: Criminel incrédule, vous êtes obligé d'avouer, en voyant la colonne *rostrale*, que nous avons gagné une bataille navale dont cette colonne est le monument: avouez donc que les dieux sont descendus sur terre pour nous défendre, et ne blasphémez point nos miracles en présence des monuments qui les attestent. C'est ainsi que raisonnent dans tous les temps la fourberie et l'imbécillité.

Une princesse idiote bâtit une chapelle aux onze mille vierges; le desservant de la chapelle ne doute pas que les onze mille vierges n'aient existé, et il fait lapider le sage qui en doute.

Les monuments ne prouvent les faits que quand ces faits vraisemblables nous sont transmis par des contemporains éclairés [1].

Les chroniques du temps de Philippe-Auguste et l'abbaye de la Victoire sont des preuves de la bataille de Bovines : mais quand vous verrez à Rome le groupe du Laocoon, croirez-vous pour cela la fable du cheval de Troie ? et quand vous verrez les hideuses statues d'un saint Denys sur le chemin de Paris, ces monuments de barbarie vous prouveront-ils que saint Denys, ayant eu le cou coupé, marcha une lieue entière portant sa tête entre ses bras, et la baisant de temps en temps ?

La plupart des monuments, quand ils sont érigés long-temps après l'action, ne prouvent que des erreurs consacrées; il faut même quelquefois se défier des médailles frappées dans le temps d'un événement. Nous avons vu les Anglais, trompés par une fausse nouvelle, graver sur l'exergue d'une médaille, *A l'amiral Vernon, vainqueur de Carthagène*; et à peine cette médaille fut-elle frappée, qu'on apprit que l'amiral Vernon avait levé le siége. Si une nation dans

[1] Voltaire redit cela dans le *Dictionnaire philosophique*, section III du mot Histoire. B.

laquelle il y a tant de philosophes a pu hasarder de tromper ainsi la postérité, que devons-nous penser des peuples et des temps abandonnés à la grossière ignorance?

Croyons les événements attestés par les registre publics, par le consentement des auteurs contemporains, vivant dans une capitale, éclairés les uns par les autres, et écrivant sous les yeux des principaux de la nation. Mais pour tous ces petits faits obscurs et romanesques, écrits par des hommes obscurs dans le fond de quelque province ignorante et barbare; pour ces contes chargés de circonstances absurdes; pour ces prodiges qui déshonorent l'histoire au lieu de l'embellir, renvoyons-les à Voragine[a], au jésuite Caussin, à Maimbourg, et à leurs semblables.

Il est aisé de remarquer combien les mœurs ont changé dans presque toute la terre depuis les inondations des barbares jusqu'à nos jours. Les arts, qui adoucissent les esprits en les éclairant, commencèrent un peu à renaître dès le douzième siècle; mais les plus lâches et les plus absurdes superstitions, étouffant ce germe, abrutissaient presque tous les esprits; et ces superstitions, se répandant chez tous les peuples de l'Europe ignorants et féroces, mêlaient partout le ridicule à la barbarie.

---

[a] Voragine est l'auteur de la *Légende dorée*. — L'ouvrage de Jacques de Voragine est intitulé : *Legenda sanctorum, sive historia longobardica*. La première édition avec date est de 1475. « Le succès qu'il obtint lui fit, dit « Ginguené, donner le nom de *Legenda aurea*, que nous traduisons en « français par *Légende dorée;* mais nous en rabaissons le prix par cette tra- « duction infidèle; nous mettons la couleur au lieu de la matière; il faudrait « dire *Légende d'or*. » B.

Les Arabes polirent l'Asie, l'Afrique, et une partie de l'Espagne, jusqu'au temps où ils furent subjugués par les Turcs, et enfin chassés par les Espagnols; alors l'ignorance couvrit toutes ces belles parties de la terre; des mœurs dures et sombres rendirent le genre humain farouche de Bagdad jusqu'à Rome.

Les papes ne furent élus, pendant plusieurs siècles, que les armes à la main; et les peuples, les princes même, étaient si imbéciles, qu'un anti-pape reconnu par eux était dès ce moment vicaire de Dieu, et un homme infaillible. Cet homme infaillible était-il déposé, on révérait le caractère de la Divinité dans son successeur; et ces dieux sur terre, tantôt assassins, tantôt assassinés, empoisonneurs et empoisonnés tour-à-tour, enrichissant leurs bâtards, et donnant des décrets contre la fornication, anathématisant les tournois, et fesant la guerre, excommuniant, déposant les rois, et vendant la rémission des péchés aux peuples, étaient à-la-fois le scandale, l'horreur, et la divinité de l'Europe catholique.

Vous avez vu [1], aux douzième et treizième siècles, les moines devenir princes, ainsi que les évêques; ces évêques et ces moines partout à la tête du gouvernement féodal. Ils établirent des coutumes ridicules, aussi grossières que leurs mœurs; le droit exclusif d'entrer dans une église avec un faucon sur le poing; le droit de faire battre les eaux des étangs par les cultivateurs pour empêcher les grenouilles d'interrompre le baron, le moine, ou le prélat; le droit de passer la première nuit avec les nouvelles mariées dans leurs

[1] Chap. xxxiii. B.

domaines; le droit de rançonner les marchands forains, car alors il n'y avait point d'autres marchands.

Vous avez vu parmi ces barbaries ridicules les barbaries sanglantes des guerres de religion.

La querelle des pontifes avec les empereurs et les rois, commencée dès le temps de Louis-le-Faible, n'a cessé entièrement en Allemagne qu'après Charles-Quint; en Angleterre, que par la constance d'Élisabeth; en France, que par la soumission forcée de Henri IV à l'Église romaine.

Une autre source qui a fait couler tant de sang a été la fureur dogmatique; elle a bouleversé plus d'un état, depuis les massacres des Albigeois au treizième siècle, jusqu'à la petite guerre des Cévennes au commencement du dix-huitième. Le sang a coulé dans les campagnes et sur les échafauds, pour des arguments de théologie, tantôt dans un pays, tantôt dans un autre, pendant cinq cents années, presque sans interruption; et ce fléau n'a duré si long-temps que parcequ'on a toujours négligé la morale pour le dogme.

Il faut donc, encore une fois, avouer qu'en général toute cette histoire est un ramas de crimes, de folies, et de malheurs, parmi lesquels nous avons vu quelques vertus, quelques temps heureux, comme on découvre des habitations répandues çà et là dans des déserts sauvages.

L'homme peut-être qui, dans les temps grossiers qu'on nomme du moyen âge, mérita le plus du genre humain, fut le pape Alexandre III. Ce fut lui qui, dans un concile, au douzième siècle, abolit autant qu'il le put la servitude. C'est ce même pape qui triompha dans Venise, par sa sagesse, de la violence de l'empereur Frédéric Barberousse, et qui força Henri II, roi d'Angleterre, de demander pardon à Dieu et aux hommes du meurtre de Thomas Becket. Il ressuscita les droits des peuples, et réprima le crime dans les rois. Nous avons remarqué [1] qu'avant ce temps toute l'Europe, excepté un petit nombre de villes, était partagée entre deux sortes d'hommes, les seigneurs des terres, soit séculiers, soit ecclésiastiques, et les esclaves. Les hommes de loi qui assistaient les chevaliers, les baillis, les maîtres-d'hôtel des fiefs dans leurs jugements, n'étaient réellement que des serfs d'origine. Si les hommes sont rentrés dans leurs droits, c'est principalement au pape Alexandre III qu'ils en sont redevables; c'est à lui que tant de villes doivent leur splendeur : cependant nous avons vu que cette liberté ne s'est pas étendue partout. Elle n'a jamais pénétré en Pologne; le cultivateur y est encore serf, attaché à la glèbe, ainsi qu'en Bohême, en Souabe, et dans plusieurs autres pays de l'Allemagne; on voit même encore en France, dans quelques provinces éloignées de la capitale, des restes de cet esclavage. Il y a quelques chapitres, quelques moines, à qui les biens des paysans appartiennent [2].

Il n'y a chez les Asiatiques qu'une servitude domestique, et chez les chrétiens qu'une servitude civile. Le paysan polonais est serf dans la terre, et non esclave dans la maison de son seigneur. Nous n'achetons des esclaves domestiques que chez les nègres. On nous

[1] Chap. LXXXIII. B.
[2] Voyez ma note sur le chapitre LXXXIII. B.

reproche ce commerce : un peuple qui trafique de ses enfants est encore plus condamnable que l'acheteur : ce négoce démontre notre supériorité ; celui qui se donne un maître était né pour en avoir[1].

Plusieurs princes, en délivrant les sujets des seigneurs, ont voulu réduire en une espèce de servitude les seigneurs mêmes ; et c'est ce qui a causé tant de guerres civiles.

On croirait, sur la foi de quelques dissertateurs qui accommodent tout à leurs idées, que les républiques furent plus vertueuses, plus heureuses que les monarchies ; mais, sans compter les guerres opiniâtres que se firent si long-temps les Vénitiens et les Génois à qui vendrait ses marchandises chez les mahométans, quels troubles Venise, Gênes, Florence, Pise, n'éprouvèrent-elles pas ? combien de fois Gênes, Florence, et Pise, ont-elles changé de maîtres ? Si Venise n'en a jamais eu, elle ne doit cet avantage qu'à ses profonds marais appelés *lagunes*.

On peut demander comment, au milieu de tant de secousses, de guerres intestines, de conspirations, de crimes, et de folies, il y a eu tant d'hommes qui aient

---

[1] Cette expression doit s'entendre dans le même sens qu'Aristote disait qu'il y a des esclaves par nature. Mais celui qui profite de la faiblesse ou de la lâcheté d'un autre homme pour le réduire en servitude n'en est pas moins coupable. Si l'on peut dire que certains hommes méritent d'être esclaves, c'est comme l'on dit quelquefois qu'un avare mérite d'être volé.

Certainement le roitelet nègre qui vend ses sujets, celui qui fait la guerre pour avoir des prisonniers à vendre, le père qui vend ses enfants, commettent un crime exécrable ; mais ces crimes sont l'ouvrage des Européans, qui ont inspiré aux noirs le desir de les commettre, et qui les paient pour les avoir commis. Les Nègres ne sont que les complices et les instruments des Européans ; ceux-ci sont les vrais coupables. K.

cultivé les arts utiles et les arts agréables en Italie, et ensuite dans les autres états chrétiens. C'est ce que nous ne voyons point sous la domination des Turcs.

Il faut que notre partie de l'Europe ait eu dans ses mœurs et dans son génie un caractère qui ne se trouve ni dans la Thrace, où les Turcs ont établi le siége de leur empire, ni dans la Tartarie, dont ils sortirent autrefois. Trois choses influent sans cesse sur l'esprit des hommes, le climat, le gouvernement, et la religion : c'est la seule manière d'expliquer l'énigme de ce monde.

On a pu remarquer, dans le cours de tant de révolutions, qu'il s'est formé des peuples presque sauvages, tant en Europe qu'en Asie, dans les contrées autrefois les plus policées. Telle île de l'Archipel qui florissait autrefois est réduite aujourd'hui au sort des bourgades de l'Amérique. Les pays où étaient les villes d'Artaxartes, de Tigranocertes, de Colchos, ne valent pas à beaucoup près nos colonies. Il y a dans quelques îles, dans quelques forêts, et sur quelques montagnes, au milieu de notre Europe, des portions de peuples qui n'ont nul avantage sur ceux du Canada ou des noirs de l'Afrique. Les Turcs sont plus policés; mais nous ne connaissons presque aucune ville bâtie par eux : ils ont laissé dépérir les plus beaux établissements de l'antiquité; ils règnent sur des ruines.

Il n'est rien dans l'Asie qui ressemble à la noblesse d'Europe : on ne trouve nulle part en Orient un ordre de citoyens distingués des autres par des titres héréditaires, par des exemptions et des droits attachés uniquement à la naissance. Les Tartares paraissent les seuls qui aient dans les races de leurs Mirzas quelque faible image de cette institution : on ne voit ni en Turquie, ni en Perse, ni aux Indes, ni à la Chine, rien qui donne l'idée de ces corps de nobles qui forment une partie essentielle de chaque monarchie européane. Il faut aller jusqu'au Malabar pour retrouver une apparence de cette constitution, encore est-elle très-différente; c'est une tribu entière qui est toute destinée aux armes, qui ne s'allie jamais aux autres tribus ou castes, qui ne daigne même avoir avec elles aucun commerce.

L'auteur de l'*Esprit des Lois* dit qu'il n'y a point de républiques en Asie [1]. Cependant cent hordes de Tartares, et des peuplades d'Arabes, forment des républiques errantes. Il y eut autrefois des républiques très florissantes et supérieures à celles de la Grèce, comme Tyr et Sidon. On n'en trouve plus de pareilles depuis leur chute. Les grands empires ont tout englouti. Le même auteur croit en voir une raison dans les vastes plaines de l'Asie. Il prétend que la liberté trouve plus d'asiles dans les montagnes; mais il y a bien autant de pays montueux en Asie qu'en Europe. La Pologne, qui est une république, est un pays de plaines. Venise et la Hollande ne sont point hérissées de montagnes. Les Suisses sont libres, à la vérité, dans une partie des Alpes ; mais leurs voisins sont as-

---

[1] Montesquieu, dans la 131e de ses *Lettres persanes*, dit *que la plupart des Asiatiques n'ont pas l'idée de cette sorte de gouvernement. L'Asie et l'Afrique ont toujours été accablées sous le despotisme, si vous en exceptez quelques villes de l'Asie Mineure, et la république de Carthage.* Dans l'*Esprit des Lois*, livre XI, chap. VIII, il parle des colonies grecques de l'Asie Mineure. B.

sujettis de tout temps dans l'autre partie. Il est bien délicat de chercher les raisons physiques des gouvernements; mais surtout il ne faut pas chercher la raison de ce qui n'est point.

La plus grande différence entre nous et les Orientaux est la manière dont nous traitons les femmes. Aucune n'a régné dans l'Orient, si ce n'est une princesse de Mingrélie dont nous parle Chardin, par laquelle il dit qu'il fut volé. Les femmes, qui ne peuvent régner en France, y sont régentes; elles ont droit à tous les autres trônes, excepté à celui de l'empire et de la Pologne.

Une autre différence qui naît de nos usages avec les femmes, c'est cette coutume de mettre auprès d'elles des hommes dépouillés de leur virilité; usage immémorial de l'Asie et de l'Afrique, quelquefois introduit en Europe chez les empereurs romains. Nous n'avons pas aujourd'hui dans notre Europe chrétienne trois cents eunuques pour les chapelles et pour les théâtres; les sérails des Orientaux en sont remplis.

Tout diffère entre eux et nous; religion, police, gouvernement, mœurs, nourriture, vêtements, manière d'écrire, de s'exprimer, de penser. La plus grande ressemblance que nous ayons avec eux est cet esprit de guerre, de meurtre, et de destruction, qui a toujours dépeuplé la terre. Il faut avouer pourtant que cette fureur entre bien moins dans le caractère des peuples de l'Inde et de la Chine que dans le nôtre. Nous ne voyons surtout aucune guerre commencée par les Indiens ni par les Chinois contre les habitants du Nord : ils valent en cela mieux que nous; mais leur vertu même, ou plutôt leur douceur les a perdus ; ils ont été subjugués.

Au milieu de ces saccagements et de ces destructions que nous observons dans l'espace de neuf cents années, nous voyons un amour de l'ordre qui anime en secret le genre humain, et qui a prévenu sa ruine totale. C'est un des ressorts de la nature qui reprend toujours sa force; c'est lui qui a formé le code des nations; c'est par lui qu'on révère la loi et les ministres de la loi dans le Tunquin et dans l'île Formose, comme à Rome. Les enfants respectent leurs pères en tout pays; et le fils en tout pays, quoi qu'on en dise, hérite de son père: car si en Turquie le fils n'a point l'héritage d'un timariot, ni dans l'Inde celui de la terre d'un omra, c'est que ces fonds n'appartenaient point au père. Ce qui est un bénéfice à vie n'est en aucun lieu du monde un héritage; mais dans la Perse, dans l'Inde, dans toute l'Asie, tout citoyen, et l'étranger même, de quelque religion qu'il soit, excepté au Japon, peut acheter une terre qui n'est point domaine de l'état, et la laisser à sa famille. J'apprends par des personnes dignes de foi, qu'un Français vient d'acheter une belle terre auprès de Damas, et qu'un Anglais vient d'en acheter une dans le Bengale[a].

C'est dans notre Europe qu'il y a encore quelques peuples dont la loi ne permet pas qu'un étranger achète un champ et un tombeau dans leur territoire. Le barbare droit d'aubaine, par lequel un étranger voit passer le bien de son père au fisc royal, subsiste en-

---

[a] Ceci était écrit long-temps avant que les Anglais eussent conquis le Bengale.

core dans tous les royaumes chrétiens, à moins qu'on n'y ait dérogé par des conventions particulières[1].

Nous pensons encore que dans tout l'Orient les femmes sont esclaves, parceque'elles sont attachées à une vie domestique. Si elles étaient esclaves, elles seraient donc dans la mendicité à la mort de leurs maris; c'est ce qui n'arrive point: elles ont partout une portion réglée par la loi, et elles obtiennent cette portion en cas de divorce. D'un bout du monde à l'autre vous trouvez des lois établies pour le maintien des familles.

Il y a partout un frein imposé au pouvoir arbitraire, par la loi, par les usages, ou par les mœurs. Le sultan turc ne peut ni toucher à la monnaie, ni casser les janissaires, ni se mêler de l'intérieur des sérails de ses sujets. L'empereur chinois ne promulgue pas un édit sans la sanction d'un tribunal. On essuie dans tous les états de rudes violences. Les grands-vizirs et les itimadoulets exercent le meurtre et la ra-

[1] On proposa d'abolir en France le droit d'aubaine par une loi générale. Le chancelier d'Aguesseau s'y refusa, parceque c'était, disait-il, la loi la plus ancienne de la monarchie. Ce droit a été aboli depuis par des traités particuliers avec les puissances chez qui il était réciproque. Il subsiste encore avec l'Angleterre, parceque les Anglais ne l'ont pas aboli chez eux, et que tous les inconvénients de ce droit étant pour la nation qui l'exerce, l'Angleterre n'a aucun intérêt de le détruire en France. K. — Le droit d'aubaine, aboli en 1790 par l'assemblée constituante, rétabli en 1803 par le code civil, a été de nouveau aboli par la loi du 14 juillet 1819, dont voici le texte :

Art. 1er. Les articles 726 et 912 du code civil sont abrogés : en conséquence les étrangers auront le droit de succéder, de disposer, et de recevoir de la même manière que les Français, dans toute l'étendue du royaume.

2. Dans le cas de partage d'une même succession entre des cohéritiers étrangers et français, ceux-ci prélèveront sur les biens situés en France une portion égale à la valeur des biens situés en pays étranger dont ils seraient exclus, à quelque titre que ce soit, en vertu des lois et coutumes locales. B.

pine; mais ils n'y sont pas plus autorisés par les lois que les Arabes et les Tartares vagabonds ne le sont à piller les caravanes.

La religion enseigne la même morale à tous les peuples sans aucune exception : les cérémonies asiatiques sont bizarres, les croyances absurdes, mais les préceptes justes. Le derviche, le faquir, le bonze, le talapoin, disent partout, Soyez équitables et bienfesants. On reproche au bas peuple de la Chine beaucoup d'infidélités dans le négoce : ce qui l'encourage peut-être dans ce vice, c'est qu'il achète de ses bonzes pour la plus vile monnaie l'expiation dont il croit avoir besoin. La morale qu'on lui inspire est bonne; l'indulgence qu'on lui vend, pernicieuse.

En vain quelques voyageurs et quelques missionnaires nous ont représenté les prêtres d'Orient comme des prédicateurs de l'iniquité; c'est calomnier la nature humaine : il n'est pas possible qu'il y ait jamais une société religieuse instituée pour inviter au crime.

Si dans presque tous les pays du monde on a immolé autrefois des victimes humaines, ces cas ont été rares. C'est une barbarie abolie dans l'ancien monde; elle était encore en usage dans le nouveau. Mais cette superstition détestable n'est point un précepte religieux qui influe sur la société. Qu'on immole des captifs dans un temple chez les Mexicains, ou qu'on les étrangle chez les Romains dans une prison, après les avoir traînés derrière un char au Capitole, cela est fort égal, c'est la suite de la guerre; et quand la religion se joint à la guerre, ce mélange est le plus horrible des fléaux. Je dis seulement que jamais on n'a vu aucune société religieuse, aucun rite institué dans la vue d'encourager les hommes aux vices. On s'est servi dans toute la terre de la religion pour faire le mal, mais elle est partout instituée pour porter au bien; et si le dogme apporte le fanatisme et la guerre, la morale inspire partout la concorde.

On ne se trompe pas moins quand on croit que la religion des musulmans ne s'est établie que par les armes. Les mahométans ont eu leurs missionnaires aux Indes et à la Chine; et la secte d'Omar combat la secte d'Ali par la parole jusque sur les côtes de Coromandel et de Malabar.

Il résulte de ce tableau que tout ce qui tient intimement à la nature humaine se ressemble d'un bout de l'univers à l'autre; que tout ce qui peut dépendre de la coutume est différent, et que c'est un hasard s'il se ressemble. L'empire de la coutume est bien plus vaste que celui de la nature; il s'étend sur les mœurs, sur tous les usages; il répand la variété sur la scène de l'univers : la nature y répand l'unité; elle établit partout un petit nombre de principes invariables : ainsi le fonds est partout le même, et la culture produit des fruits divers.

Puisque la nature a mis dans le cœur des hommes l'intérêt, l'orgueil, et toutes les passions, il n'est pas étonnant que nous ayons vu, dans une période d'environ dix siècles, une suite presque continue de crimes et de désastres. Si nous remontons aux temps précédents, ils ne sont pas meilleurs. La coutume a fait que le mal a été opéré partout d'une manière différente.

Il est aisé de juger par le tableau que nous avons fait de l'Europe, depuis le temps de Charlemagne jusqu'à nos jours, que cette partie du monde est incomparablement plus peuplée, plus civilisée, plus riche, plus éclairée, qu'elle ne l'était alors, et que même elle est beaucoup supérieure à ce qu'était l'empire romain, si vous en exceptez l'Italie.

C'est une idée digne seulement des plaisanteries des *Lettres persanes*, ou de ces nouveaux paradoxes, non moins frivoles, quoique débités d'un ton plus sérieux, de prétendre que l'Europe soit dépeuplée depuis le temps des anciens Romains.

Que l'on considère, depuis Pétersbourg jusqu'à Madrid, ce nombre prodigieux de villes superbes, bâties dans des lieux qui étaient des déserts il y a six cents ans; qu'on fasse attention à ces forêts immenses qui couvraient la terre des bords du Danube à la mer Baltique, et jusqu'au milieu de la France; il est bien évident que quand il y a beaucoup de terres défrichées, il y a beaucoup d'hommes. L'agriculture, quoi qu'on en dise, et le commerce, ont été beaucoup plus en honneur qu'ils ne l'étaient auparavant.

Une des raisons qui ont contribué en général à la population de l'Europe, c'est que dans les guerres innombrables que toutes ces provinces ont essuyées, on n'a point transporté les nations vaincues.

Charlemagne dépeupla, à la vérité, les bords du Véser; mais c'est un petit canton qui s'est rétabli avec le temps. Les Turcs ont transporté beaucoup de familles hongroises et dalmatiennes; aussi ces pays ne sont-ils pas assez peuplés; et la Pologne ne manque d'habitants que parceque le peuple y est encore esclave.

Dans quel état florissant serait donc l'Europe, sans les guerres continuelles qui la troublent pour de très légers intérêts, et souvent pour de petits caprices! Quel degré de perfection n'aurait pas reçu la culture des terres, et combien les arts qui manufacturent ces productions n'auraient-ils pas répandu encore plus de secours et d'aisance dans la vie civile, si on n'avait pas enterré dans les cloîtres ce nombre étonnant d'hommes et de femmes inutiles! Une humanité nouvelle qu'on a introduite dans le fléau de la guerre, et qui en adoucit les horreurs, a contribué encore à sauver les peuples de la destruction qui semble les menacer à chaque instant. C'est un mal à la vérité très déplorable, que cette multitude de soldats entretenus continuellement par tous les princes; mais aussi, comme on l'a déjà remarqué, ce mal produit un bien : les peuples ne se mêlent point de la guerre que font leurs maîtres; les citoyens des villes assiégées passent souvent d'une domination à une autre, sans qu'il en ait coûté la vie à un seul habitant; ils sont seulement le prix de celui qui a eu le plus de soldats, de canons, et d'argent.

Les guerres civiles ont très long-temps désolé l'Allemagne, l'Angleterre, la France; mais ces malheurs ont été bientôt réparés; et l'état florissant de ces pays prouve que l'industrie des hommes a été beaucoup plus loin encore que leur fureur. Il n'en est pas ainsi de la Perse, par exemple, qui depuis quarante ans est en proie aux dévastations; mais si elle se réunit sous un prince sage, elle reprendra sa consistance en moins de temps qu'elle ne l'a perdue.

Quand une nation connaît les arts, quand elle n'est point subjuguée et transportée par les étrangers, elle sort aisément de ses ruines, et se rétablit toujours.

FIN
DE L'ESSAI SUR LES MOEURS.

TABLE

DES MATIÈRES DU QUATRIÈME VOLUME

DE L'ESSAI

SUR LES MOEURS ET L'ESPRIT DES NATIONS.

CHAP. CLXIV. Fondation de la république des Provinces-Unies, *page* 1. — La Hollande république par hasard, ibid. — Ancien gouvernement des Pays-Bas, 2.—Philippe II veut être trop absolu, 3.—Caractère de Guillaume; prince d'Orange, 4. — Sa fermeté, 5. — Les Hollandais devenus guerriers intrépides, 6.—Siége mémorable de Leyde, 7. — Don Juan, gouverneur des Pays-Bas, 8. — Troubles à cette occasion, 9. — Mort de don Juan, ibid. — Alexandre Farnèse, 10.—Fameuse union d'Utrecht, ibid. — Duc d'Anjou, frère de Henri III, en Brabant, ibid.—Proscription, 11.—Duc d'Anjou puni d'avoir voulu asservir ceux qu'il était venu protéger, 12. — Prince d'Orange assassiné, ibid.—Assassinats religieux, 13.—Alexandre Farnèse, 15.—Élisabeth, ibid.—Mœurs des Hollandais en ce temps-là, ibid.

CHAP. CLXV. Suite du règne de Philippe II. Malheur de don Sébastien, roi de Portugal, 16.—Sébastien débarque en Afrique, 17.—Bataille où trois rois périrent, ibid.—Le pape veut faire son bâtard roi de Portugal, 18. — Le prieur de Crato dispute le Portugal, 19.—La France donne des secours au prieur, 20.—Flotte française, 21.—Et les prisonniers français pendus, car ils étaient huguenots, 22.—Ambassade du Japon, ibid.—Préparatifs pour envahir l'Angleterre, ibid.

CHAP. CLXVI. De l'invasion de l'Angleterre, projetée par Philippe II. De la flotte invincible. Du pouvoir de Philippe II en France. Examen de la mort de don Carlos, etc., 23.—Malgré cette perte, Philippe II est sur le point de subjuguer la France, 26. — Le duc de Savoie reconnu protecteur par le parlement de Provence, 27.—Progrès de Philippe en France, ibid. — Sa politique avec la France, 28. — Le masque de la religion, la plus forte de ses armes, ibid. — Genève lui résiste, ibid. — Escalade de Genève, 29.—Il échoue enfin dans toutes ses entreprises, ibid.—Paix de Vervins, 30.—Ses revenus, ses dépenses, ibid. — Sa mort, 31. — Sa réputation, ibid.—Examen de la mort de don Carlos, 32.

Chap. CLXVII. Des Anglais sous Édouard VI, Marie, et Élisabeth, 34. —La mer a fait leur grandeur comme leur sûreté, ibid. — Grandes entreprises, 35.—Manufactures, ibid.—Belles fondations par de simples citoyens, 36.—Revenus de la couronne, ibid.—Échafauds très communs à Londres, 37.—La reine Jeanne Gray exécutée, ibid.

Chap. CLXVIII. De la reine Élisabeth, 38.—Premières leçons données par le malheur, 39. — Elle change de religion, ibid. — Elle en est le chef, 40. — Liberté de conscience, 43. — Philippe II veut la détrôner, 44. — Belle lettre à Henri IV, 45. — Jésuites pendus, 46. — Comte d'Essex, ibid.

Chap. CLXIX. De la reine Marie-Stuart, 47.—Premières querelles d'Élisabeth et de Marie, 48. — Marie amoureuse d'un musicien italien, ibid. —Le musicien tué, 49.—Le mari de la reine assassiné aussi, ibid.—La reine épouse l'assassin, 50.—Marie prisonnière d'Élisabeth, 51.—Marie exécutée, 53.

Chap. CLXX. De la France, vers la fin du seizième siècle, sous François II, 54.—Pourquoi la cour se déclare contre les réformateurs, 55.—Conspiration d'Amboise, 56. — Autrefois tous les rois de l'Europe n'avaient qu'une garde très médiocre, 57. — François de Guise a la puissance des maires du palais, 58. — Procès fait au prince de Condé, 59. — Mort de François II, ibid.—Titre de majesté, 60.

Chap. CLXXI. De la France. Minorité de Charles IX, 60.—Séparation de l'épée et de la robe, ibid.—L'état endetté, et par conséquent faible, 62. —Colloque de Poissi, ibid.—Le jésuite Lainez se fait moquer de lui au colloque, 63.—Massacre de Vassi, 64.—Bataille de Dreux, 65. — François de Guise assassiné par Poltrot de Méré, 66.—Évêque de Beauvais, cardinal, protestant, et marié, 67. — Bataille de Saint-Denys, 68. — Armée calviniste se cotise pour payer ses alliés; chose unique, 69. — Bataille de Jarnac, 70.—Journée de Moncontour, 71.—La Saint-Barthélemi, 72. — Contradiction du jésuite Daniel, 74. — Procession annuelle pour rendre graces à Dieu des massacres, 75.

Chap. CLXXII. Sommaire des particularités principales du concile de Trente, 76.—Idée des conciles, ibid.—Pallavicini et Fra-Paolo comparés, 77.—Où se tiendra le concile, 78.—Bonne bulle de Paul III, 79.— Quatre ans d'indulgences ou environ, 80. — Plaisant sermon à l'ouverture du concile, ibid.—Premières disputes au concile, 81.—Bonne décision, ibid. — *Gallus cantat*, ibid.—Question sur la résidence, 82.— De la grace, profond, 83.—Pluralité des bénéfices, délicat, ibid.—Concile transféré à Bologne, 84. — Fils du pape assassiné, et quelle suite, ibid. — Intérim, 85.—Affaires sérieuses, 86.—La querelle de Parme traverse toujours le concile, ibid.—Le roi très chrétien contre le concile, ibid. — Cordeliers et jacobins en querelle sur l'eucharistie, 87. — Prétendu bal donné par le concile, 88.—Cardinal assassiné, ibid.—Le concile s'enfuit, 89.—Il recommence, ibid.—Suisses offrent de tuer les ennemis du concile, 90.—Querelle sur le punctilio, ibid.—Dispute sur la résidence, 91.—Pie IV donne de l'argent à Catherine de Médicis, ibid. —Plaintes de l'empereur Ferdinand, à qui on ne donne point d'argent, 92. — Disputes sur le calice, 93. — Plaisant discours du jésuite Lainez, ibid. — Pères gagnés par argent, 94.—Théologiens français mal payés, ibid.—Décret contre les rois, ibid.—Décret sur les mariages, 95.—Reliques, 96.—Moines, ibid.—Indulgences à quatre sous, ibid. — Fin du concile, 97.

Chap. CLXXIII. De la France sous Henri III. Sa transplantation en Pologne, sa fuite, son retour en France. Mœurs du temps, ligue, assassinats, meurtre du roi, anecdotes curieuses, 97.—Henri IV chef du parti calviniste, 101.—Henri III revient en France, ibid.—Mal reçu, 102.— Anarchie, 103.—Guise-le-Balafré, ibid.—La Saint-Barthélemi désavouée par Henri III, 104.—La ligue, 105.—Guerre civile, 107.—Sixte-Quint excommunie et damne Henri IV, 108.—Coutras, 109.—Prince de Condé empoisonné, 110.—Les barricades, 111.—Qui sont les assassins du duc de Guise, 112.—Les assassins du duc de Guise n'osent tuer son frère le cardinal, de peur des censures, 113. — Soixante et dix sorbonistes se mêlent de déclarer le roi déchu du trône, 114.—Henri III assassiné par un moine, 115.—Le peuple regarde Jacques Clément comme un saint martyr, 116. — Procès fait au cadavre du moine par Henri IV, 117.— Autre moine assassin, ibid.

Chap. CLXXIV. De Henri IV, 117. — Histoire de Henri IV mal faite par Daniel, ibid. — Bayle voudrait qu'on eût châtré Henri IV, 118. — Réflexions sur les eunuques, ibid.—Sommaire de la vie de Henri IV, 120. —Novices jésuites enrôlés contre Henri IV, 125. — États-généraux prétendus, 126.—Le parlement n'assiste point aux états, 127.—Décrets de la Sorbonne contre Henri IV, ibid.—Henri IV obligé de changer de religion, 129.—Preuves des raisons de ce changement, 131.—Mensonge absurde de Daniel, 132.—Il entre enfin dans Paris, ibid.—Il faut un arrêt du parlement pour forcer les prêtres à prier Dieu pour le roi de France, 134.—Henri IV devait-il rester protestant, 135.—Triste état du royaume, ibid.—Il surmonte toutes les difficultés, 136.—Discours digne de lui, 137.—Amiens surpris, ibid. — Amiens repris, 139. — Paix de Vervins, ibid.—Royaume rétabli, ibid.—Ordre, abondance, magnificence, 140. — Henri arbitre de l'Europe, 141. — Il est le plus grand homme de son temps, 142.—Ses amours, 143. — Chimère des partages de l'Europe, 144.—Plusieurs attentats contre sa vie, ibid.—Jean Châtel, 147.—Jean Châtel et le jésuite Guignard, 148.—Le jésuite Jouvenci justifie le jésuite Guignard, ibid. — Jésuites chassés, 150. — Apologie de

Châtel, ibid.—Livre du jésuite La Croix, 151.—Ravaillac tue Henri IV, 152.—Procès de Ravaillac, 153.—Le tombeau de Henri IV embrassé et arrosé de larmes, 156.

Addition, 157. — Première lettre de Henri IV à Corizande d'Andouin, veuve de Philibert, comte de Grammont, ibid. — Seconde lettre à la même, 159.—Troisième lettre à la même, 160.—Quatrième lettre à la même, 162. — Cinquième lettre à la même, 163. — Sixième lettre à la même, 164.—Septième lettre à la même, 166. — Huitième lettre à la même, 167.—Neuvième lettre à la même, 168.

Chap. CLXXV. De la France, sous Louis XIII, jusqu'au ministère du cardinal de Richelieu. États-généraux tenus en France. Administration malheureuse. Le maréchal d'Ancre assassiné; sa femme condamnée à être brûlée. Ministère du duc de Luines. Guerres civiles. Comment le cardinal de Richelieu entra au conseil, 169.—Le parlement de Paris forcé par le duc d'Épernon de donner la régence à Marie de Médicis, 170. — Nouvelles mesures, 171.—États-généraux, ibid.—L'université veut y assister, 172.—Singulière dispute, ibid.—Concini, 174.—Henri prince de Condé, 175.—Troubles civils, ibid.—Concini, maréchal d'Ancre, assassiné au Louvre, 176. — Le cœur de Concini grillé et mangé, 177. — Sa femme condamnée : cinq conseillers refusent d'assister au jugement, ibid. —Brûlée comme sorcière, ibid.—La reine-mère tirée de prison par le duc d'Épernon, 179.—Sermon remarquable, ibid.—Intrigues, 180.—Guerre civile, ibid.—Église, 181.—Mœurs, 182.—Désordre de l'état, 184.— Beaucoup de seigneurs devenus puissants et dangereux, ibid.—Calvinistes en France forment des cercles comme dans l'empire, 186. — Le roi leur fait la guerre, 187. — Ancienne formalité des hérauts d'armes, ibid. — Benjamin de Rohan, grand homme; 188.—Siége de Montauban, ibid.— Carme qui prophétise, 189. — Mort du connétable de Luines, ibid. — Suite de la guerre contre les calvinistes, 190.—Rebelles récompensés par le roi, 191. — Intrigues; paix avec les huguenots, 192. — Le prince de Condé à Rome, 193. — Le cardinal de Richelieu au conseil, 194. — Introduit par la reine-mère, ibid.—Le cardinal de Richelieu n'est et ne peut être l'auteur du *Testament politique*, 196.

Chap. CLXXVI. Du ministère du cardinal de Richelieu, 197.—La Vieuville en prison, 198.—La Valteline, ibid.—Belle et courte lettre du cardinal de Richelieu, 199. — Les huguenots français animés par les Espagnols, comme les protestants allemands l'ont été par la France, ibid. — La Rochelle, capitale du calvinisme, 200.—Le cardinal de Richelieu brave tous les grands, et en fait enfermer plusieurs, 201.—La reine, femme du roi, persécutée, 202.—Richelieu, Buckingham, Olivarès, 203.—Caractère de Buckingham, ibid.—Il ose se déclarer amoureux de la reine, 204.— Nouvelle guerre civile des huguenots contre la cour, 205. — Siége de La

Rochelle, 206. — Le cardinal de Richelieu général d'armée, 208. — La Rochelle prise, 210.—Les calvinistes traitent avec les Espagnols si catholiques, 211.—Les calvinistes terrassés, ibid.—Grands desseins du cardinal de Richelieu, 212. — Il brave la reine-mère, sa bienfaitrice, 213.— Le cardinal premier ministre, 214. — Le cardinal généralissime, ibid.— Combat de Végliane, 215.—Intrigues de cour, 216.—Le cardinal disgracié, ibid. — Journée des dupes, 217.—Le maréchal de Marillac jugé à mort dans la maison de campagne du cardinal, 218.—Marillac exécuté, 219.—Traité avec Gustave-Adolphe : léger subside, 220.—Troubles à la cour, ibid.—Capucin Joseph, 221.—La reine-mère arrêtée, ibid.—La reine-mère fugitive pour le reste de sa vie, ibid.—Succès du cardinal, 222.—Proscriptions, 223.—Castelnaudari, 225.—Le duc de Montmorenci pris et exécuté, 226. — Intrigues ridicules, 228. — Le frère de Louis XIII, marié sans le consentement de son frère, était-il bien marié? 229. — Le mariage cassé, 230. — Harangue ridicule, 231. — Complot contre la vie du cardinal, 232. — Il déclare la guerre à toute la maison d'Autriche, ibid. — Héraut d'armes envoyé à Bruxelles, 233. — Prêtres généraux d'armée, ibid.—Guerre d'abord très malheureuse, 234.—Danger du cardinal, ibid.—On veut l'assassiner, 235.—Académie, ibid.—Remarquez cela, 237.—Favori, maitresse, et confesseur : lisez et profitez, ibid.—La reine prête interrogatoire, 239.—Guerre civile, 240.—Conspiration, 241.—Conspiration découverte, 242.—Duc de Bouillon, ibid. — De Thou tué juridiquement, 243. — Le cardinal avait toujours de l'argent comptant; sans quoi..., 244. — Qui était le plus malheureux du roi, de la reine, ou du cardinal? 245.—Arts, mœurs, et usages, ibid.— Preuves que le *Testament politique* n'est point du cardinal, 247.

Chap. CLXXVII. Du gouvernement et des mœurs de l'Espagne depuis Philippe II jusqu'à Charles II, 248. — Philippe III conclut une trêve de douze ans avec la Hollande, 249.—Expulsion des Maures, ibid.—Elle affaiblit la monarchie, 251.—Philippe IV prend le nom de grand, ibid. — L'Espagne pauvre malgré tout l'or du Nouveau-Monde, 252. — Les Hollandais enlèvent le Brésil à l'Espagne, 253. — Le Portugal secoue le joug de l'Espagne, ibid. — Parallèle d'Olivarès et de Richelieu, 255. — Sciences, mœurs, arts, 256.—Le jésuite Nitard, premier ministre, 259. — Le jésuite Nitard bouleverse tout, ibid. — On le chasse : il est fait cardinal, 260.

Chap. CLXXVIII. Des Allemands sous Rodolphe II, Mathias, et Ferdinand II. Des malheurs de Frédéric, électeur palatin. Des conquêtes de Gustave-Adolphe. Paix de Vestphalie, etc., 261.—Plus de couronnement des empereurs à Rome, ibid. — L'Allemagne subsiste; l'empire, non, 262.—État de l'Allemagne, 263.—Rodolphe empereur très médiocre, bon chimiste, 264.—Guerre faite par aumônes, ibid.—Ligue catholique et protestante en Allemagne cause la mort du roi Henri IV, 265.—L'empereur Rodolphe astronome, 266. — Ticho-Brahé, ibid. — Copernic, 267.—Kepler, ibid.—Causes de la guerre de trente ans, ibid.—Liberté germanique, 268.—Guerre de trente ans, 269.—Malheurs de l'électeur palatin, 270.—Deux princes déclarent la guerre à tous les prêtres, ibid.—Empereur absolu, 271.—Dévastation de l'Allemagne, ibid.—L'Italie esclave, ibid. — Ferdinand II se croit arbitre de l'Europe, 272. — Tout s'unit contre Ferdinand II, 273.—Le grand Gustave en Allemagne, ibid. —Succès de Gustave, 274.—Bataille de Leipsick, ibid.—Le pape bien aise, ibid. —. Gustave tué, 275. — Suédois toujours vainqueurs, ibid.— Valstein assassiné, 276.—Oxenstiern, ibid.—Veimar, ibid.—Mort de Ferdinand II, 277. — Ferdinand III, ibid. — Veimar, 278. — Paix de Vestphalie, 279.—État de l'Allemagne, ibid.

CHAP. CLXXIX. De l'Angleterre jusqu'à l'année 1641, 280. — Décadence passagère de l'Angleterre, ibid. — Conspiration des poudres, 281.—Jésuites exécutés, 283.— Jacques sans crédit, 284.—Favoris gouvernent l'Europe, 285.—Sciences et arts, 286.—Querelles de religion, 287.— Argent, autre querelle plus forte, ibid. — Parlement, autre querelle, 288.—Assassinat, 289.—Impôts, autre querelle, ibid.—Église d'Écosse, autre querelle, 290. — Liturgie, autre querelle, 291. — Le cardinal de Richelieu fomente toutes les querelles, ibid. — Il envoie un prêtre pour faire révolter l'Écosse, 292.—Nouveaux troubles, ibid.—Roi opiniâtre : heureux, il eût été appelé ferme, 293.—Requête pour faire la guerre civile, ibid.

CHAP. CLXXX. Des malheurs et de la mort de Charles Ier, 295.— Caractère des troubles d'Angleterre, ibid.—Massacres catholiques en Irlande, ibid. — Massacres religieux, source de dépopulation, 296. — Chambre basse, puissante, 297.—Conduite du roi, mauvaise, 298.—Guerre civile, 299. — Hotham à genoux chasse son roi, 300. — Le roi quelque temps vainqueur, mais inutilement, 301. — Parlement plus ferme que le roi, 302. —Excès de ridicule, 304. — Esprit des sectes, ibid.—Archevêque à l'échafaud, 305.—Cromwell gagne une bataille, 306.—Désintéressement du parlement : chose unique, 307.—Victoire décisive de Cromwell, 308.—Le roi livré par les Écossais, 309.—Cromwell commence à tyranniser, 310. — Le roi prisonnier, ibid.—Aplanisseurs, 311.—Audace de Cromwell, ibid. — L'armée demande qu'on fasse justice du roi, 313.—Parlement méprisé et forcé, ibid.—Juges du roi, 314.—Puissance reconnue originaire dans le peuple, ibid.—Procès criminel du roi, 315. —On lui tranche la tête, ibid.

CHAP. CLXXXI. De Cromwell, 316.—République, ibid.

CHAP. CLXXXII. De l'Angleterre sous Charles II, 328.—Théisme, 331.— Théistes, 332.—Société royale rend service à l'esprit humain, ibid.—Esprit français à la cour, 333.—Revenu du roi, 334.—Accidents, ibid.—Troubles; conjuration nommée papiste, 335.—Horreurs ridicules, 336.—Supplices, 338.—Duc d'York exclu du trône, ibid.—Le catholicisme déclaré idolâtrie, ibid.—Plus de parlement, 342.—État florissant de l'Angleterre, ibid.—Commerce, ibid.—Agriculture, 344.

Chap. CLXXXIII. De l'Italie, et principalement de Rome, à la fin du seizième siècle. Du concile de Trente. De la réforme du calendrier, etc., 346. — Papes veulent avoir Naples, ibid.—Cardinaux pendus, 347.—Concile de Trente, ibid.—Libertés gallicanes, 348.—Italie sans police, 349. — Arts cultivés, 350.—Superstitions, ibid.—Pie V, 352.—Saint Charles Borromée, ibid.—Réforme du calendrier, 353.—Histoire du calendrier, ibid.—Résistance au calendrier, 356. — Ambassade du Japon au pape, ibid.

Chap. CLXXXIV. De Sixte-Quint, 357.—Papes nés dans l'obscurité, 358. Tempesti, cordelier, a écrit en cordelier, 359.—Police de Rome, 360.—Ouvrages des Romains, ibid.—Coupole de Saint-Pierre, 361.—Bibliothèque du Vatican, 362. — Peuple pauvre, ibid.—Témérités de Sixte-Quint, 363.—Abus du pontificat, 364.—Sixte-Quint refuse de servir l'Espagne et la ligue contre Henri IV, 365.

Chap. CLXXXV. Des successeurs de Sixte-Quint, 366. — Grégoire XIV, ibid.—Clément VIII, ibid.—Clément donne la discipline à Henri IV sur le dos de Duperron et d'Ossat, 367.—Paul V, 368.—Querelle de Paul V avec Venise, ibid.—Moines chassés de Venise, 369.—Henri IV médiateur entre Venise et Rome, 370.—Paul V embellit Rome, 371.—Urbain aussi, 372.—Petite guerre, ibid.—Petites occupations, 373.—Misère des peuples, ibid.—Dépopulation de Rome, 374.

Chap. CLXXXVI. Suite de l'Italie au dix-septième siècle, 376. — De la Toscane, ibid.—Venise florissante, 377.—Conjuration de Bedmar, ibid. —Malte, 380.—Siége de Malte, 381.

Chap. CLXXXVII. De la Hollande au dix-septième siècle, 382.—Frugalité, simplicité, et grandeur, ibid. — Querelles théologiques, impertinentes et affreuses, 385.—Meurtre du vieillard Barnevelt, 386.—Grands établissements des Hollandais, 388.

Chap. CLXXXVIII. Du Danemarck, de la Suède, et de la Pologne, au dix-septième siècle, 391. — Le roi de Danemarck despotique par contrat, ibid.—Suède tout au contraire, 392.—Crime atroce, ibid.—Pénitence ridicule, 393.— Usages de la Suède, ibid. — Gustave-Adolphe, 394.—Christine, 395.—Gouvernement de la Suède, bien changé, 396.

Chap. CLXXXIX. De la Pologne au dix-septième siècle, et des sociniens, ou unitaires, 398.—Pologne sage, non conquérante, ibid.—Suédois plus dangereux à la Pologne que les Turcs, 399. — Cosaques, ibid.—Jésuite

devenu roi, 400.—Sobieski, 401.—Religion, 402.—Sociniens, ibid.—
Une des erreurs de Maimbourg, ibid.

Chap. CXC. De la Russie aux seizième et dix-septième siècles, 404.—Premier Demetri, imposteur, 405. — Second Demetri, imposteur, 409. —
Troisième Demetri, imposteur, ibid.—Quatrième Demetri, imposteur,
410.—Cinquième Demetri, imposteur, 411.—Sixième Demetri, imposteur, ibid. — Mœurs de la Russie en ces temps-là, 412.

Chap. CXCI. De l'empire ottoman au dix-septième siècle. Siége de Candie.
Faux messie, 413.—Amurat III, ibid.—Dix-neuf frères étranglés, 414.
—Perses vainqueurs des Turcs, ibid. —.Gouvernement turc pas si despotique qu'on le croit, 415.—Osman égorgé, ibid.—Mustapha étranglé,
416. — Amurat IV, conquérant, ibid. — Ibrahim, 417. — Le révérend
père Ottoman, jacobin, fils d'Ibrahim, ibid.—Ibrahim déposé, 418.—
Mensonges historiques sur les Turcs, ibid. — L'univers souffre; cela revient souvent, ibid. — Siége de Candie, plus long que celui de Troie;
pas si fameux, 420.—Le duc de Beaufort tué devant Candie, 421.—Candie prise, comme Troie, par le stratagème d'un Grec, 423. — De Sabatei-Sevi, qui prit la qualité de messie, 424.—Prédiction, 425.—Douze
envoyés de Sabatei, 426.— Sabatei en prison, 427.—Sabatei devant le
sultan, 428.—Ce messie se fait turc, ibid.

Chap. CXCII. Progrès des Turcs. Siége de Vienne, 430. — Malheurs des
Hongrois, 431.—Kara Mustapha marche à Vienne, 432.—L'empereur
Léopold s'enfuit, ibid.—Vienne délivrée, 433.—Mahomet déposé, 434.
—Preuve du non-despotisme des empereurs turcs, 435.

Chap. CXCIII. De la Perse, de ses mœurs, de sa dernière révolution, et de
Thamas Kouli-kan, ou Sha-Nadir, 437.—Persans autrefois éclairés, ibid.
—Perse bien peuplée, 438.—Cour, ou Porte magnifique, 439.—Mœurs
douces, ibid.—Décadence, 441.—Révolte, 442.—Guerre civile, 443.—
Malheurs horribles, ibid. — La religion s'en mêle, ibid. — Commencements de Sha-Nadir, 444.—Sha-Nadir dans l'Inde, 445.

Chap. CXCIV. Du Mogol, 446. — Grand mogol rarement absolu, ibid.—
Aurengzeb, le premier des hypocrites, 447. — Parricide et dévot, ibid.
—Trésor du grand mogol, 448. — Le climat de l'Inde énerve, 449.—Le
grand mogol humilié devant Sha-Nadir, 450. — Delhi au pillage, ibid.
—Trésors immenses, ibid.—Révolution, 451.—Examen du despotisme,
ibid.—Peuples pauvres en pays riche, 452.—Mœurs, 453.—Polygamie,
ibid.—Eunuques, ibid.—Bouleversement, 454.

Chap. CXCV. De la Chine au dix-septième siècle et au commencement du
dix-huitième, 455.—Tribunaux gardiens des lois, ibid.—Avec tribunaux
peu de despotisme, 456.—Conquête de la Chine, 457. — Sans armes à
feu, 458. — Le capitaine d'une horde vainqueur de la Chine, ibid. —

Exemple d'orgueil, 459.—Un empereur faible finit la dynastie chinoise, 460.—Suite de la conquête, 461.—Querelles scandaleuses des missionnaires d'Europe à la Chine, 463.—Belles paroles de l'empereur aux jésuites, 464.

Chap. CXCVI. Du Japon au dix-septième siècle, et de l'extinction de la religion chrétienne en ce pays, 466. — Le Japon presque chrétien, ibid. — Christianisme proscrit, 467. — Toutes les sectes en paix au Japon, ibid.—Conspiration des mauvais chrétiens, 468. — Le Japon fermé aux étrangers, ibid.—Chrétiens battus, 469.—Hollandais seuls commercent au Japon, ibid.—Hollandais obligés de marcher sur la croix, 470.—Des Français veulent en vain commercer au Japon, 471.

Chap. CXCVII. Résumé de toute cette histoire jusqu'au temps où commence le beau siècle de Louis XIV, 473. — Faits historiques, ibid. — Mœurs, 476.—Servitude, 478.—Mœurs asiatiques comparées aux nôtres, 481.

FIN DE LA TABLE.

www.ingramcontent.com/pod-product-compliance
Lightning Source LLC
Chambersburg PA
CBHW050607230426
43670CB00009B/1305